U0680477

中国粮食和物资储备年鉴

Yearbook on Food and Strategic Reserves in China 2023

2023

国家粮食和物资储备局 主编

人民出版社

★ 2022 年 8 月 2 日至 4 日，国家发展和改革委员会党组成员，国家粮食和物资储备局党组书记、局长丛亮（左一）带队赴黑龙江哈尔滨、佳木斯等地调研。

★ 2022 年 11 月 12 日，国家发展和改革委员会党组成员，国家粮食和物资储备局党组书记、局长丛亮出席"杂交水稻援外与世界粮食安全"国际论坛并致辞。

★ 2022 年 3 月 16 日，国家粮食和物资储备局党组成员、副局长卢景波（主席台中）出席全国政策性粮油库存检查动员培训会议并作动员讲话。

★ 2022 年 3 月 29 日，国家粮食和物资储备局党组成员、副局长黄炜（主席台左二）出席全国粮食职业教育教学指导委员会（2021—2025 年）成立大会并讲话。

★ 2022 年 2 月 24 日，国家粮食和物资储备局党组成员、副局长梁彦（前排左一）参加新华社民族品牌工程·中国好粮油专项行动启动仪式。

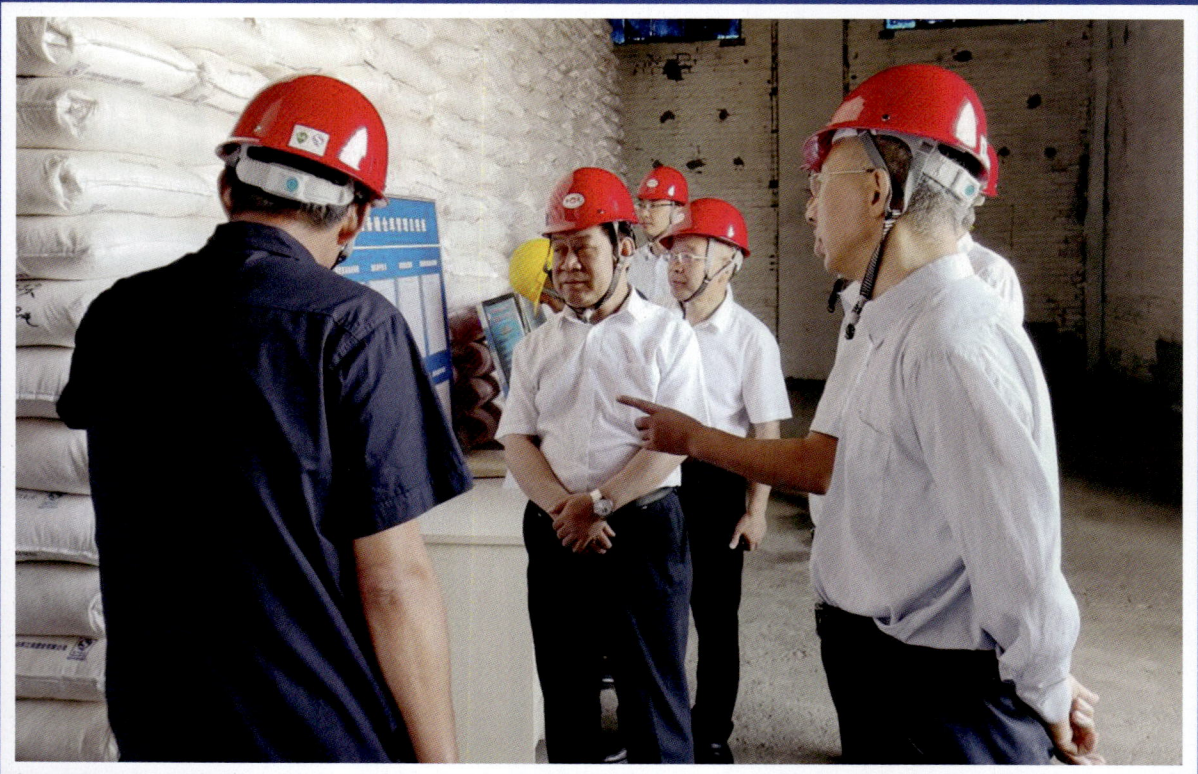

★ 2022 年 7 月 31 日至 8 月 1 日，国家粮食和物资储备局党组成员、副局长贾骞（左二）赴内蒙古自治区开展安全生产督导检查。

★ 2022 年 12 月 27 日至 28 日，国家粮食和物资储备局党组成员、副局长刘小南（前排右二）赴安徽省阜南县调研定点帮扶工作。

编写说明

  《中国粮食和物资储备年鉴》是国家粮食和物资储备局主编，经国家新闻出版管理部门批准出版，逐年编撰，连续出版的资料性年刊，主要汇集粮食和物资储备系统重要时事、文献和统计资料，全面客观记述年度工作，完整记录中国粮食和物资储备发展历史足迹，为科学决策和理论研究提供参考，为社会了解粮食和物资储备发展状况提供帮助。

  《中国粮食和物资储备年鉴 2023》由综述、专文、全国粮食和物资储备工作、各地粮食和物资储备工作、各垂直管理局工作、政策与法规文件、附录七部分组成，记录了全国与地方粮食和物资储备工作及各垂直管理局相关工作。收集的数据和资料未包括我国香港特别行政区、澳门特别行政区和台湾地区。各省（自治区、直辖市）的排列顺序按照全国行政区划的统一规定排列。

  本期年鉴在编辑出版过程中得到了国家发展和改革委员会、农业农村部、国家统计局以及国家粮食和物资储备局各司局单位、各垂直管理局，各省、自治区、直辖市、计划单列市及新疆生产建设兵团粮食和物资储备局（粮食局）等部门单位的大力支持，在此，我们表示衷心的感谢！不足和疏漏之处，敬请读者批评指正。

《中国粮食和物资储备年鉴》编辑部
中国粮食研究培训中心
2023 年 9 月

目　录

第五篇　各垂直管理局工作　213

第一篇

综　述

2022 年全国粮食和物资储备工作综述

　　2022 年，在以习近平同志为核心的党中央坚强领导下，在国家发展和改革委员会指导支持下，全国粮食和物资储备系统坚持以习近平新时代中国特色社会主义思想为指导，全面落实党的十九大和十九届历次全会精神，认真学习贯彻党的二十大精神，坚持稳中求进工作总基调，按照完整、准确、全面贯彻新发展理念，加快构建新发展格局，着力推动高质量发展的要求，认真贯彻落实党中央、国务院决策部署，坚决扛稳保障粮食和物资储备安全政治责任，各项重点工作取得新成效。

一　加强党对粮食和物资储备工作的全面领导，大力营造风清气正的政治生态

　　按照全面学习、全面把握、全面落实的要求，制定实施方案，党组领学促学，国家粮食和物资储备局党组同志带头讲好党课，理论学习中心组每月围绕一个主题进行深入交流，对副处级以上党员干部进行全员培训，迅速掀起宣贯热潮，切实把思想和行动统一到大会精神上来，牢牢把握粮食和物资储备工作正确政治方向。开展"学查改"专项活动，认真学习《习近平谈治国理政》第四卷和《习近平经济思想学习纲要》等，坚持不懈用习近平新时代中国特色社会主义思想凝心铸魂，深刻领悟"两个确立"的决定性意义，进一步增强"四个意识"、坚定"四个自信"、做到"两个维护"。严格执行请示报告制度，认真落实"第一议题"制度，第一时间传达学习、研究落实习近平总书记重要讲话和重要指示批示精神。全力配合做好中央巡视各项工作，及时制定整改工作方案，每月调度进展，扎实推进具体整改任务落实；提高内部巡视巡察质量水平，国家粮食和物资储备局党组、各垂管局分党组完成巡视巡察全覆盖任务。深化模范机关创建，实行国家粮食和物资储备局党组成员联系垂管单位及基层党建工作联系点制度，加强支部标准化规范化建设，把基层党组织建设成为有效实现党的领导的坚强战斗堡垒，7 个党支部分别被评为中央和国家机关、国家发展和改革委员会"四强"党支部。坚持党管干部原则，认真落实新时代好干部标准，制定加强领导班子和干部人才队伍建设的意见，严格规范干部调配工作，树立选人用人正确导向。坚决拥护对张务锋免职、审查调查、开除党籍和公职，积极配合案件调查，深刻汲取教训，完善制度机制，清除流毒影响，着力净化政治生态。以严的基调正风肃纪反腐，严肃查办违纪违法案件，对不收敛不收手、胆大妄为者绝不姑息，坚决遏制增量、清除存量。紧盯工程建设、物资收储、企业经营等领域加强廉政风险防控，强化财务资产管理和审计监督。制定机关文化建设实施方案和加强新时代廉洁文化建设的 15 项措施，大力弘扬粮食和物资储备系统优良传统，积极涵养风清气正的良好政治生态。

二　做好粮食保供稳价，发挥国家储备"压舱石"和"稳定器"作用

强化产购储加销协同保障，统筹抓好粮食市场化收购和政策性收购，夏粮和早籼稻旺季收购圆满收官，秋粮旺季收购平稳有序，牢牢守住农民"种粮卖得出"的底线；强化专业分析力量建设，加强粮食市场供需等监测，精准落实调控措施，发挥好"粮价稳、百价稳"的基础作用；深入推进优质粮食工程，抓好粮食绿色仓储、品种品质品牌、质量追溯、机械装备、应急保障能力和节约减损健康消费"六大提升行动"，印发实施《关于粮食节约减损的指导意见》，加强节粮减损技术研究和标准推广应用，多渠道增强粮食安全保障能力。合理把握时机节奏，统筹做好政策性粮食投放，增加市场有效供给；加强监测预警和形势分析，以精准有力的措施服务于能源资源保供，努力维护产业链供应链稳定。推动国家粮食应急预案尽快出台，加快区域粮食应急保障中心和物流骨干网络建设，规范管理粮食应急保障企业，加强城市、社区、城际、农村配送的有效衔接，提高应急响应能力和配送效率。强化应急救灾物资保障，及时组织落实应急救灾物资采购计划，完成多批次中央防汛救灾物资调运，有力保障了抢险救灾急需；抓好应急演练，强化一体化联动响应，确保关键时刻调得快、用得上。

三　夯根基固底板，从严从实管好"天下粮仓"，统筹施策增强储备实力

加快粮食仓储物流设施项目建设，推进高标准粮仓建设，优化升级粮食仓储设施；健全粮食储备体系，保持合理储备规模，加强协同运作，充分发挥中央储备粮"压舱石"和地方储备粮"第一道防线"作用；深化专项整治，抓紧抓好问题整改，从严惩治涉粮腐败，深入推进粮食储备购销领域监管体制机制改革，务求取得持久性成效；扎实开展2022年全国政策性粮食库存检查、中央战略和应急物资储备库存检查、新入库粮食跨省交叉检查，创新采用"云端指挥、直插库点"方式对夏粮秋粮收购进行随机视频抽查；出台粮食流通行政执法办法、粮食购销定期巡查工作制度等，持续开展"亮剑"专项执法行动，形成有力震慑；聚焦建立粮食购销数字化监管系统，加快推进国家、地方和央企平台及粮库信息系统建设。根据增强储备实力的需要，突出储备设施功能综合化、保障基地化、布局网络化、管理智能化，持续优化完善储备设施网络；调整储备品种结构布局，不断提升国家战略物资储备保障能力，以国家储备的确定性应对外部环境的不确定性。

四　统筹推进立法、改革和考核，提高粮食和物资储备治理现代化水平

大兴调查研究之风，围绕"确保粮食、能源、产业链供应链可靠安全"，立足粮储工作涉及多领域、多环节，交叉性、基础性强的特点，加强重大问题研究，拿出实招良策，发挥参谋作用。扎实开展季度、月度形势分析，把握粮食、能源、资源领域走势趋势，及时预判风险隐患，提出对策举措。积极配合做好粮食安全保障法立法相关工作，按程序研究起草粮食储备安全管理条例。制定印发"十四五"粮食产业高质量发展等专项规划，强化宣贯解读和组织实施，切实发挥规划导向作用。研究制定战略和应急物资储备安全管理体制机制改革配套政策。深化粮食储备安全管理体制机制改革。

会同有关部门研究起草省级党委和政府落实耕地保护和粮食安全责任制考核办法，牵头同步调整完善考核指标评分细则。完成2021年度中储粮年度考核工作，考核"指挥棒"作用进一步放大。推动科技和人才兴粮兴储，完善粮食科技创新平台体系建设，加强绿色储藏、营养健康等领域科研攻关；深入实施高水平人才选育、青年人才培优等8个重大人才工程，建设高素质专业化人才队伍。扎实推进安全生产专项整治三年行动，针对督导检查发现的问题严肃问责，坚决守牢安全生产底线。

撰稿单位：国家粮食和物资储备局办公室（外事司）；撰稿人：张亚龙；审核人：方进

第二篇

专　文

完善国家储备体系　保障初级产品供给

中共国家粮食和物资储备局党组

（《求是》杂志 2022 年第 10 期）

备豫不虞，为国常道。在 2021 年底召开的中央经济工作会议上，习近平总书记深刻指出，"对我们这样一个大国来说，保障好初级产品供给是一个重大的战略性问题"，强调"要加强国家战略物资储备制度建设，在关键时刻发挥保底线的调节作用"。习近平总书记的重要讲话，把国家储备摆在初级产品供给保障的战略位置，指明了功能定位、职责使命和努力方向，对于引领推动国家储备理论创新、制度创新、实践创新具有重要意义。我们要深入学习贯彻习近平总书记的重要讲话精神，坚持统筹发展和安全，强化底线思维，深化体制机制改革，完善国家储备体系，不断提升储备效能，切实担负起保障初级产品供给的使命。

一　国家储备改革发展成就辉煌

党的十八大以来，在以习近平同志为核心的党中央坚强领导下，我国大力推进战略和应急物资储备改革发展，加快构建统一的国家储备体系，储备体系和体制机制不断完善，储备基础和整体实力持续增强，有效保障了国家粮食安全、能源资源安全、产业链供应链安全，在促进经济社会持续健康发展中发挥了重要作用。

完善制度政策，储备管理新格局基本形成。党的十九届三中全会作出深化党和国家机构改革的重大决定，组建国家粮食和物资储备局，组织实施国家战略和应急储备物资的收储、轮换、日常管理，统一负责储备基础设施的建设与管理，对管理的政府储备、企业储备以及储备政策落实情况进行监督检查等。2019 年 5 月中央全面深化改革委员会第八次会议审议通过《关于改革完善体制机制加强粮食储备安全管理的若干意见》，2021 年 8 月中央全面深化改革委员会第二十一次会议审议通过《关于改革完善体制机制加强战略和应急物资储备安全管理的若干意见》，作出了统筹管好"天下粮仓"和"大国储备"的制度安排。这些都为加强国家储备的统筹规划，构建统一的国家储备体系，提升国家储备应对突发事件的能力，提供了重要体制机制保障。

优化规模结构，储备家底不断充实。从储备品种看，中央政府储备已涵盖 4 大类 20 余个品类，包括粮食等农产品和农资储备，石油等能源储备，战略性矿产品、关键原材料等物资储备，以及应急救灾物资、医药等应急专用物资储备。从储备规模看，我国粮食储备数量充足、质量良好、储存安全，有力支撑口粮绝对安全；棉糖储备质量提升、结构优化；石油战略储备规模增加，战略性矿产品和关键原材料储备品种规模优化充实；中央应急救灾物资储备规模达到历史最高水平，应对重特大灾害的物质基础更加坚实。各地从实际出发，侧重于居民生活必需品、重要生产资料应急物资储备，积极建立了与中央储备相互补充的地方储备。

科学统筹布局，储备设施现代化水平显著提高。储备基础设施布局不断优化，功能逐步完善，基本形成了覆盖全国、门类齐全、功能适用的储备基础设施网络。从粮食储备能力看，全国标准仓房完好仓容稳步提升，仓储条件总体达到世界较先进水平，有力支持了储备需要。从战略和应急物资储备能力看，一批国家石油储备基地建成投用，成品油储备能力持续增强；加强储备设施资源整合优化，综合性国家储备基地建设深入实施；国家储备仓库安全综合整治提升三年行动成效明显，本质安全水平明显提升；各类储备设施功能不断完善，为落实储备任务提供了良好条件。

保障国家安全，储备功能作用有效发挥。强化初级产品供给保障"压舱石"和"稳定器"作用，满足国家重大战略和经济社会发展对基础原材料的需要。发挥国家储备宏观调控功能，积极维护经济安全和产业发展。比如，针对2021年大宗商品价格持续上涨态势，稳妥有序向市场投放国家储备铜铝锌、原油、成品油等，有效缓解了企业原材料价格上涨压力和阶段性供应紧缺，取得了惠企业、平波动、稳预期的效果，在平衡供需、引导预期、应对风险等方面实现了"四两拨千斤"。积极发挥应急保障作用，新一轮机构改革以来，在青海玛多地震、2020年南方汛情、2021年郑州特大暴雨等自然灾害或突发事件中，累计调运66批次、4亿元中央防汛救灾物资；面对突如其来的新冠疫情，全力做好粮食保供稳市、救灾物资保障，有力服务了疫情防控和经济社会发展大局。

二　新时代国家储备的战略定位和功能作用

中央经济工作会议强调，要统筹发展和安全，继续做好"六稳""六保"工作，持续改善民生，着力稳定宏观经济大盘，保持经济运行在合理区间，保持社会大局稳定。在中央全面深化改革委员会第二十一次会议上，习近平总书记强调"国家储备是国家治理的重要物质基础"，要求"强化战略保障、宏观调控和应对急需功能，增强防范抵御重大风险能力"。国家储备是有针对性地调节社会库存的行为，通过吞吐调节来积蓄力量、应对风险，通过实施跨周期和逆周期政策来稳定经济运行、降低总体成本。当前，在世纪疫情冲击下，世界百年未有之大变局加速演进，粮食、能源资源供应面临的不确定性增加，局部冲突等因素加剧了全球供应链紧张，给我国经济社会稳定发展带来新的风险挑战。必须统筹发展和安全，牢固树立忧患意识，增强防风险保安全守底线能力，为实现第二个百年奋斗目标、实现中华民族伟大复兴的中国梦提供坚强有力的储备安全保障。

维护国家安全需充分发挥国家储备的战略保障功能。国家储备的战略保障功能，主要是针对长远性、系统性、全局性风险，为维护国家安全、赢得战略主动、推动实现经济社会发展重大战略目标提供物质保障。对于一个拥有14亿多人口的大国来说，粮食安全始终是我们党治国理政的头等大事，保障国家粮食安全这根弦任何时候都不能松；能源是工业的粮食，是发展国民经济的命脉所在；资源是经济社会平稳可持续发展必不可少的要素，在国家战略中占有重要位置。国际上一有风吹草动，许多国家就先捂住自己的"粮袋子"，有的在能源、矿产资源安全方面的"软肋"就暴露出来。我国是粮食、能源、矿产资源消费大国，部分品种外采率较高。在大变局中谋复兴，实现高水平自立自强，需要从总体国家安全观的高度，完善国家储备体系，将粮食、能源"两个饭碗"牢牢端在自己手里，切实守住安全底线。

稳定宏观经济需充分发挥国家储备的宏观调控功能。国家储备的宏观调控功能，主要是针对经济运行中出现的供需失衡、市场异常波动和产业链供应链受冲击破坏等风险，在平衡供需、稳定预期、引导市场等方面发挥积极作用。储为国计，备为民生，一头连着经济社会发展，一头连着千家万户。我国幅员辽阔、人口众多，是全球第二大经济体，初级产品供给保障是重大的战略性问题。不论是粮食等农产品储备，还是能源等资源储备，都是经济社会发展的重要物质基础。产业链供应链在关键时刻不能掉链子，这是大国经济必须具备的重要特征。要充分发挥国家储备的调节作用，强化对经济社会的协同保障，在更高水平上实现供需动态平衡，维护宏观经济大盘稳定。要精准把握国家储备吞吐调节的时度效，服务大宗商品保供稳价，维护初级产品供给的安全稳定。

服务应急救灾需充分发挥国家储备的应对急需功能。国家储备的应对急需功能，主要是针对重大自然灾害、公共卫生事件等突发的、局部的风险，提供救助物资等即时供应，并为后续措施跟进提供必要的缓冲时间。我国是世界上自然灾害最为严重的国家之一，灾害种类多、分布地域广、发生频率高、造成损失重；各类事故灾害和安全风险交织叠加，像疫情等影响公共安全的突发因素不容忽视。宁可备而不用，不可用而无备、措手不及。必须居安思危、安不忘危，以系统性思维应对各类风险事件，把应急物资保障作为国家应急管理体系建设的重要内容，推动应急物资供应保障网更加高效安全可控，更好服务于突发事件发生后灾害应对和人民群众所需的基本生活物资供应，切实维护社会和谐稳定。

三　加强国家储备制度建设的重点任务

我国是大国，必须具备同大国地位相符的国家储备实力和应急能力。经过不懈奋斗，我国储备体系建设取得历史性成就，但与新发展阶段维护国家安全和防范应对重大风险挑战的需要相比，与保障初级产品供给的使命任务相比，仍存在一些短板弱项。主要表现为：国家储备综合实力还需增强，责任体系有待健全，管理运行尚待完善，支持保障政策仍需强化等。要坚持问题导向和目标导向，以科学确定品类规模为政策基点，以健全责任体系为基础，以创新管理运行体制机制为关键，切实增强国家储备基础和实力。

优化储备品种结构，解决"储什么"的问题。健全需求研判和生成机制，统筹考虑国家安全、防风险需要、财政承受能力等因素，聚焦国计民生、战略性新兴产业和关键领域，优化储备品种、规模和结构布局，有增有减、有保有压，提升储备的针对性和有效性。合理区分不同储备品种的功能定位、保障策略，综合考虑峰值需求和必要备份、适度冗余等因素，科学确定储备规模。根据储备物资品类特点，结合生产、消费、贸易、交通运输及潜在风险、灾害分布等，统筹优化储备物资储存区域布局，确保关键时刻拿得出、调得快、用得上。

构建多层次多元化储备体系，解决"谁来储"的问题。坚持政府主导、社会共建、多元互补，健全中央储备和地方储备、实物储备和产能储备、政府储备和企业储备相结合的储备机制，增强全社会安全发展韧性。坚持分级分类施策，优化中央和地方储备的协同保障，中央政府储备聚焦事关全局和国计民生的重要物资，主要防范化解全局性、系统性和跨区域供应风险；地方政府储备作为防范化解本地区局部突发事件的"关键防线"，重在保障生活必需，突出因地制宜、实用管用、快速响应、直达基层。健全落实制度政策，支持相关生产、流通企业和产品用户建立企业社会责任储备；充分发挥龙头企业示范带头作用，引导企业在履行社会责任基础上，合理增加商业储备规模。产能储备是接续力量，在重点领域谋划预备渠道、备份系统，与实物储备形成梯度配置和协同耦合，有效增强产业链供应链韧性。

完善制度机制，解决"怎么储"的问题。坚持"大储备"和"一盘棋"观念，遵循优化协同高效原则，强化部门协同和政策统筹，发挥规划引领、项目支撑、数字赋能、创新驱动作用。完善中央和地方储备联动机制，建立健全区域内储备合作机制，加强储备跨区域协同保障。坚持市场化改革方向，创新政府储备管理模式，健全常态化轮换机制，确保常储常新。根据增强储备实力的需要，突出储备设施功能综合化、保障基地化、布局网络化、管理智能化，持续优化完善储备设施网络。建设一批综合性国家储备基地，改造提升储备仓储能力，强化集散中转和综合保障功能。

改进路径方法，解决"如何用"的问题。坚持有效市场和有为政府有机结合，探索完善国家储备市场调节机制，充分运用储备吞吐，配合实施跨周期和逆周期政策来稳定经济运行。注重国家储备设施和社会资源的统筹使用，适应优化完善布局和多样化任务的需要。瞄准精准化高效率目标，强化调运投送，完善储备调用动用预案，实行分级动用，明确各级各类储备动用权限、先后顺序、品种数量和回补途径。完善统一国家储备数据库，建设一体化管理平台和智能系统，加快储备数字化发展。强化精准高效投送保障能力，健全运输枢纽体系和末端配送网络，构建一体化投放保障模式。管好用好粮食应急保障企业资源，切实完善应急配送和供应"最后一公里"，实现"都市区1小时送达、周边城市3小时送达、城市群5小时送达"目标。

四　推进国家储备体系和能力现代化的关键举措

习近平总书记深刻指出，"干事业做工作大方向要正确，重点要明确，战略要得当，同时要把控好细节，把政治经济、宏观微观、战略战术有机结合起来，做到谋划时统揽大局、操作中细致精当，防止因为'细节中的魔鬼'损害大局"。加强和完善国家储备体系建设，要立足新发展阶段，遵循客观规律，强化依法治理，优化管控模式，增强管理和监管能力，不断提升国家储备管理的制度化、规范化、科学化水平。

强化政治引领，坚持党对储备工作的全面领导。旗帜鲜明讲政治，深入领会贯彻习近平总书记关于国家储备的重要论述精神，将党的领导贯穿于完善国家储备体系、提升储备效能全过程，贯穿于谋划改革思路、制定改革方案、推进改革实施各环节，坚持储备体制机制改革的正确方向，加强统筹督促指导，注重改革举措配套衔接，增强各项政策的整体性、系统性、协调性。

坚持依法治理，加快推动国家储备领域立法进程。针对我国储备安全法治基础较为薄弱的实际，当前要紧紧围绕推进国家治理体系和治理能力现代化这一战略任务，建立健全国家储备法律体系，协同推动粮食安全保障法立法进程，研究论证国家储备立法，健全地方储备相关法规制度，把相关制度政策转化为治理效能，为解决国家储备改革发展的现实问题提供法律保障，用法律"利剑"守护大国储备。

创新方式手段，全面加大国家储备监管力度。充分运用12325监管热线、国家储备数据平台和在线监管系统，强化信用分级分类监管，实施守信联合激励和失信联合惩戒，严格问责制度。加强国家储备执法能力建设，探索开展穿透式监管，严肃查办违法违规案件，增强监管执法威慑力和实效性。完善粮食和物资储备标准体系，加快制定、修订重要标准，出台一批物资储备操作规程及技术规范，以高标准引领国家储备高质量发展。

注重系统集成，打好改革发展"组合拳"。强化粮食安全、能源安全、战略性矿产品安全和产业链供应链安全稳定等风险的监测预警和评估，健全完善应急预案，制定实施衔接配套的制度政策和改革举措。强化粮食产购储加销协同保障，深入推进优质粮食工程，大力开展粮食节约行动，持续推动产业链、价值链、供应链"三链协同"，加快增强粮食供给体系韧性。

紧绷安全这根弦，坚决筑牢守好安全底线。始终把储备领域的安全生产放在突出位置，压实安全生产主体责任和监管责任。深入实施国家储备仓库安全治理提升三年行动，围绕标准、规范、技术等方面，健全安全风险分级管控和隐患排查治理双重预防机制，推进生产作业标准化、安全管理规范化、风险管控智能化，统筹加强人防、物防、技防、联防，全面提高储备仓库本质安全水平。

凝聚合作共识　共筑全球粮安
——在 2022 年中国国际服务贸易交易会粮食现代供应链发展及投资国际论坛上的致辞（2022 年 9 月 3 日）

国家发展和改革委员会党组成员
国家粮食和物资储备局党组书记、局长　　丛　亮

　　金秋九月，风禾尽起，嘉穗盈车，我们相聚服贸盛会，以"增强供应链稳定性，促进世界粮食安全"为主题，举行这次专门论坛，对于落实全球发展倡议，共商粮食安全合作，具有十分重要的意义。在此，我代表中国国家粮食和物资储备局，向论坛的举行表示热烈的祝贺，向长期以来关心和支持中国粮食安全事业的国内外朋友们表示衷心的感谢！

　　中国古人说："仓廪实而知礼节，衣食足而知荣辱"。自古以来，中国人就极为看重粮食对生存发展和文明进步的重大作用。新中国成立后始终高度重视解决粮食问题。党的十八大以来，以习近平同志为核心的党中央把粮食安全作为"国之大者"和头等大事来抓，我国粮食生产能力持续增强，收储调控能力明显提升，供给结构不断优化，"中国粮食、中国饭碗"成色更足，走出了一条中国特色粮食安全之路。全国粮食总产量连续 7 年保持在 1.3 万亿斤以上，人均粮食占有量 483 公斤，高于国际公认的粮食安全线，做到了谷物基本自给、口粮绝对安全。现行标准下 9899 万农村贫困人口全部脱贫，包括"不愁吃"在内的"两不愁三保障"全面实现。面对世界百年未有之大变局，在新冠疫情、局部冲突等因素接踵而至，国际粮食市场起伏较大的情况下，我国粮食产业链供应链稳定性凸显，粮食安全保障能力经受住了复杂局面的现实检验。经过艰苦努力，从当年 4 亿人吃不饱到今天 14 亿多人吃得好，有力回答了"谁来养活中国"的问题。

　　"这是一个充满挑战的时代，也是一个充满希望的时代。"当今世界，经济全球化面临不少阻力，但是粮食产业链你中有我、我中有你的局面没有改变，粮食供应链环环相扣、休戚与共的特性没有改变。我们要认清世界发展大势，坚定信心，凝聚合力，准确把握好国际与国内、政府与市场、当前与长远的关系，不断增强粮食供应链稳定性，共同创造更高水平的粮食安全。

　　增强粮食供应链稳定性，必须坚持立足国内，切实端牢中国人的饭碗。粮食安全是国家安全的重要基础，保障粮食安全任何时候都不能放松。中国人口众多，解决好自身的吃饭问题，本身就是对世界粮食安全的重大贡献。我们将大力实施国家粮食安全战略，认真落实兴粮惠农政策，深入推进"藏粮于地、藏粮于技"，加大耕地保护和农田建设力度，强化现代种业等科技支撑，优化农业布局和产品结构，切实做到中国人的饭碗任何时候都要牢牢端在自己手上、我们的饭碗主要装中国粮。

　　增强粮食供应链稳定性，必须注重系统推动，把粮食安全建立在高质量发展基础之上。保障粮食供给，不仅需要规模数量充裕，也需要质量品质优良；不仅需要足够的粮食产量和库存，也需要合理布局的加工流通和调控能力。我们将着眼全链条提升、高质量发展、高水平保障，加快推动粮食安全立法进程，强化考核导向和规划引领，突出产购储加销协同保障，实施优质粮食工程，开展粮食节约行动，加大执法监管力度，提升收储调控能力，在更高层次上保持我国粮食供需动态平衡。

　　增强粮食供应链稳定性，必须深化国际合作，努力实现互利共赢。今年以来，习近平主席在博鳌

亚洲论坛、金砖峰会、全球发展高层对话会等重要国际场合，多次就粮食安全合作提出倡议。在致此次服贸会的贺信中，习近平主席强调，坚持普惠包容、合作共赢，为世界经济复苏发展注入动力。我们将认真落实这些重要倡议，积极参与全球和区域粮食安全治理，支持联合国粮农组织、联合国世界粮食计划署等国际组织发挥作用，深入推进南南合作，深化粮食经贸合作，促进形成更加安全、稳定、合理的国际粮食安全新局面。

各位嘉宾、各位朋友！粮食安全事关人类的永续发展，是构建人类命运共同体的重要保障。让我们携起手来，深化交流合作，共同维护世界粮食安全、创造繁荣发展的新时代！

最后，预祝本次论坛取得圆满成功！

谢谢大家。

在全国夏粮收购工作会议上的讲话（2022 年 5 月 19 日）

国家粮食和物资储备局党组成员、副局长　卢景波

　　面对当前复杂多变的国内外粮食市场形势，习近平总书记多次对粮食安全和粮食工作作出重要指示批示，党中央、国务院先后作出一系列重大决策部署，为我们进一步提升粮食收储调控能力，保证供应稳定市场，切实保障国家粮食安全提供了根本遵循。今天召开这次会议，主要任务是坚决贯彻习近平总书记重要指示批示精神和中央经济工作会议、中央农村工作会议精神，认真落实党中央、国务院关于继续做好"六稳""六保"工作的部署要求，分析研判夏粮收购形势，安排部署夏粮收购工作，为全年粮食收购工作开好局、起好步，为保持粮食市场平稳运行、保障国家粮食安全、稳住经济社会发展全局提供有力支撑。

一　进一步提高政治站位，充分认识抓好今年夏粮收购工作的重大现实意义

　　今年是党的二十大召开之年，也是实施"十四五"规划承上启下的重要一年，面对统筹疫情防控和粮食流通改革发展的繁重任务，抓好今年夏粮收购工作，具有更为特殊、更加关键的重大现实意义。各地要进一步提高政治站位，深化思想认识，切实增强抓好夏粮收购的责任感、使命感和紧迫感。

　　（一）要充分认识到，这是坚决贯彻习近平总书记重要指示批示精神，深入落实党中央、国务院"六稳""六保"决策部署的重大举措

　　习近平总书记在中央经济工作会议上指出，要把正确认识和把握初级产品供给保障作为五个重大理论和实践问题之一，对端牢饭碗、党政同责等提出明确要求；在今年"两会"期间参加全国政协农业界、社会福利和社会保障界委员联组会时再次强调，要把确保重要农产品特别是粮食供给作为首要任务。中央农村工作会议把保障国家粮食安全作为需要牢牢守住的两条底线之一，明确要求全力抓好粮食等重要农产品供给。大家一定要进一步统一思想，站在讲政治的高度理解把握粮食收购工作，自觉把今年夏粮收购工作放在经济社会发展和粮食安全大局中谋划推进，始终保持正确工作方向。

　　（二）要充分认识到，这是有效应对复杂多变的国内外粮食市场形势、进一步增强粮食安全保障能力的客观要求

　　今年以来，受乌克兰危机等因素影响，国际小麦、玉米、大豆期货价格大幅上涨，2 月、3 月全球食品价格指数连创新高，4 月小幅回落但仍维持高位。当前，全球粮食贸易格局正在发生深刻变化，预计下步国际粮价还将持续高位运行，对我国防范输入性通胀风险带来更加严峻的挑战。粮食收购在促进粮食生产、增加粮源供应、保障市场平稳运行等方面发挥着重要作用。大家一定要增强战略眼光，统筹把握国内外粮食安全和粮食市场形势，始终绷紧粮食安全这根弦，坚决把夏粮收购工作抓紧抓实抓好。

（三）要充分认识到，这是坚持以人民为中心的发展思想、全力维护种粮农民利益的实践要求

近年来，有关部门和各地高度重视粮食收购，特别是党史学习教育开展以来，把抓好粮食收购作为"我为群众办实事"实践活动的重大举措，做了大量富有成效的工作。近一段时间部分地区疫情多点散发，有的地方实行静态管理，对粮食购销活动带来不同程度影响。大家一定要做好思想准备，密切关注疫情发展变化，及时协调解决困难问题，坚决守住"种粮卖得出"的底线，切实保护好种粮农民利益。

二	统筹兼顾突出重点，全力抓好夏粮收购各项工作

前期，我们对各地夏粮生产、收购等情况作了调度。综合各方面情况，今年夏粮有望再获丰收，收购量将保持在较高水平，小麦价格保持高位、早籼稻价格相对稳定，预计启动托市收购的可能性不大。国家有关部门已联合印发通知，对抓好夏粮收购作了全面安排。各地要按照通知要求，结合实际认真抓好落实。下面，我再强调四个方面。

（一）坚持有效市场和有为政府相结合，精心组织市场化和政策性"两个收购"

牢固树立市场化理念，充分发挥市场配置资源的决定性作用，千方百计抓好市场化收购。要强化人员、资金、仓容、仪器设备等各项保障，确保"有人收粮、有钱收粮、有仓收粮、有车运粮"。这几年，针对不少基层国有粮食购销企业仓容闲置、参与市场化经营的办法不多意愿不强等问题，不少省份动了很多脑筋，做了很多创新探索。比如，安徽省为企业开展各类代收代储业务牵线搭桥、提供便利；山东省发挥国有粮食企业示范引领作用，采取委托收购、联合收购等方式做好收购工作；河南省鼓励地方组建"龙头加工企业＋国有仓储企业＋政策性金融机构"为核心，多元主体共同参与的产业化联合体，共同开展收购工作。对于这些好经验好做法，大家要互相学习借鉴、及时总结推广。各地要进一步加强产销区政府层面战略协作，创新举办形式多样的区域性洽谈活动，推动线上线下融合发展，促进粮食顺畅流通。

前面分析到，今年启动托市收购的可能性不大，但也不排除局部地区有启动的可能性。中储粮集团公司和有关省份要有充分预估，认真做好各项准备工作，打出提前量，确保能够第一时间在符合条件的地区开展托市收购，严格执行政策规定和质价标准，切实发挥好政策托底作用。当然，市场化收购始终是我们的努力方向。要坚持"启动是例外、不启动是常态"，先充分发挥市场决定性作用、让市场形成价格，当价格低于最低收购价格水平时，再启动托市收购，保护农民种粮基本收益。

（二）统筹推进粮食收购和疫情防控，不断提升为农为企服务水平

各地要始终坚持以人民为中心的发展思想，切实增强为农为企服务意识，创新服务方式，提高服务水平，帮助农民顺畅售粮、企业有序收粮。一是坚持阳光操作和规范操作。要督促收购库点在醒目位置公示收购粮食品种、质量标准和价格，做到标准上榜、价格上墙、样品上柜、仪器设备"持证上岗"，做好咨询讲解、指示牌设置、接卸引导、账款清算等工作，让农民卖"明白粮""放心粮""舒心粮"。二是优化产后服务。要认真落实节粮减损各项政策措施，指导粮食产后服务中心及时提供清理烘干、储藏保管、加工转化、市场销售等服务。目前，全国已建成5500多个粮食产后服务中心，覆盖1000多个产粮大县。要指导产后服务中心在粮食减损降耗、提质增效、助农增收等方面持续发挥更大作用。三是积极推广预约收购。最低收购价库点、储备轮换库点要带头采用"互联网＋"收购方式，尽可能做到预约收购，避免集中扎堆售粮，减少人员聚集。要优化收购现场服务，严格落实疫情防控相关规定，指导售粮农民做好自身防护，配备必要防疫物资，定时进行环境消杀，必要时早开门、晚收秤、延长收购时间，确保粮食收购和疫情防控两不误。四是加强备案管理。去年，按照新修订的《粮食流通管理条例》规定，我们对取消粮食收购资格许可、优化备案管理作了安排部署。各地要认真落实"放管服"改革要求，进一步规范和简化备案管理流程，在便民利企的同时，也便于我们获取真实的粮食收购相关情况、掌握第一手资料。五是及时细化完善收购工作应急预案。要结合实际，充分考虑疫情管控、汛期可能对粮食收购造成的影响，认真做好收购应急预案，指导农民做好庭院储粮并适时卖粮，督促指导经纪人等做好安全保粮，避免发生霉粮坏粮。同时，应急预案要随时根据疫情发展、天气变化等，有针对性地进行调整优化。

发生疫情的地区，要在严格落实疫情防控要求的同时，因地制宜、创新方式，最大限度减少疫情对收购工作的影响。针对可能出现的区域性、阶段性物流不畅问题，要加强协同联动，发挥好粮食收购联席会议制度等工作机制作用，形成工作合力。要加强与交通运输等部门的沟通协调，打通"堵点""卡点"，配合做好粮食运输车辆保障和重点物资运输车辆通行证发放等工作，推动粮食企业购销活动顺畅进行。同时，要压实企业安全储粮和安全生产主体责任，加大风险隐患排查力度，加强从业人员安全教育培训，强化粮食出入库作业监管，坚决防范粮食储存和安全生产事故发生，确保人民群众生命和财产安全。

（三）密切跟踪粮食市场形势变化，多措并举保障市场平稳运行

当前，国际粮食市场形势复杂多变，在抓好粮食收购的同时，保供稳价工作一点也不能放松。一要强化监测预警。要进一步加大监测预警力度，视情扩大监测范围、增加监测频次，特别是要紧盯重点地区、重点环节、重点品种、重点企业、重点问题，加强苗头性、倾向性、潜在性问题分析，下好先手棋、打好主动仗，进一步增强监测预警的前瞻性、针对性和时效性。二要强化储备调节。各地和中储粮有关分公司要密切沟通配合，推动信息共享，加强中央和地方储备粮轮换安排衔接，做到同向发力，共同维护粮食市场平稳运行。国家有关部门将根据市场形势变化和调控需要，灵活安排政策性粮食投放，适时细化完善交易规则，有效保障市场供应。三要强化预期引导。疫情发生以来，粮食市场形势变化快，社会各界普遍高度关注，粮食安全、粮食危机一直是热门话题。对此，我们要进一步增强敏感性，提高工作主动性，强化政策解读和宣传引导，及时发布粮油供求、购销、价格等信息，通过新闻通气会等多种形式主动发声，回应社会关切，稳定市场预期。四要强化部门协作。在疫情防控常态化形势下，个别地区集中购粮问题随时可能发生，决不能掉以轻心。要加强与当地发改、商务等部门衔接配合，做好粮源调度、应急加工等各项工作。特别是商超环节成品粮供应要跟上，配合商务等部门做好"最后一百米"的文章，确保粮油产品不脱销不断档。

（四）从严开展执法监管，维护良好市场秩序

要加大案件查处力度，充分发挥12325监管热线作用，主动排查发现问题线索，从严从重查处压级压价、未及时支付售粮款等坑农害农行为，严厉打击"虚假收购""以陈顶新""转圈粮"等损害国家利益的行为。夏粮收购期间，国家有关部门将适时对各地开展粮食收购监管情况进行督导检查。同时，希望粮食行业协会以及中介组织加强行业自律，引导企业诚信经营、依法经营，共同维护良好市场氛围。

同志们，做好今年夏粮收购工作任务艰巨、责任重大。我们要坚持以习近平新时代中国特色社会

主义思想为指导，更加紧密地团结在以习近平同志为核心的党中央周围，主动担当、积极作为，真抓实干、攻坚克难，全力以赴做好夏粮收购各项工作，打赢全年粮食收购第一战，以优异成绩迎接党的二十大胜利召开！

在新一届全国粮食职业教育教学指导委员会成立大会上的讲话（2022 年 3 月 29 日）

国家粮食和物资储备局党组成员、副局长 黄 炜

上一届粮食行指委成立以来，紧紧围绕国家粮食安全，团结带领行业企业、职业院校及有关专家，聚焦行业发展，认真履职尽责，在参与教学标准建设、推进产教融合、提高行业职业教育水平等方面作出了积极贡献，取得了明显成效。刚才，国家粮食和物资储备局督查专员、新一届粮食行指委主任委员颜波同志代表行指委报告了上一届粮食行指委工作情况，部署了新一届粮食行指委工作安排。这次粮食行指委换届工作，教育部作出明确部署，国家粮食和物资储备局党组高度重视，有关司局单位精心组织，粮食行业院校和企业做了大量工作。经过严格的推选程序，并报教育部批准，公布了新一届粮食行指委组成人员名单，换届工作取得圆满成功。希望新一届粮食行指委以此为新起点，高质量做好粮食职业教育各项工作，努力在新时代展现新担当，实现新作为。

一 突出提高政治站位，切实增强做好粮食职业教育工作的自觉性

党的十八大以来，以习近平同志为核心的党中央高度重视职业教育工作，把职业教育摆在了前所未有的突出位置。习近平总书记站在党和国家事业发展全局的高度，多次就职业教育发展作出重要指示批示。在战略定位上，指出劳动者素质对一个国家、一个民族的发展至关重要。职业教育是培养高素质技能型人才的基础性工程，要着力培养高素质劳动者和技术技能人才，为促进经济社会发展和提高国家竞争力提供优质人才资源支撑。在发展方向上，要求牢牢把握服务发展、促进就业的办学方向，创新各层次各类型职业教育模式，坚持产教融合、校企合作，坚持工学结合、知行合一，优化学校、专业布局，努力建设中国特色职业教育体系。在体制机制上，明确要完善现代职业教育制度，深化办学体制改革和育人机制改革，健全技能人才培养、使用、评价、激励制度，提高技能人才待遇水平，畅通技能人才职业发展道路。在工作要求上，强调要树立正确人才观，弘扬劳动光荣、技能宝贵、创造伟大的时代风尚，营造人人皆可成才、人人尽展其才的良好环境。国家就职业教育发展先后出台了一系列重要政策文件，中央办公厅、国务院办公厅印发了《关于推动现代职业教育高质量发展的意见》，国务院出台了《国家职业教育改革实施方案》《关于深化产教融合的若干意见》。党中央、国务院关于职业教育的一系列重大决策部署，为我们抓好粮食职业教育指明了方向，提供了遵循。新一届粮食行指委要切实提高政治站位，深入贯彻习近平总书记关于加快发展现代职业教育的重要指示精神，自觉把粮食职业教育放在国家发展大局中去谋篇布局，切实把思想和行动统一到党中央、国务院决策部署上来，推动粮食职业教育取得新成效。

（一）发展粮食职业教育，是确保国家粮食安全的现实需要

粮食安全事关国运民生，是治国理政的头等大事。党的十八大以来，以习近平同志为核心的党中央高度重视粮食安全，提出了新粮食安全观，确立了国家粮食安全战略。粮食安全是系统性安全，涉

及粮食生产、收购、储存、运输、加工、销售等各链条环节，是生产能力、储备能力、流通应急能力、国际竞争能力等各方面的综合体现和要求，每个环节的安全水平和能力提升都离不开大量的高素质、技能型劳动者。我国的粮食安全决不能建立在低水平的劳动生产率基础之上，必须向高水平安全升级迈进，客观上要求必须加强粮食职业教育，提高粮食行业劳动者素质。粮食行指委要将粮食职业教育放到国家粮食安全战略格局中去通盘考虑，将培养高素质技能人才作为提升粮食行业各链条、各方面能力水平的重要抓手，以实际行动保障国家粮食安全。

（二）发展粮食职业教育，是推动粮食产业高质量发展的重要支撑

人才是经济社会发展的第一资源。当前，我国经济已经由高速增长阶段转向高质量发展阶段，从以前主要依靠要素投入数量的增长，更多转向依靠全要素生产率的提高。粮食产业要实现高质量发展，需要充分发挥人力资本作用，通过建设一支知识型、技能型、创新型劳动者大军，加快推动劳动力从数量红利到质量红利的转变，从而提升粮食人才供给质量。目前，全国涉粮企业长期职工约172.4 万人，人力资本质量整体不高，还难以满足粮食产业高质量发展需要。从学历结构看，专科及以上学历 59.53 万人，仅占 34.53%；高中及以下学历职工 85.4 万人，占比 49.54%、接近一半，高学历职工比重偏低。从技能水平看，技术工人 38.75 万人，其中高技能人才仅 7.88 万人，占技术工人的 20.34%，技能人才缺乏。从年龄结构看，46 岁及以上的占 33.22%，老龄化程度持续加重，一线岗位青黄不接。从培养院校看，大口径统计全国开设粮食相关专业职业院校 45 所，每年培养毕业学生约 5000 人左右，供需极不平衡。这些数字凸显了加强粮食职业教育的紧迫性和重要性。粮食职业教育是推动粮食产业高质量发展的重要支撑，这也是符合国家关于职业教育总的方向要求，必须加快发展粮食职业教育，提高粮食行业人力资本质量，促进高质量发展。

（三）发展粮食职业教育，是发展现代职业教育的必然要求

职业教育是我国教育体系重要组成部分，推动粮食行业职业教育要从国家职业教育体系中考虑、谋划，现代职业教育是一项系统工程，要求落实立德树人根本任务，坚持类型教育基本定位，牢牢把握教育质量生命线，突出教师素质、教材改革、教法创新重点，聚焦人才培养、办学体制、考核评价、保障机制，打造纵向贯通、横向融通的现代职业教育体系。粮食职业教育作为职业教育领域的重要组成部分，目前仍存在教育规模较小、质量不高，专业点、专业面跟不上发展需要等问题，距离现代职业教育仍有较大差距。粮食行指委要认真贯彻落实国家关于建立现代职业教育体系的发展要求，破解粮食职业教育存在的基础障碍，补短板、强弱项，推动粮食职业教育朝着现代职业教育方向更好更快发展。

（四）发展粮食职业教育，是应对国际竞争挑战的战略举措

粮食安全要立足自我，也要依靠国际国内两个市场。在国际环境中，如何提高粮食行业的国际竞争力是我们需要思考的问题。当今世界正经历百年未有之大变局，"东升西降"的大趋势加速演进，美西方对我进行全方位遏制打压，综合国力的竞争更加激烈。在粮食领域，美国 ADM、邦吉、嘉吉，法国路易达孚四大粮商主导着全球农产品进出口贸易，在全球谷物贸易市场上占有 70% 以上的份额。大粮商依靠粮食企业的技术优势、资本优势和规模优势，掌控全球粮食主导权和话语权。国外某一企业的市场占有份额超过我们国家一众粮食企业所产生的产值、效益、效率。与国际粮食企业巨头相比，我国粮食企业国际竞争力不强，获取世界粮食资源和粮食权益有限，在粮食育种、生产、加工、仓储、运输等产业链条上存在诸多薄弱环节，这背后与缺乏大量的高素质技术技能人才密不可分。要深入研究总结国际一流粮食企业在职业人才教育方面的经验做法，聚焦我国粮食企业发展需要，加快

培养产业发展需要的技能人才，提升粮食企业劳动者素质，进而增强我国粮食企业参与国际竞争的能力。

二　突出明确职责定位，不断增强粮食行指委各项工作的主动性和实效性

粮食行指委作为粮食职业教育研究、咨询、指导和服务的重要专家组织，要明确职能、找准定位，认真把握粮食职业教育发展规律和工作要求，努力推动粮食职业教育高质量发展。

一是在促进人才供需上下功夫。粮食行指委一头联系着职业院校，一头联系着行业龙头企业，在人才供给和需求对接上有着天然优势。要紧密跟踪产业政策、发展动态，开展粮食行业技术技能人才需求预测分析，适时发布人才需求情况。引导学校紧贴市场和就业形势，动态调整专业目录，防止出现结构性失业，推动院校人才供给侧和企业需求侧耦合发展、同向发力。指导工作一定要站到产业的需求、企业的需求上考虑人才对接，向市场找方向，向企业问需求，向产品和服务问人才，指导意见更加满足实际发展需要。

二是在提高人才质量上下功夫。粮食行指委要聚焦提升人才质量，引导职业院校从治理结构、专业体系、课程内容、教学方法、师资结构等方面进行全面系统改革，把办学思路真正转到服务粮食行业发展上来，把办学定位转到培养应用型和技术技能型人才上来，把办学模式转到产教融合校企合作上来，切实提高人才培养质量。

三是在完善培养体系上下功夫。职业教育的发展离不开社会各方力量的广泛参与。粮食行指委要积极主动作为，创新人才培养模式，健全多元办学格局，引导广大粮食企业，特别是龙头企业积极参与职业教育，推进粮食院校与企业校企合作、联合办学、校企一体建设。完善人才培养体系，在粮食行业开展中职、高职、职业教育本科贯通培养，科学合理布局，整合系统资源，加快形成有特色、高水平的"拳头产品"，增强粮食职业教育的吸引力和竞争力。

四是在规范运行管理上下功夫。教育部对各行指委的工作提出明确要求，制定了《工作规程（试行）》，粮食行指委修订了章程。要坚持用制度管人，按制度办事，严格管理，严格要求，把制度规范落到实处，既要积极主动、敢于担当，扎实做好工作，又要明确界限、守牢底线，展现良好形象。如，要坚持公益性定位，不得以营利为目的举办活动；除定期组织行业职业教育教学、科学研究、师资建设等方面工作的评审外，原则上不开展其他评比、达标、表彰活动；未经粮食行指委批准，委员不得以行指委名义对外开展活动等。

三　突出把握工作重点，推进新时代粮食职业教育取得更好成效

新一届粮食行指委要深入贯彻落实习近平总书记关于职业教育的重要指示批示和全国职业教育大会精神，认真落实国家各项政策措施，严格遵守教育部《工作规程（试行）》、粮食行指委工作规划和工作计划，紧紧围绕加强粮食行业技术技能人才培养工作要求，在政策咨询、教学标准、产教融合、师资队伍建设等方面重点发力，推动粮食职业教育再上新台阶。

一是高质量做好政策咨询。做好研究咨询是粮食行指委智库的重要职责。要围绕贯彻落实党中

央、国务院决策部署和教育部、国家粮食和物资储备局党组工作安排，做好基础性、前瞻性、应用性研究，以高质量的研究咨询工作，为粮食职业教育发展提供决策参考。国家粮食和物资储备局正大力推进粮食绿色仓储、品种品质品牌、质量追溯、机械装备、应急保障能力、节约减损健康消费"六大提升行动"，这是国家局关于粮食产业高质量发展的指导性政策，粮食职业教育如何跟得上，需要哪些方面的技术技能人才，现在的人员比例是否满足需求，现行学科专业体系是否满足要求，需要开设哪些课程，这些方面要深入开展研究，提出科学合理的意见建议。

二是高起点指导加快标准体系建设。标准至关重要，直接影响到教学质量的效果。要用好行指委承担教学标准研制、修订等工作抓手，指导院校紧跟产业变化趋势和市场需求，优化专业设置、健全教学标准、更新课程内容，促进教学课程与市场需求有效衔接。对已修（制）订的粮食行业专业教学标准，要指导院校及时修订教学内容，加强专业建设，提升教学质量。同时，要加强中职、高职、职业教育本科课程标准衔接工作，加快高职本科专业《现代粮食工程技术》等课程教学标准制订工作，拓展粮食职业教育人才成长上升空间，提高技能人才质量。

三是高水平指导促进产教融合。产教融合的核心是改革人才培育模式，促进教育链、人才链与产业链、创新链有机结合。目前，粮食职业教育产教融合水平还比较低，人才培养供给侧和企业需求侧在结构、质量、水平上还不能完全适应，供给失衡，高质量供给不足，供需不匹配等问题依然存在。宏观层面，要加强粮食行业产教融合制度设计，围绕产区、销区、产销平衡区不同地区粮食产业发展情况，聚焦不同地区人才需求侧重点，开展针对性融合对接。中观层面，要以优化集团化办学为手段，调动企业和院校合作办学的积极性，建立产教一体化利益共同体。微观层面，要融通各方资源协调落实，推进专业设置与产业需求对接、课程内容与职业标准对接、教学过程与生产过程对接，推进产教融合从机制耦合深化为要素匹配。积极办好职业技能竞赛，以赛促学，以赛带练，全方位提升技能水平。

四是高效能指导促进师资队伍建设。要以教育部关于指导职业院校"双师型"教师队伍建设为抓手，一方面，要做优"存量"，推动实施职业学校教师素质提升工程，鼓励加大"人才兴粮"专项经费投入，创新人才评价考核办法，引导更多在校教师提高教育教学能力和专业实践能力；另一方面，要做大"增量"，畅通人才交流互通机制，破除体制机制障碍，鼓励院校注重从企业一线和各级技能大赛获奖选手等群体中聘请教师，优化教师队伍结构，吸引更多优秀人才投身粮食职业教育。

同志们，做好新一届粮食行指委工作任务繁重、使命光荣，让我们更加紧密地团结在以习近平同志为核心的党中央周围，敢于担当、锐意进取，扎实做好各项工作，不断提升粮食职业教育水平，为保障国家粮食安全、端牢中国饭碗作出新的更大贡献，以优异成绩迎接党的二十大胜利召开！

在全国粮食收购贷款信用保证基金经验交流视频会议上的讲话（2022 年 9 月 23 日）

国家粮食和物资储备局党组成员、副局长　贾　骞

今年的秋粮收购即将启动，9 月 15 日国家粮食和物资储备局召开全国秋粮收购工作会议，进行了全面的部署，丛亮局长从讲政治的高度明确要求，各地要确保"有人收粮、有钱收粮、有仓收粮、有车运粮"，其中"有钱收粮"是一个重要的环节。今天，我们召开粮食收购贷款信用保证基金经验交流视频会，目的就是深入贯彻落实党中央、国务院决策部署和国家粮食和物资储备局党组要求，总结基金组建以来运行情况和成效，交流各地典型经验和好的做法，研究完善政策措施，进一步放大基金效用，更好支持企业有钱收粮，确保不出现农民"卖粮难"，促进秋粮收购顺利进行，为党的二十大胜利召开营造稳定和谐的社会氛围，为推动粮食产业高质量发展和乡村振兴，为在更高层次上、更高水平上、更高质量上保障国家粮食安全增添新动能。

国家粮食和物资储备局党组高度重视粮食信用保证基金的组建运行工作，有关情况多次专报中央办公厅、国务院办公厅，并得到国务院领导同志多次批示肯定。会前，丛亮局长认真审阅了会议材料，作了批示。财务审计司主要负责同志进行了传达，大家要认真学习领会，结合实际抓好贯彻落实。刚才，内蒙古、辽宁、江苏、山东、新疆等 5 省区粮食和物资储备局交流了基金组建运行经验，基金规模逐渐增大，充分体现了政府重视，措施得力，成效明显。河北粮食集团、内蒙古通辽通兴粮油公司、四川绵阳粮油集团等 3 家企业交流了参与基金取得的明显成效，发自内心地认可和支持基金。中国农业发展银行介绍了参与和支持基金组建运行等粮食信贷情况，中粮集团介绍了基金银企对接服务平台建设情况。听了大家的发言，很受启发。希望各地各相关部门单位互相学习借鉴，取长补短，进一步提高工作成效。下面，我讲两点意见。

一　粮食信用保证基金创新资金筹集方式，取得显著成效

在国家有关部门的大力支持下，在各省粮食和物资储备部门的不懈努力下，粮食信用保证基金自组建六年来，规模持续扩大，成效逐步显现，为解决粮食企业融资，特别是解决农民卖粮难发挥了非常积极的作用。在这过程中，国务院领导同志多次批示肯定，中央电视台、中央人民广播电台、经济日报、农民日报等主流媒体也多次进行了报道，收到良好社会反响。这是我们主动作为的生动实践，也是各地齐心协力、积极探索的丰硕成果。我们要认真总结经验成效，交流推广好的做法，充分发挥典型示范引领作用，进一步巩固放大基金成效。

（一）基金在粮食收储制度改革中应运而生、蓬勃发展

一是新形势催生新变革。2016 年，国家实施玉米收储制度改革，取消玉米临时收储，改为"市场化收购"加"补贴"新机制。当时粮食企业普遍小散弱，市场化收购融资比较困难。为防止因收购资金不足出现大范围"卖粮难""打白条"，2016 年国务院研究决定探索建立粮食收购贷款风险分担

防范机制，保障粮食收购资金供应。当年底，借鉴江苏经验做法，财政部、原银监会、原国家粮食局和农业发展银行等部门单位联合印发《建立东北地区玉米收购贷款信用保证基金实施方案》，启动全国性的基金组建运行工作。各地结合实际，积极筹措财政资金，及时出台实施办法，基金结合粮食购销制度改革应运而生。

二是聚合力推动大发展。为推动基金运行发展，国家相继出台了多项政策措施。国务院办公厅《关于加快推进农业供给侧结构性改革大力发展粮食产业经济的意见》提出要"建立健全粮食收购贷款信用保证基金融资担保机制"。财政部等九部门联合印发的《关于深化粮食产销合作提高安全保障能力的指导意见》明确"有关主产区可按市场化方式建立健全粮食收购贷款信用保证基金融资担保机制，支持各类粮食企业开展粮食收购活动。鼓励其他地区因地制宜建立健全粮食收购贷款信用保证基金融资担保机制"。此外，2017 年至 2022 年连续 6 年的粮食安全省长责任制考核中均就组建运行基金提出了要求。各地认真贯彻落实政策精神，进一步修订完善基金办法，基金适用的粮食品种越来越多，参与的企业和银行范围越来越大，基金走上快速发展道路。截至目前，包括 13 个粮食主产省在内的 17 个省份组建运行了 150 多只基金，基金总规模达到 75 亿元，其中财政出资近 30 亿元，累计服务 3300 多户企业，贷款 2100 多亿元，基金影响力明显增强。当前，小麦和稻谷最低收购价预案启动越来越少，企业市场化收购占据主导地位，基金将发挥更大作用。

（二）基金在各地实践中各具特色、异彩纷呈

六年来，各地相互学习借鉴经验做法，结合实际积极探索创新，塑造了一批典型模式，积累了宝贵经验。概括起来主要是三个模式。

一是省级统筹、整体推进的"东北模式"。为集中有限资金办大事，满足粮食企业收购资金需求，辽宁、吉林、黑龙江等粮食大省探索了省级统筹、整体推进的"东北模式"。主要做法是：以省财政注资为主、市县配套为辅成立省级基金，统一对接金融机构，为全省范围内粮食企业提供融资增信服务，批量发放贷款。其中，吉林省财政出资 5 亿元，是省级财政出资最多的省份，基金累计向 171 户企业放贷 78 亿元；黑龙江省财政出资 2 亿元，基金累计向 448 户企业发放贷款 124.8 亿元；辽宁省持续追加财政出资，基金规模从建立之初的 1 亿元增加至 2.5 亿元，累计向 68 户企业放贷 83 亿元。河北、安徽、江西、山东、河南、广西、青海、新疆等省份学习借鉴"东北模式"，相继组建运行了省级信用保证基金，建立了覆盖全省（区）的粮食收购融资长效保障机制。其中，新疆收购小麦，之前资金是一个大问题，现在基本实现市场化收购资金全保障、银行放贷零代偿、融资成本再降低，成效特别明显。此外，河南还争取省财政出资组建了粮食产业投资担保公司，为粮食融资担保市场化运作探索新路。

二是省市结合、共同推进的"内蒙模式"。为调动省市县三级政府积极性，落实政银企三方责任，使基金既有"船大抗风浪"的稳健、又有"船小好调头"的灵活，确保平稳运行，内蒙古自治区探索了区市结合、共同推进的"内蒙模式"。主要做法是：省级政府出台基金方案，省、市（盟）财政按比例共同出资建立基金。基金运行中，赋予盟市在企业遴选、基金管理、贷款发放、资金监管等方面更大自主权，可根据当地粮情企情及时调整基金项下贷款数量和节奏，增强基金的灵活性。目前，内蒙古区级基金规模从 2016 年的 3.6 亿元增加到 11.1 亿元，累计放贷 220.8 亿元。仅 2021 年全区 86 户企业就获得贷款 51.2 亿元，其中中小民营企业户数占 70%、贷款额度占 75%。同时，通辽、赤峰等一些收购资金需求量比较大的地市，还独立组建运行市级基金。其中，通辽市基金规模 2.8 亿元（市财政 1.28 亿元），累计向企业放贷 88.5 亿元，占全区总量的 40%，在地市级基金中放贷数量最多，

效果最为明显。

三是市县主导、省级支持的"江苏模式"。江苏省区域经济发达，基层市县财力雄厚，创新意识较强，探索了市县主导、省级支持的"江苏模式"。主要做法是：省级层面印发指导性文件，提出基金组建原则和市县财政出资比例等要求，各市县结合实际确定基金规模及同级财政出资额。目前江苏全省13个地市中有11个市（苏州、无锡等非主产区除外）、61个县建立了粮食收购共同担保基金，规模达到11.7亿元，其中财政出资6.3亿元，平均每年帮助企业获得贷款超过100亿元，2021年达到170亿元。湖北、湖南、四川等省份学习借鉴"江苏模式"，支持粮食主产市县建立信用保证基金，湖北安陆等地与农发行、农商行等各类金融机构合作运行基金，进一步拓宽了信贷资金来源。

（三）基金在落地见效中成果丰硕、成效明显

一是有力推动了粮食收储制度改革，减轻了国家财政负担。市场化收购是改革的大趋势，粮食信用保证基金为粮食企业市场化收购融资增信，有效激发各类资本投入粮食行业，粮食收购资金由"单一来源"变为"渠道多元"，没有因为收购资金问题出现大范围"卖粮难""打白条"；推动粮食收购从政策性收储"唱主角"向多元主体参与市场化收购"大合唱"深刻转变，顺利实现了市场化改革目标，提高了市场化收购比重，大幅减轻了国家财政负担。

二是有效缓解了粮食企业融资难融资贵问题。在粮食企业普遍资产少、负债高、规模偏小的情况下，财政出资为企业增信，引导金融机构放大10—15倍为粮食企业特别是基层小微企业提供信贷支持，粮食信用保证基金有效发挥了"四两拨千斤"的作用。人民银行、银保监会等部门对粮食信贷政策给予倾斜，农业发展银行等金融机构给予大力支持，在增加企业信贷额度的同时还努力降低融资成本，各地基金项下贷款大多按照基准利率或LPR（贷款市场报价利率）计息，部分地区还进一步下浮。以吉林省为例，基金项下贷款利率较商业银行低约4个百分点，基本控制在3.5%左右，为企业平均月吨粮节省利息费用6—10元。新疆、江苏、湖南长沙等地拿出真金白银，出台贷款贴息政策，给予基金项下贷款50%的贴息补助，时间最长可达半年。这些措施进一步降低了企业融资成本，促进了企业降本增效。

三是促进了粮食产业高质量发展和乡村振兴。各地将基金嵌入粮食"产购储加销"体系建设，作为"优粮优购"重要支持政策，与其他上下游环节叠加衔接，与优质粮食工程有机结合，撬动金融资本，发挥乘数效应，促进粮食全产业链发展。江苏将"江苏好粮油"企业纳入基金支持范围，优先支持企业优质粮油收购，确保优质粮油"种得下、收得进"。安徽通过基金对中国好粮油示范企业给予支持，贷款额可以放大到存缴额的20倍。广西通过基金每年订单收购40万吨优质稻谷，带动种粮农民增收10亿元以上。同时，在基金贷款支持下，粮食企业保持了持续盈利的良好态势。粮食信用保证基金已经成为各地支持粮食产业高质量发展和乡村振兴的重要手段和有力举措。

2020年新冠疫情爆发时正值秋粮收购高峰，湖北、黑龙江等省通过基金为粮食企业增信融资，支持企业快速复工复产、满工满产，在确保粮食保供稳市、应对疫情大战大考中发挥了重要作用。

二 ｜ **深化改革、创新发展，推动粮食信用保证基金在粮食流通事业中发挥更大作用**

今年是党的二十大召开之年，也是实施"十四五"规划的关键之年。站在两个百年交汇新的历史

起点，我们要心怀"国之大者"，坚守初心使命，将粮食信用保证基金作为一项惠企之策、利民之举，研究完善政策措施，着力促进基金增量扩面、提质增效，进一步增强基金的生命力和影响力，实现平稳可持续运行，在支持企业有钱收粮、保护种粮农民利益、保障国家粮食安全中发挥更大作用。

（一）凝聚各方力量做大做强基金

各地粮食和物资储备部门要主动向当地党委政府汇报，争取和凝聚各方力量支持基金发展壮大。要积极争取同级财政部门支持，根据粮食收购和企业需要，适当增加基金规模，增强基金担保能力；对基金项下贷款给予贴息等，增强基金吸引力。对于发生代偿的基金，要落实持续补充机制，确保基金规模稳定。去年底，国家粮食和物资储备局争取财政部印发了新的粮食风险基金文件，为盘活结余资金创造了条件。各地要积极协调同级财政部门，争取从粮食风险基金中列支部分资金用于支持信用保证基金运行发展。刚才，中国农业发展银行行长助理朱远洋同志介绍了粮食信贷支持政策，对此我们表示衷心的感谢。今天国家开发银行、中国工商银行、中国银行、中国建设银行、中信银行等金融机构有关负责同志也都参会，会上会下都表达了参与和支持粮食行业发展的意愿，我们积极欢迎。各地也要加强与各大金融机构的沟通协调，吸引和争取各类金融机构积极参与到基金组建运行中来，不断拓宽粮食信贷资金来源渠道，做大蛋糕，共享红利，共同发展。

（二）持续完善基金运行体制机制

按照要求，粮食主产省份要实现基金全覆盖。湖北、湖南、四川等省份要在市县试点的基础上，加快推进，争取覆盖全省。已经全覆盖的省份，要不断总结经验，进一步优化完善基金方案，扩大基金适用粮食品种范围，因地制宜将大豆、杂粮等区域特色品种也纳入支持范围；要探索扩大参与企业的范围，将收购、加工等企业都纳入支持范围；要完善企业互保政策，有条件的地方要缩小联保范围，提高企业参与基金的积极性；市场化收购的一个显著特点就是"快"，也请参与基金的金融机构适当降低准入门槛，简化办贷手续和流程，增强基金的时效性和灵活性，更好支持粮食企业灵活购销。同时，争取对财政出资和企业存缴资金给予优惠存款利率，促进基金的保值增值。不管是"东北模式""内蒙模式"还是"江苏模式"，适合自己的模式就是好模式。各地要积极探索创新基金运行体制机制，可借鉴河南、吉林等省经验，参照农业担保基金运作方式，试行公司化市场化运行，进一步提高基金运行效率。国家局将及时跟进了解各地基金组建运行情况，指导和帮助各地协调解决相关问题，通过上下联动推动完善发展。

（三）不断拓宽粮食企业融资渠道

粮食信用保证基金是粮食企业收购融资的一种有效途径，但不是唯一途径。粮食产业发展还需要更多渠道、更大数量的资金支持。各地要因地制宜，坚持问题导向、底线思维，顺应粮食流通新形势，紧密结合当地省情、粮情、企情，及时了解掌握当地粮食企业生产经营的资金需求，通过信用保证基金、保险、供应链金融、银企战略合作、合作经营等多种方式，指导和帮助企业拓宽融资渠道。今年以来，在农发行和中粮集团大力支持下，国家粮食和物资储备局开发了基金银企对接服务平台，将基金申请、受理、备案、退出等工作由线下转为线上，让网络多跑路、企业少走路，努力实现"企业上门"到"服务上门"的转变，进一步提高基金运行效率。各地要积极支持配合，共同用好、维护好基金平台，进一步巩固放大基金成效，为企业提供更多优质高效金融资源。

（四）高度重视风险防控

粮食信用保证基金的主要作用是为企业融资增信，是一种风险分担和补偿机制。因此，加强风险管理和防控至关重要。在基金组建运行过程中，个别地区出现了不良贷款等风险。对此，要辩证看待、科学应对。出现非恶意的信贷风险的，要认真分析原因，该代偿的代偿、该追偿的追偿，防止出现地方隐性债务，防范化解重大风险。新生事物发展总会出现这样或者那样的问题，要主动发现问题，认真研究解决问题，不能因为出现问题就因噎废食、止步不前。但对于恶意骗贷等不正常的风险情况，要切实加强风险管理，把风险防范放在重要位置。尽管基金担保不收费，但基金不是"唐僧肉"，不能哪个企业想咬就咬一口，决不能形成破窗效应。对于恶意骗贷的企业，要依法依规坚决追究到底、以儆效尤。加强基金风险防控，也可以再探索一些新的办法。比如江西、辽宁等省从财政预算、基金利息等渠道列支部分资金，以政府购买服务等方式，委托专业机构通过互联网监控、物联网监管等手段，加强对基金项下贷款收储粮食的监管，防止恶意骗贷或挤占挪用资金，真正把钱用在该用的地方。在基金运行过程中，要加强部门联动，多听取财政、银保监等部门及金融机构意见，结合实际不断调整完善基金风险防控措施，防患于未然。此前，国家粮食和物资储备局印发了各地的基金方案，大家要交流借鉴、取长补短，努力实现基金的平稳可持续运行。

同志们，抓好粮食收购贷款信用保证基金的组建和运行，对推动粮食流通高质量发展，作用明显、意义重大。我们要进一步提高政治站位，加强顶层设计、系统谋划，加大外部支持、持续内部发力，不断完善制度机制、提升工作效能，结合实际全力做好各项相关工作，以实际行动和优异成绩迎接党的二十大胜利召开！

第三篇

全国粮食和物资储备工作

粮油生产

2022 年，各级农业农村部门认真学习贯彻落实习近平总书记重要指示批示和党中央、国务院决策部署，紧紧围绕"保供固安全，振兴畅循环"的工作定位，克服北方罕见秋雨秋汛、冬小麦大面积晚播、新冠疫情多点散发、南方局部严重高温干旱等多重困难挑战，环环紧扣、压茬推进，实现粮食和农业生产再获丰收，全年粮食连续 8 年保持在 65000 万吨以上。

一　粮食生产

（一）粮食生产概述

1. 粮食面积稳步增长。2022 年粮食播种面积 11833 万公顷，比上年增加 70 万公顷，增幅 0.6%。

2. 单产保持基本稳定。2022 年粮食平均单产每公顷 5801.8 公斤，比上年略减 3.2 公斤，减幅 0.1%。

3. 全国粮食产量实现多年连丰。2022 年粮食总产 68653 万吨，比上年增加 368.3 万吨，增幅 0.5%，粮食产量连续 8 年稳定在 65000 万吨以上。

（二）粮食生产品种结构

1. 三季粮食产量均实现增加

夏粮面积、产量增增：2022 年夏粮播种面积 2653.0 万公顷，比上年增加 9.3 万公顷，增幅 0.3%；产量 14740.3 万吨，比上年增加 144.6 万吨，增幅 1.0%；单产每公顷 5556.1 公斤，比上年增加 35.4 公斤，增幅 0.6%。

早稻面积、产量均增：2022 年早稻播种面积 475.5 万公顷，比上年增加 2.1 万公顷，增幅 0.4%；产量 2812.3 万吨，比上年增加 10.7 万吨，增幅 0.4%；单产每公顷 5914.3 公斤，比上年减少 3.7 公斤，减幅 0.1%。

秋粮面积、产量均增：2022 年秋粮播种面积 8704.7 万公顷，比上年增加 58.8 万公顷，增幅 0.7%；产量 51100.1 万吨，比上年增加 212.3 万吨，增幅 0.4%；单产每公顷 5870.4 公斤，比上年减少 15.3 公斤，减幅 0.3%。

2. 主要粮食品种产量"三增一减"

稻谷面积、产量均减：2022 年稻谷播种面积 2945.0 万公顷，比上年减少 47 万公顷，减幅 1.6%；产量 20849 万吨，比上年减少 435.2 万吨，减幅 2.0%；单产每公顷 7079.5 公斤，比上年减少 34.3 公斤，减幅 0.5%。

小麦面积减、产量增：2022 年小麦播种面积 2352.0 万公顷，比上年减少 5.0 万公顷，减幅 0.2%；产量 13772 万吨，比上年增加 77.5 万吨，增幅 0.6%；单产每公顷 5855.4 公斤，比上年增加 45.3 公斤，增幅 0.8%。

玉米面积减、产量增：2022 年玉米播种面积 4307.0 万公顷，比上年减少 25 万公顷，减幅 0.6%；

产量 27720 万吨，比上年增加 464.9 万吨，增幅 1.7%；单产每公顷 6436.0 公斤，比上年增加 144.5 公斤，增幅 2.3%。

大豆面积、产量均增：2022 年大豆播种面积 1024 万公顷，比上年增加 182 万公顷，增幅 21.7%；产量 2028 万吨，比上年增加 388.5 万吨，增幅 23.7%；单产每公顷 1980.5 公斤，比上年减少 32.2 公斤，减幅 1.7%。

撰稿单位：农业农村部种植业管理司；撰稿人：冯宇鹏、陈明全；审稿人：吕修涛

二　绿色高质高效行动

（一）聚焦重点品种，稳粮扩油效果明显

以水稻、小麦、玉米、大豆、油菜为重点，选择生产基础好、优势突出、产业带动能力强的县（市）开展绿色高质高效行动。一县一重点。各省结合申报县的种植传统、生产规模和基础条件，每个项目县突出一个重点品种，集中力量打造示范片。据调度，全国共 909 个县开展绿色高质高效行动创建，其中水稻 250 个、玉米 269 个、小麦 209 个、大豆 95 个、带状复合种植 33 个、油菜 47 个、棉糖 14 个。示范成规模。全国共打造万亩片 2580 个、千亩方 9487 个、百亩田 10477 个，通过打造高标准示范田，以点带面、点面结合，辐射带动大面积均衡增产。辐射带动广。在中央财政安排 27 亿元资金的带动下，地方财政配套 4.36 亿元。全国创建面积总计达到 4500 万亩，示范带动面积超过 1.5 亿亩。湖南省项目实施县紧紧围绕稻谷新品种、新技术、新模式，打造省级双季稻万亩综合示范片 21 万亩以上，辐射带动全省各级各类示范片 1214 个。江西省各项目县结合相应作物，重点打造省级万亩片 90 个、市级千亩方 450 个。单产水平高。项目县单产水平得到显著提升，小麦平均亩产比所在省平均高 91 公斤、水稻高 50 公斤、玉米高 120 公斤、油菜高 27.9 公斤、花生高 27.5 公斤、马铃薯高 166 公斤、棉花高 13 公斤。四川省示范区水稻、油菜、玉米平均亩产分别为 628 公斤、213 公斤、550 公斤，比非示范区分别增产 84 公斤、25 公斤、103 公斤，带动农户每亩增收 200 元左右。安徽省庐江县同大镇二龙社区 328 亩早稻再生稻核心示范方头季稻平均亩产达到 715.1 公斤，创下了沿江新双季稻模式头季稻高产新纪录。

（二）强化集成示范，种植模式加快更新

根据不同区域资源条件、种植制度和生产基础，以标准化、机械化、信息化为方向，集成推广高产高效、资源节约、生态环保的技术模式。技术模式"新"。全国项目县共集成组装 704 套成熟技术模式，平均每省 20 套，其中江苏、安徽、辽宁、山西等省都在 25 套以上，水稻、小麦、玉米三大主粮平均每种作物 80 套以上。北大荒农垦集团加大农业新技术推广力度，在项目上重点推广了暗室叠盘育秧、无人驾驶拖拉机、秸秆全量覆盖还田免耕、卫星导航精密播种、分层定位定量施肥、马铃薯生物拌种等 20 项先进适用技术。主推品种"优"。围绕市场需求，突出主导品种稳产增产作用，各项目区通过建立品种筛选展示示范点，着力挖掘苗头性品种，有效提升主导品种推广力度。全国项目县共主推了 1079 个粮油品种，基本构建了一乡 1—2 个、一县 3—5 个主导品种的结构布局。山东省建设新品种展示示范区，安排展示小麦品种 44 个、玉米品种 61 个，着力加强苗头性品种挖掘。机艺融合"深"。技术集成更加聚焦轻简便捷和智能操控，如激光平地、点位施肥、遥控飞防、机器换人、

水分养分动态监测等一批先进技术得到广泛应用，项目区耕种收主要环节农机作业率达到 90% 以上。

（三）统筹生产生态，绿色发展深入推进

项目实施坚持绿色与增产结合、降本与增效兼顾、产量与品质并重，大力推广优质高产多抗、节水节肥节药、立体复合种养等绿色高效技术，显著提高资源利用率和土地产出率。投入减了。项目县平均节水 9%、节药 8%、节肥 6.8%。安徽省通过示范推广有机肥替代化肥、绿色防控等减施增效技术，项目区平均节本增效水平超过 5%，当涂县集成优化的中籼稻—油菜轮作化肥农药减施技术模式，实现化肥减施 25% 以上、农药减施 30% 以上。河北省大豆项目区主推高蛋白大豆冀豆 12 等系列高产优质大豆品种，应用浅埋滴灌节水技术 1800 余亩、喷灌 5000 余亩，亩可节水 30% 以上。质量优了。在绿色高质高效行动带动下，今年全国优质强筋弱筋小麦比例和优质稻均增加。江苏省突出优良食味水稻、特色杂粮、绿色果蔬等品种应用，核心示范片内优质品种实现全覆盖，推动全省优良食味水稻品种种植面积达 1800 万亩以上，小麦优质高产品种普及率超过 90%。

（四）突出主体培育，示范引领作用凸显

各项目区依托绿色高质高效行动，整合各方力量，强化指导服务，组织开展技术培训示范，带动小农户提高粮油生产水平。做给农民看。各地因地制宜优先选择一批家庭农场、农民合作社等经营主体，参与实施绿色高质高效行动，承担示范推广新品种、新技术、新装备示范任务，提升规模化、组织化生产水平。山东省安排 10 个县、每县依托新型经营主体建设 50 亩的前瞻性技术试验示范田，开展对比试验，着力破解粮食生产技术瓶颈。带着农民干。各级农业农村部门共发布技术指导意见 180 多个，组织各类指导服务和技术培训 700 次，培训家庭农场、农民合作社等新型经营主体 70 万人（次），将绿色高效技术模式送进千家万户、落到田间地头。

（五）完善全产业链，融合发展提质增效

各地在绿色高质高效行动中，坚持企业带动，健全质量管理制度，大力发展订单生产，推进产业融合发展，提升了价值链延长了产业链。搞订单。全国共有 2560 家企业参与绿色高质高效创建，订单种植面积达到 2969 万亩，占创建总面积的 66%。通过订单生产，促进了优质优价，产得出、销得畅、价格好。四川省依托龙头企业发展"稻香杯"优质稻和"天府菜油"订单生产，带动全省发展"稻香杯"优质稻基地 600 万亩、"天府菜油"优质原料基地 500 万亩、"白酒金三角"酿酒专用粮订单示范基地 106 万亩。打品牌。各项目县树立品牌意识，打好特色牌、优质牌，在一些优势产区实现了人无我有、人有我特，涌现出 437 个区域公共品牌、地方知名品牌和地理标志农产品等。北大荒农垦集团在充分发挥传统主渠道营销能力的基础上，加强产销对接，落实订单先导，销在种前，打造了以龙垦 2021 水稻品种为主的垦川香高端米品牌。强链条。各地积极拓展农业多种功能，发展综合种养、复合种植、休闲观光、农事体验、文化传承等新产业、新业态，提升附加值，打造新价值。长江中下游流域"油菜＋"模式亩纯收益 1500 元以上；一些城市郊区特色稻景观田和农事体验田，实现收入翻两番。

撰稿单位：农业农村部种植业管理司；撰稿人：刘阿康、张振；审稿人：吕修涛

三　基层农技推广体系改革与建设

（一）强化履职尽责，推进农技推广体系改革创新

积极顺应新一轮机构改革变化，各地探索了建立区域型推广平台、完善农技推广工作机制、创建多元服务模式等做法，在强化公益性农技推广服务职责履行、加快农技推广多元主体协同等方面取得了积极进展，形成了亮点举措。江西省整合县乡农技人员、乡土人才和新型经营主体等力量，按照"布好点、搭好架"的原则，分片建设农技推广区域站，每个区域综合站覆盖服务3—4个乡镇。通过构建"区域推广服务站＋经营主体＋示范基地"的合作模式，实现农业技术推广工作纵向到底、横向到边。广东省全面建成"1＋51＋100＋10000"新型农技推广服务体系：通过"1"个省级农技推广服务驿站（合并后的省农业技术推广中心）联动"51"个现代农业产业技术创新体系团队，组建了24支省级农技推广"轻骑兵"队伍，以"100"个县级农技推广服务驿站为桥头堡，解决了新品种新技术来源问题，提升了全省体系的服务效能。

（二）聚焦乡村振兴，持续实施农技推广服务特聘计划

以基层农技推广体系为抓手，实现贫困地区特聘农技员计划实施全覆盖和贫困村农技服务全覆盖。在脱贫县及其他有需要地区，围绕优势特色产业发展需要招募特聘农技员、动物防疫员和家畜繁殖员，强化特聘队伍管理、考核机制，提升特聘农技服务实效和质量。针对贫困地区特色产业发展的关键瓶颈问题，从"土专家""田秀才"和种养能手中累计招募8428名特聘农技员、4456名特聘防疫员和特聘家畜繁殖员202人，依托他们专业的科技素质、丰富的农业生产实践经验和良好的服务意识，为农户和养殖户提供了大量精准实用农技服务供给，有效满足当地特色产业发展的技术需求，为乡村振兴和产业扶贫提供了有力支持。

（三）加强农技推广队伍建设，提升业务能力和服务水平

加大培训力度，完善农技人员分级分类培训机制，采取异地研修、集中办班、现场实训、网络培训等方式，提升基层农技推广队伍知识技能。全年分级分类组织农技人员脱产培训10.03万人次，部省农业农村部门遴选农技推广骨干开展重点培训2.01万人次。全国1/3以上在编基层农技人员接受5天知识更新培训，1万名以上农技推广骨干人才接受了连续不少于5天脱产业务培训。浙江、江西、福建、湖南、广西等省份探索了"定向招生、定向培养、定向就业"的农技人员培养方式，吸引本地区具有较高素质和专业水平的青年人才进入基层农技推广队伍。福建省采取"定向培养""免费就读""绿色通道"等方式以及本土化就业办法，累计招收407名乡镇农技推广紧缺专业定向委培生，毕业后定向回户籍县的乡镇农技推广机构就业。湖南省继续实施基层农技"特岗计划"，召开全省农技特岗生就业工作视频会，推动首届特岗生528人上岗入编，充实了基层农技推广队伍。

（四）强化技术示范推广，促进先进适用技术落实落地

完善农技人员包村联户机制，依托补助项目、示范基地、示范主体，聚焦加快粮油优良品种和先进适用技术推广应用落地，遴选发布128个粮油生产主导品种和114项农业主推技术。各项目县聚焦本地区农业主导产业和优势特色产业发展需要，遴选发布2.44万项主推技术，组建主推技术指导团队，形成易懂好用的技术操作规范，构建"专家＋农技人员＋示范基地＋示范主体＋辐射带动户"的链式推广模式，多途径多形式推进技术进村入户到田。全年农业农村主推技术到位率超过95%。

（五）多方协同，实施农业重大技术协同推广计划

从补助项目中切块 2.49 亿元，支持山西、内蒙古、吉林、黑龙江、江苏、浙江、江西、山东、湖北、广西、四川、重庆、青海等 13 个省（区、市）继续完善农业重大技术协同推广机制，推动"省市县三级"上下协同和"政产学研推用"六方主体作用协同，加快科技集成创新与推广服务有机融合、技术服务与产业需求有效对接，全年整合 1682 家单位的专家组建优势团队 184 个，覆盖大豆、玉米、蔬菜、水产等 165 个特色产业，累计推广重大新品种 1000 多个，重大新技术 880 项，建设了 1800 多个协同推广基地，带动了 4 万多个经营主体发展。

（六）不断优化功能，提升农技服务信息化水平

全面推进农技推广信息化建设工作，完善了"中国农技推广"信息平台服务功能，聚焦春耕备耕生产、农业科技防灾减灾、稳产保供等，开设宣传展示专题，广泛宣传推介了各地农技推广机构和农技人员支撑服务"三农"中心工作的主要做法与成效。48 万农技人员、近万名专家和近万名特聘农技员使用"中国农技推广"信息平台在线开展业务培训、互动交流等技术服务，实现了农技指导全天候不断档、跨时空高效服务，为 17.63 万个农业科技示范主体提供了政策、市场、技术等信息，提升主体发展和辐射带动能力。

撰稿单位：农业农村部种植业管理司；撰稿人：崔江浩、何晓丹；审稿人：吕修涛

四　农机购置与应用补贴

2022 年，中央财政农机购置与应用补贴资金规模 212 亿元，较上年增加 22 亿元，主要用于支持购置与应用先进适用农业机械，以及开展报废更新等方面，全年各地登记补贴申请资金 335 亿元，支持 324 万户农民和农业生产经营组织购置农机具 385 万台（套），拉动社会投资超过 1000 亿元。

（一）有力保障了粮食、生猪等重要农产品有效供给

全国补贴机具种类范围包括 25 个大类 53 个小类 145 个品目，基本涵盖了粮食等主要农作物以及生猪等重要畜禽产品全程机械化生产所需的主要机具装备。各地补贴购置拖拉机、插秧机、谷物收获机、玉米收获机、谷物烘干机近 90 万台，使用补贴资金 190 多亿元，占全年申请规模近 60%。生猪、奶牛、蜜蜂养殖所需的 20 多个品目机具被纳入补贴范围，并持续加大政策支持力度，全年使用补贴资金 4.1 亿元，支持 21 万个养殖场（户）购置机具 23 万台（套），促进了生猪等重要农畜产品生产机械化发展。

（二）有效支撑了大豆油料扩种任务实施

加大对承担大豆玉米带状复合种植任务省份的资金支持力度，将大豆播种任务面积作为资金分配测算因素，17 个任务省份年度资金规模达 101.3 亿元，较上年增加 15 亿元。组织开展大豆玉米带状复合种植专用机具新产品补贴试点，通过"区域一体化＋专业技术支撑"的方法，在西南、西北、黄淮海分区域进行现场验证，及时将 80 多个型号的大豆玉米带状复合专用播种机械、专用收获机械列入试点补贴范围，保障承担大豆玉米带状复合种植任务的生产经营服务主体的购机用机需求。

（三）促进了农机装备结构优化

通过补贴标准"有升有降"等组合措施，提升政策实施精准性，助推农机装备结构进一步优化。

19个省份提高了大豆玉米带状复合种植专用机具、履带拖拉机等粮食生产薄弱环节机具、丘陵山区特色产业发展急需机具以及智能、复式、高端产品补贴额测算比例，23个省份将保有量大的轮式拖拉机的补贴额测算比例从25%降低至20%。组织农机产品认证机构开展拖拉机生产企业工厂条件审核，并将其作为"优机优补"前提条件，在青海等省份先行先试。

（四）提升了政策实施便利度

会同财政部联合印发《关于进一步便利购机者提交补贴申请的通知》，指导各地加快补贴申请应录尽录。大力推广使用手机APP等补贴申请方式，全国60%以上的补贴申请通过手机APP实现远程化、便利化，浙江、山东、新疆等省份使用率已近100%。推动22个省份实现补贴资金手机APP申领、补贴机具二维码识别、补贴机具作业监测"三合一"，2022年已办理补贴机具4.4万台，涉及补贴资金11.7亿元，累计对11万台机具实行实时作业监测，监测作业面积达5900多万亩次。

（五）加速了老旧机械淘汰升级

继续支持农机报废更新补贴实施，指导各地优先扶持粮食生产的老旧机具报废更新，加快收获、插秧、植保、脱粒等机械升级换代。2022年全国共申请报废更新老旧机具5.13万台，报废结算3.84万台，结算补贴资金3.11亿元，与上年同期相比，报废结算机具数量与实际结算兑付资金提升明显，分别增长了26.4%、17.1%，受益农户数较上年增长25.4%。

撰稿单位：农业农村部种植业管理司；撰稿人：李伟；审稿人：吕修涛

五　化肥减量增效

2022年，在上年严重秋汛和特大洪涝灾害影响下，华北地区小麦晚播面积大、弱苗占比高、冬前苗情复杂情况历史罕见，巧施肥水、促弱转壮对保障夏粮安全至关重要。加之农资价格高企，科学施肥、节本增效任务艰巨，中央财政加大力度支持各地深入开展化肥减量增效工作，示范区化肥施用量平均减少6%，亩均增产35公斤，亩均节本增效81元，取得了较好成效。经测算，2022年我国水稻、小麦、玉米三大粮食作物化肥利用率41.3%，比2020年提高1.1个百分点，比2015年提高6.1个百分点。

（一）主要做法

一是加强组织协同。印发工作通知和技术方案，落实"部门指导、省负总责、县抓落实"的责任机制，建立"一季一调度、半年一通报、一年一总结"的工作机制，上下联动、共同推进。加强农企合作，积极引导第三方以政府购买服务、物化补助等形式参与农户施肥调查、田间试验、配方肥推广等工作。充分发挥科学施肥专家组技术支撑作用，深入基层参与测土配方施肥和"三新"示范区建设等工作。加快推进"智能化推荐施肥专家系统"应用。

二是突出示范创新。以粮食作物为重点，以高产稳产为目标，以施肥新技术、肥料新产品、施肥新机具配套应用为抓手，打造化肥减量增效升级样板。加快推进高效科学施肥技术集成应用，围绕"精、调、改、替、管"技术路径，强化组装集成，示范种肥同播、水肥一体化、无人机喷施等技术、产品、机具相配套的高效施肥技术模式。

三是科学指导生产。分作物、分区域制定并发布春秋两季科学施肥指导意见，指导各地科学施肥工作。应对南方高温干旱天气，组织专家制定发布柑橘、茶树科学施肥技术意见。针对重点技术推广，制定发布大豆根瘤菌技术指导意见和水稻侧深施肥技术指导意见。继续开展"百名专家联百县"科学施肥活动，省、市、县三级分别成立了化肥减量增效专家指导组。积极引导社会化服务组织参与化肥减量增效"三新"技术示范区建设，提供"统测、统配、统供、统施"的科学施肥服务。

四是强化宣传培训。利用政府网站、报刊、快报等多种方式，全方位、多角度宣传报道化肥减量增效技术应用效果。发挥院士专家影响力，利用中央及地方权威媒体和电话热线等开展科学施肥问答，解答科学施肥误区，宣传化肥减量增效成效。充分利用行业专家资源，创新工作形式，组织化肥减量增效示范区现场观摩及技术培训，印发科学施肥明白纸、挂图等技术资料，做到"田间地头学、田间地头用"。

（二）工作成效

一是科学施肥保夏粮抗灾夺丰收。针对受上年秋汛影响小麦晚播苗弱的复杂情况，指导各地以化肥减量增效项目为依托，加强田间管理，增施肥促弱转壮。制定发布春季主要农作物科学施肥指导意见、晚播小麦巧施肥水促弱转壮技术方案。把水肥科学运筹作为小麦促弱转壮的关键措施，集成示范施肥先进技术，提高水肥综合利用效率，推动晚播弱苗促弱转壮、早发稳长、增穗数、提粒重，有力支撑高产稳产。各省组织土肥技术人员和有关专家，在春耕时节深入田间地头，指导农民合理追肥灌水。各地累计发布技术指导方案 300 多个，技术培训 400 多期 10 万多人。

二是多元替代抓化肥保供稳价。面对上年因国际价格波动、煤气原料价格上涨、用工成本增加等影响，化肥价格大幅上涨、局部地区钾肥供需偏紧、农业生产成本上升明显这一严峻形势，指导各地在化肥减量增效项目实施中，积极探索多元替代方式，减少化肥用量，节约生产成本。编制《大豆根瘤菌接种及配套施肥技术指导意见》，在东北四省区和北大荒集团推广大豆根瘤菌剂 1560 万亩。印发南方绿肥种植技术指导意见，在江西、安徽、福建、湖北四省推广绿肥种植 100 万亩。根据土壤钾含量水平、作物需钾特性、农业生产条件等因素，指导北方地区适度调减春玉米钾肥用量，鼓励通过秸秆还田、施用有机肥、草木灰等替代部分钾肥。

三是测土配方施肥纵深发展。测土配方施肥是一项长期性、公益性工作，是化肥减量增效的基础性工作。按照"统筹规划、区域设点、综合试验"的要求，在全国开展主要农作物肥效、化肥利用率等试验 1.7 万项，完善施肥指标体系。开展农户施肥调查 30 万户，拓展了施肥参数数据库。汇总分析测土数据，研判土壤养分变化趋势。综合气候条件、主栽品种、栽培措施、施肥方式等，制定县域施肥配方 3 万多个，公开向社会发布。加快农企合作，推动企业按方生产、农民按需施用。2022 年，全国测土配方施肥技术推广面积 22.6 亿亩次，覆盖率达到 90% 以上。配方肥用量达到 2000 多万吨，三大粮食作物配方肥用量占比超过 60%。

四是"三新"技术集成创新示范。以施肥新技术为基础，以肥料新产品为载体，以施肥新机具为手段，因地制宜集成创新农机农艺融合的高效施肥模式、技术产品配套的高效用肥模式、信息化智能化的高效服务模式等"三新"技术模式。推广机械施肥技术，配合植株营养诊断、水肥精准调控等新技术应用，大力推广缓控释肥料、水溶性肥料、微生物肥料等。利用移动互联等现代信息化手段，加强农企对接，开展遥感诊断、智能配肥、施肥到田等定制化服务。2022 年推广应用水稻侧深施肥 2200 万亩次，玉米种肥同播面积 3.3 亿亩次，小麦机械深施肥面积 1.1 亿亩次，其他作物机械化施肥面积 2.2 亿亩次。推广缓控释肥料、水溶性肥料和生物有机肥等其他新型肥料施用面积 1.7 亿亩次。

五是科学施肥服务专业化发展。各地采取政府购买服务等方式，不断培育壮大专业化服务组织，创新技术服务模式，社会化服务组织蓬勃发展。广泛应用大数据、物联网、移动互联等技术开展土壤养分、施肥方案、肥料价格等信息查询，加强农企合作，提供智能化诊断、配肥、用肥"一条龙"服务，开展科学施肥"云服务"。据各地上报数据汇总，在项目带动下，全国科学施肥社会化服务组织超过1.7万个，每年服务面积2.4亿亩次；智能配肥服务网点1500多个，年智能配肥数量超过350万吨（折纯）。

撰稿单位：农业农村部种植业管理司；撰稿人：徐晶莹；审稿人：吕修涛

六　病虫害绿色防控

受气候条件、菌源基数和外来虫源入侵等因素影响，2022年草地贪夜蛾、小麦条锈病、赤霉病、水稻"两迁"害虫等重大病虫害严重发生，对粮食和农业生产构成威胁。有关部门全力以赴抓好重大病虫害防控，统筹"虫口夺粮"保丰收和农药减量增效促进绿色发展，加快转变病虫防控方式，推行绿色防控替代化学防治，大力推进统防统治，不断提高防治水平。

（一）强化绿色防控技术推广应用

组织开展全国"绿色防控"推进活动，评审公布2021年度全国农作物病虫害绿色防控整建制推进县117个，组织2022年继续建设绿色防控示范县100个；在全国遴选建立100个绿色防控推广基地，大面积应用生态调控、生物防治、物理防治、免疫诱抗等绿色防控技术，建立水稻、小麦、玉米、马铃薯和果菜茶病虫害绿色防控示范区25个。据统计，各地累计建立绿色防控示范区3.3万多个，核心示范面积3.76亿亩，促进了绿色防控技术推广应用。据测算，2022年农作物病虫害绿色防控覆盖率达到52%，比上年提高6个百分点，全国农作物病虫害绿色防控应用面积达12.19亿亩。

（二）推进统防统治与绿色防控融合发展

扶持农作物病虫害专业化防治服务组织集中连片开展统防统治，推广全程承包等服务模式，组织建设第三批"统防统治百强县"77个，认定300个星级服务组织，促进统防统治提档升级。据统计，2022年，全国农作物病虫害专业化防治服务组织超过9.32万个，在农业农村部门建档立卡的专业化防治服务组织达到56428个，从业人员131万人，装备大中型高效植保机械73.25万台（套），三大粮食作物病虫害统防统治覆盖率达到43.6%，比上年提高1.2个百分点，比2015年提高10.6个百分点。

（三）进一步提升科学用药水平

持续改善农药品种结构，微毒、低毒产品占比84.8%，高毒、剧毒产品占比不足1%，并对高毒农药实行专柜销售、实名购买、购销台账、溯源管理，实现从生产、流通到使用的全程监管，要求不得用于果菜茶等作物生产，并逐步扩大到所有食用农产品生产。同时，进一步淘汰高毒农药产品，2022年9月1日起，撤销甲拌磷、甲基异柳磷、水胺硫磷、灭线磷等4种高毒农药原药及制剂产品的登记，2024年9月1日起禁止销售和使用。组织编发1万册《图解农药科学使用100问》，7万张《农药包装废弃物回收处理挂图》，通过普及农民科学安全用药意识与技能，督促农药生产者、经营者、使用者承担农药包装废弃物回收处理义务，着力提高科学安全用药水平和农药包装废弃物回收率。开展新农药、新技术集成展示示范，推进高效施药机械替代，提高农药利用效率。

（四）加强绿色防控技术培训

根据不同作物病虫害防控特点，线上线下分别举办小麦、水稻、油菜、"三棵菜"等农作物病虫害绿色防控技术培训班，邀请知名专家讲解绿色防控最新进展和实用技术。组织召开全国农作物病虫害防控总结及绿色防控视频会，并举办第一届绿色防控高峰论坛，研讨重大病虫害绿色防控工作思路和推进措施建议。组织制定"百万农民科学安全用药活动"实施方案，会同推广机构、行业协会、农药企业等相关责任主体，开展"百万"农民培训推进科学用药，广大农民群众科学安全用药意识与水平不断提升。据统计，全年共组织开展线上线下培训约 9.4 万场、培训人数 900 多万人次，带动山西、辽宁、黑龙江、广西、云南、重庆、四川、陕西等省（区、市）印发科学安全用药方案，设立科学安全用药大讲堂，不断提升粮食作物、经济作物等病虫害防控用药水平。

撰稿单位：农业农村部种植业管理司；撰稿人：常雪艳、任彬元；审稿人：吕修涛

七　农业防灾减灾

（一）全国灾情发生情况

2022 年极端气象灾害多发频发，区域集中、局地灾重、总体偏轻。全国农作物受灾累计 1.81 亿亩、比上年增加 530 多万亩，其中成灾 6560 多万亩、减少 460 多万亩，绝收 2028 万亩、减少 400 多万亩。

分灾种看：干旱重于 2021 年、轻于常年。受灾面积为近十年第 7 位，成灾和绝收面积均为近十年次低值、仅重于 2021 年。南方地区出现自 1961 年有完整气象记录以来持续时间最长、影响范围最广、平均强度最大的高温少雨天气，气象干旱与水文干旱叠加，高温热害和干旱碰头，湖北、江西、安徽、四川、重庆等 12 个省（市）粮食和农业生产受到影响，累计造成农作物受灾面积 6007 万亩。但北方地区降水充足，干旱发生面积较小。从全国整体情况看，2022 年干旱重于 2021 年、轻于常年。洪涝灾害轻于 2021 年、轻于常年。2022 年降雨北方偏多，南方偏少，洪涝灾害影响总体偏轻，受灾、成灾和绝收面积为近十年最低值。灾情主要集中在东北，6 月至 8 月，东北出现多轮强降雨天气，其中辽宁、吉林降水量均比常年同期偏多 1 倍以上。辽宁、吉林农作物因洪涝受灾 540 多万亩，其中绝收 117 万亩。台风登陆偏少、强度偏弱、灾情偏轻。受副热带高压影响，2022 年登陆我国的台风偏少、强度总体偏弱，受灾、成灾和绝收面积均为近十年最低值，灾情主要集中在广东、浙江和江苏，受灾面积 209 万亩。风雹灾情轻于 2021 年，轻于常年。全国农作物因风雹受灾 2290 多万亩、成灾 710 多万亩、绝收 260 多万亩。受灾、成灾和绝收面积均为近十年最低值，灾情主要集中在东北的内蒙古、辽宁，西北的甘肃、新疆，西南的云南、贵州。低温冻害重于 2021 年，轻于常年。全国农作物因低温冻害受灾累计 1300 多万亩、成灾 740 多万亩、绝收 89 万亩。受灾、成灾和绝收面积均轻于近十年均值。受弱拉尼娜影响，2 月份南方地区平均气温较常年同期偏低 2.7℃，为 2009 年以来最低。据农业农村部农情调度，雨雪低温天气造成南方地区作物受灾 870 多万亩、成灾 396 万亩、绝收 75 万亩。

（二）防灾减灾工作

一是背水一战全力促弱转壮夺夏粮丰收。压实责任稳定面积。实行部领导包省包片、每日调度进展，指导督促各地抢排农田积水、调度适播机具、落实抗湿抢播措施，能播一亩是一亩，千方百计稳

住了冬小麦面积。西北地区想方设法扩种春小麦，南方地区积极扩种豆类、薯类等夏收粮食作物，奠定了夏粮丰收的面积基础。强化指导促弱转壮。各地各级农业农村部门以背水一战的态度、超常超强的力度，分区域、分环节抓紧夏粮生产，开展包省包片、包县包乡联系指导。农业农村部派出 100 多名机关干部、200 多名科技人员下沉一线，各地各级农业农村部门累计派出 62.4 万人次进村入户，培训超 300 万人次，推动晚播麦增施返青肥、"一喷三防"等措施落实。防汛抗灾减少损失。及时制定防秋汛抗春旱等工作方案和应急预案，组织专家制定小麦抗湿应变管理、晚播麦防冻、促弱转壮等 15 个专项技术方案。组织动员专业力量深入冀鲁豫陕晋等秋汛重灾省，帮助抗灾抢收抢种。各地反映，小麦病虫害发生早、发生重，但防治效果是历年最好的，小麦条锈病发生面积减少 91%，赤霉病发生面积减少 40%，实现了"虫口夺粮"。

二是强化责任担当抗高温干旱夺秋粮丰收。及早安排部署。7 月 22 日召开全国农业防灾减灾保秋粮丰收视频会提前部署，8 月 16 日又召开三季度"三农"重点工作视频调度会，胡春华副总理对农业抗旱保丰收进行再动员再部署，并赴江西、江苏等地调研指导抗旱工作。8 月 22 日，农业农村部会同水利部、应急管理部、中国气象局印发紧急通知，细化安排抗高温干旱保丰收工作。加强调度预警。密切关注高温天气变化和作物生长发育进程，农业农村部与中国气象局联合发布 5 期高温热害和农业干旱风险预警。坚持 24 小时应急值守，启动灾情日报制度，逐省调度高温旱情动态及抗旱进展，组织专家会商分析，研判高温干旱影响，有针对性地逐条梳理对不同作物、不同田块、不同时段的应对办法。落细落实措施。继续组织开展包省包片下沉一线联系指导，在抗灾关键时点，农业农村部 11 位部级干部赴包保省份实地指导，帮助地方解决实际问题。制定印发防范高温干旱工作预案、南方水稻抗高温热害、玉米抗高温干旱、蔬菜茶叶抗旱减灾等 6 个技术指导意见，组织开展线上抗高温干旱保秋粮科技大培训。派出 25 个包省包片联系指导工作组、10 个专家指导组和 12 个科技小分队，赴重点省份包县包乡、蹲点驻村，指导落实关键措施。商财政部从中央预备费中安排 35 亿元支持农业抗旱救灾。

撰稿单位：农业农村部种植业管理司；撰稿人：秦兴国、朱维卓；审稿人：吕修涛

粮食生产扶持政策

一　加强粮食生产能力建设

（一）加强耕地保护

落实"长牙齿"的耕地保护硬措施，实行耕地保护党政同责，出台《地方党委和政府领导班子及其成员粮食安全责任制规定》，实行最严格的耕地保护制度，全方位夯实粮食安全根基。编制完成《全国国土空间规划纲要（2021—2035 年）》，优先划定耕地和永久基本农田，带位置分解下达各省（区、市）耕地保有量和永久基本农田任务，逐级压实耕地保护责任，严格落实耕地保护优先序，牢牢守住 18 亿亩耕地红线不动摇。加强黑土地保护，实施《黑土地保护法》，持续推进实施国家黑土地保护工程，聚焦黑土地保护重点县，重点推广秸秆还田和"深翻 + 有机肥还田"等综合技术模式，集中连片加强黑土地保护。

（二）加强农田水利等基础设施建设

加快实施藏粮于地、藏粮于技战略，依据《全国高标准农田建设规划（2021—2030 年）》，按照"统一规划布局、统一建设标准、统一组织实施、统一验收考核、统一上图入库"五个统一的要求，2022 年共安排中央各项资金 1096 亿元，支持建成高标准农田 10472 万亩，完成年度目标任务的 104.7%。到 2022 年底，累计建成高标准农田 10 亿亩，建成后的项目区农田平均耕地质量提高约 1 个等级，亩均粮食产能增加 10%—20%，稳定保障 1 万亿斤以上的粮食产能。规划建设了一批重大水利工程，进一步提高了粮食综合生产能力。2022 年以来，全国新开工 8 项大型灌区，实施 505 处大中型灌区现代化改造，新增恢复和改善灌溉面积达到 3370 万亩，加强对农业灌排用水保障，持续提高灌排保障能力和农业用水效率。

（三）强化粮食科技和物质装备支撑

按照《"十四五"现代种业提升工程建设规划》，聚焦种质资源保护、育种创新、品种测试和良种繁育四大环节，建立健全现代种业体系。2022 年安排中央预算内投资 15 亿元，支持各地加快推进现代种业提升工程等项目建设，加快补上种业自主创新短板。实施《"十四五"全国农业机械化发展规划》《"十四五"全国农业农村科技发展规划》，推动农机装备加快转型升级，农作物耕种收综合机械化率达到 73%，全国农业科技进步贡献率达到 62.4%。

（四）加强农业减灾防灾工作

加强重大植物疫情监测预警和应急防控，安排中央预算内投资 12 亿元实施动植物保护能力提升工程，提升对重大病虫害的监测、诊断、预警和防治能力。中央财政支持各地农业重大自然灾害及农业生物灾害预防控制和灾后恢复生产。安排 16 亿元实施新的小麦"一喷三防"补贴政策，支持冬小麦主产省做好冬小麦促弱转壮工作，确保夏粮丰收。支持中小河流治理、小型病险水库除险加固、山洪灾害防治等。

（五）实施耕地轮作休耕试点

立足资源禀赋、突出生态保护、实行综合治理，在东北、黄淮海等地区实施粮豆轮作，在西北、黄淮海、西南和长江中下游等适宜地区推广玉米大豆带状复合种植，在长江流域实施"一季稻＋油菜""一季稻＋再生稻＋油菜"轮作，在双稻区实施"稻稻油"轮作，在北方农牧交错区和新疆次宜棉区推广棉花、玉米等与花生轮作或间套作。继续在河北地下水漏斗区、新疆塔里木河流域地下水超采区实施休耕试点。

二　完善粮食生产补贴和价格支持政策

（一）进一步提高种粮补贴水平

一是耕地地力保护补贴。补贴对象原则上为拥有耕地承包权的种地农民，补贴资金通过"一卡（折）通"等形式直接兑现到户，探索耕地地力保护补贴发放与耕地地力保护行为相挂钩的有效机制，做到享受补贴农民的耕地不撂荒、地力不下降，切实推动藏粮于地，遏制耕地"非农化"。2022年补贴资金规模约1205亿元。二是玉米、大豆生产者补贴和稻谷补贴。在玉米和大豆价格由市场形成的基础上，国家继续在东北三省和内蒙古自治区实施玉米和大豆生产者补贴政策，在有关稻谷主产省份继续实施稻谷补贴政策。三是实际种粮农民补贴。为保障农民种粮有合理收益，保护好农民种粮积极性，根据农资价格上涨情况，2022年中央财政共三批向种粮农民发放补贴400亿元，释放支持粮食生产积极信号，稳定农民收入。四是开展玉米大豆带状复合试点，对西北、黄淮海、西南和长江中下游地区承担示范推广玉米大豆带状复合种植任务的省份，中央财政按照每亩150元的标准给予适当补助。

（二）加大农机购置补贴力度

2022年农机购置补贴政策继续在全国所有农牧业县（场）范围内实行，中央财政共安排农机购置补贴资金212亿元，比2021年增加22亿元。补贴对象为从事农业生产的个人和农业生产经营组织，实施方式为自主购机、定额补贴、先购后补、县级结算、直补到卡（户）。补贴额依据同档产品上年市场销售均价测算，一般机具测算比例不超过30％，中央财政资金单机补贴限额不超过5万元。补贴范围确定上，优先保障粮食和生猪等重要农产品生产、丘陵山区特色农业生产以及支持农业绿色发展和数字化发展所需机具的补贴需要。

（三）强化产粮（油）大县奖励

产粮（油）大县奖励政策主要是为了调动地方政府抓好粮食生产的积极性，缓解产粮大县财政困难。2022年，中央财政加大对产粮（油）大县奖励资金，支持产粮大县、产油大县、商品粮大县、制种大县粮油生产和产业发展。常规产粮大县入围条件为：近五年平均粮食产量大于4亿斤，且商品量大于1000万斤；或者在主产区产量或商品量列前15位，非主产区列前5位的县级行政单位。在此基础上，近五年平均粮食产量或者商品量分别位于全国前100名的县为超级产粮大县，在获得常规产粮大县奖励的基础上，再获得超级产粮大县奖励。常规产粮大县奖励资金作为一般性转移支付，由县级人民政府统筹使用；超级产粮大县奖励资金用于扶持粮食生产和产业发展。

（四）坚持和完善小麦、稻谷最低收购价政策

为保护广大农民利益，防止"谷贱伤农"，2022年国家继续在粮食主产区实行小麦、稻谷最低收

购价政策。2022 年生产的小麦（三等）最低收购价格为每斤 1.15 元，比 2021 年提高 2 分钱。2022 年生产的早籼稻、中晚籼稻和粳稻最低收购价分别为每斤 1.24 元、1.29 元、1.31 元，粳稻、中晚籼稻均比上年提高 1 分钱，早籼稻价格保持与上年不变。

（五）大力支持发展粮食等农业保险

2022 年，持续推动农业保险扩面、增品、提标，稳定农户种粮收益，共为 1.67 亿次农户提供风险保障 5.46 万亿元，全年实现农业保险保费规模 1192 亿元，同比增长 23%。其中，中央财政拨付农业保险保费补贴约 434 亿元，同比增长 30.3%。

撰稿单位：国家发展和改革委员会农村经济司；撰稿人：陈曦；审稿人：吴晓

粮食流通

一　粮食收购与销售

　　国家粮食和物资储备局高度重视粮食收购工作。2022 年，先后于 5 月、9 月召开夏季粮油收购工作会议和秋粮收购工作会议安排部署。指导各地和有关企业，统筹抓好市场化收购和政策性收购，强化仓容、资金、人员、运力等保障。及时批复符合条件的地区启动最低收购价执行预案，江苏、安徽、河南、湖北、黑龙江等 5 个省份启动了中晚稻托市收购，督促有关央企认真落实政策执行主体责任。全年累计收购粮食 8000 亿斤左右，其中最低收购价稻谷 200 亿斤以上，牢牢守住农民"种粮卖得出"底线。

　　认真落实国务院批复同意的粮食库存销售安排，根据市场形势变化和调控需要，灵活把握政策性粮食投放的时机、节奏和力度，确保形成有效供给。2022 年累计销售成交政策性粮食 4000 多万吨，较好满足了用粮企业需求。

撰稿单位：国家粮食和物资储备局粮食储备司；

撰稿人：董祥、王聪、孟凡璠、毕一卓、毕毅琛；审稿人：秦玉云、唐成

二　粮食保供稳市

　　坚持做好"两节""两会"等重大节日和重要时段的保供稳市工作，联合有关部门印发通知，对做好粮油市场保供稳价工作作出安排部署，确保市场粮源供给充足。按照国务院联防联控机制生活物资保障组有关工作要求，结合国内疫情形势，召开局应急保供工作例会 16 次，研究分析疫情防控重点地区应急保供形势问题，安排部署工作。4 月 14 日印发电报《关于切实做好近期疫情防控期间粮油应急保供工作的通知》，指导各地做好粮油应急保供工作。指导各地粮食和物资储备部门持续加强粮源组织调度，强化市场监测预警，全面掌握市场供应、价格、库存等动态变化，紧盯重点地区、重点品种、重点时段，及时发现并妥善处置苗头性、倾向性、潜在性问题，确保粮油市场供应充足、运行平稳。

　　持续加强储备制度体系建设，健全储备运行机制，规范购销轮换，指导有关企业合理把握轮换时机和节奏，充分发挥吞吐调节作用。同时，指导各地加强地方储备粮管理和轮换吞吐调节，增强区域应急保供能力，用好用活成品粮油储备，保障市场供应不脱销、不断档。全面梳理总结各地粮食应急保障体系建设经验做法，全年编发粮食物资储备工作简报 5 期，其中优质粮食工程专刊 2 期，供全系统各单位学习参鉴。密切关注市场形势变化，定期发布粮食收购、价格等市场信息，多次召开新闻通

气会，全面解读政策，回应社会关切，引导稳定市场预期。

撰稿单位：国家粮食和物资储备局粮食储备司、应急物资储备司；撰稿人：董祥、王聪、孟凡璠、
毕一卓、毕毅琛、陈林、李燕博、姚继伟、张飞；审稿人：秦玉云、王宏、唐成

三　粮油竞价交易

2022 年共组织政策性粮食竞价销售交易 108 场，成交国家政策性粮食 4090 万吨。其中，小麦成交 800 万吨左右，稻谷成交 2900 万吨左右，进口大豆成交 400 万吨左右。加强提前研判，针对性制定预案，指导参拍企业理性竞拍，及时督导出库，全年政策性粮食出库履约率 99.2%，较上年提高 4.6 个百分点。出台第三方竞价交易制度，印发《关于加快推进政府储备粮轮换第三方交易的实施意见》并细化相关规则。持续引导储备粮通过国家粮食交易平台进行轮换，进场规模持续扩大，全年共组织各级储备粮油竞价销售和采购 4243 场，成交 3694 万吨，同比增加 661 万吨。

组织"阜南优质粮食帮扶交易专场"，成交阜南优质小麦 3.8 万吨，帮助种粮农民增加种粮收益。面向平台重点会员开展调研，深入了解会员需求，组织系列专题讲座，更好地提供宏观经济、市场形势等方面资讯服务。继续推进供应链金融创新，研究开展中央储备粮、地方储备粮等融资业务合作，加强资金风险防护，完成结算服务模块整体优化。根据疫情防控形势，2022 年 12 月 12 日至 20 日，于线上成功举办第四届中国粮食交易大会，大会举办期间成品粮油交易资金电子结算功能上线运行，共组织各省成交原粮 413 万吨，成交金额 132.5 亿元。

撰稿单位：国家粮食和物资储备局交易协调中心；撰稿人：姜青志、郝晋彬；审稿人：许策

粮食流通体制改革

一　改革进展总体情况

（一）全面部署粮食流通和物资储备改革工作

2021 年 12 月，全国粮食和物资储备工作会议在北京召开。会议强调，全国粮食和物资储备系统要坚持以习近平新时代中国特色社会主义思想为指导，全面贯彻党的十九大和十九届历次全会精神，立足新发展阶段，完整、准确、全面贯彻新发展理念，加快构建新发展格局，着力推动高质量发展，认真落实总体国家安全观和国家粮食安全战略、乡村振兴战略，继续做好"六稳""六保"工作，牢牢把住"六个主动权"，聚焦国家粮食和物资储备安全核心职能，突出"深化改革、转型发展"时代主题，坚守安全稳定廉政"三条底线"，加快构建更高层次、更高质量、更有效率、更可持续的国家粮食安全和战略应急物资储备安全保障体系。

（二）深入推进粮食流通领域改革

扎实开展粮食收购。各地统筹抓好市场化收购和政策性收购，引导多元主体积极入市，扩大市场化购销。严格执行最低收购价执行预案规定，合理布设网点，切实发挥好政策托底作用。统筹疫情防控和粮食收购，创新方式方法，积极推广"互联网＋收购"，优化收购流程，切实提升收购服务水平。加强粮食产后服务和科学储粮指导，促进农民减损增收。夏粮和早籼稻旺季收购圆满收官，秋粮旺季收购平稳有序，牢牢守住了农民"种粮卖得出"的底线。

全力保障市场平稳。强化市场监测预警，密切跟踪市场变化，加强形势分析研判，及时发布收购进度、价格等信息。加强政策宣传解读，主动回应社会关切，引导市场主体有效购销。加强中央和地方储备粮轮换安排衔接，督促指导企业合理安排储备轮换时机和节奏，有效发挥储备吞吐调节作用，以国内稳产保供的确定性应对外部环境的不确定性。统筹做好粮源组织调度，稳步推进政策性粮食公开竞价销售，精准落实调控措施，有力保障了市场供应。

加快推进立法改革和"两项考核"。配合做好粮食安全保障法相关工作，推进粮食储备安全管理条例起草工作。深化粮食储备安全管理体制机制改革，各项改革举措和重点任务全面推进，粮食储备管理体制和运行机制逐步完善，改革取得积极进展，粮食储备安全管理能力进一步提升。认真落实粮食安全党政同责，会同有关部门研究起草考核办法及评分细则。探索建立"量化评分＋定性评价"方式，完成中储粮年度考核工作，推动做到应改必改、应罚必罚，考核"指挥棒"作用进一步放大。

创新强化执法监管。全力配合粮食购销领域腐败问题专项整治，会同有关部门制定出台强化粮食购销领域监管的系列制度文件，集中发现、查处、整改一批典型案件，形成惩治腐败的有力震慑。监管信息化建设和应用提速加力，动态监管系统已覆盖全部中央储备粮库存点，实现省级储备信息化全覆盖，穿透式监管格局初步形成。会同有关部门制定出台粮食流通行政执法办法、粮食购销定期巡查工作制度等文件，持续开展"亮剑"专项执法行动。扎实开展政策性粮食库存检查、新入库粮食跨省交叉检查，创新利用"云端指挥、直插库点"方式开展随机视频抽查。

提高粮食应急保障能力。建成安全数据中心、应急指挥中心，优化监测预警和统计制度体系，主动回应社会关切，持续释放积极信号。选定第二批国家级应急保障企业 51 家，应急保障队伍进一步壮大，保障能力进一步提升。健全政策制度体系，科学指导地方制修订省市县三级粮食应急预案，推动各地粮食应急保障企业积极发挥应急保供作用。持续加大政策和资金支持力度，充实网点数量，优化网点布局，不断增强粮食应急保障能力，全国粮食应急保障网点数量达到历史最高水平。

推进优质粮食工程。督促指导优质粮食工程项目落地，全国 30 个省（区、市）及新疆生产建设兵团完成"十四五"时期深入推进优质粮食工程实施方案制定工作。各地加大财政资金支持力度，"六大提升行动"项目建设加快推进。全方位开展粮食质量安全风险监测，保障国家粮食质量安全。印发粮食节约减损指导意见，加强节粮减损技术研究和标准推广应用，依托产后服务中心助农减损增收。

撰稿单位：国家粮食和物资储备局法规体改司；
撰稿人：张亚奇、王镭、彭双五；审核人：韩继志、肖玲

二　耕地保护和粮食安全责任制考核

2022 年，各地党委、政府提高政治站位、创新工作举措、压紧压实责任，推动粮食安全党政同责、粮食安全责任制逐步落实。各地党委、政府主要负责同志亲自过问，深入农村、企业调研指导，作出指示批示；召开党委常委会会议、政府常务会议，研究粮食安全重点工作和重大事项；党委、政府分管负责同志实地调研、专题研究，及时安排部署落实粮食安全责任相关工作。部分省份由省级党委和政府主要负责人任"双组长"，负责落实粮食安全党政同责工作；大多数省份明确由省级党委、政府负责同志担任粮食安全考核工作组组长；多数省份出台贯彻落实粮食安全责任制规定实施意见、工作方案，制定党委、政府领导班子成员粮食安全工作职责清单。

总体看，各省（区、市）党政领导统筹谋划、高位推动粮食安全责任制落实的良好局面已经形成，粮食生产、储备、流通、节粮减损能力不断提升，我国粮食安全保障水平显著提高。一是粮食综合生产能力稳步提升。粮食总产量连续八年保持在 1.3 万亿斤以上；全面完成永久基本农田划定工作并上图入库，加快推动实施新一轮高标准农田建设规划。二是粮食储备体系更加完善。地方储备能够满足产区三个月、销区六个月、产销平衡区四个半月的市场供应量，品种结构和区域布局持续调整优化，成品粮油储备稳步充实，区域粮食安全保障能力进一步增强。三是粮食流通水平持续提高。粮食市场更加开放有序，监测预警和宏观调控日趋精准，多元市场主体购销格局基本形成，市场运行总体平稳；跨省粮食物流通道逐步完善，现代化粮食物流网络不断健全；大力发展粮食产业经济，促进"产购储加销"各环节深度融合，培育发展新动能；粮食应急保障能力经受考验，保供能力进一步增强，在应对地震等重大自然灾害和新冠疫情等公共突发事件中发挥了重要作用。四是节粮减损取得新成效。各地认真落实《反食品浪费法》，按照《粮食节约行动方案》要求，制定实施方案，强化爱粮节粮、反对浪费等宣传教育，反对一切形式的浪费行动，坚决刹住浪费粮食的不良风气。

撰稿单位：国家粮食和物资储备局执法督查局；撰稿人：游泳、张军杰、闫飞；审稿人：钟海涛、唐茂

三　粮食收储制度改革

国家有关部门认真落实党中央、国务院决策部署，坚持市场化改革取向和保护农民利益并重，进一步推进粮食收储制度改革。经国务院批准，适度提高 2022 年最低收购价格水平，小麦、早籼稻、中晚籼稻、粳稻最低收购价分别为每斤 1.15 元、1.24 元、1.29 元、1.31 元，较上年分别提高 0.02 元、0.02 元、0.01 元、0.01 元。

撰稿单位：国家粮食和物资储备局粮食储备司；撰稿人：董祥、王聪、孟凡璠、毕一卓、毕毅琛；
审稿人：秦玉云、唐成

四　国有粮食企业经营管理情况

2022 年末，纳入汇总范围的国有粮食企业 1.03 万户，从业人员 31.1 万人。随着国有粮食企业改革发展不断推进，企业结构持续优化，改革发展质量效率不断提升。2022 年，国有粮食企业职工年人均工资收入 10.69 万元，绝大多数职工参加了基本养老保险、基本医疗保险等。

截至 2022 年末，全国国有粮食企业净资产 4337.95 亿元，同比增加 589.72 亿元。2022 年末，国有粮食企业固定资产净额和在建工程合计达到 3333 亿元，土地、房屋及构筑物等固定资产 2770.24 亿元。各地不断加大投资建设力度，持续推进优质粮食工程、粮食等重要农产品仓储设施建设，企业有效资产明显增加。

2022 年，全国国有粮食企业营业总收入 12007.50 亿元，实现利润总额 217.86 亿元，连续十六年统算盈利。分地区看，19 个省（区、市）实现统算盈利，其中重庆、广东、黑龙江、北京、上海、天津、浙江、江苏、陕西、辽宁、新疆等 11 省（区、市）盈利超亿元。

撰稿单位：国家粮食和物资储备局财务审计司；撰稿人：徐彻、杨梦雯；审稿人：刘翔宜、郭建

粮食流通监管

一　粮食流通监督检查

（一）多措并举发力，持续做好粮食购销存环节监督检查

一是全力抓好收购工作。印发《关于做好 2022 年粮油收购监督检查工作的通知》，指导各级粮食和储备部门加大夏秋粮收购期现场督导检查力度，着力维护粮食购销市场稳定，严防发生区域性"卖粮难"。首次运用信息化监管手段，对 12 个秋粮收购主产省份开展视频督导工作，提升粮食监管技防技控水平。二是强化政策性粮食销售监管。会同有关部门联合印发《关于创新方式强化粮食购销领域监管的通知》，建立完善政策性粮食定期巡查、移库清查、问题线索移送等工作制度，提升监管效能。三是组织完成 2022 年全国政策性粮油库存检查。联合国家有关部门开展 2022 年全国政策性粮油库存检查，将库存检查作为专项整治的重要抓手，督促指导各地严肃开展实地检查，全面提升检查效能。从检查结果看，被检查企业库存粮油账实基本相符，库贷总体挂钩，质量总体良好，储存较为安全，发现问题数量明显下降。针对库存检查发现问题，2022 年 12 月，国家粮食和物资储备局专门印发通知逐项提出行政处罚处理建议，并明确整改时限，要求各地各单位对照清单严格整改，确保问题整改到位、行政处罚到位、追责问责到位。四是修订完善形成《粮食库存检查办法》。结合 2019 年全国政策性粮食库存数量和质量大清查和年度库存检查工作经验做法，以及新修订的《粮食流通管理条例》等法律法规，对 2006 年印发的《粮食库存检查暂行办法》进行修改完善。2022 年 12 月，会同国家有关部门印发《粮食库存检查办法》，进一步完善了检查方法和机制。

（二）狠抓涉粮案件查办，严厉打击违法违规行为

督促指导各级粮食和储备部门严格按照"有法必依、执法必严、违法必究"的原则，发扬斗争精神，敢于执法亮剑，依法依规加大行政处罚力度，持续释放"强监管、严执法、重处罚"信号，对违法违规行为形成有力震慑。"全国粮食企业信用监管平台"统计显示，2022 年各级粮食和储备部门依法作出警告以上行政处罚 741 例，罚款、没收违法所得 2287 万元，较上年分别增加 499 例、1387 万元。通过严格实施行政处罚，法治权威"落地有声"，依法治粮理念更加深入人心。

（三）畅通投诉举报渠道，积极维护人民群众合法权益

2022 年，12325 全国粮食和物资储备监管热线（以下简称"热线"）受理有效举报线索 1440 件，按接收渠道划分，电话 1321 件，占比 91.7%；网络平台 47 件，占比 3.3%；微信 60 件，占比 4.2%；由"局长信箱"、局信访办、机关纪委等转来的信访 12 件，占比 0.8%。按举报类型划分，粮食收购 1198 件，占比 83.2%；粮食销售 122 件，占比 8.5%；储备粮管理 29 件，占比 2.0%；粮食储存 25 件，占比 1.8%；物资 2 件，占比 0.1%；其他 64 件，占比 4.4%。按被举报地域划分，主产区 1219 件，占比 84.7%；主销区 88 件，占比 6.1%；产销平衡区 133 件，占比 9.2%。其中，黑龙江（312）、内蒙古（187）、吉林（127）、江苏（107）、河南（98）举报数量排在前五位。

国家粮食和物资储备局积极采取各类举措，充分发挥12325热线"前哨"作用。一是进一步强化线索督办，压实主体责任。对于线索核查认定存在拖欠粮款问题，但未及时兑现的，或已移交当地纪委监委、司法机关处理等情况，不断完善热线系统平台，增加系统督办功能，直接向承办单位发出督办。不断压实承办单位的主体责任，要求承办单位持续跟进、加强协调、及时掌握并报送工作进度和处理结果，做到拖欠粮款兑付到位、涉案企业及相关人员处理到位。二是进一步紧盯重点线索，形成有效震慑。对中央储备粮以陈顶新"转圈粮"，违规倒卖国家限定用途政策性粮食，政策性粮食亏库等重点问题线索紧盯不放，共帮助农户兑现了拖欠售粮款3500多万元，避免了5.4万吨不合格粮食流向口粮市场，真正守护了老百姓的"钱袋子"和人民群众"舌尖上"的安全。三是进一步加强制度建设，提升热线效能。2022年修订了《12325全国粮食和物资储备监管热线工作规则》和《12325全国粮食和物资储备监管热线线索核查情况报告基本规范》，对举报线索接收、受理、转办、督办、结案、反馈等全链条管理措施进一步加以规范，热线已经构建了"上下贯通、衔接高效、扎实有力"的办理体系，不断提高热线线索办理效率效能。

（四）创新监管方式，监管手段不断升级

一是认真组织开展新入库粮食跨省交叉检查。2022年9月中旬至10月中旬，组织河北等6个小麦主产省首次对2022年新入库政策性小麦开展跨省交叉检查。省际间跨省互查打破原有属地监管界限，大规模全覆盖检查新入库粮食，进一步把好新粮入库关，为粮食流通后续各环节监管打下坚实基础，有效杜绝增量问题发生。二是创新方式开展视频随机抽查。2022年8月，采用在线视频方式对河北等5个小麦主产省2022年新入库夏粮开展"四不两直"随机抽查，实现了国家局、省局和垂管局、基层库点同步检查。同时，建立常态化视频抽查机制，对主产省份开展秋粮收购视频督导工作，监管形式创新再造，监管压力直达基层。三是推动粮食企业信用监管体系建设。会同国家发展和改革委员会联合制定出台了《粮食企业信用监管办法（试行）》，对制定依据、适用范围、信用信息归集、信用信息评价、信用修复以及权利与救济等重点事项作出详细规定，明确了粮食企业信用监管工作程序和要求，规范了全国粮食企业信用管理工作行为。开发建设全国粮食企业信用监管平台，印发《关于做好全国粮食企业信用监管平台上线运行工作的通知》，对做好平台的上线、使用、运维等工作进行了全面安排部署。

撰稿单位：国家粮食和物资储备局执法督查局；撰稿人：展飞、温朝晖、李昭、杨栋、刘尧、李阳、吕冰；审稿人：钟海涛、唐茂、朱之光、杨卫辰

二　中央储备粮棉管理和中央事权粮食政策执行情况年度考核

国家粮食和物资储备局强化年度考核工作组职责，扎实推进考核工作，继续推行"考核办法＋年度重点"的考评机制。印发考核工作通知，年度考核重点，规定实地考核直属库和检查中央事权粮食租赁、委托承储库点数量、扦样检验数量底线要求，确保实地考核涵盖各类承储企业，着力发现库存粮食数量、质量等方面深层次问题。2022年初，制定印发关于健全完善中储粮年度考核结果运用的通知，建立评价报告审核机制、考核结果回溯机制，全面加强考核过程管理。

各垂管局制定年度考核工作计划，并上报国家粮食和物资储备局中储粮年度考核工作组办公室

（以下简称国家局考核办），对相关中储粮分（子）公司及其直属企业自评报告进行审核并完成实地考核工作，国家局考核工作组完成对中储粮集团公司的总体情况考核。国家局考核办认真审核垂管局考核计划、分（子）公司自评报告、垂管局实地考核报告，对计划敷衍潦草、自评"零问题"、考核发现问题"个位数"的坚决予以退回。考核工作组坚持问题导向、结果导向，系统梳理实地考核、随机抽查、总体情况考核等阶段成果，结合企业自评，形成了考核结果报告。

国家局考核办明确要求各垂管局充分运用法治手段处置考核发现问题，对各类问题提出整改要求，明确追责问责建议。对违法违规行为实施行政处罚，做到执法必严、违法必究；对涉嫌违纪违规、违法犯罪的，及时移送纪检监察、司法机关，做好行刑衔接。发文调度各垂管局对年度考核监管发现问题进行再梳理、再分析，加大督促整改力度，及时组织开展问题整改"回头看"，逐项销号整改。

从考核结果来看，中储粮集团公司认真贯彻落实国家粮食安全战略，强化中央储备轮换、政策性粮食收储等核心工作，中央储备粮棉管理和中央事权粮食政策执行情况总体较好。国家粮食和物资储备局各垂管局严肃认真履职尽责，全年共实施行政处罚 8 起，下发责令改正通知书 24 份，提出追责问责建议 66 个，对 95 个问题 330 人次实施问责，"强监管、重处罚、严威慑"的信号持续释放，在地监管作用有效发挥。年度考核与日常监管的新格局正在逐步建立，"两个责任"不断压实。

撰稿单位：国家粮食和物资储备局执法督查局；
撰稿人：邓立、杨乔伟、郭坚、段岫；审稿人：钟海涛、朱之光

三　粮食监测预警

国家粮食和物资储备局不断完善监测预警体系，健全监测预警会商工作机制，多次召开粮食监测预警专题会议，分析研判市场形势，适时提出政策建议。加强与地方各省级粮食监测预警委员会的沟通协调，督促指导地方密切跟踪粮油品种市场走势和供求形势，建立定期联络机制，实现信息互通和资源共享。进一步调整优化监测网点布局，及时调整监测品种和价格类型，加大对重点时段、重点地区、重点品种的监测力度。及时形成简报、信息、专题研究报告等监测预警成果，适时发布粮食市场价格、收购进度等信息，有效提高服务决策、服务行业、服务社会的水平。

撰稿单位：国家粮食和物资储备局粮食储备司；
撰稿人：李洵、赵泽林、耿晓顿、沈洁；审稿人：秦玉云、唐成

四　粮食仓储管理

发布系列"仓储管理常见问题解答"，及时办理"局长信箱"、回复有关政策性业务咨询，解决群众关切问题。组织开展《政府储备粮食仓储管理办法》相关知识线上测查，丰富"储粮专家说"系列微课，利用"友粮人"APP 等新媒体投放资源，打造全天候学习交流可视化平台。研究完善承储企

业仓储管理规范化评价体系，探索构建政策性粮食仓储管理常态化、长效化工作机制。废止《中央储备粮代储资格管理办法》。深入开展绿色优储、保温隔热、综合防治等课题研究。大力推广应用绿色储粮技术，开展粮食绿色仓储提升行动常态化调度，深入推进"优质粮食工程"。

撰稿单位：国家粮食和物资储备局安全仓储与科技司；撰稿人：施季辉；审稿人：周冠华、彭扬

五　粮食质量安全检验监测管理

2022年，国家粮食和物资储备局持续强化粮食质量安全制度建设，发布《粮食质量安全风险监测管理暂行办法》，并通过新闻通气会等方式进行宣传解读。修订《中央储备粮油质量检查扦样检验管理办法》，规范政府储备粮油质量检查扦样检验技术方法，进一步加强粮食质量安全管理。

强化新收获粮食质量安全监测，提升监测效能。2022年完成监测样品近7万份，获得检验数据达90万个，为相关政策的制定提供了有力保障。针对2022年初东北地区雪后气温升高，玉米真菌毒素污染较重，第一时间组织相关省份开展应急监测，及时摸清粮食质量安全实际状况，为粮食收储企业加强入库质量管理提供技术支撑和服务。针对长江流域干旱天气可能造成部分省份秋粮质量有所下降、食品安全风险上升的情况，及时跟踪监测，掌握2022年部分主产省份新收获中晚稻和玉米质量安全早期监测情况。创新方式方法，开展库存环节跨省异地监测。对监测中发现的问题按照有关规定督促有关单位进行整改，不断提升粮食质量安全管理水平和能力。

在全国政策性粮油库存数量和质量检查工作中，组织各地共采集检验库存粮食质量安全样品约9400份，覆盖3100多个库点，代表数量1780余万吨，获得数据9万余个。从检查结果来看，政策性粮油库存整体质量安全情况处于较高水平，但部分地区和库点仍存在质量安全隐患。针对这些问题，通报相关省份和单位，并督促指导整改。

落实国务院食安委要求，督促指导各地粮食和储备部门按照《2022年食品安全重点工作安排》，开展粮食质量安全相关工作。配合国务院食安办完成2022年食品安全工作评议考核等相关工作。

（一）粮食质量安全监管制度建设取得新进展

为深入贯彻习近平总书记"四个最严"重要指示和有关批示精神，切实做好《粮食流通管理条例》配套制度的制修订工作，正在对《粮食质量安全监管办法》进行修订，重点对粮食流通环节的质量安全管理、被污染粮食的处置、粮食质量安全检验监测体系建设、粮食质量安全监督管理等方面进行了完善。

（二）指导各地推进粮食质量安全检验监测体系建设

近年来，通过业务指导和资金支持等方式，推动地方粮食行政管理部门积极争取当地政府和有关部门支持，不断加强粮食质量安全检验监测体系建设，着力构建以国家和省级为龙头、市级为骨干、县级为基础的粮食质量安全检验监测体系。一是发挥考核"指挥棒"作用。将各省份粮食质量安全检验检测体系和能力建设纳入食品安全工作评议考核细则和粮食安全责任制考核，有力推动了粮食质量安全检验监测体系建设，取得了显著成效。二是组织开展2022年粮食质量安全检验机构比对考核工作。选择无机砷、玉米赤霉烯酮等粮食质量安全检验监测中的重点检测指标，对部分粮食质量安全机构的检验能力和技术水平进行比对考核，提升粮食质量安全检验能力和水平，更好地服务保障国家粮

食质量安全。三是开展粮食质量安全检验机构收费问题调研。为深入了解公益一类粮食质量安全检验机构收费问题现状，充分发挥粮食质量安全检验机构作用，提出针对性对策建议，通过多种方式，对公益一类粮食质量安全检验机构收费问题进行调查摸底，形成《公益一类粮食质量安全检验监测机构收费问题调研报告》，荣获中央和国家机关青年理论学习小组"关键小事"调研攻关活动三等奖。

撰稿单位：国家粮食和物资储备局标准质量中心；

撰稿人：汪啸天、尹诗文、窦幽璇；审稿人：王耀鹏、孙长坡

六　主要粮食品种收获质量与品质状况分析

（一）早籼稻

浙江、安徽、江西、湖北、湖南、广东、广西、海南等 8 个省份及自治区共采集检验样品 3299 份，覆盖 84 个地市的 389 个县（区）。监测结果表明，新收获早稻整体质量为近 5 年来平均水平，平均等级为二等，中等（三等）以上比例超过九成。全部样品检验结果为：出糙率平均值 77.7%（二等），与前 4 年平均值基本持平；一等至五等的比例分别为 27.7%、41.6%、24.8%、3.9%、1.1%，等外品为 0.9%；中等以上的占 94.1%，较前 4 年平均值有所提升，一等比例下降 3.2 个百分点。整精米率平均值 51.7%，较前 4 年平均值下降 1.5 个百分点；其中整精米率不低于 44% 的比例为 84.9%，不低于 50% 的比例为 62.6%，较前 4 年平均值分别下降 2.8 个、2.4 个百分点。不完善粒平均值 4.3%，较前 4 年平均值减少 0.2 个百分点，主要是未熟粒、病斑粒。

相关省份采集的优质品种样品份数和整精米率、食味品质评分、直链淀粉、垩白度四项指标符合国家优质稻谷标准的样品比例（以下简称"达标率"）分别为：江西采集样品 128 份，达标率 21.1%；湖北采集样品 49 份，达标率 6.1%；广东采集样品 261 份，达标率 45.6%；广西采集样品 210 份，达标率 83.3%。

（二）中晚籼稻

江苏、浙江、安徽、江西、河南、湖北、湖南、广东、广西、重庆、四川、贵州等 12 个省份及直辖市共采集检验样品 11902 份，覆盖 128 个地市的 843 个县（区）。从监测结果看，中晚籼稻整体质量较上年有所下降，出糙率平均值、等级比例、整精米率平均值等各项指标都处于近年来较低水平。全部样品检验结果为：出糙率平均值 77.3%，一等至五等的比例分别为 17.7%、43.4%、29.1%、7.0%、1.7%，等外品为 1.1%；中等（三等，出糙率不低于 75%）以上的占 90.2%；整精米率平均值 54.1%，不低于 44%（对应三等以上）的比例为 85.9%；不完善粒平均值 2.8%。

相关省份采集的优质品种样品份数和整精米率、食味品质评分、直链淀粉、垩白度四项指标符合国家优质稻谷标准的样品比例（以下简称"达标率"）分别为：江苏采集样品 36 份，达标率 63.9%；浙江采集样品 239 份，达标率 69.0%；安徽采集样品 195 份，达标率 35.4%；福建采集样品 204 份，达标率 77.0%；广东采集样品 289 份，达标率 84.1%；广西采集样品 176 份，达标率 85.2%；贵州采集样品 68 份，达标率 97.0%；云南采集样品 50 份，达标率 64.0%。

（三）粳稻

辽宁、吉林、黑龙江、江苏、安徽、宁夏等 6 个省份及自治区共采集检验样品 6161 份，覆盖 58

个地市的 274 个县（区）。从监测结果看，各项指标均与上年基本持平，整体质量为近年来正常水平。全部样品检验结果为：出糙率平均值 80.2%（二等），中等（即三等，出糙率不低于 77%）以上的占 94.2%。整精米率平均值 65.0%，不低于 55%（对应三等以上）的比例为 96.8%，不完善粒平均值 3.8%，较上年有所减少。

相关省份采集的优质品种样品份数和整精米率、食味品质评分、直链淀粉、垩白度四项指标符合国家优质稻谷标准的样品比例（以下简称"达标率"）达标率分别为：天津采集样品 10 份，达标率 80.0%；辽宁采集样品 300 份，达标率 67.3%；吉林采集样品 180 份，达标率 98.0%；黑龙江采集样品 438 份，达标率 83.3%；江苏采集样品 278 份，达标率 40.6%；安徽采集样品 30 份，达标率 26.7%；云南采集样品 33 份，达标率 30.3%；宁夏采集样品 308 份，达标率 40.3%。

（四）小麦

河北、山西、江苏、浙江、安徽、山东、河南、湖北、四川、陕西、甘肃、宁夏、新疆等 13 个省及自治区共采集检验样品 14032 份，覆盖 149 个地市的 888 个县（区）。监测结果表明，新收获小麦整体质量好于上年，中等（三等）以上比例为 96.2%，一等比例达到 63.1%。全部样品检验结果为：容重平均值 794g/L（一等），一等至五等比例分别为 63.1%、24.4%、8.7%、2.2%、1.2%，等外品为 0.4%；中等以上占 96.2%，各项指标均好于上年。千粒重平均值 45.9，较上年增加 0.6 个百分点。不完善粒率平均值 3.1%，较上年减少 2.3 个百分点，其中符合最低收购价要求（≤10%）的比例为 98.9%。

相关省份采集检验小麦样品份数和符合优质强筋小麦国家标准的比例（以下简称"强筋比例"）分别为：河北采集样品 278 份，强筋比例 1.4%；江苏采集样品 218 份，强筋比例 4.1%；安徽采集样品 267 份，强筋比例 4.9%；山东采集样品 432 份，强筋比例 3.0%；河南采集样品 571 份，强筋比例 2.1%；湖北采集样品 98 份，强筋比例 4.1%。

（五）玉米

河北、山西、内蒙古、辽宁、吉林、黑龙江、安徽、山东、河南、湖北、广西、重庆、四川、贵州、云南、陕西、甘肃、宁夏、新疆等 19 个省、市及自治区共采集检验样品 27172 份，覆盖 227 个地市的 1451 个县（区）。从监测结果来看，质量方面，玉米整体质量好于上年，平均容重和一等比例提高，为近年来正常水平。全部样品容重平均值 723g/L（一等），较上年有所提高，一等至五等玉米比例分别为 60.0%、24.3%、12.6%、2.7%、0.3%，等外品为 0.1%；中等以上比例为 96.9%，较上年提高了 1 个百分点，一等比例较上年提高近 10 个百分点。不完善粒含量平均值 3.4%，较上年下降 0.4 个百分点；不超过 8%（对应三等以上）的比例为 94.6%，较上年提高 2 个百分点。霉变粒含量平均值 0.2%，达标（不超过 2.0%）比例 99.4%。

北京、天津、河北、山西、内蒙古、辽宁、吉林、黑龙江、江苏、安徽、山东、河南、湖北、四川、贵州、云南、陕西、甘肃、宁夏等 19 省（区）玉米内在品质指标整体属于正常水平。其中，淀粉含量平均值 72.2%，粗蛋白含量平均值 9.1%，粗脂肪含量平均值 4.1%，各项指标与上年基本持平。

（六）大豆

内蒙古、辽宁、吉林、黑龙江、安徽、山东、河南、四川等 8 个省份及自治区共采集检验样品 1386 份，覆盖 86 个地市。从监测结果来看，整体质量基本正常。全部样品检验结果为：完整粒率平均值 90.3%（二等），较上年略有提高，国标中等以上的占 89.8%。损伤粒率平均值 3.8%，符合等内品（不高于 8%）的比例为 92.2%，较上年下降 2.2 个百分点。粗脂肪含量平均值 20.2%，达到高油大豆的比例为 55.1%，属于近年来平均水平；粗蛋白含量平均值 38.6%，达到高蛋白大豆的比例为 29.5%，为近年来最低水平。

8 个省份大豆粗蛋白质含量平均值 38.6%，符合高蛋白质大豆标准（粗蛋白质含量不低于 40%）的比例为 29.5%。粗脂肪含量平均值 20.2%，符合高油大豆标准（粗脂肪含量不低于 20%）的比例为 55.1%。

（七）油菜籽

江苏、安徽、江西、河南、湖北、湖南、重庆、四川、贵州等 9 个省（市）共采集检验样品 2420 份，覆盖 95 个地市的 419 个县（区）。监测结果表明，新收获油菜籽整体质量属于近年来最好水平。全部样品检验结果为：平均含油量（标准水计，下同）41.0%（二等），一等比例为 39.3%，中等以上比例为 84.2%，均为近年来最好；其中一等比例较上年提高 9.1 个百分点。不完善粒方面，未熟粒较上年有所增加，其他基本正常。未熟粒平均值 1.7%，符合中等以上要求（≤6.0%）的比例为 94.3%，较上年减少 1.6 个百分点。热损伤粒平均值 0.1%，符合中等以上要求（≤1.0%）的比例为 98.1%。生芽粒平均值 0.4%，符合标准要求（≤2.0%，以下简称达标）比例为 98.8%。生霉粒平均值 0.2%，达标比例为 98.8%。芥酸含量平均值 14.7%，符合低芥酸油菜籽标准（≤3.0%）的比例为 36.2%，较上年提高 2.9 个百分点。

（八）花生

河北、辽宁、吉林、安徽、江西、山东、河南、湖北、广东、广西、四川 11 省份共采集检验样品 1658 份，覆盖 118 个地市。从调查结果来看，整体质量良好。全部样品检验结果为：纯仁率平均值 69.3%，中等以上比例为 77.0%；含油率平均值 48.5%，含油率超过 50% 的比例为 36.6%，不完善粒平均值 4.6%。

撰稿单位：国家粮食和物资储备局标准质量中心；撰稿人：魏铭；审稿人：王耀鹏、孙长坡

七　粮食标准化

截至 2022 年底，国家粮食和物资储备局负责归口管理的粮食标准共 662 项。其中，国家标准 379 项，行业标准 283 项，基本建立了覆盖粮食收购、储存、运输、加工等环节的粮食全产业链标准体系。

（一）健全粮食标准化管理制度

2022 年 4 月印发《国家粮油标准研究验证测试机构管理暂行办法》，进一步加强国家粮油标准研究验证测试机构管理，规定了国家粮油标准研究验证测试机构申报、审核、命名、研究验证测试、监督和管理等工作，保证粮油标准的科学性、规范性、时效性，促进标准有效实施。加强技术委员会管理，按程序组织完成全国粮油标准化技术委员会原粮及制品、油料及油脂、粮食储藏及流通、粮油机械 4 个分技术委员会的换届工作，进一步优化技术委员会委员构成。

（二）持续推进粮食标准制修订工作

一是扎实做好粮食标准制修订计划立项工作。创新粮食标准计划立项征集方式，按照控增量、减

存量、抓重点的原则，突出节粮减损、适度加工、绿色储藏等重点领域，提出面向社会公开征集承担单位的粮食标准制修订计划项目。经组织申报、专家评审、局政府网站公示等程序，共下达 31 项粮食行业标准制修订和标准样品计划。同时，积极推进国家标准制修订计划项目立项，向国家标准委申报了《粮油检验样品信息采集技术规范》等 55 项国家标准制修订计划，推动完成《糙米》等 23 项国家标准制修订计划立项。

二是强化节粮减损、适度加工、营养均衡有关标准制修订。发布《粮食和国家物资储备标准制定、修订程序和要求》《二氧化碳气调储粮技术规程》《红米》《留胚米》等 41 项粮食国家和行业标准，发布《挂面》等 6 项粮食行业标准废止公告，进一步完善粮食标准体系。同时，加快推进相关标准制修订进程，面向社会公开征求《粮食安全储存水分》《粮食、油料检验扦样、分样法》等 78 项粮食标准的意见，向国家标准化管理委员会报批《小麦麸》等 10 项国家标准。

三是加强对在研粮食标准制修订计划项目管理。主动解决历史遗留问题，印发《关于清理粮食标准制修订计划项目的通知》，组织原粮及制品、油料及油脂、粮食储藏及流通、粮油机械 4 个分技术委员会清理优化在研粮食标准制修订计划项目，提出有关标准计划项目终止计划、申请延期、调整负责起草单位和主要起草人的建议。按照国家标准化管理委员会相关要求，组织完成 36 项粮食国家标准的复审工作。

（三）开展绿色储粮标准化试点工作

正式公布中央储备粮秦皇岛直属库有限公司、北京市京粮潞河粮食收储有限公司大杜社粮库等 59 家粮食储备企业为绿色储粮标准化试点单位，北京市粮食和物资储备局等 28 家单位为指导单位，助力科学储粮、优粮优储和"粮食绿色仓储提升行动"实施，促进节粮减损。编制《绿色储粮和高标准粮仓建设主要标准汇编》，方便绿色储粮地方粮食和储备管理部门、高标准粮仓建设单位和绿色储粮试点单位查询使用。

（四）扎实开展节粮减损等标准宣贯工作

突出"营养均衡有利于消费者、适度加工有利于企业、节粮减损有利于国家粮食安全"的理念，通过多种方式、多种渠道深入开展粮食标准化工作宣贯。一是举办粮食标准编写培训和营养均衡、节粮减损、绿色储粮重点标准解读线上系列讲座培训，深入解读涉粮标准化相关政策和标准化文件起草规则，重点解读《小麦粉》《菜籽油》《二氧化碳气调储粮技术规程》等 12 项与营养均衡、适度加工、节粮减损相关的标准，培训超过 3 万人次。相关培训视频同步发布在国家粮食和物资储备局政府网站上，供公众深入学习。二是在 2022 年全国食品安全宣传周·粮食质量安全宣传日、世界粮食日活动中，通过中央广播电视总台、央广新闻等中央媒体上宣传报道，宣传新发布节粮减损标准和标准化制度建设方面取得的成效。《中国粮食经济》杂志上发布《强化标准引领促进节粮减损》宣传文章，强化节粮减损标准化工作重要性；发布《小麦粉》《菜籽油》等节粮减损标准解读文章，不断推动节粮减损标准落地见效。

（五）全力推进国家农业标准化示范区项目工作

经组织省级粮食和储备部门、中粮集团等单位申报，向国家标准化管理委员会推荐《国家现代农业一二三产融合发展标准化示范区》《国家虾稻米产业链生产标准化示范区》《国家小麦产业链融合标准化示范区》等 5 个项目参评第十一批国家农业标准化示范区，全部获得批准。农业标准化示范区项目的不断推进，有利于培育农业品牌，推进一二三产业融合发展，更好服务于粮食产业高质量发展；同时，加强对已下达国家农业标准化示范区项目指导和管理，按照国家标准化管理委员会要求，组织完成对第九批国家农业标准化示范区项目的目标考核和第十批国家农业标准化示范区项目的绩效考核。

（六）提升粮油标准国际化水平

一是持续推进谷物和豆类国际标准制修订。作为国际标准化组织谷物与豆类分委员会（ISO/TC34/SC4）秘书处，围绕服务粮食贸易和保障粮食质量安全，推进《谷物和豆类简化扦样》等 11 项标准制修订项目，成立全谷物国际标准工作组。召开分委员会第 42 次会议，来自 14 个国家成员体和 ISO 中央秘书处的 56 位代表参会，会议研究解决了小麦粉灰分测定、大米加工精度定义等争议较大的技术问题，同意启动 7 项国际标准制修订工作，其中 4 项由中国专家牵头。二是推动中国粮油标准转化为国际标准。我国牵头提出的《谷物及制品中 17 种真菌毒素的测定》国际标准提案获 ISO 批准立项，《油茶籽油》法典标准提案获国际食品法典委员会批准立项。向国家标准委提交《谷物和豆类散存粮食温度测定指南》等 2 项国际标准制修订提案。三是开展粮油标准外文版翻译。围绕促进优质粮油产品进口和服务粮机出口，推动国家标准委发布《大米》《粮油机械斗式提升机》等 18 项粮油领域国家标准外文版，下达《菜籽油》等 21 项国家标准外文版计划。四是开展中俄粮油标准交流合作，推动《动植物油脂试样的制备》等 5 项标准互认。

撰稿单位：国家粮食和物资储备局标准质量中心；撰稿人：徐广超、张艳、袁强；审稿人：王耀鹏

粮食流通体系建设

一　扎实推进优质粮食工程

2022 年，国家粮食和物资储备局全面深入推进优质粮食工程，督促指导各地贯彻落实《关于深入推进优质粮食工程的意见》精神，加快实施方案编制，争取资金支持，推动项目落地，加快粮食绿色仓储、品种品质品牌、质量追溯、机械装备、应急保障能力、节约减损健康消费等"六大提升行动"落实落地，在全面深化粮食节约减损、保障粮食产业链供应链安全、全方位夯实粮食安全根基、助力乡村振兴等方面，取得阶段性成效。

一是召开全国深入推进优质粮食工程调度会，宣传推广好的经验做法，指导各地选准路子、因地制宜，以"六大提升行动"为抓手，在省级层面进行整体谋划推进，编制"十四五"时期深入推进优质粮食工程实施方案，全力争取财政资金支持。全国各地已明确"十四五"期间新一轮优质粮食工程实施目标、重点任务，完成实施方案编制，有效保障"六大提升行动"落实落地。二是为持续深入推进优质粮食工程，加快粮食产业高质量发展，全面梳理各地首轮优质粮食工程实施以来的创新实践做法和具体措施，在全国深入推进优质粮食工程加快粮食产业高质量发展第二次现场经验交流会的基础上，参照 2020 年做法，编写出版《深入推进优质粮食工程（2021—2022 年）》，供各地在今后工作中参考借鉴。三是督促各地加强责任落实，积极推进项目库建设，强化项目审核、调度和督导，合理安排实施规模和范围，确保"六大提升行动"落地见效。四是加大典型推广。定期调度"六大提升行动"进展，以简报形式通报好的经验做法，加大先进典型挖掘培树，为各地提供新一轮可复制、可推广的现实样板。

撰稿单位：国家粮食和物资储备局规划建设司；撰稿人：刘晨；审稿人：钱毅、张保国、晁铭波

（一）粮食产后服务体系建设

粮食绿色仓储提升行动。建立粮食绿色仓储提升调度工作机制，围绕粮食绿色仓储提升行动重点任务，聚焦"控温控湿保鲜储藏、有害生物综合防治、仓储作业环境友好"，着力推进高标准粮仓建设、仓储性能改造提升和绿色储粮技术推广应用，科学储粮水平和品质保障能力进一步增强。

粮食机械装备提升行动。国家粮食和物资储备局会同有关部门联合印发《"十四五"粮食和物资储备科技和人才发展规划》，在粮油机械装备领域布局研发任务。在全国粮食和物资储备科技活动周期间，编制印发《粮食和物资储备科技成果汇编》，宣介粮食安全仓储、粮食物流、适度加工、副产物综合利用等领域粮机装备，促进粮食科技成果转化。征集在建粮机装备企业升级改造项目，构建粮机装备研发和重点建设项目库，及时掌握粮食机械装备产业技术发展趋势，引导粮油加工企业应用先进国产粮机装备，提高装备技术水平。积极推进"科技助力经济 2020"专项粮机项目绩效评价工作。

粮食节约减损健康消费提升行动。印发《国家粮食和物资储备局关于粮食节约减损的指导意见》，细化农户储粮、绿色仓储、粮食物流、适度加工、综合利用等环节减损任务，明确创新体系建设、标准制修订、考核指标、宣传教育、损失调查等方面工作举措，推进粮食流通环节减损工作。夏粮、秋粮收购期间，5500 多家粮食产后服务中心为种粮农民提供清理、干燥、收储、加工、销售等服务，促进粮食质量提档升级，助农减损增收。先后发布多项粮油适度加工和绿色仓储粮标准，指导企业推进节粮减损。加强减损技术攻关，促进节粮减损国际合作。依托全国粮食和物资储备科技活动、食品安全宣传周、世界粮食日和全国粮食安全宣传周等重要活动，大力宣传节粮知识。

撰稿单位：国家粮食和物资储备局安全仓储与科技司；撰稿人：李丹清、
包亚妮、姚磊、夏丹萍、管伟举；审稿人：周冠华、彭扬

（二）粮食质检体系建设

督促指导各省份推动粮食质量追溯提升行动方案实施，印发《关于请报送优质粮食工程粮食质量追溯提升行动实施情况及典型经验做法的函》，掌握各省实施进展情况，梳理总结典型省份先进经验做法，形成《重庆市强化粮食质量安全监管体系建设探索实现全流程粮食质量可追溯》《河北省粮食和物资储备局以"粮食质量追溯提升行动"为抓手着力提升粮食质量安全检验监测能力》《江苏省强化标准引领健全质检体系推动粮食质量追溯提升行动落地见效》三篇典型经验材料，以工作简报形式印发，供各地参考借鉴。在 2022 年全国食品安全宣传周·粮食质量安全宣传日主场活动上，吉林等省份交流了粮食质量追溯提升行动实施进展情况和典型经验做法。

撰稿单位：国家粮食和物资储备局标准质量中心；撰稿人：张庆娥、尹诗文；审稿人：王耀鹏

（三）"粮食品种品质品牌"提升行动

《优质粮食工程"六大提升行动"方案》印发以来，各省（区、市）高度重视，结合实际情况，制定具体的实施方案，统筹利用产粮大县奖励资金、粮食风险基金等落实资金支持近 10 亿元，聚焦增加绿色优质粮油产品供给，着力优化粮食供给结构，促进粮油品质提升，打造优质粮食品牌，采取有力措施推动"粮食品种品质品牌提升方案"落实落地，加快粮食产业创新发展、转型升级、提质增效。一是粮食品种结构更加合理，优质粮食供给更加丰富。各地通过引导优选优质品种和示范种植，支持推广优质品种集中连片种植，调整优化粮食品种结构，促进优质品种和特色品种向优势产区集聚。二是粮食品质提升措施逐步改进，标准引领作用日趋凸显。各地立足自然禀赋，聚焦解决产购储加销各环节品质提升的难点，因地制宜完善粮食质量标准体系，优化加工工艺，改造加工设备，加强产品研发，提升粮食品质，丰富优质粮食供给。三是优质粮食品牌不断涌现，知名度和影响力日益扩大。各地持续发力，培育优质粮食区域公用品牌，推动线上线下融合，完善营销网络，多渠道推介和营销优质粮油产品，促进产销深度融合，不断提升优质粮油产品消费体验。

撰稿单位：国家粮食和物资储备局科学研究院；
撰稿人：周明慧、欧阳姝虹；审稿人：颜波、张永奕

（四）粮食应急保障体系建设

2022年，我国粮食应急保障体系进一步完善，粮食应急保障能力持续增强。一是加强制度建设。印发《关于支持粮食应急保障企业积极发挥粮油应急保供作用的政策措施指南（试行）》，指导各地支持粮食应急保障企业积极发挥应急保供作用。联合国家发展和改革委员会印发《关于建立健全粮食应急保障中心的指导意见》，科学指导各层级粮食应急保障中心构建。二是粮食应急预案体系不断健全。加快粮食应急预案修订，不断构建完备有效的国家、省、市、县四级粮食应急预案体系。三是粮食应急保障企业数量达到历史最高水平。2022年在首批68家国家级粮食应急保障企业基础上，择优增补一批大型涉粮（油）企业。经过有关程序，选定中国邮政集团等51家企业为第二批国家级应急保障企业，国家级应急保障企业数量增加至119家，国家级粮食应急保障力量持续壮大。截至2022年底，全国共有粮食应急储运企业4846家，应急加工企业6584家，应急配送中心3542家，应急供应网点56495个。四是加强县级粮食应急保障能力建设。印发通知指导各地不断充实粮食应急保障网点数量、持续优化网点布局，增强粮食应急保障能力薄弱县的粮食应急保障能力。经集中整改，全国粮食应急薄弱县数量显著减少，县级应急保障能力明显提升。

撰稿单位：国家粮食和物资储备局应急物资储备司；
撰稿人：陈林、李燕博、姚继伟、张飞；审稿人：王宏

二　粮食仓储物流体系

2022年，通过"粮食等重要农产品仓储设施中央预算内投资专项"，重点支持中央企业和地方建设一大批粮食仓储物流设施项目，着力推进高标准粮仓建设，持续提高科学储粮水平和品质保障能力，切实提升储备粮质量，为保障粮食稳定安全供给提供了物质支撑。进一步加大对粮食物流园区、关键节点等散粮专业接发设施建设支持力度，提升接发能力，推广应用集装单元化新技术、专用运输工具和先进散粮接发设施等物流新装备、新技术、新工艺。

撰稿单位：国家粮食和物资储备局规划建设司；撰稿人：刘晨；审稿人：钱毅、张保国、晁铭波

三　粮油统计与信息体系

（一）粮油统计信息

根据《国家粮食流通统计调查制度》的有关规定，完成收购进度五日报、粮食统计月（年）报、粮食市场价格周报以及产业经济、仓储投资、粮油科技、从业人员等统计年报，组织开展社会粮油供需平衡调查、农户存粮专项调查。督促指导各地强化数据审核，做好统计培训，确保统计数据质量，提升统计工作水平。加强统计制度体系建设，进一步优化"国家粮油统计信息系统"，综合运用多种信息技术手段，实现各类数据和信息的智能管理调用。

撰稿单位：国家粮食和物资储备局粮食储备司；

撰稿人：李洵、赵泽林、耿晓顿、沈洁；审稿人：秦玉云、唐成

（二）粮油市场信息体系建设

不断完善新型粮食市场监测预警体系。根据市场形势变化动态调整信息监测点，完善监测指标，拓展监测内容，加强重点企业、物流节点等监测，提高监测的全面性、准确性和时效性。加强国际粮油市场监测，高度关注重大事件影响并及时研判。充分利用现代信息技术，构建粮油信息报送系统，提高信息采集、整理和加工的智能化水平，实时监测市场变化。

持续提高信息服务决策质量。统筹运用监测预警、大数据分析、座谈交流、实地调研等手段，深入研究粮油市场重大问题，强化对苗头性、倾向性、潜在性问题的深度分析研判。围绕市场热点和社会关注焦点，坚持目标导向和问题导向，组织开展解剖麻雀式调研和专家会商会十余次，全年完成专报等各类决策报告 258 份。

正面引导市场预期。全年在官方微信公众号发布信息 243 期，开展公益视频直播 6 期，与央视农业频道"中国三农报道"栏目合作新闻连线 5 次，在各视频播出平台点播超过 200 万人次。12 人次接受央视、经济日报社等主流媒体采访或发表文章。在报刊杂志发表 157 篇文章，派业务骨干 50 多人次参加国家发展和改革委员会、农业农村部、中国期货业协会等举办的会议，及时回应社会关切，加强新闻舆论宣传。在市场敏感期和波动期，主动向媒体提供新闻素材，加强正面信息引导，服务粮食宏观调控和社会需求。

协同联动共建粮食信息体系。与中国人民大学、大连商品交易所等机构开展定期交流，着重在监测对象、监测范围、监测内容、监测手段以及信息采集、整理、分析、研判等方面进行优化整合，形成"分工合作、各有侧重、共同发展"的新格局。如认真落实京津冀协同发展战略，加强市场分析研判，联合开展会商、调研，编印《京津冀粮食信息快讯》，基本实现了粮油信息的互联互通。

撰稿单位：国家粮油信息中心；撰稿人：李圣军；审稿人：刘冬竹、张立伟

（三）政府信息公开

主动公开方面。全年通过国家粮食和物资储备局网站发布各类信息 1772 条。主动公开粮食购销制度文件，及时发布主产区粮食收购进度、主要粮食品种收购价格等统计监测数据，正面引导市场预期。及时公开中央应急救灾、防汛抗旱物资政府采购信息和中标结果，做好国家级粮食应急保障企业、防汛救灾物资调运等信息公开。按规定公开法治政府建设进展，更新行政许可事项目录。按时公开经批准的部门预算、决算信息，梳理公开国有及国有控股粮食企业经济运行情况。及时公开高标准粮仓建设技术要点、中央储备棉糖管理办法等制度规定，节粮减损、行业科技重大项目进展信息。及时公开粮食执法检查相关制度规定和年度行政执法情况，公务员招考、事业单位招聘、行业人才信息。对粮食和物资储备行业标准公开征求意见，公布现行粮油国家标准目录，主动公开新收获粮食质量监测情况等。公开 3 件主办的建议提案答复。

解读回应方面。强化重要制度解读，重点对以国家发展和改革委员会令形式印发的《粮食流通行政执法办法》和《粮食企业信用监管办法（试行）》《中央储备糖仓储管理办法》《粮食库存检查办法》《中央储备棉仓储管理办法》等行政规范性文件进行解读，主动介绍出台背景、目的依据、主要内容

等，有助于增进公众理解，推动政策落实。全年召开新闻通气会 1 次，相关司局单位负责同志、专家共 50 人次接受媒体采访；中央主要媒体刊（播）发主题报道 350 余篇（条）。

依申请公开方面。严格执行国家粮食和物资储备局信息公开申请办理答复规范，专人盯办、每日查收、及时转办，督促主办司局规范办理、按时答复。全年共受理有效信息公开申请 52 件，全部为网络受理。从办理情况看，经沟通申请人主动撤回 25 件，按期办结 18 件，延期答复 9 件（制发延期答复告知书并送达申请人）。

政府信息管理方面。集中规范展示国家粮食和物资储备局起草的 9 件法规、规章和印发的行政规范性文件；设置专栏，集中公开现行有效的行政规范性文件文本，方便公众查询使用。全年制发行政规范性文件 6 件，均及时公开。

公开平台建设方面。围绕学习宣传贯彻党的二十大精神、世界粮食日、科技活动周等主题，整合发布信息，展示工作成效。及时转载党中央、国务院重大决策部署，强化联动发布效应。落实网络安全责任，局网站全面支持互联网协议第 6 版。优化局网站部分栏目设置，提高信息公开的权威性。全年局长信箱共收信 672 件，按时办结 670 件，办结率 99.7%；按有关要求公开了 97 件网民来信答复。继续整理公开轮换与混存等仓储管理业务常见问题解答。

监督保障方面。把依法履行公开义务，纳入法治机关建设考核评议。把政务公开列入年度职能目标考核，分值权重为 4%；列为公务员初任培训必修课程。

撰稿单位：国家粮食和物资储备局办公室（外事司）；撰稿人：赵胜君；审核人：王世海

粮食和物资储备法治建设

一   加快推动粮食和物资储备安全立法

2022 年，《粮食安全保障法》立法工作进展顺利，按立法程序抓紧推进。《粮食储备安全管理条例》加快推进。在前期对有关方面意见充分吸收采纳的基础上，研究论证相关重大问题、重要制度，及时对条例进行修改完善。地方粮食立法工作取得明显成效。截至 2022 年底，江苏、浙江、福建、广东、四川、贵州、新疆等 7 个省（区）出台粮食安全保障省级地方性法规规章，天津、辽宁、宁夏等 27 个省（区、市）出台粮食流通、粮食储备等涉及粮食安全保障的省级地方性法规规章。

二   加强粮食和物资储备法治机关建设

制定法治机关建设年度工作计划，开展法治机关建设年度考核评议，不断夯实法治建设基础。编制部门权责清单，推动依法严格履行行政职权。落实"放管服"改革要求，推动取消中央储备粮油轮换计划审批，制定有关行政许可实施规范。落实重大行政决策程序，加强局规范性文件管理及合法性审核工作。依法公开政府信息，办理人大代表建议和政协委员提案，答复局长信箱和来信来访，认真做好粮食和物资储备相关政策法规解读。加强法律顾问和公职律师队伍建设，组织公职律师积极参与合法性审核、行政复议案件办理、涉诉案件化解等。完善制度规范，加大粮食购销等重点领域监管执法力度；加强专业能力建设，不断提升监管执法人员依法履职能力。

三   持续推进粮食和物资储备法治宣传教育

认真学习贯彻习近平法治思想，组织全系统党员干部在线学习"'习近平法治思想'普法宣传系列课堂"，开展习近平法治思想在线测查暨普法知识竞赛活动，推动以考促学、以赛促学，确保入脑入心见实效。组织实施《全国粮食和物资储备法治宣传教育第八个五年规划（2021—2025 年）》，持续做好《粮食流通管理条例》学习贯彻，在粮食流通行政执法证培训和新入职人员培训中设置《粮食流通管理条例》解读课程，切实增强干部职工自觉守法、依法办事的意识和能力。开展建设法治政府、推进依法行政专题培训和法治骨干培训，持续提升干部职工法治素养。结合 4·15 全民国家安全教育日、12·4 国家宪法日、全国粮食和物资储备科技活动周、全国食品安全宣传周、全国粮食安全宣传周等重要节点，采取线上线下培训、现场咨询答疑等方式，开展普法宣传活动，扎实推进依法行政，全面加强运用法治思维和法治方式破解粮食和物资储备领域难题的能力，为推进粮食和物资储备高质量发展奠定坚实法治基础。

撰稿单位：国家粮食和物资储备局法规体改司；撰稿人：许莹、宋凯强、于涛、齐倩、刘森；

审稿人：韩继志、肖玲

棉花和食糖储备

一　棉花和食糖市场运行

（一）棉花市场运行情况

棉花产量。据国家统计局数据，2022 年全国棉花播种面积 4500.4 万亩，比上年下降 0.9%。其中，新疆地区种植面积 3745.4 万亩，下降 0.4%，占全国棉花种植面积的比重上升至 83.2%；受种植效益和种植结构调整等因素影响，其他地区棉花播种面积 755 万亩，下降 3.6%。全国棉花产量 597.7 万吨，增长 4.3%。其中，新疆棉花产量 539.1 万吨，增长 5.1%，占全国总产量的比重升至 90.2%；其他地区棉花产量 58.6 万吨，下降 2.7%。

棉花消费。据国家棉花市场监测系统预计，2021/2022 年度（2021 年 9 月—2022 年 8 月）全国棉花消费量为 730 万吨，同比减少 131 万吨；2022/2023 年度全国棉花消费量 755 万吨，同比增加 25 万吨。

棉花价格。受新疆棉成本高企等因素支撑，上半年国内棉价高位运行，现货价格指数处于 21000 元／吨以上，郑州商品交易所棉花期货主力合约价格总体高于 20000 元／吨。随着国际棉价大幅下行、美国涉疆法案实施、下游需求不足等因素叠加冲击，6 月棉花价格开始快速下跌，7 月中旬逐步企稳，下半年现货价格指数主要在 15000—16000 元／吨区间震荡。

中央储备棉。中央储备于 2022 年 7 月至 11 月启动轮入，面向棉花加工企业收储新疆棉，累计挂牌 50.3 万吨，实际成交 8.7 万吨，成交率 17.2%，竞买成交均价 15896 元／吨，较好稳定了棉花市场预期和信心。

（二）食糖市场运行情况

糖料生产。据中国糖业协会数据，2021/2022 年度（2021 年 10 月—2022 年 9 月）全国糖料种植面积 1895 万亩，比上年度下降 6.9%。其中甘蔗种植面积 1684 万亩，同比下降 0.5%；甜菜 212 万亩，同比下降 38.4%。糖料收购价格较上年度明显提升，其中甘蔗平均收购价 506 元／吨、甜菜 541 元／吨，分别较上年度提高 8 元／吨和 32 元／吨，糖农收入基本稳定。

食糖产量和消费量。据中国糖业协会数据，2021/2022 年度全国食糖产量 956 万吨，同比下降 10.4%。其中，甘蔗糖 870 万吨、下降 4.7%，甜菜糖 86 万吨、下降 43.8%。全国食糖消费量 1550 万吨，同比下降 1.9%。消费结构持续调整，民用消费比例上升至 46.6%，工业消费比例下降至 53.4%。

食糖市场价格。据中国糖业协会数据，2021/2022 年度全国制糖工业企业成品白砂糖累计平均售价 5754 元／吨，较上年度上涨 375 元／吨，涨幅 7%。制糖企业基本能保本微利，全国制糖行业销售收入（含综合利用产品销售收入）718 亿元，盈利 10.5 亿元。

二　棉花和食糖储备管理

严格实施储备棉糖计划管理，规范购销轮换操作，指导督促运营机构加强内控管理，强化计划执行，确保储备安全。按照有关部门部署，组织做好储备棉轮入，2022 年 7 月 13 日至 11 月 11 日公开竞买成交近 8.7 万吨，对稳定国内棉花价格、保障市场平稳运行起到了积极作用。

印发《中央储备棉仓储管理办法》《中央储备糖仓储管理办法》，在国家储备管理层面，对中央储备棉糖仓储管理等明确相关规定，促进棉糖储备仓储管理制度化和规范化。研究开展中央储备棉糖仓储信息报告工作，设计报告内容和形式，探索建立常态化、长效化工作机制。开展调查研究，加强业务指导。积极推动储备棉糖仓储设计规范、消防标准等立项，促进棉糖仓储设施设备与保管要求相衔接，提升棉糖储备仓储能力和技术水平。

撰稿单位：国家粮食和物资储备局粮食储备司、安全仓储与科技司；

撰稿人：邢文煦、李萌，施季辉；审稿人：秦玉云、周冠华、唐成、彭扬

物资储备

一　战略物资储备管理

　　加强战略性矿产品市场研判分析，密切跟踪战略性矿产品市场价格和供需形势，组织开展构建重要战略物资供应安全预警监测体系课题研究，进一步提升重要战略物资供应安全的监测预警能力。组织开展完善国家储备市场调节机制、建立完善企业社会责任储备制度课题研究，加快推进完善国家储备调节机制，推动构建多层次多元化储备体系。稳妥落实储备仓库安全治理提升三年行动实施方案，集中力量修订战略物资储备作业规程以及现场管理规范等，进一步提升仓库管理规范化、作业标准化。拟订储备物资年度库存检查方案，有针对性地指导垂管局、基层仓库开展库存检查工作，确保战略物资"储得好、调得出、用得上"。

撰稿单位：国家粮食和物资储备局物资储备司；
撰稿人：潘瑶、夏保强、王敏、王爽；审稿人：周海扬、邱永峰

二　应急物资储备管理

　　出台《中央应急抢险救灾物资储备管理暂行办法》，进一步规范中央应急抢险救灾物资储备管理，提高物资使用效益；印发《中央应急救灾物资储备管理规范（试行）》《中央应急抢险救灾物资储备监管评估暂行办法》《中央应急抢险救灾物资储备库设施设备升级配置指引》，全力提升中央应急抢险救灾物资储备仓库管理水平和应急保障能力。

　　加快推进 2022 年度中央应急抢险救灾物资采购工作。截至目前，储备仓库实现全国 31 个省（区、市）全覆盖，储备品种增加到 108 个，品种更加丰富，西北、西南等防灾减灾救灾薄弱地区的物资保障能力明显加强，为应对重特大自然灾害提供了坚实物资基础。

　　强化监督检查力度。开展年度库存检查工作，对物资数量、质量和储存安全情况进行检查，针对发现的问题建立台账，明确责任，督促各储备单位加强问题整改落实。同时，针对汛期等关键时期，建立应急预案、隐患排查台账和整改措施，通过"一方案、一台账、一措施"，盯抓问题隐患整改，确保在库物资数量真实、质量良好、储存安全。加快推进储备管理信息化水平。与应急管理部密切合作，持续推进信息化管理平台建设，强化储备信息共享共用，基本实现在库物资实时查询和在线调度，做到科学管理、快速调运。强化应急物流配送能力。积极探索与国内大型社会物流企业建立应急物流合作，签订相关合作协议，不断完善应对突发事件调运机制，形成政府和企业应急保障合力，提

升中央应急抢险救灾物资调运能力。

　　与国家防总办公室、应急管理部等紧密衔接，建立快速调拨机制，确保关键时刻拿得出、调得快、用得上。特别是针对河南"7·20"特大暴雨洪涝灾害，迅速建立灾情共享机制、应急值守抽查通报机制和在库物资安全报送机制，以机制促落实，下好"先手棋"。不断加强对各地粮食和物资储备部门、中央应急抢险救灾物资仓库指导和管理，强化应急值守，上下协同联动，保证相关人员全时在位、物资启运全时待战、物资调运全程安全。2022年累计调运中央应急抢险救灾物资24批次，价值1.2亿元，有力保障四川泸定6.8级地震、珠江流域抗洪抢险和重庆、湖南抗旱减灾以及上海、吉林、西藏疫情防控、援外等救助急需。

撰稿单位：国家粮食和物资储备局应急物资储备司；

撰稿人：李国强、杨林、丁祎、郭建达、蔡军胜；审稿人：王宏

三　物资储备标准化

　　发布《国家物资储备通用术语》（GC/T1201—2022）、《国家物资储备通用安全标志及使用规范》（GC/T1402—2022）、《国家物资储备标志及使用规范》（GC/T1401—2022）3项基础通用型物资储备行业标准。

撰稿单位：国家粮食和物资储备局标准质量中心；撰稿人：付伟铮、颜婷婷；审稿人：王耀鹏、孙长坡

四　安全管理

　　召开全系统安全生产视频会议、国家粮食和物资储备局安全生产领导小组全体会议，认真传达学习习近平总书记关于安全生产的重要指示批示精神，贯彻国务院安委会有关会议精神，分析安全生产形势，部署安全生产重点工作。通过聘请专家讲解、印发通知部署、开展线上培训等方式，推动学习贯彻走深走实。线上培训期间，全系统超过11.8万人注册并参加，累计学习182万学时。印发国家粮食和物资储备局领导班子安全生产职责分工、储备仓库安全监管办法、安全生产考核办法、安全生产约谈实施办法、重大事故隐患判定标准、应急管理指导意见、"四不两直"检查办法等制度，切实做到安全管理有规可依。垂管系统量化10个方面40项责任目标，层层签订安全责任书。粮食行业以推动落实"一规定两守则"为抓手，不断健全落实全员安全生产责任制。印发年度工作要点，定期通报工作，抓好工作落实。按照70项责任和任务清单明确的时限，实施挂图作战，加强督促检查，定期跟踪督办，推动落地落实。制定评估方案，全面总结梳理专项整治三年行动推进情况及主要成效，深入分析查摆存在的问题，有针对性提出下步工作安排，确保专项整治三年行动取得实实在在成效。重大节日节点以"四不两直""明查暗访""交叉检查"等形式组织督导检查。在全系统部署开展安全生产大检查，同步部署开展粮食流通行业安全风险专项整治以及垂管系统危险化学品仓库重大安全隐患和安全距离专项整治两个专项行动，印发国家石油储备库安全风险治理专项工作方案，确保重大风

险隐患排查见底、防范治理措施落实到位。

撰稿单位：国家粮食和物资储备局应急物资储备司；
撰稿人：葛宁、王荩磊、皇甫志鹏、杨碧程；审稿人：王宏

能源储备

　　圆满完成国家原油储备年度收储任务，稳步落实国家成品油储备年度收储轮换计划，进一步扩大国家原油、成品油储备规模。积极推动煤炭储备工作，进一步拓展完善储备体系。制定印发国家原油储备运行管理制度，推动出台国家成品油储备相关管理办法，修订国家储备油库成品油管理有关规定。开展国家储备成品油相关业务统计分析和年度损耗溢余核销处理，组织能源储备业务线上培训，加强代储原油、成品油管理。深入开展能源储备领域重大问题研究，持续跟踪新冠疫情、乌克兰危机及主要产油国等动态，及时进行分析研判，并提出对策建议。

撰稿单位：国家粮食和物资储备局能源储备司；

撰稿人：葛连昆、李庭辉、董唯扬、王家唯；审核人：车英

信息化建设

一　拼图式统筹推进"十四五"信息化建设

（一）持续推动"十四五"信息化重点任务

通过粮食购销领域监管信息化建设、公共安全保障工程、储备仓库的基础设施建设等多种途径，拼图式推进"十四五"时期信息化建设，加大数据资源整合、开发和应用，优化完善"一中心六平台"功能，拓展行业信息化应用场景，提升各类储备库点信息化基础水平。

（二）对接公共安全保障工程推动项目实施

统筹"十四五"信息化建设内容和公共安全保障工程，细化平台建设方案，促进局平台基础设施提升，优化完善安全数据中心功能。编制能源、粮食和应急救灾物资储备、粮食质量安全追溯数据交换标准，支撑不同层级和不同部门间数据互联互通。通过垂管系统"数据通""视频通"，加强动态监测预警，打造综合性一体化应急指挥调度平台，建立粮食质量安全溯源体系，加强粮食全产业链数据采集、传输、存储和共享。

（三）加强"数字粮储"成效增强保障支持

持续完善粮食储备布局地理信息系统，进一步提升数据质量，扩大对接范围，实现省级粮食业务平台数据和视频在国家平台实时展示，加速汇集各类储备核心业务数据，为建立储备"一张图""一张表"奠定基础。提高粮食和物资储备数字化、智能化水平，提升国家储备应对突发事件能力，促进粮食产业高质量发展，以"数字粮储"建设实际成效为增强粮食和储备安全保障能力提供有力支撑。

二　加紧落实粮食购销监管信息化建设任务

（一）提升粮食储备信息化监管水平

持续推进粮食购销信息化监管，统筹整合资源，挖掘数据潜力，补齐监管短板，落实各方责任和政策保障。不断完善平台功能，提升省级平台数据对接质量，中央储备粮信息化实现全覆盖，省级平台完成接口升级，提升业务应用，央企平台不断完善功能，较好实现中央和省级储备粮监管信息化全覆盖、全程动态实时监控的阶段性目标，监管信息化体系基本形成。

（二）巩固粮库信息化建设应用成效

全面提升省级库点上传国家平台数据和视频监控质量，确保业务数据全面、准确、及时上传，进一步规范粮库业务流程。在"夏粮收购""秋粮收购"视频督导中不断强化使用信息化手段直插现场的调研方式，强化业务系统应用和信息化监管手段。压茬推进市县级储备信息化全覆盖，不断提升粮食购销领域智能化监管水平和穿透式监管能力，形成健全的监管信息化建设和运行长效机制。

三　持续巩固信息化资源整合优化和应用成效

（一）着力推动"网络通""数据通""视频通"

整合形成统一的粮储专网三级网络环境，各司局、直属单位、省级粮食和物资储备局、垂直管理局和基层储备单位基本实现全覆盖，业务信息系统整合至国家粮食和物资储备管理平台，进一步优化扩充互联网云平台，在全局系统内实现云资源共享。开展垂管系统"数据通""视频通"，集成基层储备单位专网视频会商、视频监控，为业务司局开展远程调度和抽查检查提供支撑。在新办公区主会场集中部署专网、互联网等各类视频会议系统，分会场参会范围实现省级粮食和物资储备部门、垂管局及基层储备单位"一网覆盖"。

（二）优化完善应急指挥中心功能

应急指挥中心整合系统，实时掌握信息，立足应急指挥调度需要，丰富完善应急指挥调度平台应用场景，进一步完善应急信息整合协同等功能，实现跨区域跨部门跨层级数据集成、信息合成、现场研判和指挥调度，确保应急状态调用更加高效。

（三）构建储备管理平台

完善储备库存、布局、品类等数据资源，各类储备数据汇集至安全数据中心，进一步建强"数据底座"。通过与甘肃局试点远程调度，深入挖掘业务工作场景，构建储备系统信息资源共享，实现跨层级、跨系统、跨业务的协同管理和服务，有效发挥中央储备作用，提升国家储备应对突发事件的能力。

（四）进一步完善和推广网上办公

OA 办公系统、门户系统、政务邮箱是办公最基础的信息化应用。OA 办公系统提供网上办文功能，通过流程控制和权限控制，实现收文、发文、签报等公文网上流转；门户系统提供信息共享和应用整合功能；政务邮箱实现司局单位之间、国家局与垂管局之间的电子邮件收发。以 OA 办公系统广泛应用为标志，线上办公已成为全系统新办公形态。结合用户新需求新期待，下步将持续加强运维服务，保障系统稳定可靠，持续推广网上应用，扩大网上办公使用范围，持续拓展系统功能，进一步提升办公效能。

四　持续提升信息化运维服务质量

优化运维服务流程，形成"10 分钟响应、一般问题 1 小时内解决、重大问题倒排工期按时清零"运维保障机制。持续提升运维服务质量。高标准做好视频会议保障，主会场可并行召开多场会议，加强分会场管理和技术支持，在实战中不断完善。

撰稿单位：国家粮食和物资储备局信息化推进办公室；撰稿人：修阳、邝琼、袁鸿珊、史策、尚静、杨龙龙、刘欣欣、马伯骏、赵文博、夏志成、李谦；审稿人：卜轶彪、于英威

科研发展

一　科技进步与创新

规划布局科技和人才兴粮兴储。印发《"十四五"粮食和物资储备科技和人才发展规划》，明确"十四五"发展思路，布局粮食和物资储备科技创新任务和人才培养工程。通过规划解读、专项宣讲等方式，加强规划宣贯工作，取得良好成效。

强化粮食和储备科学普及工作。国家粮食和物资储备局领导作为全国科普工作联席会议成员，出席 2022 年全国科普工作联席会议，认真学习贯彻习近平总书记关于科普工作的重要指示，贯彻落实党中央、国务院关于加强新时代科普工作要求，审议《全国科普工作联席会议制度》《"十四五"国家科普发展规划》等。配合科技部研提《中华人民共和国科学普及法》修订意见。成功举办以"科技兴粮兴储，创新有你有我"为主题的全国粮食和物资储备科技活动周主会场活动。启动仪式上，向粮食储运国家工程研究中心和粮食技术创新中心授牌，举办院士科普讲座。面向全国各地粮食和储备部门，编发《粮油加工篇》《农户科学储粮减损篇》《粮食节约减损篇》《营养健康篇》《国家科学技术相关法律法规》等科普宣传手册，围绕科技法律法规、科技成果、营养健康知识、节粮减损技术等，开展形式多样的科普宣传活动，取得良好成效。推荐科学研究院、河南工业大学、北京东方孚德技术发展有限公司 3 位候选人参加第九届全国科普讲解大赛，均获得优秀奖。

在线召开全国粮食和物资储备科技和人才兴粮兴储工作经验交流会。8 家单位分别作了典型经验交流发言。各地因地制宜，紧密结合当地发展实际，充分考虑科技、人才工作现状、发展需求和能力等因素，创新工作方式，提出创造性的工作载体和抓手，开展有特色的粮食科技创新工作，逐渐形成区域粮食科技创新工作的良好氛围。

加强科技创新平台指导和管理。参加国家发展和改革委员会高技术司召开的国家工程研究中心管理工作视频会，协助做好粮食储运国家工程研究中心管理工作，完成"国家粮食产业（药用功能资源开发）技术创新中心""国家粮食产业（人工智能仓储装备与服务）技术创新中心""国家粮食产业（减损干燥）技术创新中心"的批复和授牌工作。6 月，完成对粮食储运国家工程研究中心新增 2 家共建单位的必要性、可行性进行论证，并批复同意。线上召开农户科学储粮工作经验交流会，6 家单位进行交流发言。在线参加国家核桃油及核桃加工产业创新战略联盟第三届年会。组织国家功能杂粮技术创新中心和国家小麦加工技术创新中心绩效评价工作。

加强国家科技计划项目管理。完成粮食公益性行业科研专项项目的整体验收；开展"科技助力经济 2020"重点专项项目综合绩效评价工作，完成了"基于绿色低温储粮技术实现免熏蒸的技术研究与应用示范"等 4 个项目绩效评价工作，相关成果通过局政府网站宣传报道。推荐有关团队承担"食品制造与农产品物流科技支撑""政府间国际科技创新合作"等国家重点研发计划重点专项 2022 年度项目。其中，"食品营养与安全关键技术研发"重点专项"全谷物营养健康食品创制"，政府间国际科技创新合作专项"优质粳稻提质减损关键技术研究与示范""太阳能—热泵双核低碳智耦互补的粮食烘储关键技术及装备合作研究""粮食中新兴和隐蔽型真菌毒素高效识别、产生规律及联合毒性研究"等项目获批立项。

加强科技成果管理。梳理粮食绿色储藏、质量安全、营养健康、加工和粮机装备等技术领域的科技成果 200 项形成汇编，并提供各省（区、市）参考，同时相关成果在局政府网站进行宣传推介。推荐"一种百草枯单克隆抗体杂交瘤细胞株及其应用"（专利号 ZL201810299598.7）、"一种从谷物中快速温和提取重金属的方法"（专利号 ZL201310595297.6）、"一种全谷物挂面的加工方法"（专利号 ZL201110274659.2）等 3 项发明专利参评第二十四届中国专利奖。按照科技部办公厅、财政部办公厅《关于开展报送 2021 年度科技成果转化年度报告工作的通知》要求，完成科研单位 2021 年度行业科技成果转化推广工作情况报告，完成 50 项 2022 年度粮食科技成果登记工作。

积极推进科技体制改革。推荐第十八届中国青年女科学家奖、科技创新领军人才、青年拔尖人才候选人，报送 2022 年度扩大科研院所科研相关自主权改革工作进展情况。

撰稿单位：国家粮食和物资储备局安全仓储与科技司；
撰稿人：姚磊、王旸、夏丹萍、管伟举、杨道兵、赵亚茹；审稿人：周冠华

◆ 国家粮食和物资储备局科学研究院

粮食储运研究方向，集成"十三五"以来绿色储粮新成果，开展典型区域集成示范。其中，在第五生态区张家港市粮食购销总公司的示范已取得初步成效；积极引进新技术，联合企业成立"深紫外芯片技术和应用装备创新中心""新型绿色气调成果育成实验室"；出版《粮食平衡水分理论与实践》专著。

粮油质量安全研究方向，编制《2022 年新收获小麦主产区真菌毒素污染监测报告》《2022 年华北地区新收获玉米真菌毒素污染监测报告》；开发了粮食主要真菌毒素和重金属快速检测方法及平台；"大宗粮食有害元素快速检测关键技术与设备开发及产业化应用"获 2022 长城食品安全科学技术一等奖。

粮食品质营养研究方向，"新型高效包被乳酸菌"技术成果入选国家科技计划成果路演行动，获得企业融资意向；完成 12 个主产省（区）、1377 份小麦品种样品的采集和检测工作，形成 2022 年中国主产区小麦品种品质报告；低温制油饼粕生物脱毒技术取得突破，发酵产品在肉鸡饲养中可替代 30%—40% 豆粕。

粮油加工研究方向，落实《粮食节约行动方案》，研究起草《国家全谷物行动计划（2022—2035）》方案；牵头申报的"十四五"国家重点研发计划"全谷物营养健康食品创制"项目获批立项；持续推进院重大科研项目，开发功能性杂粮米 / 粥系列产品、功能性杂粮代餐粉产品等 18 个新产品。

粮食产业技术经济研究方向，编制重庆《主城都市区粮食安全保障实施方案》；完成拉萨市、遵义市、塔城地区等市区发展规划编制工作；完成多篇专报；提交的有关政务信息获中办、国办采纳；开展《优质粮食工程实施效果量化评估与重点支持方向策略性研究》，为优化放大优质粮食工程整体效应提供了策略建议。

战略物资储备管理技术研究方向，完成关于《国家战略物资储备现状调研》课题。

促进国际科技交流，主办亚太经合组织（APEC）"粮食储运设施与能力现代化网络研讨会"，加强 APEC 经济体在粮食储运技术领域的交流合作；主办"2022 年中日稻米科技研讨会"，分享国内外稻米产业发展新理念新成果；会同河南工业大学共同承办商务部援外培训项目"2022 年绿色生态安全储粮技术培训班"，分享中国在绿色生态安全储粮技术方面取得的宝贵经验。

撰稿单位：国家粮食和物资储备局科学研究院；撰稿人：郭伟群、张丽；审稿人：孙辉

◆ 中国粮油学会

（一）科技助力保障国家粮食安全

搭建多元交流平台，举办"粮食全产业链节粮减损科技创新峰会"，线上线下共 3.2 万人次参会交流，入选中国科协 2022 年度重要学术会议指南。举办中国粮油学会第三届粮新青年论坛。各专业分会依托云端会议形式，就绿色储粮、食育健康、学科发展等主题，开展专业领域纵深交流。

研判科技前沿发展。组织专家研判粮食行业未来科技发展趋势和创新突破口，推荐粮食行业工程技术难题 1 项、产业技术问题 4 项。其中 1 项入选科创中国 100 项先导技术榜单。入选中国科协 2022 年决策咨询专家团队建设试点单位，获批"中国粮油学会粮油加工与营养健康决策咨询专家团队""中国粮油学会仓储物流与质量安全决策咨询专家团队"。

服务科技创新支撑。参与国家粮食和物资储备局全国粮食和物资储备科技活动周组织工作。完成 2021 年度中国粮油学会科学技术奖评审工作，评选出获奖项目 40 项，其中特等奖 1 项，一等奖 6 项，二等奖 22 项，三等奖 11 项。组织完成 13 项科技成果评价。会同国家粮食和物资储备局规划建设司成立了"安徽阜南小麦科技小院"，被列入国家粮食和物资储备局 2022 年定点帮扶工作计划。作为科创中国·乡村振兴联合体主席团成员，共同推进"一城四区，百县千村"活动建设。

推进标准化建设。本年度共征集团体标准 55 项，立项 29 项。作为第三方评估机构，开展"菜籽油、葵花籽油、芝麻油、亚麻籽油、油菜籽油、米糠油"六类食用植物油企业标准"领跑者"的评估工作，7 家企业 13 项标准入选。

推进一流期刊建设。《中国粮油学报》刊登论文比去年同期增长 8%，2022 年增设"节粮减损专栏"，刊载 48 篇科研研究论文。第 5 次入选中国科协优秀科技论文计划，1 篇论文被评为优秀论文。

加强国际交流与合作。举办"第一届国际饲料加工厂在线监测与智能控制技术（视频）研讨会"，300 余名国内外代表参会。鼓励专家任职国际组织，学会花生食品分会会长当选国际食品科学院院士。

（二）聚焦科技人才健康成长

人才表彰和举荐。受国家粮食和物资储备局委托，学会承接首批全国粮食和物资储备领军人才、全国粮食和物资储备青年拔尖人才评选工作，1 人入选全国粮食和物资储备领军人才、6 人入选全国粮食和物资储备青年拔尖人才名单。组织开展中国粮油学会第三届青年科技奖评选工作，授予 10 名青年科技工作者"中国粮油学会第三届青年科技奖"荣誉称号。举荐行业优秀人才参与国家奖励评选，推荐第十七届青年科技奖候选人 2 名，第十八届中国青年女科学家奖候选人 3 名，"2021 年度未来女科学家计划"候选人 1 名，最美科技工作者候选人 2 名。

科技人才培养。在人力资源和社会保障部和中国科协的指导下，举办"粮食产业数字化转型发展

领域专业技术转移转化能力提升"高级研修班，80余人参与研修，并获得人力资源和社会保障部颁发的国家专业技术人才知识更新工程培训证书。充实青年人才储备库，新征集52名候选人，涵盖粮食加工、油脂加工、粮油储藏等专业领域。撰写《聚焦青年成长需求，发挥学会组织优势，加快建设粮食行业高质量青年科技人才队伍》调研报告，得到国家粮食和物资储备局和中国科协党组相关领导充分肯定和重要批示。

弘扬科学家精神。在全国粮食和物资储备科技活动周、全国科技工作者日期间，发布2022年度5名最美粮油科技工作者先进事迹、青年人才风采展示等内容，展现新时代粮油科技工作者的良好风貌。

撰稿单位：中国粮油学会；撰稿人：张成志、魏然、左巍；审稿人：张成志

二　重点课题调研

2022年，全国粮食和物资储备系统深入学习贯彻习近平新时代中国特色社会主义思想，认真落实党中央、国务院决策部署，准确把握调查研究服务科学决策、指导实际工作的定位，扎实开展重点课题调研。更加注重服务中心工作。围绕贯彻落实习近平总书记关于粮食和物资储备工作的重要指示批示精神，自觉对标看齐，心怀"国之大者"，着眼保障国家粮食安全、能源安全、产业链供应链安全大局，精心组织、深入研究，形成全局性重点调研课题三十余篇。更加注重成果转化运用。各单位坚持问题导向、底线思维，把着力点放在解决问题、推动工作、指导实践上，通过深入扎实的调查研究，提出务实管用的对策建议，有关调研成果转化形成多篇专报、信息上报党中央、国务院和国家发改委，还有的已转化为政策储备和可行措施印发实施，在立法修规、政策制定、重要文件出台、做实重要举措等方面发挥了服务决策、指导实践、推动工作的支撑作用。更加注重营造氛围转变作风。连续三年扎实开展优秀调研成果评选活动，2022年评选出国家粮食和物资储备局机关优秀调研成果15篇、系统优秀调研成果20篇，并予以通报表彰，为进一步树立重视调研、创新创优的导向，发挥了示范带动作用。

撰稿单位：国家粮食和物资储备局办公室（外事司）；撰稿人：张亚龙；审稿人：方进

三　战略性课题研究

2022年，国家粮食和物资储备局批准3项战略性课题研究，均由中国粮食研究培训中心自主完成。

课题一：新时代保障国家粮食安全重要制度政策研究。阐述了新时代我国保障粮食安全面临的国内外新形势、新挑战和新要求，梳理了保障国家粮食安全关于粮食综合生产、粮食储备、粮食流通、粮食节约减损以及利用国际粮食资源等方面制度政策建设取得的成效，针对存在的短板和不足，提出促进粮食综合生产能力、粮食储备效能、粮食流通效率、粮食全产业链条节约减损能力、国际粮食资

源能力提升的有效措施及制度政策保障体系。

课题二：新阶段粮食产业高质量发展模式研究。总结了推动粮食产业高质量发展的"滨州模式""湖州模式""阜南样板""南阳经验"等典型模式及其有益经验，分析了其中存在的问题和不足，借鉴了美国、日本、丹麦等国外粮食产业以及国内其他相关产业高质量发展模式经验，研究提出我国粮食产业高质量发展总体思路、发展模式和实施对策建议。

课题三：俄乌冲突对我国粮食安全的影响及应对策略研究。分析了全球粮食市场发展形势，剖析了俄乌冲突对我国粮食安全的影响，探讨了国内粮食市场波动规律，研究提出了落实粮食安全政治责任、提高粮食综合生产能力、系统完善粮食市场调控和补贴政策、加强粮食市场预期管理和市场监管等政策建议。

撰稿单位：中国粮食研究培训中心；撰稿人：胡文国、李慧强、姜明伦、曾伟；审稿人：颜波、赵广美

四　软科学课题研究

2022 年，中国粮食研究培训中心组织各省级粮食和物资储备局（粮食局），国家粮食和物资储备局各司局、直属单位、联系单位，各垂直管理局，有关中央企业、院校及科研机构，以及"特约调研员"牵头组成的研究团队等，紧密结合全国及各地工作实际，针对粮食和物资储备改革发展面临的重大现实问题，紧扣深入贯彻落实习近平总书记关于粮食安全重要论述、扎实推进粮食安全和物资储备安全法制建设、加快推动粮食安全和物资储备安全管理体制机制改革、全面落实粮食安全党政同责、持续强化粮食购销领域监管、大力推动粮食产业高质量发展、全面提升国家粮食安全保障能力等 7 个研究方向，全面深入开展调查研究，形成了 70 项研究成果，转化运用取得新突破，为服务政策决策、创新思路举措、推动改革发展提供了强力支撑，发挥了咨政辅政的积极作用。

经评价，70 项软科学课题符合结题要求，研究成果摘要通过《国家粮食安全研究》和《国家储备安全要情》刊发。其中，22 项研究成果摘报获得国家粮食和物资储备局领导批示或者转化为专报信息，对制定政策、科学决策起到重要参考作用，被评为具有较高学术水平和实用价值等次；48 项研究成果被评为具有一定学术水平和实用价值等次。

撰稿单位：中国粮食研究培训中心；撰稿人：王娟、崔菲菲、胡耀芳、张慧杰；

审稿人：李福君、赵广美

专家决策咨询

重大政策咨询。一是为认真落实习近平总书记在山东东营考察时关于"盐碱地利用要转变观念，推动主要由治理盐碱地适应作物向更多选育耐盐碱植物适应盐碱地转变""开展盐碱地综合利用对保障国家粮食安全、端牢中国饭碗具有重要战略意义"的指示精神，国家粮食安全政策专家咨询委员会秘书处组织召开"关于我国耐盐碱大豆种植示范的调查研究"专家咨询会议，中国科学院、中国农业科学院、山东农业大学等单位的相关专家，结合自身研究实践，围绕我国耐盐碱大豆种植示范情况、示范经验与启示、种植示范潜力等方面发表意见建议，研究起草《专家建议充分利用盐碱地资源多措并举提升我国大豆自给率》。二是积极做好重大制度、重大政策出台的评估论证工作，组织专家对国家粮食和物资储备局的《省级政府粮食安全责任制考核办法》提供了咨询论证意见，为国家粮食和物资储备局上报提供第三方评估论证咨询。三是开展国内外粮食市场动态监测，吕军委员、温铁军委员、欧阳平委员积极提供相关研究成果，研究提出《小麦市场形势分析和明年工作建议》《青贮小麦动态做好主副食品监测》报告。

重大课题研究。一是开展我国粮食安全面临的突出矛盾和问题研究，聚焦客观矛盾、焦点问题和制度举措，形成《专家建议针对俄乌冲突新形势系统化解我国粮食安全面临的突出矛盾和问题》，获得国务院领导肯定性批示。二是开展玉米大豆带状复合种植推进举措建议研究，形成《加大玉米大豆带状复合种植推进举措切实增强玉米和大豆供给保障能力的调研报告》。三是承担国家粮食和物资储备局《成品粮产能储备制度机制研究》软科学课题研究。

重大专题宣传。一是邀请十三届全国人大常委、农业与农村委员会主任委员、国家粮食安全政策专家咨询委员会顾问陈锡文以"深入贯彻落实党的二十大精神　全方位夯实粮食安全根基"为题，为全系统广大党员干部作辅导报告。国家发展和改革委员会党组成员、国家粮食和物资储备局党组书记、局长丛亮主持报告会，局党组成员、副局长黄炜、贾骞、刘小南，督查专员颜波、李成毅出席。二是研究形成《全球粮食安全面临诸多风险挑战中国坚定发挥积极作用维护世界粮食安全》宣传素材稿。三是加强节粮减损宣传工作，邀请姚惠源委员、中国农业大学武拉平教授和韩一军教授撰写《积极倡导粮食适度加工大力推动粮食加工副产物高效利用》《节粮减损的国际视野》《我国粮食全产业链减损对策》稿件。四是运营微信公众号，发布信息70余条；撰写42期《国家粮食安全研究》，编印1期《专家咨询动态》。

撰稿单位：中国粮食研究培训中心；撰稿人：亢霞、杨睿；审稿人：颜波、赵广美

人才队伍建设

一　高水平人才队伍建设

　　印发《"十四五"粮食和物资储备科技和人才发展规划》，围绕"十四五"时期国家粮食和物资储备高质量发展需要，坚持问题导向、目标导向，科学谋篇布局，着力深化体制机制改革创新，理清重点科研攻关领域，明确重大人才工程项目，加快科技成果转化见效。组织开展首批全国粮食和物资储备领军人才、青年拔尖人才推荐选拔工作，选拔确定首批 1 名全国粮食和物资储备领军人才、6 名青年拔尖人才，并支持入选人员围绕行业发展重点领域、关键技术，自主选题开展研究。积极选拔表彰优秀高技能人才，1 人荣获全国技术能手荣誉称号、1 家单位荣获国家高技能人才培育突出贡献奖，持续推进高技能人才队伍建设。实施国家专业技术人才知识更新工程，聚焦粮食和物资储备深化改革转型发展重点工作加强研修培训，在河南省郑州市举办 1 期全国粮食和物资储备高质量发展高级研修班，组织各省级粮食和物资储备行政管理部门、各垂直管理局、有关中央企业和高校推荐的 82 名学员，以实施《"十四五"粮食和物资储备科技和人才发展规划》为引领，围绕国内外粮食和能源安全形势分析、粮食科技前沿、信息化应用、储能技术进展等内容开展专题讲座与研修。截至 2022 年底，相关高研班项目已为全国粮食和物资储备行业累计培训了具备高级职称的专业技术人才 1193 人次。

　　撰稿单位：国家粮食和物资储备局机关党委（人事司）；撰稿人：韩思文、程鹏、
曲贵强、王奇、强馨元、郑凯闻；审稿人：廖小平、林明亮、李寅铨

二　青年人才托举工程

　　承担实施六届青年人才托举工程，顺利通过第四届青年人才托举工程项目验收。成功申请第八届（2022—2024 年）青年人才托举工程项目，获批 5 个资助名额，其中科协资助 3 名，自筹资助 2 名。逐步建立青年人才接续培养机制，打通青年人才托举工程与全国粮食和物资储备青年拔尖人才之间的有效衔接，促进青年人才成长成才。

　　撰稿单位：中国粮油学会；撰稿人：张成志、魏然、左巍；审稿人：张成志

三　粮食行业职业技能等级认定与职业教育发展

　　经人力资源和社会保障部中国就业培训技术指导中心评估，同意中国粮食行业协会、中国信息协会、中国农产品流通经纪人协会备案为职业技能等级社会培训评价组织，开展仓储管理员、农产品食品检验员、制米工、制粉工、制油工职业（工种）等级认定评价，有效期 3 年（2022 年 7 月 19 日至 2025 年 7 月 18 日）。三家社会培训评价组织已分别在黑龙江、广东等省份设有 12 家分支机构，有序开展相关职业（工种）职业技能等级认定工作。

　　全国粮食职业教育教学指导委员会（2021—2025 年）（以下简称粮食行指委）召开成立大会。国家粮食和物资储备局党组成员、副局长黄炜出席会议并讲话，局督查专员、粮食行指委主任委员颜波出席会议并作工作报告。会议研究部署新一届粮食行指委重点工作任务目标，审议通过五年工作规划和 2022 年度工作计划，要求切实发挥好专家组织作用，确保新时代粮食职业教育取得更好成效。经教育部核准，粮食行指委下设粮油储检、粮食工程、粮油购销与物流专业委员会和集团化办学专门委员会，分别由安徽科技贸易学校、江西工业贸易职业技术学院、广西工商职业技术学院和山东商务职业学院承担秘书处职责，负责开展日常工作。

　　组织完成粮食专业职业院校国家级教学成果奖遴选工作，向教育部报送山东商务职业学院等 3 所职业院校参加评选；深入挖掘涉粮院校职业教育数字化教学资源，推荐河南工业贸易职业学院的《制粉工艺与设备》专业课程被评为职业教育国家在线精品课程；推荐行业企业参与全国职业教育教师企业实践基地评选，山东金胜粮油食品有限公司被评为第二批全国职业教育教师企业实践基地；组织召开校企合作座谈会，促成先正达集团中国与河南工业大学、山东商务职业学院、黑龙江交通职业技术学院等院校签订校企合作协议，开设"订单班"；组织不同层次涉粮院校 8 名专业教师开展为期两月实践锻炼活动，加快提升"双师型"骨干教师业务水平。

　　撰稿单位：中国粮食研究培训中心；撰稿人：王小可、沈红、杨婷婷；审稿人：赵广美

节粮减损

调度各地和有关企业粮食节约行动进展情况，梳理总结工作中存在的问题、经验及做法成效，印发《国家粮食和物资储备局关于粮食节约减损的指导意见》。开展全国粮食和物资储备科技周活动，宣传科普节粮减损技术和知识，参加国家发展和改革委员会等部门召开"粮食节约和反食品浪费专项工作机制"会议，汇报节粮减损工作进展和成效。开展全国食品安全宣传周·粮食质量安全宣传日活动，编发《标准促进节粮减损质量保障健康消费》科普宣传手册，解读《大米》《小麦粉》《菜籽油》等节粮减损标准。开展实地调研，研究制定全国粮食储存环节损失损耗调查工作方案并组织专家论证完善，依托世界粮食日和全国粮食安全宣传周等重要活动，大力开展节粮减损科普宣传，在全社会营造爱粮节粮的浓厚氛围。印发通知部署开展调查工作，以视频会议形式组织开展全国粮食储存损失损耗调查线上培训，对调查指标、软件操作等进行详细讲解，地方各级粮食和储备部门、基层粮库等共7700多人参加培训，为顺利开展工作奠定良好基础。出版《中国粮食经济》"节粮减损"增刊，全面宣介全国全系统粮食行业节约减损成效。

撰稿单位：国家粮食和物资储备局安全仓储与科技司；撰稿人：姚磊、李鹏飞、胡兵、胡浩、张莉君、吴光玥；审稿人：周冠华

定点帮扶、对口支援与援藏援疆

一 定点帮扶

2022 年，国家粮食和物资储备局坚持以习近平新时代中国特色社会主义思想为指导，认真学习贯彻党的二十大精神，深入贯彻落实习近平总书记关于巩固拓展脱贫攻坚成果、全面推进乡村振兴和深化定点帮扶工作的重要指示精神，落实国家粮食安全战略和乡村振兴战略，坚决落实"四个不摘"和"三个转向"要求，持续扎实做好安徽省阜南县定点帮扶工作，取得明显成效。

一是坚决扛牢政治责任，高位谋划落实帮扶任务。2022 年完成的定点帮扶主要指标均超过 2021 年。其中，投入帮扶资金 582 万元、增长 16%，引进帮扶资金 3.35 亿元、增长 256%，引进帮扶项目或企业 8 个，引进企业到位资金 2.3 亿元、增长 178%，培训人员 7177 人次、增长 323%，购买脱贫地区农产品 849 万元、增长 45%，帮助销售 779 万元、增长 39%。集中连片种植的 60 万亩优质小麦，带动当地 20 多万小农户增收 2.5 亿元。2022 年，国家粮食和物资储备局定点帮扶相关经验做法被国家发展和改革委员会和人民网分别评为全国消费帮扶助力乡村振兴优秀典型案例和乡村振兴创新案例；引入的示范企业中国中化实施粮食产业助力乡村振兴"阜南样板"经验做法，被评为第三届全球减贫最佳案例、全国保障粮食安全典型案例。

二是加快推动粮食产业发展，夯实乡村产业基础。依托中国中化农业科技优势，指导农民科学种田。2022 年夏收，60 万亩优质小麦平均亩产达 1040 斤，比普通小麦高 80 多斤，均价同比增长近 0.3 元 / 斤，高于全省均价 0.05 元 / 斤以上，带动当地 20 多万小农户增收 2.5 亿元，亩均收益达 800 元。建立国家局、省局、市、县粮食和储备部门和企业五级联动机制，及时协调解决收粮资金、仓容、人员、车辆等粮食购销难点堵点，降低农民卖粮成本，确保优粮优价、应收尽收。在国家粮食交易平台设专场销售 3.81 万吨优质小麦，销售额 1.22 亿元，实现好粮卖好价。投资 3.9 亿元的 30 万吨面粉加工项目建成，年产值将达 15 亿元，实现县域粮食加工企业零的突破。坚持延链补链强链，总投资近 17 亿元的小麦精深加工、主食厨房、仓储物流、乳果糖研发加工等 4 个粮食产业项目相继引进签约，全产业链发展态势加快形成。2022 年 60 万亩优质小麦再获丰收并完成 63 万亩冬播，形成规模化的优质粮源基地核心区，其中整建制推广的乡镇 3 个、万亩示范片 32 个，辐射带动全县 120 万亩小麦稳产增产提质。

三是坚持协同发力，助力全面推进乡村振兴。立足优质小麦规模化种植及全产业链发展需要，发挥科技小院等创新平台和全国粮食安全宣传教育基地作用，运用田间课堂、新媒体等工具，重点围绕农业技术、粮食产业发展培训 5118 人次。邀请人民日报、新华社和中央广播电视总台等中央主流媒体记者走进阜南，在《中国粮食经济》设立乡村振兴专栏，讲述阜南乡村振兴故事，宣传"舍小家为大家"的王家坝精神。协调国家广电总局捐赠价值 20 万元的电视节目和电视剧，丰富群众精神文化生活。

四是深化"三大行动"，推进消费帮扶。持续开展直采帮扶行动，全局及垂管系统有食堂的 160 家预算单位通过 832 平台采购食堂食材时，按不少于 11.5% 比例采购阜南县等脱贫地区农副产品，比 2021 年提高 1.5 个百分点。号召各级工会福利、慰问老干部时优先采购阜南县及脱贫地区农副产品，组织开展国家粮食和物资储备局对口支援的于都县等脱贫县特色农产品团购活动。持续开展线上帮扶行动，与全国供销合作总社深入合作，推动"中国好粮油"品牌品质优势与 832 平台渠道优势强强联合，上线 832 平台"中国好粮油"产品专场，着力提升脱贫地区优质粮油产品美誉度。持续开展消费帮扶新春行动，利用春节、元宵节等消费旺季，在全系统组织开展"消费帮扶新春行动"，累计采购脱贫地区农副产品 152.4 万元，促进脱贫地区粮油产品市场销售。

二　对口支援和援藏援疆

积极推动国家粮食和物资储备"十四五"援藏援疆和对口支援于都"两意见一方案"落实，新一轮对口支援工作取得阶段性进展。一是指导西藏、新疆编制优质粮食工程实施方案、做好 2022 年粮食等重要农产品仓储设施专项中央预算内投资项目申报，协调推动 12 个援藏项目、18 个援疆项目列入相关省份对口支援计划，持续开展科技人才支援，助力提升粮食质量安全检验监测能力，推进西藏青稞及其制品标准体系建设。二是指导于都县出台富硒产业发展实施意见、高质量发展三年行动方案，把住富硒大米产品品质、品牌和销售渠道三个关键环节，建成 3 万亩富硒水稻示范基地，培育"于都硒"富硒大米区域品牌，与线上平台深入合作积极推进消费帮扶，加快推动富硒大米特色产业发展，助力于都县全面推进乡村振兴。

撰稿单位：国家粮食和物资储备局规划建设司；撰稿人：刘晨；审稿人：钱毅、张保国、晁铭波

财务资产管理与内部审计

一 行业财务

扩大粮食收购资金来源，加强粮食金融支持力度。协调中国农业发展银行完善粮食收购信贷政策，保障政策性粮食收储轮换资金需要。开展秋粮收购督导调研，指导地方严格落实粮食质价政策，及时足额兑付农民售粮款，保障秋粮收购顺利进行。召开全国粮食收购贷款信用保证基金经验交流视频会，总结交流各地经验做法，指导各地多渠道筹集粮食收购资金，切实支持企业有钱收粮。截至 2022 年末，全国已有 17 个省份建立 160 只信用保证基金，各地累计通过基金支持 3300 多户（次）企业获得贷款 2100 多亿元，有效缓解了中小微粮食企业融资难题。沟通对接中国农业银行、中国银行、中信银行等商业银行，协调加大粮食信贷投放，支持粮食收购、加工、应急供应、仓储设施建设等。各地粮食和储备财会部门建立健全信用保证基金政策措施、加强与商业银行沟通合作，积极指导粮食企业顺应市场趋势，多渠道扩大粮食收购资金来源，推动市场化粮食收购顺利进行。

争取行业财税金融政策，推动粮食产业高质量发展。研究制定 2022 年玉米大豆生产者补贴政策，促进玉米大豆生产和供给。与有关部门联合印发《粮食风险基金管理办法》，调整基金使用范围，支持各地结合实际盘活用好年度资金和结余资金。协调财政部、税务总局争取粮棉糖等储备企业免征房产税、城镇土地使用税及印花税政策，指导各地深入落实相关优惠政策，进一步减轻企业负担，促进企业降本增效。

二 预算财务

落实中央和国家机关"过紧日子"要求，科学编制年度预算，持续加强预算绩效管理，加大资金统筹力度，保障全局重点工作所需。全力争取财政部对粮食和物资储备事业的支持，在国家战略物资收储等方面争取资金保障。印发 3 项预算资金方面文件，持续加强预算和资金管理。

三 资产管理

组织系统各单位按时完成行政事业单位国有资产报告与决算、事业单位出资企业财务会计决算及政府储备物资报告等 43 项统计和报告工作。印发 6 项资产管理制度文件，压紧压实国有资产管理主体责任和逐级监管责任，加强和改进国有资产管理。规范公车管理，开展公务用车管理专项领域建设，公物仓、公车管理等 2 项专项工作被国管局定为试点单位。

四　内部审计

　　加大对重大政策落实、重大项目执行、重点资金保障、主要领导干部经济责任等领域的审计力度，组织开展新闻宣传、信息化、基建项目、出资企业经营管理、老旧小区改造、房屋资产出租出借等 6 类 24 项专项审计及 8 名领导干部经济责任审计，组织各单位对查出问题认真落实整改，规范出资企业经营和项目招投标，健全内部控制体系，完善财务、资产、合同等方面制度。开展审计整改"回头看"，对 2018 年党和国家机构改革后审计查出问题整改落实情况进行全面梳理排查。聚焦权力运行和责任落实，制定印发 4 项审计规范文件，着力规范和提升审计整改效果，推动审计落地见效。

撰稿单位：国家粮食和物资储备局财务审计司；

撰稿人：张雷、马雯婧、冯雅博；审稿人：刘翔宜、郭建

新闻宣传

　　精心策划主题，加强多元传播。聚焦粮食和物资储备中心工作，精心设置议题，加强正面宣传，积极回应社会关切，有力引导社会预期。围绕粮食收购和保供稳市、粮食应急保障体系建设、优质粮食工程"六大提升行动"、科技绿色储粮、粮食流通执法监管、强化节粮减损标准体系建设等主题，商请人民日报、新华社、中央广播电视总台、光明日报、经济日报等中央主要媒体，通过新闻通气会、专家采访、集中供稿、评论文章、专题节目等多种方式，持续释放积极信号。全年，国家粮食和物资储备局主要负责同志出席党的二十大新闻中心记者招待会1次，以国家粮食和物资储备局党组、国家粮食和物资储备局或局负责同志名义在《求是》《时事报告》《经济日报》发表《切实端牢中国人的饭碗》《切实保障国家粮食安全》等署名文章5篇、专访1篇，中央电视台《新闻直播间》《瞬间中国》等栏目推出专题节目2次，《新闻联播》播发报道20条，中央主要媒体共刊（播）发主题报道350余篇（条）。

　　依托权威平台，放大传播效应。一是局主要负责同志出席党的二十大新闻中心首场记者招待会，介绍"贯彻新发展理念、构建新发展格局、推动高质量发展，以中国式现代化全面推进中华民族伟大复兴"有关情况，并回答记者提问。新华社、中央电视台、中国新闻社、农民日报、中国青年报等媒体，以《丛亮：加快构建与大国地位相符的国家储备体系》《我国粮食安全保障能力持续提升》《国家粮食和物资储备局党组书记、局长丛亮：守住管好天下粮仓》《国家粮储局：我国粮食市场供应充足运行保持总体平稳》等为题进行报道，持续释放我国粮食安全保障能力持续提升，中国有基础、有条件、有能力、有信心，始终牢牢把住粮食安全主动权的积极信号。美国微软全国广播公司、英国《环球先驱报》、俄罗斯卫星新闻网等国外媒体网站纷纷予以正面报道。二是与国家国际发展合作署、农业农村部等共同举办"杂交水稻援外与世界粮食安全"国际论坛。习近平主席专门向论坛发表书面致辞，国务委员兼外长王毅宣读致辞并讲话。局主要负责同志出席论坛并致辞。人民日报、新华社、中央电视台、中央人民广播电台、经济日报等中央媒体重点栏目、重点时段，集中开展宣传报道，大力营造各方携手行动、深化合作，共同维护世界粮食安全良好舆论氛围。

　　强化协同联动，拓展传播渠道。加强与有关部门协同联动，共同开展重要会议、重要活动、重大主题宣传，形成工作合力。世界粮食日和全国粮食安全宣传周期间，商请中央主要媒体积极开展成就宣传，广泛宣传党的十八大以来国家粮食安全事业取得的历史性成就、发生的历史性变革，全面深入宣传中国立足自身端牢"中国饭碗"，积极参与粮食安全国际发展合作及全球治理，展现保障粮食安全大国担当。人民日报、新华社、中央广播电视总台、光明日报、经济日报等媒体先后推出《坚持藏粮于地、藏粮于技，持续提高粮食安全综合保障能力》《新华时评：保障粮食供给端牢中国饭碗》《耕好"无形良田"守好"大国粮仓"》《全链条保障粮食质量安全》等一批有影响、有深度的权威报道，为党的二十大胜利召开营造良好舆论环境。

　　加强日常监测，确保舆情平稳。一是强化监测分析，尽早化解舆情风险。加强舆情监测工作频率、广度和深度，及时反映涉粮涉储舆情。结合媒体公众关注热点焦点，及时调整设置"粮价上涨""粮油供应""抢购粮油""标准质量"等监测关键词，前移舆情处置关口，有效争取应对时间。今年以来，共组织监测相关领域热点舆情 2 万余条，编报《舆情摘编》84 期、专题分析报告 26 期。二是积极开展分析研判，及时回应公众关切。强化舆情分析研判，对一些苗头性、倾向性问题，及时排查涉粮涉储舆情风险点，会同有关方面及时研究提出针对性意见建议，尽早化解舆情风险。针对小麦、玉米、稻谷等部分粮食品种价格上行等舆情态势，定期组织相关领域专家，围绕粮食品种价格走势、市场供求等内容，进行政策解读。通过中央电视台农业农村频道、中央人民广播电台等平台，先后播发《政策性小麦拍卖重启均价每吨约 2700 元》《国内稻谷市场供应充足价格平稳》《近期玉米市场波动较大不要盲目跟风》《近期小麦市场价格从高位有所回落》《大豆政策性投放启动国内供应有保障》《小麦收购开局良好购销两旺》等系列报道 20 余条，大力宣传我国粮食供给充裕，市场运行总体平稳等有关情况，积极引导社会预期。

撰稿单位：国家粮食和物资储备局办公室（外事司）；撰稿人：王辉、孔晶晶；审稿人：方进、李涛

◆ 宣传教育中心

（一）《中国粮食经济》扎实做好内容，做强重大主题，唱响粮食和物资储备行业主旋律

聚焦中心工作，策划重大主题宣传。根据全国粮食和物资储备工作会议精神，明确了年度宣传重点。持续宣传习近平总书记关于粮食安全和物资储备安全的重要指示精神，宣传党的二十大和党的十九届历次全会精神，展示行业发展成就，开展理论研究，交流工作经验，宣传先进典型，为粮食和物资储备事业改革发展提供了有力的智力支持和舆论保障。开设"沿着总书记的足迹""粮储学习进行时""粮储党建""粮储十年"栏目，重点针对全国粮食和物资储备系统抗击疫情保供稳价、脱贫攻坚、专项执法行动、粮食安全责任制考核和落实、夏粮和秋粮收购、节粮减损等重大主题进行全面深入的专题报道，策划《深入学习贯彻党的二十大精神为全面建设社会主义现代化国家贡献粮储力量》《深入学习贯彻党的二十大精神不断开创粮食和物资储备工作新局面》《稳字当头凝心聚力高质量完成全年任务》等专题，每个主题刊发不同角度、不同层面的文章近 50 篇，年度刊发文章共计 400 余篇。2022 年，《中国粮食经济》刊登了知名专家学者关于新时代粮食安全观、粮食安全战略、乡村振兴战略的理论研究文章，发表全国各级粮储部门和粮食行业干部职工聚焦确保国家粮食安全、能源安全、产业链供应链安全，健全相关法律法规，强化粮食产购储加销协同保障，大力推动节粮减损，不断增强粮食安全保障能力等方面的体会，从不同角度展现广大干部职工学习党的二十大精神的思想动态，为宣传粮食和物资储备政策，讲好粮食和物资储备故事，传播粮食和物资储备好声音，营造了良好舆论环境。

突出核心意识，扎实做好内容，发挥媒体优势，宣传行业亮点。聚焦粮食科技活动周、全国粮食安全宣传周、粮食质量安全宣传日、优质粮食工程，出版了《以标准为引领保障粮食质量安全》《坚定信心锚定目标凝聚共识开创新局》《保障粮食供给端稳中国饭碗》等专题；发表了《坚定信心锚定目标稳中求进开新局——论贯彻落实全国粮食和物资储备工作会议精神》《保障国家粮食安全全面推进乡村振兴》《规划引领方向实干成就未来》《担当粮储重任绽放最美青春》等一系列观点鲜明、导向明确的社论；刊登了《创新方式方法全面提升粮食购销监管效能》《牢牢掌握粮食科技的命脉》《扛稳重任担牢责任坚决守住安全生产底线》《水思源真情守"沪"——安徽省阜南县盛郢村》等高水平文章。

通过刊登宣传世界粮食日、粮油保供稳市工作、定点帮扶先进典型、节粮减损、立法修规等工作方法的探索与实践，全面阐述国家粮食和物资储备局在相关方面取得的成绩，营造粮储行业积极有为、奋斗有我的舆论氛围。

紧扣党的二十大精神，展现粮储风貌，谱写行业新篇章。面向全系统广大干部职工和社会各界人士，开展了"喜迎党的二十大展现粮储新风貌"主题征文活动。活动发起后，全系统各单位、有关中央企业高度重视、广泛动员，社会各界人士积极参与、踊跃投稿。截至2022年底，收到主题征文稿件共计1358篇，内容丰富，体裁多样。经过专家评审，共有70篇稿件在此次征文活动中获奖，其中一等奖5篇，二等奖10篇，三等奖20篇，优秀奖35篇。获奖作品将集结成册，供全系统广大党员干部职工学习参考。

（二）地方期刊改革创新，积极宣传粮食和物资储备系统重点工作

各地粮食期刊结合重要时间节点设置特色栏目，大力策划宣传学习党的二十大精神、节粮减损、优质粮食工程升级版、应急保障、安全生产、科技和人才兴粮兴储等重要主题，为保障国家粮食和物资储备安全营造良好舆论环境。一是围绕学习党的二十大精神主题，各省期刊积极宣传策划，掀起学习热潮。《晋粮经济》开设"喜迎二十大粮储青年有话说"栏目，分享青年同志在岗位上的所思所感，展现青春担当；《贵州粮食》在"党建交流"栏目中刊登学习党的二十大精神相关信息，营造凝心聚力的干事氛围；《浙江粮食经济》开设"学党史悟思想办实事开新局"专栏，全面展示学习成果。《安徽粮食》《吉林粮食和物资储备》《齐鲁粮食》也通过刊登局领导讲话、思想体会、图片等多种形式营造浓厚爱党爱国氛围。二是认真贯彻落实《粮食节约行动方案》，各省期刊做好爱粮节粮宣传报道。《浙江粮食经济》开辟"爱粮节粮"栏目，积极宣传各地经验做法；《晋粮经济》开设"爱粮节粮主题征文选登"栏目，集中刊发获奖作品，营造勤俭节约良好风尚。三是积极宣传优质粮食工程，助力粮食产业高质量发展。《浙江粮食经济》开辟"五优联动"专栏，宣传省内各地粮食产业发展典型经验做法；《吉林粮食和储备》和《安徽粮食》通过"吉林大米""皖美粮油"栏目形式，重点宣传区域特色粮食品牌。

各地粮食期刊注重加强理论研究，文章内容得以丰富。如四川省粮食和物资储备局主管的《粮食问题研究》积极开展学术交流，开设"粮食安全""粮食加工""产业发展"等专栏，刊发学术文章解读粮经政策、"三农"问题等。《黑龙江粮食》开设"龙粮特稿""龙粮观察""龙粮学术"等重要栏目，刊发政府官员、权威专家学者等理论文章，加强学习交流；《粮食科技与经济》作为湖南粮食行业的代表刊物，注重学术交流，与涉农、涉粮高校联系紧密，在粮食产业、仓储与物流、技术与设备等方面刊发大量学术成果；《晋粮经济》也开设"调查研究"专栏，刊发各地调研报告，提出相关对策措施，为行业发展搭建理论交流和探讨平台。

各地期刊积极创新表现形式，丰富栏目类型，注重媒体融合，版面设计不断美化，文章可读性进一步增强。如《晋粮经济》推出"话粮史"栏目，《浙江粮食经济》推出"粮食文苑"栏目，《陕西粮食经济》开设"粮油知识""读者驿站"栏目，满足读者文化需求。此外，各省期刊注重从版式创新，如《贵州粮食》《浙江粮食经济》《黑龙江粮食》《齐鲁粮食》等期刊进一步提高印刷质量，对封面设计、印刷用纸、内文版式等进行调整改进，采用彩色印刷，积极创新版式设计，提升读者阅读体验感。

撰稿单位：国家粮食和物资储备局宣传教育中心；撰稿人：刘博文、李雯雯；审稿人：肖春阳

机关党建与文化建设

一　加强政治机关建设，深化创建"让党中央放心、让人民群众满意"的模范机关

一是认真做好迎接学习宣传贯彻党的二十大精神工作。开展"走好第一方阵、我为二十大作贡献"主题党日活动。按照"三个全面"要求，制定学习宣传贯彻大会精神的实施方案，组织党员干部收看大会开幕会，参加 5 场宣讲报告会，国家粮食和物资储备局党组书记、局长丛亮同志讲专题党课，对副处级以上党员干部进行全员线上培训。制定党组中心组学习计划，每月围绕一个主题进行深入研讨，确保学习质量效果

二是认真做好迎接中央巡视和推动巡视反馈问题整改等工作。制定配合中央巡视组开展巡视工作方案，梳理十八届中央巡视反馈问题整改情况。巡视期间，印发 15 项即知即改问题清单并抓好整改落实。巡视意见反馈后，及时制定整改工作方案，明确 211 项整改任务，按时高质量开好局党组巡视整改专题民主生活会。每月调度一次问题整改进展，按时报告集中整改情况，整改工作成效得到中央巡视办肯定。

三是层层压实落实全面从严治党主体责任。制定关于坚决维护以习近平同志为核心的党中央权威和集中统一领导的 14 条意见。召开国家粮食和物资储备局系统全面从严治党工作会，修订党建工作领导小组工作规则，及时研究党建重大问题。先后 2 次与驻委纪检监察组进行全面从严治党专题会商，针对会商指出的问题制定 98 条整改措施，向有关垂管局主要负责同志印发书面提醒函 33 份。

二　加强理论武装，学懂弄通做实习近平新时代中国特色社会主义思想

一是加强党的创新理论武装。以学习《习近平谈治国理政》第四卷和党的二十大精神为重点，组织中心组集体学习 10 次。认真开展"学查改"专项工作，深入学习贯彻习近平经济思想。印发《关于推动党史学习教育常态化长效化的实施意见》，组织司处级干部参加党的十九届六中全会精神线上培训。

二是深入学习贯彻习近平重要指示批示精神。跟进学习习近平总书记重要讲话和指示批示精神 53 次。立足部门职责认真落实习近平总书记关于应急救灾、安全生产、定点帮扶、疫情防控等重要批示精神。认真落实习近平总书记对中央和国家机关青年支教帮扶队队员来信的重要批示精神，制定相关实施意见，推动年轻干部下基层接地气受锻炼。深入贯彻习近平总书记关于制止餐饮浪费的重要指示批示精神，相关工作成效受到中央和国家机关工委专项检查组肯定。

三是突出抓好重点群体理论学习。突出抓好党员领导干部学习，不断提高党组中心组学习质量水

平，认真组织基层党组织讲党课。突出抓好青年党员学习，评选第三届青年理论学习小组标兵单位、标兵个人，开展"根在基层"调研活动，1篇调研报告获中央和国家机关青年理论学习小组"关键小事"调研优秀成果三等奖。突出抓好离退休党员学习，组织离退休干部"我看粮储事业这十年"系列访谈，更好发挥老同志作用。

三　认真落实新时代党的组织路线，锻造坚强有力的基层党组织

一是持续深化"四强支部"创建。召开粮食和物资储备系统基层党组织建设质量提升推进会，深入学习贯彻习近平总书记关于加强中央和国家机关基层党组织建设的重要批示精神，交流创建"四强支部"经验做法。7个党支部分别被评为中央和国家机关、国家发展和改革委员会"四强"党支部。

二是持续加强支部标准化规范化建设。召开党员代表大会，补选5名机关党委委员。及时召开直属机关党委会议，规范决策机关党建重要问题。督促15个直属党组织按时换届。通过以会代训方式对全系统党务干部进行培训。年内指导发展预备党员31人，预备党员转正11人。

三是全面提升党建工作质量。对照第五轮中央和国家机关党的建设专项督查问题通报，举一反三开展自查自纠。修订《直属党组织书记抓党建工作述职评议考核实施办法》，更好发挥考核导向作用。面向全局全系统征集96个党建创新案例，指导业务联系紧密的机关司局与直属事业单位结对共建，推动破解党建和业务"两张皮"难题。

四　持之以恒正风肃纪反腐，推动党风廉政建设向纵深发展

一是加强纪律作风建设。开展落实中央八项规定精神情况"回头看"，对全局系统各单位780余件配套制度执行情况进行全面自查，新制修订相关制度145项。每月印发1期纪律教育参考，通报9起违反中央八项规定精神案例。开展"端正党风严守党纪、凝心聚力干事创业"专题教育，组织纪律处分决定执行情况专项检查，认真整改突出问题。印发《粮食购销领域腐败问题专项整治警示教育反面典型案例》，组织党员干部认真学习，切实汲取教训。

二是一体推进"三不腐"。年内机关纪委受理信访举报和问题线索11件，办结8件。配合有关部门依法留置1名党员干部，给予组织处理和党纪处分7人次，持续强化"不敢腐"的震慑。组织各单位排查廉政风险点近4600个，制定防控措施8300多条，对高中风险岗位人员进行全覆盖廉政提醒；制定印发过问打探工作事项记录管理规定，督促党员干部按季度报告不当用权和插手干预重大事项情况，不断扎紧"不能腐"的笼子。制定机关文化建设实施方案和新时代廉洁文化建设实施意见，举办"弘扬清风正气传承廉洁文化"主题书画展，大力弘扬优良传统，持续加强理想信念教育和党风廉政教育，切实增强"不想腐"的自觉。

三是加强机关纪委自身建设。举一反三认真整改中央巡视涉及各部门机关纪委问题，及时报告整改进展。加强纪检干部队伍建设，组织系统纪检干部视频培训3次，开发"粮储系统纪检干部培训线上测试"小程序，累计3万余人次参与答题测验。

五　认真做好内部巡视巡察工作，切实发挥"利剑"作用

一是不断提高巡视工作规范化水平。全力抓好巡视工作专项检查问题整改，按月报告整改进展。组织完成局党组第五轮巡视，实现党组巡视全覆盖。印发关于加强内部巡视整改和成果运用的实施意见，统筹抓好五轮巡视反馈问题整改，问题整改完成率达97.4％。制定关于建立巡视机构与相关职能单位协作配合机制的意见，修订党组巡视工作实施办法等制度办法。

二是加强巡视巡察上下联动。对6个单位开展巡察工作专项检查并督促抓好问题整改。指导各单位高质量完成对212个党组织的巡察全覆盖任务，认真审核各单位相关材料，印发3期巡察工作建议书，促进提高巡察工作质量水平。

三是加强巡视巡察干部队伍建设。组织200多名巡视巡察干部参加3次专题培训。组织4次"粮储系统巡察大家谈"，8个垂管局巡察办负责同志作交流发言，近1200名干部参加。在《中国粮食经济》杂志开设专栏，刊登经验交流材料，放大学习成效。

六　加强和改进党的群团工作，团结动员干部职工建功立业

召开直属机关团员大会，选举产生新一届团委。开展庆祝建团100周年系列活动，评选首届优秀团员、优秀团干部。认真整改原工会主席经济责任审计反馈问题。指导相关直属工会及时进行换届和补选委员。拨付党费和党员捐款15万元支持对口帮扶的安徽省阜南县"村社合一"项目。组织711名职工参加互助保障活动。铺设职工健身步道，指导相关文体协会有序开展健步走、瑜伽等文体活动。

七　加强对垂管系统党建工作的指导

建立国家粮食和物资储备局党组成员联系垂管局制度，实现联系工作全覆盖。印发垂管系统落实"两个责任"情况通报，切实加强对垂管系统的领导和监督。制定《局党组关于加强对垂管系统党建工作指导的实施方案》，每个垂管局明确1个党建基础薄弱的基层库点，作为党组同志基层党建工作联系点，与有关司局单位党组织开展结对共建。制定《关于进一步加强和改进粮食和物资储备垂管系统纪检工作的意见》，督促各级纪检机构聚焦主责主业监督执纪问责。指导有关垂管局分党组认真开好巡视整改、"以案为鉴"专题民主生活会。

撰稿单位：国家粮食和物资储备局机关党委（人事司）；撰稿人：朱江、张倩、孙旭明、胡舰波；

审稿人：王永圣、刘铁宏、陈书玉、张永福

国际交流与合作

一 成功举办"杂交水稻援外与世界粮食安全"国际论坛

为深入落实习近平主席提出率先落实全球发展倡议的 32 项举措，动员各方力量，因应全球粮食安全问题，2022 年 11 月 12 日，国家国际发展合作署、农业农村部、国家粮食和物资储备局在北京共同举办了"杂交水稻援外与世界粮食安全"国际论坛。习近平主席发表书面致辞强调，当前，全球粮食安全形势严峻复杂，中方愿继续同世界各国一道，坚持命运与共、和衷共济，推进全球发展倡议，加强粮食安全和减贫领域合作，为加快落实联合国 2030 年可持续发展议程、建设没有饥饿贫困的世界作出更大贡献。国务委员兼外交部长王毅宣读致辞并发表讲话。国家国际发展合作署署长罗照辉、农业农村部副部长马有祥、国家粮食和物资储备局局长丛亮、湖南省常务副省长李殿勋出席论坛并致辞。老挝国家主席，布隆迪、津巴布韦总统，斯里兰卡、古巴、所罗门群岛总理，联合国常务副秘书长、联合国粮农组织总干事等多国领导人和国际组织代表分别向论坛视频致贺。来自约 60 多个国家的驻华使节、中国援外相关部门负责人、有关企业和科研机构代表共约 170 人出席论坛，并参观"杂交水稻援外与世界粮食安全"国际论坛主题图片展。论坛宣介了我国维护世界粮食安全的理念和贡献，展示了我国坚定支持世界粮食安全事业的生动实例和精彩故事。

二 深化粮食领域南南合作，推动落实联合国 2030 年可持续发展目标

为贯彻落实习近平主席在中非合作论坛第八届部长级会议上的讲话精神和达喀尔行动计划，进一步落实与联合国世界粮食计划署（WFP）签署的南南合作谅解备忘录，国家粮食和物资储备局与 WFP 农村发展卓越中心等单位在浙江省嘉兴市共同举办了中非稻米价值链合作研讨会。会议以线上线下相结合的形式举行，通过开展政策对话，为支持中非合作伙伴加强稻米价值链建设提供解决方案，分享和交流在稻米加工、仓储和质量管理方面的知识、技术和经验。来自政府部门、国际组织、驻华使馆、科研机构、企业及社会团体和媒体等近 200 位代表参会。会议展示了我国粮食产后管理经验和技术，贡献了稻米价值链产业链发展的中国方案，助力中国与非洲国家在粮食领域进一步构建高质量伙伴关系。选派专家参加南南合作相关技术研讨会议，进入南南合作知识分享平台专家库，与发展中国家分享中国粮食产后领域的实践经验和解决方案，推动联合国 2030 年可持续发展目标的落实。

三　着力提升亚太经合组织（APEC）等多边机制下粮食安全合作成效

国家粮食和物资储备局积极履行 APEC 粮食安全政策伙伴关系机制（PPFS）中国政府代表单位职责，推动多边机制下粮食安全合作成效显著。继 2021 年与 PPFS 成员经济体共同制定《APEC 面向 2030 粮食安全路线图》后，2022 年共同制定了《APEC 面向 2030 粮食安全路线图实施计划》。代表中国政府牵头承担其中关于中小微企业投资和创新、粮食储藏和物流能力现代化、粮食贸易标准的研究交流等 3 项计划的具体制修订工作。2022 年 8 月在北京举办 APEC 粮食储运设施与能力现代化网络研讨会，共 200 余位 APEC 经济体粮食行业代表参加。来自政府部门、科研院校及企业界专家就现代化仓储物流技术进行了深入交流，有效推动了 APEC 区域粮食储运技术合作。

四　持续推动双多边粮食、物资储备和能源储备安全合作

持续加强与"一带一路"相关国家在粮食、物资储备、能源储备领域的交流合作。与乌拉圭牧农渔业部就签署双方合作谅解备忘录等保持沟通，召开线上工作会议；与阿联酋驻华大使举行双边视频会谈，交流粮食和能源安全合作意愿；线上会见澳大利亚新任公使衔农业参赞，就加强粮食标准、科技合作及信息分享进行交流；与俄罗斯驻华使馆就中俄粮食质量标准相关内容进行交流；线上会见嘉吉公司中国区副总裁，交流粮油国际贸易及供需状况；为上海合作组织撒马尔罕峰会提供粮食全产业链减损相关成果建议；推动与湄公河国家合作开展绿色生态安全储粮技术培训，推动在澜湄区域开展绿色生态储粮综合性示范工作；贯彻落实中非合作论坛北京峰会及第八届部长级会议精神，持续推动中非粮食安全合作进程。

五　扎实开展粮食行业科技对外交流

稳步开展粮食行业科技国际交流，不断扩大粮油加工、储藏、运输、标准领域对外合作。举办中日稻米科技线上研讨会、APEC 粮食储运设施与能力现代化网络研讨会；在线举办国际标准化组织食品技术委员会谷物与豆类分委员会第 42 次会议，在线参加国际食品法典委员会第 45 届会议等国际科技性学术性会议，掌握相关领域最新动态，提升我国粮食领域科研合作水平；组织粮食行业高校、科研机构申报官员研修、技术人员培训、在职学历教育等粮食领域援外培训项目，帮助广大发展中国家开展粮食安全能力建设。2022 年度共向国家国际发展合作署推荐申报 25 个援外培训项目，围绕粮食安全储藏、产后减损增效、质量安全管理与检验、加工技术、流通管理等开展培训，有效提升发展中国家粮食产后管理和技术水平。

六　持续做好粮食行业引智工作

发挥引智归口管理部门作用，指导项目单位共执行外国专家项目 3 项，引进外国专家 17 人次，在技术创新、人才培养、成果产出等方面取得较好成效。有关项目攻克了行业关键技术，形成了具有自主知识产权的成套生产技术，建立了行业标准，填补了相关国内空白；有关项目建成了一套适用于集中用餐人群的健康餐厅解决方案，构建了健康餐厅管理系统；有关项目通过开展储粮害虫综合技术体系研究，解决了磷化铝淘汰后的储粮害虫防治难题，为我国粮食安全提供技术保障。

撰稿单位：国家粮食和物资储备局办公室（外事司）；撰稿人：胡瑶庆、张怡；审稿人：曹颖君

信访工作与建议提案办理

一　信访工作

　　2022 年，国家粮食和物资储备局共接到群众信访 54 件次，其中来信 46 件，来访 8 批 22 人次，均得到了及时办理，全年信访工作形势平稳有序。国家粮食和物资储备局党组高度重视全系统信访工作，督促各单位按照"属地管理、分级负责，谁主管、谁负责，依法、及时、就地解决问题与疏导教育相结合"的原则，落实信访工作的主体责任。指导相关单位切实化解信访矛盾，处理信访积案，切实维护好信访人的合法权益。扎实开展信访问题专项摸底和整改工作，深入排查涉及粮食收购、粮食交易、储备经营、工资待遇等重点问题、重点群体、重点人员信访矛盾隐患，认真抓好信访矛盾纠纷预判预警和排查化解工作，制定有针对性的防范化解措施，及时就地源头化解信访矛盾问题。进一步规范办信接访程序，优化提高信访工作人员特别是信访一线工作人员的服务态度和办信接访能力水平，树立起服务热情耐心、办事积极主动的新作风。群众反映良好，对信访工作满意度高。

撰稿单位：国家粮食和物资储备局办公室（外事司）；
撰稿人：黎霆、李华华、杨雪；审核人：方进、王世海

二　建议提案办理

　　2022 年，国家粮食和物资储备局共承办十三届全国人大五次会议代表建议和全国政协十三届五次会议委员提案共计 85 件。其中，人大代表建议 59 件（主办 29 件、协办 22 件、参阅 8 件）、政协委员提案 26 件（主办 12 件、会办 14 件）。建议提案主要内容涉及加快推进粮食安全保障法立法进程、完善粮食储备调控体系、健全新型粮食市场监测预警体系、深入推进优质粮食工程、完善粮食安全责任制考核、推进节粮减损、增强粮食供应链韧性、改革完善大国储备体系、加强战略和应急物资储备安全管理等多个方面。印发《认真做好 2022 年人大代表建议和政协委员提案办理工作的通知》，就加强与代表委员沟通联系、重点建议提案办理、复文格式和办理时限、做好答复公开工作等方面作出具体安排。工作中注重沟通联系，凝聚共识，准确把握建议提案内涵，结合实际进行答复，确保答复的合理性、有效性和满意度，较好地实现了办理工作促进完善政策措施、解决实际问题、推动工作落实的目的。

撰稿单位：国家粮食和物资储备局办公室（外事司）；撰稿人：冉岚；审稿人：方进

老干部工作

一　围绕"迎接党的二十大胜利召开"主线，全面加强党的建设

加强思想政治教育，老同志坚定不移跟党走。组织参加国家粮食和物资储备局党组书记的专题党课宣讲会。以走访慰问为契机进行送学上门，为离退休干部党员购买发放学习资料1000余册。组织党员干部认真收听收看党的二十大开幕盛况和丛亮局长出席的记者招待会。及时组织老同志党支部委员开展集中学习，参加二十大精神系列宣讲报告。第一时间组织编印《二十大精神学习资料汇编》，供全体在职党员及离退休党务人员学习参考。研究制定学习宣传贯彻党的二十大精神实施方案，组织系列学习、研讨、交流活动。

举办"光荣在党50年"纪念章颁发系列活动，老同志的理想信念更加坚定。组织召开"感党恩·话初心"主题座谈会，为8名在京的老党员代表颁发纪念章，并在《中国粮食经济》杂志、《粮油市场报》等纸质媒体和局政府网站、"国储党建"及本办的微信公众号、"网络课堂"微信群等网络平台广泛宣传。七一建党节前，70年党龄的老党员李剑英同志连续第4次交纳特殊党费1万元。

召开离退办第一次党员代表大会，选举产生新一届党委委员和纪律检查委员会委员。5个离退休干部党支部及时组织换届选举。

二　聚焦"用心用情、精准服务"主业，扑下身子搞服务，不断提升工作质效

落实老同志政治待遇。丛亮局长上任伊始，就走访看望白美清、聂振邦两位老领导。春节前夕，局党组成员通过电话和走访等多种形式慰问老领导。通过上门走访、电话慰问和视频拜年相结合的方式，实现全体离退休老同志走访慰问全覆盖。七一前夕，走访慰问获颁纪念章的11名老党员，以及空巢、独居、生活困难、长期卧病在家的老党员。安排专项资金，为老同志订阅《中国老年报》《老年健康报》《中国老年》杂志。

落实老同志生活待遇。组织老同志健康体检，邀请心血管病专家作"冠心病的危害与防治"健康讲座。为生活完全不能自理的退休人员发放生活救助，为困难老同志拨付困难补助经费。开展多姿多彩的文娱活动，组织网上"拥抱冬奥、喜迎虎年"冬奥知识竞赛、元宵节猜灯谜、三八妇女节插花活动、"抗击疫情"线上趣味运动会，组织兴趣小组党支部舞蹈队参加中央和国家机关"舞动精彩旋律共享幸福生活"离退休干部艺术舞蹈云展演。举办"喜迎二十大，奋进新征程"离退休干部书画摄影网络展，在公众号展出全局全系统90余名离退休干部书画摄影作品110余幅，该活动的阅读总量达3万多人次。为离休干部制定"一人一策"服务方案。优选家政服务平台，全年开展15项个性化助老服务。完成老干部人事档案数字化工作。努力提升工作的规范化制度化水平，印发《离退休人员服

务手册》《养老服务参考手册》《离退办工作手册》。

　　积极开展消费帮扶，采购定点帮扶村农副产品慰问老同志。与盛郢村召开帮扶共建工作视频会，春节前为盛郢村送出 385 副春联，表达节日祝福。

| 三 | 激励老同志自觉围绕党和国家工作大局，发挥自身优势和作用，不断增添正能量 |

　　开展"用朗读礼赞新时代"活动。录制 17 期 50 余小时学习资料，方便视力不佳的老同志收听。组织老同志开展"诵读红色经典，汲取奋斗力量"活动。共推选出 28 个优秀作品，在老干部网络课堂、微信公众号上发布。组织"我看中国特色社会主义新时代"系列活动。录制了 6 期《喜迎二十大，奋进新征程——老同志口述粮储事业这十年》系列视频在公众号刊登，相关工作情况在《中国粮食经济》杂志刊发。全年组织召开 2 次老同志代表专题座谈会，充分发挥自身优势和作用，为粮食和物资储备中心工作建言献策。

　　　　撰稿单位：国家粮食和物资储备局离退休干部办公室；撰稿人：赵前宁；审稿人：金贤

第四篇

各地粮食和物资储备工作

北京市　基本情况

北京市位于华北平原西北边缘，东南距渤海约 150 公里，西、北和东北群山环绕，东南是缓缓向渤海倾斜的大平原，地势西北高、东南低。全市土地面积 16410 平方公里，其中平原面积占 38.6%，山区面积占 61.4%。2022 年，北京市粮食播种面积 76.7 千公顷，同比增长 25.9%；粮食总产量 45.4 万吨，同比增长 20.1%，粮食自给率 10.1%，同比提升 1.8%。全市粮食消费总量为 451.4 万吨，比上年减少 8.3 万吨，减幅 1.8%。

2022 年工作

一　做好粮油和物资供应保障工作

北京市结合粮食供应特点和新冠疫情形势，逐步完善工作机制，综合采取购销轮换、货源组织等方式，高效精准地做好供应保障工作。保障党的二十大和北京冬奥会、冬残奥会等重要会议、重大活动期间粮油市场的正常供应和平稳运行。发挥政府储备积极作用，市、区储备粮油竞价交易 36 次，成交数量 117.54 万吨，成交金额 39.52 亿元。提高市内成品粮储备库存比例，市内成品粮库存保持在 20 天左右消费量。积极落实疫情防控要求，保障粮油产品运输畅通，做好通行证归口审发工作。加强与国铁集团的合作，稳步提高铁路发运数量，缓解公路运输的压力。在因疫情变化引发的采购热潮中，通过监测研判、加强备货、预期引导等措施，有效化解了粮油短期销量激增态势。据市统计局数据显示：2022 年全年，北京居民粮食、食用油消费价格同比上涨 1.2% 和 4.1%，涨幅低于全国均值 1.6 个和 1.7 个百分点。做好北京冬奥会、冬残奥会期间物资保障准备，完善应急保障工作预案，签订物资应急调运、应急采购合作框架协议。调运市级救灾物资 3.1 万件，支援新疆维吾尔自治区及市内基层一线疫情防控工作。

二　全力落实粮食安全责任制党政同责

北京市委、市政府高度重视粮食安全党政同责工作，成立由市委、市政府主要领导任组长，18

个部门组成的考核工作组。印发北京市粮食安全责任制实施方案，进一步明确各区、各部门责任。强化区级考核，将粮食安全工作纳入推进乡村振兴考核、全市性督查检查考核，首次将经济技术开发区纳入考核体系。组织开展市级储备粮管理和政策执行情况年度考核，切实管好市储备粮。

三　推动粮食和物资储备安全管理改革

持续推进粮食储备安全管理改革，健全市储备粮竞价交易、监督管理等制度。调整市内成品粮储备费用补贴标准。加快推进战略和应急物资储备安全管理改革，以市委办公厅、市政府办公厅名义印发实施方案。按照国家相关要求，建立成品油政府储备。根据疫情防控形势，延长口罩、消毒液政府临时储备期限，新建门磁政府储备。

四　持续深化粮食购销领域专项整治工作

组织召开全市粮食购销领域腐败问题专项整治工作推进会，持续推动自查自纠。制定完善《北京市储备粮质量安全档案管理办法》《北京市储备粮出入库管理规定》等相关制度23项。市、区两级粮食部门自查自纠发现问题103个，整改完成率100%。落实市委专项巡视反馈问题整改，106项整改措施全部完成。市审计局对市级储备粮管理情况专项审计提出的问题，全部整改完成。

五　加强粮食供应保障体系建设

制定《成品粮储藏技术规范》等地方标准，市储备粮油宜存率达到100%。制定《推进粮食绿色仓储能力提升指导意见》，市内市储备粮库配备制冷和内环流控温设备的仓容分别达到159万吨和123万吨，粮油科学保粮率达到100%。出台粮食供应风险隐患排查办法等制度，修订《北京市粮食供给应急预案（2022年修订）》，印发《北京市粮食应急保障企业管理细则》。优化应急体系布局，现有应急加工企业33家、应急配送中心45家、应急投放网点871个，签约应急加工企业日加工能力达到4.6万吨。

六　加强物资储备体系建设

积极开展物资补充采购入库，确保储备规模。编制出台《救灾物资储备管理规范》北京市地方标准，进一步夯实救灾物资储备安全管理基础。首次召开京津冀应急管理部门、粮食和物资储备部门"3+3"联席会议，联合编制《京津冀救灾物资协同保障预案》、开展三地联合演练，印发《京津冀地区应急救灾物资生产企业及产品目录（2022年版）》。

七　平稳推进基础设施建设

"北京大兴国家粮食储备库楼房仓、成品粮物流仓库建设项目"全面竣工，新增仓容 25 万吨。纳入年度市级重点项目和城南行动计划的大兴面包生产线项目按期推进。加强粮食购销领域穿透式监管，制定《北京市推进粮食购销领域监管信息化建设实施方案》，近 90% 地方储备粮实现可视化监管。建成 3 家粮食质检区域分中心，"1+3+N"的整体检验检测能力保障体系加快形成。完成房山南梨园粮库改造，建成救灾物资储备分库。

八　强化粮油市场执法监管

组织粮食收购、市储备粮出入库、政策性粮油库存等专项检查，启动定期巡查工作。全市开展粮食行政执法检查工作 602 次，出动检查人员 1660 人次，检查企业 547 家次。强化协同监管，市粮食和储备局与市市场监管局联合印发《北京市粮食流通领域协同监管方案》。开展安全生产标准化建设，市级储备粮承储库点安全生产标准化（二级）达标率达到 85%，中央在京储备企业达标率达到 83%。开展粮食收购粮食质量安全监测，样品整体合格率均为 100%；开展小麦和玉米质量调查、品质测报相关指标监测，各项指标整体优于去年。

九　推动粮食产业高质量发展

认真落实《关于深入推进优质粮食工程的意见》和"六大提升行动"方案，出台《北京市深入推进优质粮食工程实施方案》。成功举办第四届"服贸会粮食现代供应链发展及投资国际论坛"，围绕"增强供应链稳定性，促进世界粮食安全"主题，搭建企业交流合作、行业资源共享平台。出台《"北京好粮油"产品遴选及管理办法》，实现好粮油产品动态监管。制定印发北京市《推进粮食节约减损工作的指导意见》，明确粮食和物资储备行业在储存、运输、加工、消费等环节及科技创新、宣传教育的重点任务。发布《"北京好粮油"团体标准管理办法》，"北京好粮油"团体标准丰富到 5 种。持续优化营商环境，国有粮油仓储物流设施备案事项推行告知承诺，涉企经营许可实施清单式管理，行政许可事项办理时限由 20 个工作日压减至 9 个工作日承诺办结。制定《北京市粮食和物资储备局公平竞争审查办法》、《北京市粮食领域不予行政处罚事项清单》。落实政府储备商品免税政策，共计免税 1948.32 万元。北京市粮食企业实现主营业务收入 980.47 亿元，其中国有粮食企业 791.08 亿元；实现利润总额 12.27 亿元，其中国有粮食企业 8.87 亿元。

十　坚定不移推进全面从严治党

修订完善全面从严治党考核指标，推动全面从严治党向纵深发展。引导党员在疫情防控、市场供应和救灾物资调运工作中充分发挥先锋模范作用。开展警示教育，持之以恒正风肃纪反腐。推进"机关接地气、干部走基层"工作开展。加强行业领军人才培育，评选推荐并获评技能大师 1 人，推荐全国粮食和物资储备领军人才候选人 1 人，青年拔尖人才候选人 3 人。

　　　　　　　　撰稿单位：北京市粮食和物资储备局；撰稿人：石红兵、赵静；审稿人：任昌坤

天津市   基本情况

天津市，简称"津"，别称津沽、津门，是中华人民共和国省级行政区、直辖市、国家中心城市、超大城市、全国先进制造研发基地、北方国际航运核心区、金融创新运营示范区、改革开放先行区。2022 年，全市地区生产总值（GDP）16311.34 亿元，按可比价格计算，比上年增长 1.0%。粮食总产量为 256.21 万吨，增长 2.5%，主要农作物产量增加。

2022 年工作

一　强化底线思维，粮食和物资保障能力显著提高

一是增加储备规模，提高储备效能。全年新增市级粮食调节储备 40 万吨，完成救灾物资增储和补库采购工作，增加食糖储备。截至 2022 年底，地方储备粮规模可满足 10.7 个月市场供应，保障水平全国领先；市级救灾储备物资可满足灾后初期 10 万人基本生活所需，食糖储备可满足全市 1 个月市场供应，保供稳市、应急保障物质基础更加坚实。二是加强应急管理，开展实战演练。在 4 月组织粮食应急实战演练基础上，7 月再次开展粮油保供稳市应急处置桌面推演，相关工作经验向全国宣传推广。参加京津冀区域灾后应急救助协同演练，三地物资保障协同机制进一步完善。三是聚焦补齐短板，织密应急网络。制定粮食应急保障企业管理细则，抓实企业规范化管理。设立粮食应急保障中心，实现功能多样、运转高效的目标。应急加工企业数量已达 22 家，550 家粮食应急供应网点覆盖全市 16 个区所有乡镇（街道）。大力推动救灾物资储备分中心建设，初步形成"1 个中心库 +5 个分中心库"的市级救灾物资储备管理体系。四是加强组织调度，做到保障有力。积极组织多元主体开展市场化收购，全市未出现"卖粮难"现象。灵活把握储备轮换投放时机、节奏和力度，保障粮油市场保持平稳运行，没有发生断档脱销现象。充分发挥救灾物资应急保障作用，及时组织物资调运，为全员核酸筛查、隔离点及方舱医院建设提供坚强保障。

二　严格依法行政，粮食行业监管能力全面提升

一是加强法治建设，提高法治能力。严格落实党组理论学习中心组学法制度，科学编制年度学法计划和个性学法清单。研究制定"十四五"法治建设实施方案和"八五"普法宣传教育方案，严格重大行政决策程序，强化行政规范性文件全过程管理，注重发挥法律顾问和公职律师作用。报送的粮食安全宣传案例入选司法部案例库。二是坚持"最严标准"，检查全面从严。扎实开展2022年全市政策性粮油库存检查和发现问题调查处置工作，强化对重点区域、重点企业、重点环节的检查，共发现问题130个，超过近几年库存检查发现问题之和。目前，已完成整改128个，整改率达到98.5%。三是敢于较真碰硬，铁面从严执法。发挥执法"利剑"作用，出台《天津市地方粮食储备管理失职失责行为调查和责任追究暂行办法》，严肃问责不作为、慢作为、乱作为行为。各级粮食行政管理部门共开展行政处罚14次，同比增长近4倍。其中：给予警告12起，警告并罚款2起，共处罚金4.9万元，保持了严监管的高压态势。

三　健全制度机制，储备管理效能不断提高

一是强化体系建设，确保储粮安全。推动建立地方储备粮采购、储存、销售等环节质量安全追溯管理机制，压实质量安全监管责任，严密组织开展收购粮食质量安全监测工作，严防不符合食品安全标准的粮食流入口粮市场和食品生产企业。规范粮情事故隐患处置和报告行为，建立约谈问责机制。进一步加强区级储备粮管理，实现了市、区两级储备粮同标准、同管理、同检查。二是加强数据监测，提升监管效能。制定《天津市"粮安工程"粮库智能化升级改造项目使用管理暂行办法》，根治系统建而不用、用而不畅、使用率低等问题，真正使系统运行起来、作用发挥出来、效果提升上来。先后26次将线上检查发现的粮温异常报警、仓房雨湿雨漏等情况，及时反馈承储企业并督促整改到位。三是开展专项检查，狠抓安全生产。市、区粮食行政管理部门采取"四不两直"方式，累计出动安全检查人员700余人次，深入地方储备粮油和物资承储单位进行"地毯式"全面排查，检查单位257家次，发现并督促整改安全隐患问题253项，确保粮食和物资储备行业安全稳定。

四　出实招谋实效，粮食市场体系得到明显完善

一是规范交易秩序，提升服务质量。出台市级储备粮竞价交易领导小组议事规则和组织框架规定，制定地方政府储备竞价交易规则、细则和工作流程等行为规范。通过采取统一手续费比例、缩短交易公告期、调降竞价阶梯幅度等措施，公平、公正、公开的交易原则得到了更为充分的体现。全年，共开展竞价交易308场，同比增长近3倍；实现交易量188.86万吨，同比增长1倍多。二是创新政策举措，助力产业发展。制定培育壮大稻米加工企业做强小站稻品牌实施方案，多措并举扩大小站稻绿色品牌生产。制定深入推进优质粮食工程实施方案，大力推动高标准粮仓建设，进一步打造优质粮食工程升级版。落实粮食初加工农业用电政策，降低了企业生产成本。开展"世界粮食日""全国

粮食安全宣传周"活动，促进节粮减损、反对浪费理念深入人心。三是落实党政同责，深化考核成果。会同市发展和改革委员会共同起草《关于落实地方党委和政府领导班子及其成员粮食安全责任制的实施意见》，提出粮食安全主要工作任务。梳理汇总 2018 至 2020 年度粮食安全区长责任制考核发现问题，深入开展整改"回头看"。

撰稿单位：天津市粮食和物资储备局；撰稿人：庞金辉；审稿人：徐剑

河北省　　　基本情况

　　河北，简称冀，省会石家庄。河北省是中国唯一兼有高原、山地、丘陵、平原、湖泊和海滨的省份，是中国重要粮棉产区。2022 年，河北省生产总值 42370.4 亿元，比上年增长 3.8%。全省人均生产总值为 56995 元，比上年增长 4.1%。河北省是粮食生产大省、流通大省和储备大省，是全国 13 个粮食主产省之一，粮食作物以小麦、玉米为主。2022 年全年粮食播种面积 644.38 万公顷，比上年增长 0.24%。粮食总产量 3865.06 万吨，增长 1.05%。其中，夏粮产量 1486.46 万吨，增长 0.26%；秋粮产量 2378.61 万吨，增长 1.55%。

2022 年工作

一　认真组织粮食收购，助力农民丰产增收

　　2022 年，各地统筹粮食政策性收购和市场化收购，在小麦最低收购价政策未启动情况下，全力抓好市场化收购，强化为农为企服务，保障了"有人收粮、有钱收粮、有仓收粮、有车运粮"。全年检测新收获粮食样品 4317 份，其中小麦 1705 份，玉米 2451 份，稻谷 50 份，花生 97 份，葵花籽 14 份；1288 份样品检验主要食品安全指标，超额完成了国家下达的检测任务。全省 24 家粮食企业共缴纳信用保证基金 1.02 亿元，累计取得贷款 35.2 亿元。6—9 月夏粮集中收购期间，累计收购小麦 594 万吨，平均收购价格同比上涨近 0.3 元 / 斤；收购新玉米平均价格 1.40 元 / 斤，同比上涨 0.1 元 / 斤。2022 年，全社会累计收购粮食 2345 万吨。

二　增强粮食储备实力，夯实保供稳市基础

　　稳妥推进新增政府储备计划落实，督促指导加工经销企业落实社会责任储备，充实企业商品库存。完成省级成品粮储备管理模式改革，地方成品粮储备可保障全省城市主城区人口 15 天市场供应量。修订印发《河北省粮食应急预案》，全省粮食应急网点达到 3322 个，国家级、省级粮食应急保障企业分别有 5 家和 32 家，组织了省市 2022 粮食应急联合演练，检验了应急实战能力。发挥储备吞吐

调节作用，投放国家政策性粮食、地方轮换储备粮，保障全省粮食市场供应充足、价格基本稳定。

三　实施优质粮食工程，促进产业高质量发展

各级粮食和物资储备部门深入推进新一轮优质粮食工程，印发《河北省深入推进优质粮食工程实施方案》，安排实施"六大提升行动"，核定建设项目 290 个，落实省财政补助资金 5.52 亿元。2022年开工项目已有 186 个，完成投资 4.78 亿元，改造提升旧仓房 31.2 万平方米，安装烘干塔 11 座，购置设备 1637 台（套），绿色储粮水平明显提升。全省争取中央预算内投资和地方专项债 3.4 亿元，实施了 24 个粮食仓储项目，新增标准仓容 40 万吨。认真开展 2022 年度"燕赵好粮油"产品遴选，8个产品获得 2022 年度"燕赵好粮油"称号，"燕赵好粮油"产品累计达到 104 个，进一步扩大了河北省优质粮油产品的影响力。2022 年，全省粮食加工转化企业工业总产值达到 1611 亿元，比上年增长15.8%。

四　健全粮食法规体系，强化流通执法监管

修订出台《河北省粮食流通管理规定》，制修订《河北省粮食收购管理服务办法》、《河北省粮食行政处罚自由裁量权基准制度》等 6 个行政规范性文件，《河北省地方储备粮管理办法》列入 2023 年省政府一类立法项目。推进粮食购销领域监管信息化建设，完成国家粮食和物资储备局"40 个数据接口"开发、59 个省储库全覆盖、省级平台具备基本监管功能等"三项硬任务"，并顺利通过抽检。组织开展全省政策性粮食库存检查和安全生产检查，省级抽查粮食 254.64 万吨、食用油 2.63 万吨，发现并整改问题 362 个，全省政策性粮食数量真实、质量良好、储存安全、运作合规，行业安全生产形势持续稳定向好，全年未发生安全生产事故。按照"双随机、一公开""四不两直"要求，组织开展夏秋粮收购等专项检查，全省共检查 1285 次、出动人员 3582 人次，纠正违法违规行为 22 例。全系统通力合作，完成了对河南省新入库小麦跨省交叉检查任务。全年督办"12325"监管热线举报案件 24 件，追回农民售粮款 800 多万元，有效保护了农民合法权益。

五　专项整治有力有效，企业改革稳步推进

配合省纪委监委做好粮食购销领域腐败问题专项整治，聚焦关键环节，深入开展自查自纠，全省各级粮食部门发现问题整改率达到 99.4%，建章立制 149 件，取得了阶段性成效。持续推动地方储备粮承储企业政策性职能和经营性职能分开，204 家企业已全部落实"两分开"，实现人员、实物、财务、账务分开管理。印发了《关于规范地方国有粮食企业经营管理的指导意见》，指导企业完善内控制度，规范业务管理。全省国有粮食企业资产总额达到 293.5 亿元，同比增加 26.1 亿元，实现国有资产保值增值。

六 扎实开展"两项考核"，压紧压实粮食安全责任

认真落实粮食安全党政同责要求，组织开展了 2021 年度粮食安全责任制考核，经省政府审定，以河北省粮食安全责任制考核工作组名义印发《关于 2021 年度粮食安全责任制考核结果的通报》，向各市政府通报年度考核结果，邢台市等 8 个市获优秀等次，辛集市等 5 个市获良好等次。11 个设区的市也对所辖县（市、区）进行了考核，推动了责任落实，有效发挥了考核"指挥棒"作用。组织开展了 2021 年度地方储备粮承储企业管理和政策执行情况考核，201 家企业良好率 99%。对存在问题的企业下达书面整改通知书，督促企业落实规定，规范经营管理行为。

七 深化物资储备改革，扩大物资储备规模

出台加强全省战略和应急物资储备安全管理的实施意见，完善体制机制，强化战略保障、宏观调控和应对急需功能，增强抵御风险能力。招标采购 1400 万元省级救灾物资，到 2022 年底，省级救灾物资储备规模达到了 32 个品种 68.36 万件。研究制定建立地方成品油储备实施方案并报省政府批准，收储工作正在稳步推进。市县级物资储备库点达到 172 个，张家口、承德物资储备库建立省级救灾物资代储库点，增强了灾害多发易发区和冀北地区保障能力。紧急调拨 8000 件 530 万元救灾物资驰援新疆，支持抗击新冠疫情。

八 加强粮食文化建设，开展爱粮节粮宣教

积极组织世界粮食日、全国粮食和物资储备科技活动周等活动，会同省农业农村厅等五部门联合印发《关于开展全省 2022 年世界粮食日和全国粮食安全宣传周活动的通知》，组织爱粮节粮知识答题活动，参与人数达到 42 万人。在全省粮食企业开展向河北柏粮粮食储备有限公司对标学习活动，营造比学赶超氛围，引导企业对标对表开展诚信经营，提高管理水平。会同省住建厅印发《关于做好具有历史文化价值老旧粮油仓房保护的通知》，做好老旧仓房保护和活化利用，发挥历史文化传承作用。

九 认真落实管党治党责任，推动全面从严治党向纵深发展

抓好党的二十大精神学习宣传贯彻，制定局党组工作方案，四次召开党组会议专题学习，抓好支部集中学习和个人自学，持续兴起学习热潮。坚持党组会第一议题制度，共组织集中学习 19 次，全面学习、深刻理解习近平新时代中国特色社会主义思想的精神实质和丰富内涵。组织学习习近平总书记关于粮食和物资储备工作的重要论述，引导党员干部坚决扛稳政治责任。第一时间召开党组会传达学习习近平总书记发表的重要文章、重要讲话，深化对全局性、战略性、前瞻性问题的认识和把握。组织党建述职和"两优一先"评选，精心组织党内谈话，扎实开展"党性教育月"活动，完善党

建工作格局，凝聚干事创业力量。召开深化全面从严治党暨政治性警示教育大会，深入贯彻"六个必须""九个坚持"。坚持"三重一大"集体决策和"一把手"末位表态，保证决策的科学、民主、正确。

撰稿单位：河北省粮食和物资储备局；撰稿人：牛聪；审稿人：李志明

山西省 基本情况

山西省，因居太行山之西而得名，简称"晋"，又称"三晋"，省会太原市。2022年，全省粮食总产量1464.5万吨，比上年增加43.2万吨，增长3.0%。其中，夏粮产量245.2万吨，增长0.8%；秋粮产量1219.3万吨，增长3.5%。全省粮食消费量1395.7万吨，比上年增加25.5万吨，增幅1.88%，消费量相对保持稳定。小麦产消缺口235.1万吨，稻谷产消缺口101.9万吨，玉米产大于消418.7万吨，大豆产消缺口58.4万吨。2022年，全省粮食收购量614.5万吨，比上年增加16.5万吨；全省销售粮食747.5万吨，比上年减少29万吨。截至2022年末，全省国有粮食企业423个。粮食行业从业人员45776人，比2021年末减少506人。

2022 年工作

一　强化"产购储加销"协同，粮食安全保障能力稳固提升

落实粮食安全党政同责，配合省委农办制定《山西省各级党委和政府领导班子及其成员粮食安全责任清单》，牵头起草考核办法，组织各市市长向省长递交《粮食安全责任状》；主动启动对市粮食安全党政同责考核。出台《粮食收购管理办法》，开展市场分析研判，全省累计收购粮食616万吨、销售667万吨；成功举办2022山西粮食产销衔接会、晋鲁粮食产销协作洽谈会，积极参展第四届中国粮交会，产销衔接机制更加稳固。夯实储备基础，落实10万吨省储小麦增储计划；开展成品粮油储备自查自纠专项行动。健全粮食应急保障体系，建立应急供应网点1492个、加工企业186家，持续加强市场监测预警，守住保供稳市底线。编制《山西粮食流通发展报告》，服务政府宏观调控。完善管理机制，完成省级储备粮费用补贴标准调整评审。出台《关于深入推进优质粮食工程的实施意见》，实施"六大提升行动"；认定4个粮食产业强县、43家省级粮油产业化龙头企业和27个"山西好粮油"产品，投资2200万元打造主食糕品产业集群。完成年度新收获粮食质量监测任务，推进4项地方标准立项。

二　健全完善体制机制，战略和应急物资储备改革稳步推进

联合省发展和改革委员会编制"十四五"粮食产业高质量发展、粮食仓储物流和储备基础设施建设两个子规划；起草关于改革完善体制机制加强战略和应急物资储备安全管理实施方案，向省委深改委报审；制定成品油储备实施方案，加快增储步伐。全省 166 家国有粮食购销企业完成储备与经营分离改革，出台关于加强国有粮食储备企业内控管理的意见，提升内控管理水平。投资 3000 万元打造现代化高标准粮库试点，推进 1400 万元中央预算内投资项目建设；省级救灾物资储备库、太原粮食物流产业园投入使用；编制粮库信息化全覆盖实施方案和项目建议书，下发指导意见，制定项目管理、使用和考核办法，省级储备库实现视频监控"全覆盖"，穿透式监管格局初步形成；中国杂粮交易网建成并上线运行。开展政策性粮油库存大检查，深化安全生产"百日攻坚"和大检查大整治大提升行动；加强猪肉等重要生活物资储备管理；全面完成省级救灾物资轮换，确保常储常新，调得出、用得上。

三　围绕实现"根治"目标，专项整治问题整改稳妥有序

起草《关于深化粮食储备和购销领域监管体制机制改革的实施意见》《关于创新方式强化粮食购销领域执法监督的实施意见》和《关于加强国有粮食企业内控管理实施方案》；围绕省级储备粮管理，完善了库存、质量、验收、问责等规章制度，11 个市全部出台市级储备粮管理办法和轮换管理办法；加强法治建设，成立工作专班，推动《山西省粮食安全保障条例》立法调研。整改期间，制修订规章制度 31 项，全系统制修订规章制度 732 件，"1+2+N"制度框架初步形成。综合运用会议督导、现场督办等方式，强化工作调度，目前全省自查自纠问题完成整改 2046 个，整改率 94.7%；专项巡视确定的整改任务完成 92 项，整改率 97.8%。

四　聚焦政治机关定位，粮食和储备队伍建设稳定向好

深入学习贯彻党的二十大精神，制定学习宣传贯彻方案，开展专题研讨、线上答题等活动，推动学习贯彻走深走实。加强干部队伍建设，印发关于加强粮储干部队伍建设的意见，指导全系统加强和优化机构人员配置。持续提升队伍素质能力，制定全系统关于加强教育培训提升素质能力的实施意见，组织开展了专业化能力培训和技能大赛选拔。坚定不移推进全面从严治党，深入开展清廉机关建设"八项行动"；聚焦重点领域和关键环节，完善防控举措，规范权力运行，织密"廉洁网"，筑牢"防火墙"；以杨随亭严重违纪违法案件为镜鉴，召开全系统警示教育大会，做到以案明纪、以案促改。

撰稿单位：山西省粮食和物资储备局；撰稿人：赵钢；审稿人：薛绛力

内蒙古自治区　基本情况

内蒙古自治区总面积 118.3 万平方公里，耕地面积近 926.7 万公顷，是全国粮食净调出省区之一。2022 年，入统范围内商品粮收购 1699.5 万吨。其中玉米 1543.4 万吨，同比增长 8.1%；小麦 37 万吨，下降 30.5%；大豆 11.6 万吨，同比增长 2.7%；稻谷 38.8 万吨，增长 40.1%；油料 10.4 万吨（从生产者购入），下降 28.3%。区外调入小麦 2.5 万吨，下降 45.7%；稻谷 0.3 万吨，下降 85%。2022 年，自治区粮食和物资储备局入统范围内商品粮销售 1670.1 万吨，下降 1.08%。其中玉米 1391.5 万吨，同比下降 1.2%；小麦 122.8 万吨，同比下降 11.1%；大豆 12.6 万吨，下降 33.3%；稻谷 64.3 万吨，增长 8.8%；油料 8.3 万吨，增长 3.8%。调出区外玉米 381.8 万吨，增长 12.9%。

2022 年工作

一　粮食购销领域专项巡视专项整治深入推进

一是自查自纠全面扎实。各级都把专项整治工作作为重中之重，逐级深挖细纠，层层审核把关，逐条逐项整改。共查纠 3046 个问题，完成整改 3030 个，整改完成率 99.5%。二是专项巡视整改有力。本轮巡视反馈的问题，涉及 12 个盟市、6 个部门，问题复杂，时间跨度长，整改难度大。在各盟市、各有关部门的支持配合下，已整改销号 55 个，取得阶段性成效 16 个，整改率 100%。三是建章立制成效明显。按照务求根治的要求，坚持问题导向和目标导向，粮食购销领域、粮食企业监管方面的制度笼子越扎越紧。全区共建章立制 1744 个，涉及收购、储存、监督检查和储备粮轮换、承储企业选定退出等各个方面，从根本上杜绝了随意操作等问题。四是制约事业发展的"瓶颈"问题开始破题。储备粮监管力量薄弱，地方储备粮体制机制不顺，国有储备粮企业小、散、弱等问题已引起各级党委、政府的重视，一些地区已列入解决日程。2022 年，对自治区粮食和物资储备局处室及其职能进行了重新优化，理顺了处室间的关系和分工，确保工作上下对口、便于衔接。同时局机关申请增加了 2 名督查专员编制，进一步加强了督查力量，为改进督查方式、提升督查效能奠定了人力资源基础。

二　粮食和物资储备体制机制改革走深走实

一是储备粮安全管理体制机制改革稳步推进。《粮食安全保障条例》已经列入自治区人大常委会立法调研计划，并联合人大常委会开展了调研工作。储备粮管理制度得以重构、日臻严密，各级各部门责任意识明显增强，储备规模、口粮比例均超过国家要求。自治区取消并公开遴选 9 家储备粮承储企业，竞价销售 3.9 万吨、招标采购 4 万吨储备粮，各盟市也对承储库点进行了优化，储备粮布局更加合理。二是战略和应急物资储备安全管理体制机制改革实现良好开局。联合自治区发展和改革委员会等部门起草了《内蒙古自治区改革完善体制机制加强战略和应急物资储备安全管理实施方案》，并经自治区深改委会议审议通过，提出了 2025 年和 2035 年工作目标。按照省级统筹、归口管理的原则，明确了 16 个品种储备的管理部门并细化为任务清单，均按期完成阶段性储备计划，全面开启了物资储备体制机制改革。

三　粮食和应急物资安全保障能力经受住了疫情等压力测试

一是秋粮收购平稳有序。牵头制定《内蒙古自治区粮食收购管理办法（暂行）》，经自治区政府常务会议审议通过后已印发实施。紧紧围绕"有人收粮、有钱收粮、有仓储粮、有车运粮"，扎实组织秋粮收购，有针对性地开展宣传引导和监督检查，维护了正常收购秩序，守住了农民"种粮卖得出"的底线。截至年底，全区入统企业累计收购粮食 694.8 万吨。二是粮食应急保障体系建设进一步加强。积极争取财政资金 1825.5 万元，支持 14 家粮食应急加工企业建设，不断提升粮食应急保障能力；制作、发放粮食应急保障企业标志牌匾 1400 个，进一步规范日常管理和监督。三是粮食产销协作不断拓展。组织参加线上第四届中国粮食交易大会，宣传推介"内蒙古好粮油""内蒙古好杂粮"等精品粮油。持续加强与有关省区的战略协作，举办 2022 年鲁蒙粮食产销协作洽谈会，签订《鲁蒙粮食产销战略合作协议》，产销合作关系不断巩固和拓展。四是成品粮油储备提前超额完成。联合发改、财政、农发行制定全国首个省级层面的《成品粮油储备管理暂行办法》，解决了成品粮油储备财政资金没保障、计划规模不落实、信贷资金不予支持、税收优惠政策难以兑现等问题。各地区均能满足 10 天以上市场供应量，提前半年超额完成任务。五是应急物资和疫情防控物资保障经受住了考验。2022 年各盟市累计调拨出库应急储备物资和医疗防疫物资 406 批次、17 大类、近 750 万件。有力支持了方舱医院、中转舱建设，以及高等院校、监所、福利机构等重点场所和社区的疫情防控，在应急物资和疫情防控物资保障等方面经受住了考验。

四　持之以恒保持强监管态势

一是常态化监管机制逐步完善。成立粮食执法监管巡查小分队，制定定期巡查制度。联合印发《建立健全粮食流通协同联动监管执法机制的指导意见》，制定《自治区储备粮库存监管暂行办法》《自治区粮食储备管理失职失责行为调查和责任追究暂行办法》，粮食流通领域监管基础更加牢固。二是政策性粮油库存检查扎实开展。各盟市对地方储备粮承储企业开展100%全覆盖检查，自治区交叉检查比例由国家要求的40%提高到52%，并将专项整治自查自纠、案件查办、专项巡视巡察、审计监督等问题整改情况纳入重点检查和督导范围。在异地交叉检查的基础上，由厅局领导带队进行了督导。从检查结果看，储备粮库存数量真实、质量达标率100%。三是穿透式监管取得新进展。按照国家要求，完成了40个数据接口和视频监控联通工作，成功与国家平台对接，在线监管能力进一步提升。四是粮食质量安全监管进一步加强。将新收获粮食品种监测范围由小麦、玉米两个品种扩大到小麦、玉米、稻谷、大豆、葵花籽5个品种。高质量完成国家交办的76份新收获粮食样品质量安全监测任务。对170份国家库存粮食和70份自治区新入库储备粮的质量、储存品质、食品安全指标进行了检测，各项指标达到新入库要求。

五　党建和党风廉政建设抓得更紧更实

坚持把党的政治建设摆在首位，把维护党的全面领导和党中央权威贯彻落实到工作的各层面、各环节。注重发挥理论学习的示范引领作用，努力把学习贯彻习近平总书记重要指示批示精神转化为推进工作的思路和举措。从严从实推进党风廉政建设和正风肃纪，全力做好张天喜等人违纪违法案件以案促改，要求全体党员干部把自己摆进去、把职责摆进去、把工作摆进去，深刻反思、深入查摆、彻底整改。坚持以身边事教育身边人，组织党员干部观看廉政警示教育片，以案为鉴，以案为戒，不断强化党员干部理想信念，筑牢拒腐防变思想防线。认真开展廉政风险排查，完善从源头上预防腐败的长效机制，强化对权力的监督制约，推动全员防控、全程防控。

撰稿单位：内蒙古自治区粮食和物资储备局；撰稿人：张琳；审稿人：宝鲁、杨盛

辽宁省　基本情况

　　2022 年辽宁省粮食产量 2484.5 万吨，总产量稳居全国第 12 位。全省粮食流通总量 21035 万吨，粮食市场购销积极、运行平稳，粮食购销数量较去年有明显增加。全省商品粮累计收入 10406.5 万吨，同比增加 1279.5 万吨，增幅 14.0%。全省累计支出粮食 10629 万吨，同比增加 1282.5 万吨，增幅 13.7%。

2022 年工作

一　加强粮食流通调控，市场交易平稳价格稳定

　　根据《粮食流通管理条例》，省政府印发《辽宁省粮食收购管理办法》，为加强粮食收购管理，维护粮食收购秩序提供制度保障。抓好粮油市场重要时段和疫情防控期间的保供稳价工作。按要求完成全省产业经济季报、粮油购销月报、价格监测周报。对粮油市场运行情况定期进行分析，形成玉米、稻谷市场运行情况分析报告。加强秋粮收购形势研判，提前部署秋粮收购工作，最大限度保护种粮农民利益，确保秋粮收购工作顺利开展。推动粮食收购贷款信用保证基金运行，参与企业 43 家，缴存基金 1.65 亿元，累计投放粮食收购贷款 23.9 亿元。

二　完善储备管理机制，粮食和物资储备安全基础进一步夯实

　　研究制定《关于地方储备粮布局调整巡视整改落实方案》。修订《辽宁省省级储备粮管理办法》。推动建立规模以上粮油加工企业社会责任储备制度。对各市应急成品粮和社会责任储备进行调度，指导企业建立匹配规模的社会责任储备。出台《辽宁省省级应急救灾物资储备管理暂行办法》，明确各相关部门职责，强化救灾物资储备管理，规范管理费拨付和使用，健全救灾物资调运、使用和回收等管理程序。积极应对省内疫情及洪涝灾害，全年共发出调拨通知 21 批次，调拨出库省级防疫物资 344 万件（套）、省级救灾物资 8.6 万件（套）。

| 三 | 加强应急体系建设，应急保障能力稳步向前 |

　　全省共设立粮油应急加工企业 204 家，粮食应急供应网点 1834 家，应急配送中心 81 家，应急储运企业 143 家，应急保障中心 53 家，实现省内各市全覆盖。沈阳、大连主城区的应急成品粮储备达到 15 天以上市场供应量，其他市主城区基本达到 7 天以上市场供应量。持续加强粮油价格监测预警体系建设，设立价格监测点 150 个，每周统计发布粮油价格信息，开展价格分析。修订《粮食应急预案》，定期开展应急演练。加强粮食质量管理，组织开展粮食质量品质测评。

| 四 | 推进优质粮食工程建设，"中国好粮油"项目持续推广 |

　　印发《辽宁省深入推进优质粮食工程"六大提升行动"实施方案（试行）》，召开视频培训工作会议和视频调度工作会议，推进项目备案工作。积极推进"中国好粮油"行动计划绩效评价工作，印发《辽宁省"中国好粮油"行动计划实施情况绩效评价工作方案》，组织召开工作推进会议和 3 批次"中国好粮油"行动计划绩效评价答辩会议。组织参加 2021 年度"中国好粮油"产品线上发布会，全省 12 家企业 13 个产品荣获 2021 年度"中国好粮油"产品称号。充分利用辽宁省区位和资源优势，坚持扶优扶强和扶小扶弱相结合，以全省优质水稻、杂粮产业为重点，以绿色仓储能力提升、粮食加工设备提升及"辽宁好粮油"品牌宣传推广为依托，着力补足绿色仓储、加工能力、品牌推广等方面的短板。全省在建"辽宁好粮油"行动计划项目 15 个，总投资到位 39782.25 万元。

| 五 | 压实粮食安全党政同责考核，督考示范作用成效显现 |

　　落实粮食安全党政同责要求，建立粮食安全责任制工作体系与机制，成立了由省委书记和省长任双组长，由 37 个省（中）直部门（单位）主要负责同志任小组成员的省粮食安全责任制领导小组，分别建立省委、省政府主要领导工作职责清单，下设粮食生产、耕地保护、粮食收购储备、粮食加工、粮食销售消费、北粮南运大通道等 6 个专项推进组，制定相应工作规则。并将"粮食安全落实情况"纳入省委组织部考核体系，最大限度发挥考核"指挥棒"作用。

| 六 | 加强政策性粮食监管，行政执法案件查办规范高效 |

　　全力配合省委组织部行政执法专项考核和省纪委监委粮食购销系统性腐败专项整治工作。建立省级政策性粮食协同监管机制，全力做好全省政策性粮食库存检查工作。全省择优抽调 41 名专家，组成 4 个抽查组，对沈阳、大连等 7 个市进行抽查，共检查出企业在仓储管理、储备粮油管理、安全生产、质量安全、账务处理等方面的问题共 83 个，已按照整改时限督促各地完成整改工作。组织开展 2022 年度秋粮收购检查和地方储备粮政策执行情况考核工作。充分发挥"12325 热线"作用，严肃查

处各类违法违规行为，切实维护粮食收购市场秩序。

| 七 | **推动粮食信息化建设，粮食购销领域监管高效智能** |

做好粮食购销领域监管信息化升级改造初步设计，克服无资金的不利因素，积极协调信息化设计咨询机构，制定粮食购销领域监管信息化设计初步方案，积极协调省级粮食管理平台建设单位，完成省级粮食管理平台现有 25 个接口的改造及与国家平台对接工作，实现了省级储备粮承储仓房视频全覆盖，扎实推进省级粮食管理平台验收工作。

撰稿单位：辽宁省粮食和物资储备局；撰稿人：杜柏林；审稿人：于衡

吉林省　基本情况

　　吉林省是国家重要的商品粮基地。主要粮食作物有玉米、水稻和大豆三大品种。2022年，全省玉米种植面积446.94万公顷，稻谷面积83.31万公顷，大豆面积30.99万公顷，总产量达到4080.8万吨，创历史新高。2022/2023收购期，全省入统企业累计收购新粮2597万吨；粮食储备合作不断深化，在吉承储异地储备粮规模60万吨以上；组织企业建立社会责任储备7.78万吨。

2022年工作

一　不断夯实粮食安全责任

　　各地认真贯彻落实习近平总书记关于维护国家粮食安全的重要指示批示精神，始终牢记粮食安全"国之大者"，严格落实粮食安全省长责任制。各地党委政府主要负责同志和分管负责同志多次实地调研或专题研究粮食安全工作，把落实粮食安全省长责任制具体工作分解压实到相关部门，形成纵向贯通、横向联动、齐抓共管的工作格局，采取针对性措施抓好落实。在2021年度考核中，全省各地综合评分均在90分以上，达到优秀等次。

二　深入推进产业集群建设

　　一是启动实施吉林大米品牌跃升工程。印发《吉林大米品牌跃升工程实施方案》，从良种推广、名企培养、销售渠道拓展，品牌一体培育等方面挖潜创新，全面启动吉林大米"名米卖好价"的品牌建设新阶段。二是继续夯实吉林粮食品牌建设基础。实施"吉林大米进菜单"行动，在省外建立吉林大米体验店20家以上；加深吉林省与福建、浙江等省沟通合作，达成合作意向10项，签约销售粮食33.7万吨，同比增长33.6%；发布吉林大米、吉林鲜食玉米全产业链质量标准，实现质量可追溯的大米企业共计172家。三是持续提升吉林粮食品牌影响力。吉林大米品牌连续四年荣登"中国粮油影响力区域公用品牌"榜首，鲜食玉米入选"新华社品牌工程"。舒兰大米被列入农业农村部2022年农业品牌精品培育名单。松江佰顺米业荣获"中国粮油乡村振兴先锋企业"和"中国十佳粮油（食品）品牌"荣誉。农嫂食品、山河农业、德乐合作社的鲜食玉米产品上榜"熊猫指南"2022年度中国优质农产品榜单。2022年，全省玉米水稻产业加工量2255万吨，实现产值821亿元。全省中高端大米销量100万吨以上，鲜食玉米销量75万吨以上。集中力量发展玉米水稻产业集群，企稳向好。搭建产销合作平台，组织企业参加福建、浙江、四川粮洽会、展览会，强化宣传推介，促进粮食销售，努力提升吉林粮食品牌影响力和市场占有率。全年外销粮食2400万吨以上（含加工成品折原粮）。与北京等6个省（市）开展粮食储备合作，在吉承储异地储备粮规模超过60万吨，数量真实、质量良好、储存安全。

三　有序推进粮食收购

一是认真落实国家收购政策，千方百计守住农民"种粮卖得出"底线。及早启动粮食收购工作，扩大市场化收购；认真执行稻谷最低收购价政策，科学制定省执行预案，合理布设收购网点，为稻农售粮"兜好底"；完善省级储备粮轮换管理办法，省级储备粮管理规范，常储常新；做好信息化监管，实现19家省储备粮库信息化监管全覆盖，41个接口数据与国家粮食和物资储备局平台实时对接；通过各种网络媒体宣传发布粮食收购和市场价格等方面信息，为农民和收购主体提供信息服务；做好收购资金筹措，完善粮食信保基金管理办法，放宽企业准入条件，确保企业"有钱收粮"；开展粮食种植成本专项调查，采集榆树等25个粮食主产市县近200组有效数据，为更好服务农民和做好粮食收购工作打好基础。2022/2023收购期，全省入统企业累计收购新粮2597万吨。二是认真落实国家关于粮食节约行动部署要求，制定推进方案，加强宣传引导和督导检查，指导各地加大农户安全储粮及"地趴粮"整治工作力度，新建粮栈子、网囤298万个，集中储粮点248个，全省"地趴粮"数量较2021年同期减少1297.6万吨，降幅83.4%。吉林省整治"地趴粮"的经验做法在国内动态清样刊发，新华社、人民日报、经济日报等主流媒体多次宣传报道。三是深入实施优质粮食工程建设，推动粮食产业高质量发展。2022年投资3.05亿元，支持32家企业实施绿色仓储、品种品牌、应急保障、机械装备提升项目。优化仓储设施建设布局，指导企业新建标准仓房243万吨，增强区域粮食收储保障能力。

四　粮食供应保障能力不断提高

出台加强地方成品粮油储备管理指导意见，市州按照主城区15天供应量规模全部完成储备任务。印发粮食加工企业社会责任储备指导意见，组织企业建立社会责任储备7.78万吨。制定省粮食应急预案和保障体系实施方案，应急加工能力稳步提升。加强成品粮油市场监测，在10个中心城市设立成品粮油监测点187个，每月按时监测成品粮油市场运行情况。根据工作需要，对重点城市成品粮油市场实行日监测，其他中心城市实行周监测，强化分析研判，为应急保供提供及时准确的市场信息。

五　物资储备工作成效明显

认真贯彻落实国家战略和应急物资储备改革意见，研究起草全省物资储备体制机制改革实施方案，配套印发战略能源、卫健医疗、应急救灾、防汛抗旱、储备管理 5 个领域推进落实方案；东北首家医疗物资储备库顺利竣工，填补了吉林省政府没有医疗物资储备库空白；政府储备肉机制基本完善，2022 年中秋、国庆期间，有序向市场投放政府储备肉 500 余吨，发挥政府储备作用；救灾、防汛抗旱物资储备规模扩大至 1.51 亿余元，同比增长 54%；34 个地方物资储备库完工率 50%，调拨应急物资 128 批次，总价值 2445 万余元，社会"稳压器"功能进一步凸显。

六　不断强化安全生产责任

加强省市县三级监管网络建设，进一步健全安全生产责任体系，制定并规范安全生产责任和任务清单，全员安全生产责任制不断强化，本质安全水平不断提升。全年，健全完善各类安全生产规章制度 104 个，制修订应急预案 312 个；开展全省行业系统安全生产大检查、安全生产专项督导检查、消防安全"大走访大排查大治理百日攻坚"、"冬春火灾防控"、房屋建筑安全、醇基燃料、焊接与切割作业等各项专项行动 10 次，检查企业 1552 家，累计出动检查人员 6064 人次，排查整改问题隐患 2363 个；督导企业完善安全警示标识 366 个，清理消防疏散通道 67 处，拓宽改造库区消防车道 25 处，全省 410 家企业安全生产和消防安全基础信息纳入省级信息管理平台，实现了安全生产和消防安全信息化监管。全年行业系统未发生安全生产事故，被省安委会考核评定为优秀单位。

七　粮食法治建设稳步推进

按照国家粮食和物资储备局和省委省政府的要求部署，结合全省实际，编制并印发了《吉林省粮食和物资储备法治宣传教育第八个五年规划（2021—2025 年）》，并结合新冠疫情普法、国家法制宣传日、粮食科技宣传周、世界粮食日组织开展普法宣传活动，共发放法治宣传材料 12000 余份。加大力度，积极推进立法制定起草工作，《吉林省粮食流通条例》按照立法程序，先后完成了实地调研、征求意见、修改完善、专家论证和风险评估等工作，已报送省司法厅审核。

撰稿单位：吉林省粮食和物资储备局；撰稿人：缪智慧；审稿人：田涛

黑龙江省   基本情况

2022 年，黑龙江省实施现代农业振兴计划，大力发展科技农业、绿色农业、质量农业、品牌农业，绿色有机食品认证面积 606.67 万公顷，居全国首位。创新农业生产组织形式和生产方式，全程托管服务面积 202.33 万公顷。超额完成国家大豆扩种任务，粮食生产实现"十九连丰"，粮食总产量达 7763 万吨，占全国的 11.3%，连续 13 年位居全国第一。

2022 年工作

一　粮食购销

指导各地成立秋粮收购政府专班，统筹抓好粮食市场化购销和政策性收购，积极拓展产销合作，激发市场活力，积极引导各类收购主体有序入市收购，确保"有人收粮"；积极协调优化粮食仓容布局，妥善解决阶段性结构性矛盾问题，确保"有仓储粮"；积极协调金融机构，及时足额释放收购资金，确保"有钱购粮"；积极协调铁路和交通部门，加强运力保障，确保"有车运粮"。积极发挥粮食产后服务中心作用，为农民提供"五代"及"一卖到位"等便捷服务。加强政策宣传解读，通过主流媒体等方式，主动发声、回应关切，稳定市场预期。督促指导各类收购主体严格执行粮食收购质价政策，鼓励国有企业采取上门预检、预约收购等举措，让农民卖"明白粮""放心粮"。严格落实稻谷最低收购价政策，切实做好市场监测、库点认定、预案启动等工作，严格收购管理，发挥政策托底作用，坚决守住农民"种粮卖得出"的底线，让农民"好收成"变成"好收入"。截至 12 月 31 日，全省入统企业累计收购新粮 3389 万吨，其中最低收购价稻谷收购 661 万吨，秋粮收购运行顺畅平稳。

二　粮食加工

黑龙江省围绕提升粮食安全产业支撑保障能力，不断强化指导服务，省粮储局会同省工信厅、省农业农村厅联合制定实施《关于推进我省粮食加工产业发展的意见》，建立工作联动机制，协同推进全省粮食加工业发展。持续加强对各市地粮食加工主要经济指标考核考评、督导推进工作力度，积极运用粮食安全责任制考核、省对市地经济责任指标考评体系，推动全省各地压实责任、完善落实措施，粮食加工业实现高质量发展。全省全年累计消耗原料超 5000 万吨，营业收入近 2000 亿元，粮食加工主要经济指标实现突破性增长。

三　优质粮食工程

黑龙江省全年累计完成总投资 4.3 亿元，其中财政补助资金 3164 万元，重点推进国家政策性粮食仓储智能化升级改造工程建设，实施绿色仓储、品种品质品牌、质量追溯、机械装备等提升行动，改造升级一批粮食仓储、加工以及粮食质量安全检验设施设备，提升绿色储粮、精深加工、检验监测水平，做强做优粮油区域品牌和企业品牌，进一步夯实了粮食产业基础，助推粮食产业高质量发展，为保障国家粮食安全提供了有力支撑。

四　粮食安全责任制考核

认真贯彻落实 2022 年 1 月印发的《地方党委和政府领导班子及其成员粮食安全责任制规定》要求，省委、省政府分别印发了省委常委会及委员粮食安全工作职责清单和省政府领导班子及成员年度粮食安全重点工作职责清单，将"粮食安全省长责任制考核工作组"调整为"省粮食安全责任制考核工作组"，全面明责加压、强化保障措施。会同省考核工作组成员单位，制定实施《2022 年度省对市（地）落实粮食安全责任制考核工作方案》，完善强化季度考核与年度考核相结合等措施，推动各地各部门单位持续压实责任，增强推进落实合力，提高落实质效。

五　物资储备安全管理改革

2022 年 5 月，黑龙江省粮食局更名为黑龙江省粮食和物资储备局，增加了物资储备职能和编制。按国家和省推进物资储备安全管理改革部署，承接物资储备统筹职能，协调建立物资储备工作协调机制；落实国家成品油储备计划，制定实施《黑龙江省省级成品油政府储备实施方案》，完成政策执行主体企业组建、委托第三方评审等工作，并通过政府采购确定了放贷、承储主体和油品供应、轮换、应急投放主体，省政府批准的第一批成品油实储计划已全部入库，黑龙江省成为全国第一个落实省级成品油实储的省份。

六　保供稳市

及时下发《关于切实做好近期疫情期间粮油应急保供工作的通知》和《关于切实做好 2023 年春

节及"两会"期间粮油市场保供稳价等有关工作的通知》，全面部署，严格落实，确保全省粮油市场平稳运行。将 2400 余个粮食应急保障企业纳入信息系统平台统筹管理；组织全省各地优化调整粮油市场价格监测点 330 个。2022 年各月末地方储备库存量均在国家核定规模的 70% 以上。全面落实保障主城区 15 天市场供应量的成品粮储备。

七　粮食购销领域腐败问题专项整治

全省粮储系统强力推动落实，专项整治自查自纠发现并整改问题 7487 个，涉粮问题专项巡视反馈 26 项整改任务全面完成。坚持以案促改、以改促治，推动集中整治整改向常态化严格监管拓展。优选划转 10 户地方国有粮食企业构建了省级储备粮垂管体系；为全省应办未办产权手续的 5205 个储粮仓房全部办理了证照，解决了 30 余年的历史遗留问题；全省 55 个未取得资质认证的粮食质量检验监测机构获得资质认证，提升了粮食质量安全保障服务能力；推动整改地方国有粮食企业"国皮民骨"问题，加强"实管实控"，完善落实了政策性粮食管理主体责任，规范了企业经营管理；实施粮食仓储智能化升级改造工程，基本完成 636 户国家政策性粮食（含政府储备粮）承储企业、11773 个储粮货位视频监控、粮情监测等系统的安装及利旧工作，数字龙粮监管服务平台联网上线运行，为加快实现信息化穿透式监管，守住管好"龙江粮仓"提供有力保障。

八　行业安全

黑龙江省各地把安全生产与粮食购销、储备、加工等项重点工作同部署、同落实、同检查、同考核，全省粮食安全生产形势持续稳定。全省各级粮储行政管理部门、中省直有关企业共开展安全生产检查 198 次，累计派出检查组 350 个，共检查企业 1279 户次，查出并整改各类隐患 1703 处。持续组织开展了全省粮食企业安全生产标准化达标企业认定工作，全省累计认定标准化企业 508 户。

撰稿单位：黑龙江省粮食和物资储备局；撰稿人：刘思阳；审稿人：张伟志

上海市　基本情况

2022 年，上海市粮食播种面积 12.3 万公顷（含市外，下同），比去年增加 0.6 万公顷，增幅 5.1%；粮食总产量 95.6 万吨，比去年增加 1.6 万吨，增幅 16%；单产为每公顷 7783 公斤，比去年减少 3.1%。2022 年，上海市累计收购小麦 6.2 万吨，同比减少 3.1%；收购粳稻 63.5 万吨，同比减少 3.8%。上海粮食交易中心批发市场网上交易粮食 172.66 万吨，发挥了吸纳粮源、活跃流通、保障供应的重要作用。

2022 年工作

一　深入推进各项改革任务

一是积极推动战略和应急物资储备安全管理体制机制改革。制订实施《关于改革完善体制机制加强战略和应急物资储备安全管理的实施方案》，推动建立分级负责、部门协同的政府储备责任体系，构建企业、社会组织、家庭等多元参与的保障机制。二是全面落实粮食储备安全管理体制机制改革任务。光明食品集团加快落实"五分开"改革任务，制定粮食储备安全管理体制机制改革任务推进方案，组建市级储备粮管理公司，全面实施市级储备粮标准化、规范化、精细化、智能化管理。9 个产粮区推动区级粮食储备安全管理体制机制改革，崇明区组建区级储备粮公司，完成政策性和经营性职能分离。三是平稳推进上海副补政策停止执行。明确自 12 月 1 日起《上海市人民政府关于调整生猪等副食品和农村粮油价格的通知》失效，从 1985 年起在上海执行了 38 年的副补政策完成了历史使命。

二　全力投入"大上海保卫战"

一是全力保障"大上海保卫战"粮油供应总体平稳。畅物流，印发《关于本市粮油和储备物资〈重点物资运输车辆通行证〉申请事项的通知》，制发各类车辆通行证 992 张。稳产能，印发《上海市市级储备粮承储企业复工复产疫情防控工作指引》，协调解决上海重点粮油保供和应急企业困难，助力企业复工复产、投放粮源。抓对接，协调江苏、浙江、安徽三省，形成发布长三角重点粮油企业供应产品信息目录，协调有关区精准对接目录企业。强监测，每日做好重点粮油加工企业产销存信息监测工作，及时掌握粮食供应情况，做好应急投放准备。二是精准调运服务疫情防控物资。高效组织调运帐篷、折叠床、睡袋、网花棉被等物资 38 万余件，支援各区疫情防控、医院实施封闭管理等工作。三是快速组织党员干部下沉一线。共计 64 名党员干部通过"先锋上海"线上注册报到或线下到社区居委报到，42 名同志下沉"一线"顶岗，做好志愿服务。

三　着力夯实粮食"三大主业"

一是扎实抓好粮食收购任务。制订下发关于做好上海市 2022 年夏粮、秋粮收购工作的通知，严格落实"五要五不准"，细化收购指引，加强收购指导，既应收尽收保护种粮积极性，又确保收购粮食质量安全。二是切实筑牢上海粮油储备基础。完善落实地方储备粮轮换管理制度，制定《上海市市级政府储备粮食轮换公开竞价标的起价专家评审管理办法（试行）》，建立评审专家库，年内组织起价评审 9 次。印发《关于调整市级储备粮品种结构的通知》，减少玉米储备，增加小麦储备，地方储备粮中口粮品种比例 88% 以上。提高轮换公开竞价比例，严格落实《上海市地方政府储备粮食轮换管理办法》，地方储备粮轮换通过网上竞价交易比例达到 73%。加强入库粮食质量管理，安排抽检新入库储备粳稻、小麦、粳米、食用油，总体质量良好。三是注重完善粮食应急供应保障体系。优化储备粮区域布局，在确保上海地方储备粮市内储存比例不低于 50% 的情况下，清退不符合要求的储备粮储存库点，异地储备以长三角、主产地为主。修订印发《上海市粮食专项应急预案》，加强与长三角区域粮食加工企业对接协调，提升粮食应急加工能力。推进落实小包装成品粮油储备任务，制定上海市落实小包装成品粮油储备工作方案，小包装成品粮油储备规模库存已基本落实到位。

四　扎实做好应急物资储备和保障

一是切实抓好应急物资各项准备和调运工作。落实市级储备商品通用型抗灾救灾物资和防汛季节性专项物资，对物资承储企业开展专项巡检，做好台风前储备物资清点。做好应对突发状况各项准备，确保物资、车辆、人员、设备到位。二是及时补充物资储备保障后劲。推进市级救灾储备物资紧急采购，根据疫情防控等实际情况，及时补充和调整增加各类物资总计 15 万余件，资金总额近 3000 万元。三是协同配合保障生活物资。建立上海市生活物资保供联系机制，汇总全市商贸、批发市场、价格监测等主要生活物资数据，形成工作日报。精准协调中粮集团进口肉疏港、中盐上海盐业公司小包装铁路运输等问题。四是持续推进棉糖和冻猪肉储备。落实调整后的棉糖储备政策，加强不定期检查和日常沟通，定期跟踪存储库点、储备数量、轮转情况并形成储备情况表。落实市级冻猪肉储备和投放协同机制，运用市场化手段，妥善把握时机、节奏和力度，保供应稳价格。五是稳妥推进地方成品汽柴油储备。根据国家关于建立地方政府成品油储备的工作要求，开展专题研究和调研分析，制订落实实施方案。

五 大力推动粮食安全党政同责走深走细

一是落实落细粮食安全党政同责工作机制。成立由市委书记、市长任组长的粮食安全责任制考核工作领导小组，市委副书记、分管粮食以及农业农村工作的副市长任副组长，领导小组成员单位扩大到 14 个。修订市粮食安全责任制考核工作实施方案、考核领导小组工作规则和成员单位主要职责，将粮食安全责任制考核作为市管党政干部领导班子绩效考核高质量发展和触碰底线安全指标。二是认真组织年度粮食安全责任制考核。调整优化年度考核指标，并邀请市人大、高校等专家进行论证，结合三项主业出好三张考卷。对 6 个区开展实地考核，其他单位采用综合评审，下发考核情况，并针对考核中发现的问题抓好整改。

六 认真抓好专项整治和专项巡视的"后半篇文章"

一是持续深入推进专项整治。对专项检查发现的问题逐一细化整改措施，精准施策，对账销号，及时向纪检监察部门、兄弟单位和省市移交问题线索，并依法采取行政处罚、暂停相关资格、集中约谈等措施。针对问题短板建章立制 10 项，着力完善管理体制和购销运行机制，数字赋能推进粮食信息化监管与纪检部门"智慧监督"对接，不断巩固拓展专项整治成果，促进提升上海粮食治理水平。二是全面落实巡视整改要求。针对巡视发现的问题，制订"问题、任务、责任" 3 张清单，明确整改任务、整改时限、责任部门，切实做到压力层层传导、责任层层压实，不折不扣完成全部专项巡视整改任务，并按照要求公开巡视集中整改进展情况。

七 深化落实依法依规管粮管储

一是积极推进粮食安全保障立法和物资储备立法。完成上海市粮食安全保障相关法规草案起草和论证。配套上海贯彻落实战略和应急物资体制机制改革，同步推进物资储备立法预备项目相关工作。二是大力推动依法治粮管储。全市粮食物资储备系统全面应用上海市统一综合执法系统，推进行政执法数字化转型。编制《上海粮食和物资储备法治宣传教育第八个五年规划（2021—2025 年）》，认真组织开展本年度法治宣传教育和行政执法系统培训。三是认真履行行业监管职能。开展"拉网式"大排查大起底，对全市 21 家统计报账单位、78 家实际储存库点、2552 个货位在沪粮食开展全面普查，同时委托外地清查地方事权、中央事权粮食。四是不断强化制度建设。强化内控制度修订，加强对重点领域和关键环节的监督管理。市、区级储备粮公司加强制度体系建设，有针对性地修订储备粮油轮换、仓储管理、质量检测、安全生产、设备设施管理、财政资金使用等方面制度和业务操作流程，防范和控制企业储备运行风险。

八　着力加强仓储设施和节粮减损建设

一是稳步推进项目建设。深入调研储备粮库现状，制订完善市级储备粮库整体布局和建设方案，做好粮库竣工验收，推进粮食应急保障项目基地等工作，积极推进市级救灾物资储备库建设立项。二是大力推进新一轮优质粮食工程。制订上海优质粮食工程建设实施方案，逐项细化各子项提升行动实施计划，协调政策支持方向和资金来源等。印发上海《深入推进优质粮食工程的指导意见》，指导推进各子项行动方案制订出台。印发《上海市粮食绿色仓储提升三年行动方案（2023—2025 年）》，做好新建高标准粮库项目和低温准低温改造项目立项工作，不断提升上海仓储设施水平。三是深化科技兴粮兴储。印发《上海市加强粮食节约和反食品浪费重点任务安排（2022—2025 年）》。推进救灾物资储备库管理规范、储备大米仓库设计标准等地方标准编制研究。开展粮食和物资储备科技宣传活动，全市受众约 6 万人次。四是大力开展爱粮节粮宣传活动。制作并在各主流媒体发布动画宣传片《米粒小学生的一天》，举办世界粮食日和全国粮食安全宣传周等系列活动，在中小学、高校、热门商圈和街道社区等进行广泛密集宣传，解读粮食安全形势、倡导爱粮节粮。

九　坚持不懈加强自身建设

一是扎实推进思想政治建设。把深入学习贯彻党的二十大、十九大和十九届历次全会精神和习近平总书记关于粮食安全、总体国家安全观等重要论述结合起来，武装头脑，指导实践，推动工作。二是注重加强干部队伍建设。坚持好干部标准，注重在发展前沿、工作一线、急难险重工作中考察识别干部，在攻坚克难、应对复杂局面中磨练意志、增长才干。三是不断强化工作作风建设。结合"防疫情、稳经济、保安全"大走访、大排查，深入基层、企业、学校、田间地头调查了解粮食的"产、购、储、加、运、销"等情况。针对粮食购销领域专项整治发现的问题，提出有针对性的对策建议。

撰稿单位：上海市粮食和物资储备局；撰稿人：王涛；审稿人：殷欧、殷飞

江苏省　基本情况

　　江苏省土地面积 10.72 万平方公里，占全国 1.12%，土地资源以平原为主，是我国南方最大的粳稻生产省份，也是全国优质弱筋小麦生产优势区。2022 年，全年粮食播种面积 544.4 万公顷，比上年增加 1.7 万公顷。全省粮食总产量 3769.1 万吨，比上年增产 0.6%。其中，夏粮产量 1400.3 万吨，增产 1.4%；秋粮产量 2368.8 万吨，增产 0.1%；粮食单产 6922.9 公斤／公顷，总产单产均创历史新高。全省粮油企业实现销售收入突破 3500 亿元，继续稳居全国第二。新建仓容 162 万吨，创历史新高，现代型仓储设施覆盖率达 83% 以上。推进"通道＋枢纽＋节点"物流骨干网络建设，省级粮食物流产业园区增至 19 个。

2022 年工作

一　粮食安全责任落实得到新加强

　　省委、省政府及时制定出台落实粮食安全党政同责实施办法，粮食安全责任制落实情况纳入党政领导班子和领导干部政绩考核体系，粮食收储安全保障率作为重要指标纳入全省高质量发展重点工作考评体系，进一步推动各地、各有关部门扛起保障粮食安全的政治责任。省政府出台增强粮食收储保供能力若干措施，推出十项保障粮食安全创新举措，得到基层普遍欢迎。各地党委政府及有关部门保障粮食安全的政治意识、责任意识空前增强，粮食安全"饭碗"端得更稳更牢。

二　粮食收储调控能力实现新提升

　　扎实抓好夏秋粮收购，坚持市场化收购改革方向，优化完善共同担保基金，引导多元市场主体有序入市收购。全省累计入库夏粮 975 万吨，收购量居全国第三；累计入库秋粮 926 万吨，同比增加 29 万吨。发挥政策性收购托底作用，在全国率先启动中晚稻最低收购价执行预案，牢牢守住"种粮卖得出"的底线。有效发挥储备吞吐调节功能，增储 50 万吨省储粮已全部入库，全省地方储备粮年市场投放 315 万吨，市场调节效应明显。不断增强应急保供能力，新增地方成品粮储备，科学拉网布点，基本建立起覆盖全省的粮食应急保供体系，并明确全省首批省级粮食应急保障示范企业 20 个。

三　物资储备体系建设迈出新步伐

建立健全物资储备机制，省委、省政府出台加强战略和应急物资储备安全管理的实施意见，分类制订省级通用性应急物资管理办法、医疗物资应急储备管理暂行办法等系列规定，对"储什么""谁来储""怎么储""如何用"等进行细化明确，基本构建起物资储备管理政策制度总体框架。建立全省物资储备安全管理联席会议制度，基本建成省级应急物资储备管理云平台，全省物资储备信息共享、设施共用、联动共保的格局加快形成。着力提升各类储备保障能力，聚焦通用救灾物资、重点医疗物资、猪肉等重要民生商品，优化储备品种规模，丰富储备方式，规范储备管理。全省联动先后 3 次向市场投放储备猪肉，稳价保供效果明显。

四　行业"两项改革"取得新突破

一体推进省市县储备体制机制改革，聚焦"政策性职能和经营性职能分开"的改革要求，围绕"专企管理、专库储存、专人保管、专账核算"的改革目标，健全完善储备运营管理方式。江苏省储备粮管理有限公司成功组建运营，13 个设区市、70 个涉粮县（市、区）全部成立储备粮公司或储备粮专库，储备体制机制改革实现了历史性突破。着力深化国有粮食企业改革，针对部分国有粮食企业政企不分、转换经营方式不力、发展能力不强等突出问题，提请省政府出台进一步深化全省国有粮食企业改革指导意见，指导各地分类推进企业改革，调整优化国有资本布局结构，健全市场化经营机制，企业规范化管理水平和内生发展动力进一步增强。

五　仓储基础设施建设取得新进展

强化规划引领，省政府出台仓储物流设施布局和建设实施方案，全力推动现代化粮食仓储设施建设。优化仓储设施规模和布局，围绕"淘汰一批、整合一批、提升一批、新建一批"思路，推动各地淘汰老旧仓储设施 80 万吨，支持开工新建 162 万吨，新建仓容量创历史新高，全省现代型仓储设施覆盖率达 83%以上。创新政策支持方式，首次采取竞争性遴选方式，支持无锡、淮安、盐城等设区市开展整市建设示范，大幅提高省级财政补助基数和补助比例，省财政补助资金达 9.5 亿元。完善仓储管理方式，实施国有粮油仓储设施保护清单管理，规范省级储备粮安全储藏水分指标要求，在确保安全储藏基础上不断提高仓储效能。

六 粮食产业高质量发展再上新台阶

深入推进优质粮食工程，推动粮食产购储加销全产业链融合发展。粮油企业实现销售收入突破3500亿元，稳居全国第二。全省24家粮油加工企业迈入全国同类企业50强，油脂加工、粮油机械制造、粮油交易市场等类别上榜数均居全国第一。省级粮食物流产业园区增至19个，粮食产业集群发展格局基本形成。品牌效益持续彰显，"水韵苏米"省域公用品牌连续四年获"中国十佳粮油影响力公共品牌"，"中国粮油榜"新上榜单位和奖项数均居全国首位。"水韵苏米"首家旗舰店开业运营，苏米核心企业建设生产基地220万亩，有效带动农民提高种粮比较效益。科技创新持续提高，强化企业创新主体地位，突出高校院所支撑作用，入围首批全国绿色储粮标准化试点示范单位3家，位居全国第一。省委、省政府出台推进粮食节约减损意见，全民节约粮食意识不断增强。

七 依法管粮管储取得新成绩

积极推动立法修规，将粮食节约条例列入江苏省人大常委会2023年度立法调研项目，争取在全国率先出台粮食节约减损地方专项法规。优化政务服务，建成并上线运行政务服务旗舰店，服务事项"一店通办"。加强法律法规、政策文件、标准规范、技术能力的培训力度，在全社会营造依法管粮管储的浓厚氛围。加大监管执法力度，认真开展"监督检查质量年"活动，以政策性粮油库存检查、夏秋两季收购检查、质量专项检查为重点，紧盯粮食收购、储存、轮换、销售等关键环节，严肃查处涉粮违法违规案件，切实维护粮食市场秩序。创新监管执法方式，会同省有关部门建立粮食流通协同联动监管执法机制，统筹执法资源，强化联合监管执法。加大信用体系建设力度，实施分类信用差别监管。加快粮食购销领域监管信息化建设步伐，完成省级储备粮动态监管平台升级改造，信息化"穿透式"监管水平持续提升。深入开展安全生产专项整治，切实抓好全省行业安全风险隐患大排查大整治，全年未发生安全生产责任事故，安全生产形势持续保持总体稳定。

八 全面从严治党呈现新气象

认真落实省委关于做好涉粮问题专项巡视"后半篇文章"的部署要求，省市县一体推进、一体落实巡视整改工作，反馈江苏省粮食和物资储备局的13个重点事项已基本完成整改，各地巡视整改工作有力有序同步推进。召开全省粮食和物资储备系统党风廉政建设暨警示教育视频会议，制作"靠粮吃粮"七种典型腐败问题警示教育片，深入排查粮食购销领域廉政风险。支持派驻纪检监察机构开展监督执纪问责工作，及时协调解决相关问题。加强干部队伍建设，强化实践磨炼，建立领导干部挂市联县、机关干部上讲台、年轻干部蹲库锻炼等制度。举办全省粮食行业职业技能竞赛，在全系统深入开展新时代江苏粮储行业精神大讨论大实践活动，强化行业宣传，有力激发了广大干部职工担当实干、争先创优、风清气正的良好氛围。

撰稿单位：江苏省粮食和物资储备局；撰稿人：甘正新；审稿人：韩峰

浙江省　基本情况

　　2022 年，浙江省粮食播种面积 102.04 万公顷，比上年增长 1.36%；粮食总产量 621 万吨，与上年基本持平；各类粮食企业收购粮食 203.1 万吨，比上年增加 11.8%，创近 10 年新高。全年全省入统粮油加工企业完成工业总产值 818 亿元，产品销售收入 918 亿元，利润总额 34 亿元。全年累计收购粮食 203.1 万吨，其中国有粮食收储企业收购粮食 186.55 万吨，比上年增加 13.57%。

2022 年工作

一　粮食安全党政同责进一步压实

　　优化粮食安全责任制考核方法，2022 年首次将省粮食安全和推进农业现代化领导小组成员单位纳入年度考核，对各设区市考核中新增"党政同责落实情况""各有关省级部门对各设区市综合评价"等考核内容，并将考核结果作为对各设区市党委和政府领导班子及其成员综合考核评价、高质量发展政绩考核的重要内容。建立粮食安全党政同责"三张清单"管理，推动实现省、市、县、乡四级党政主要领导层层签订《粮食安全责任书》，进一步压实粮食安全政治责任。将粮食安全责任制考核发现的主要问题列入省级"七张问题清单"并实行闭环销号管理，将粮食安全纳入年度"平安浙江"考核专项及省国安办年度考核。开展三轮市级党委政府落实粮食安全责任制专项抽查并落实通报整改机制，得到省委省政府领导多次批示肯定。新增省委组织部、省委编办、省交通运输厅、省统计局、宁波海关、省农科院等 6 家单位为省粮食安全和推进农业现代化领导小组成员单位，进一步强化粮食安全齐抓共管的合力。

二　粮食物资领域治理进一步深化

　　扎实推动专项巡视、专项整治、专项审计问题整改落实落地、见行见效，实现问题基本销号清零、治理能力有新跃升；省级专项巡视发现的 8 方面 25 个具体问题全部完成整改，专项整治自查自纠发现的 715 个问题全部整改完成，专项审计发现的 6 大类 328 个具体问题完成整改 325 个、完成率 99.1%。加快构建长效机制，完成建章立制 888 项，其中正式文件 406 项、内部规章 482 项。开展"勤廉粮仓"试点建设，完善内部监督管理机制，推行库务监督委员会制度，强化权力运行制约，相关做法获中纪委充分肯定。

三　数字化改革进一步加快

以打造"浙江粮仓"数字化协同应用平台和"浙政粮安""浙里米袋子"重大应用场景为抓手，加快横向协同、纵向贯通，充分运用"一地创新、全省推广""先行先试、集中落地"等工作方法，深入推进全省粮食物资系统数字化改革工作。粮食购销领域监管信息化建设走在全国前列，高质量完成省级储备全覆盖、国家粮食和物资储备局 40 个接口数据实时对接等任务，有关做法在全国粮食和物资储备工作会议上作典型交流。省市县三级物资储备数字化平台全部上线运行，119 个物资储备库点实现数据全贯通，初步实现物资储备"统计一本账、管理一平台、保障一张网"。

四　优质粮食工程建设进一步提质

出台新一轮优质粮食工程方案，制定"六大提升行动"建设标准，全省完成项目投资 13 亿元以上。深入实施"255"工程，组织开展杭州、舟山等 5 家重点粮食批发市场改造提升，积极推动龙头企业培育和省外稳定粮源基地建设，粮食供应主力军、主平台、主渠道进一步稳固。积极推进"未来粮仓"建设，科学谋划仓储设施布局，顺利启动浙江温州省级粮食储备库、省级德清库提升改造，全年全省完成仓储设施建设投资 9.24 亿元、新增仓容 32 万吨。持续擦亮"五优联动"金名片，全省组织实施粮食产业"五优联动"扩展到 79 个县（市、区）和 2 个省级单位，种植面积约 82 万亩，优质晚稻订单 37 多万吨，累计为种粮农民增收约 3.6 亿元，为粮食加工企业节省收购费用、储存费用、收购资金利息约 2.4 亿元。发布《浙江好大米》系列团体标准，累计评选 33 个"浙江好粮油"产品，5 个产品入选"中国好粮油"名录。

五　粮食物资保障基础进一步夯实

全面完成增储任务，粮食储备规模足额落实，品种结构布局持续优化，超额完成国家下达成品粮油储备任务，"压舱石"作用进一步发挥。落实政府实物储备、企业产能储备等，全省物资储备数量明显增加、品种结构逐步优化、储备模式不断创新，省级综合性应急物资储备库建设有序推进，"大物资、大储备、大保障"格局加速形成；全省共储备应急物资 105 个品种。积极推进政府能源储备工作，成品油储备实施方案已经省政府批复，煤炭储备方案已初步形成。积极构建形成供应网点、加工企业、储运企业、配送中心、应急保障中心为网络的粮食应急保障体系，多地多轮疫情期间确保了粮食市场供应充足、价格平稳。累计为疫情防控提供帐篷、口罩等物资 476.8 万件，为防汛防台提供物资 26.97 万件。以行政机关、学校、医院和大中型企业食堂为重点，引导推进社会化储粮，全省共有 4519 家企事业单位纳入社会化储粮名录库。不断深化粮食产销合作，在稳定省内粮源的同时，积极拓展省外优质粮源渠道，在黑龙江、江苏、安徽等粮食主产省建立相对稳定的粮源渠道。

撰稿单位：浙江省粮食和物资储备局；撰稿人：余伟刚、魏骁；审稿人：胡淑平

安徽省　基本情况

安徽地处长江、淮河中下游，长江三角洲腹地，居中靠东、沿江通海，土地面积 14.01 万平方公里，占全国的 1.46%。2022 年末，全省常住人口 6127 万人，比上年增加 14 万人，增长 0.23%。根据地区生产总值统一核算结果，全年全省生产总值 45045 亿元，按不变价格计算，同比增长 3.5%。2022 年全年粮食播种面积 7314.2 千公顷、比上年增加 4.6 千公顷；粮食产量 4100.1 万吨，居全国第 4 位，增加 12.6 万吨，实现"十九连丰"。

2022 年工作

一　聚力扛稳重任，全面贯彻粮食安全党政同责

一是拉紧责任链条。率先出台省级党委、政府落实粮食安全的"两个责任清单"，各市、县相继出台清单，细化责任分工。修订完善省粮安办议事规则，压实党政同责、上下贯通、协同联动的责任链条，推动形成"五级书记抓粮食安全"局面。二是抓紧决策落实。推进粮食工作部署及多种粮种好粮实施方案落地落细。严格按照要求反馈落实省领导指示批示，确保件件有落实、有回应。三是主动接受监督。受省政府委托向省人大常委会报告全省粮食安全工作情况并接受专题问询。及时办结人大代表建议、政协委员提案。先后召开 4 场新闻发布会，上线政风行风热线，各地积极邀请人大代表、政协委员视察调研粮食工作，主动回应社会各界关切。四是严格目标考核。建立重大事项请示报告、重要任务调度通报等制度。将国家部署的粮食安全责任分解到市县，对市开展粮食安全责任制考核并延伸到县一级，考核结果作为对党政领导班子及其成员综合评价的重要依据，全省上下形成"饭碗一起端，责任一起扛"的良好局面。

二　聚力优化政治生态，全力推深做实专项整治

一是齐抓共管格局加快构建。通过专项整治，省市县党委、政府都将粮食安全摆上重要议事日程，各部门各层级既各司其职、各尽其责，又通力协作、协同联动的工作机制进一步建立完善并发挥

作用。二是粮食监管体系日臻完善。通过专项整治，省市县粮食监管队伍得到有力充实，与粮食大省相匹配的粮食监管能力正在加快形成。各地加大监督执法频次和力度，常态化开展日常巡查、交叉互查、联动检查，形成抓常抓长的生动局面。加强"智慧皖粮"信息化培训，在线监管、远程监控和实时监督有效推进。粮食购销领域监管信息化国家规范验证试点任务较好完成。三是纪律规矩意识显著增强。通过专项整治，进一步厘清和规范了粮食政策执行的操作边界，系统内行业内形成了不压政策红线、不越规矩底线的鲜明导向和浓厚氛围。集中 2 个月开展全省系统以案示警、以案为鉴专题警示教育，通过召开全省警示教育会议、邀请省纪委专家作专题讲座、旁听涉粮职务犯罪案庭审、选编涉粮警示教育读本等，累计教育 6 万人次以上，不敢腐的敬畏心和不想腐的自觉性不断增强。

三　聚力深化改革，持续完善粮食收储管理体制机制

一是加力整合机构力量。各市、县认真落实省委编委《完善体制机制统筹加强粮食安全监管机构职能的意见》，充实人员力量，实现上下对应、业务对口。未单独设立粮食管理部门的 13 个市和所有县区，均已归口发改部门统一管理，增加行政编制人员 167 人，增幅 41%，总体做到粮食收储工作与机构人员力量相适应。二是推进国有企业改革。提出组建省级储备粮管理公司建议，通过"小切口"解决政企不分、政策性和经营性不分的大问题。印发指导意见，加强统筹指导推进各地国有粮食企业改革发展，68 个市县（区）政府出台或批准改革方案，214 家企业实现政策性与经营性业务"四个分开"。三是加强涉粮制度建设。开展收储管理改革、国有企业重组等专题调研，提交调研报告 20 篇。梳理评估涉粮政策文件 2450 件，其中修订完善 366 件、重新制定 536 件、废止使用 182 件。全省新制定、修订涉粮管理制度 1619 件，扎紧扎牢制度笼子，不断强化制度执行刚性，用制度管人、用机制管事的工作格局加快构建。

四　聚力守牢底线，保障"种粮卖得出、吃粮买得到"

一是抓收购、促增收。全年收购夏粮 1150 万吨，同比增加 233 万吨；在全国第一批启动中晚稻最低收购价收购，收购秋粮 690 万吨，同比增加 125 万吨。各地积极用好市场化收购基金，协调市场化收购贷款 20 亿元，促进农民增收超 10 亿元。二是增储备、优布局。建立政府储备动态调整机制，确定全省新增地方政府储备规模 100 万吨。调减省级储备库点至 47 个，粮食储备布局进一步优化完善。三是强体系、保供应。全省布设应急供应网点 1719 家、配送中心 102 家，实现城乡全覆盖。认定应急加工企业 361 家，1 天加工量可保障全省居民 3 天消费。加强市场监测和粮源调度，举办各类交易会 526 场次，成交粮油 367.64 万吨。四是广协作、深融合。落实皖浙两省产销合作协议，新增在皖异地储备 1.3 万吨，沪浙在皖储备已达 14.7 万吨。

五　聚力强链延链，做大做强粮食产业

一是项目带动有力。支持企业申报中央预算内投资、政策性开发性金融工具和优质粮食工程等项目95个，获支持资金5.3亿元，新建和改造仓容350万吨以上。二是招引成效明显。各地积极落实行业"双招双引"若干举措、沪苏浙城市结对合作帮扶实施方案，招商引资项目46个，总投资128亿元，实际到位投资额39亿元。三是纾难解困及时。发挥优质粮食工程专项资金引导作用，促进粮食加工转型升级，指导363家企业申请减免税费8000万元，减免房租800万元以上，推动农用电新政策落实，涉粮企业节省电费5539.5万元。四是品牌效应彰显。成功举办"皖美粮油粮机"福建、浙江宣传推介会，组织企业参加全国各类展销，全年净外销粮食1000万吨。现有"中国好粮油"产品40个，居全国第二位；新遴选发布"安徽好粮油"产品43个，总数达到161个。

六　聚力防范风险，加快构建高效物资储备体系

一是厘清储备责任。推动成立省战略和应急物资储备领导小组，提请省委深改委研究出台《改革完善体制机制加强战略和应急物资储备安全管理的实施方案》，制定相关管理办法和工作规则，健全、统一的战略和应急物资储备体系正在构建。淮南市率先出台贯彻意见，安庆市成立事业建制物资和能源储备管理中心，合肥市在发改部门增设物资管理内设机构。二是落实储备任务。完成600万元省级救灾物资紧急采购工作，及时调拨保障本地和支援上海救灾。抓好省级储备糖和疫情防控重点医疗物资收储，有效保障应急之需。三是推进成品油储备。按照国家发展和改革委员会关于建立地方成品油储备要求，主动对接有关单位开展成品油储备情况调研，稳步推进储备任务落实。

七　聚力强化服务，推进依法管粮依法管储

一是强化依法治粮。制定全省粮食行业"八五"普法规划，深入开展法治宣传教育，及时调整更新行政权责、公共服务、中介服务清单，持续深化一流营商环境创建。二是加强市场监管。全面推行"双随机"监管，扎实开展粮食收购检查、库存检查、销售出库监管，顺利完成新入库地方储备小麦跨省交叉检查。加大12325举报线索和涉粮案件查处力度，杜绝以纪律追责代替行政处罚，严肃查处违法违规行为，有效维护市场秩序和政策性粮食数量真实、质量良好、存储安全。三是严格仓储管理。扎实开展"安全生产安全储粮攻坚行动"，建立安全生产约谈机制，加强日常检查和专项排查整治，安全形势持续向好。加强新收获粮食质量风险监测，严格规范处置超标粮食，切实把好粮食质量安全关口。四是促进节粮减损。制定粮食产后减损工作方案，大力开展节粮减损宣传，积极推广绿色储粮、科学保粮设施技术，支持粮食适度加工等工艺装备升级改造，推进粮食储存和加工环节节约减损。五是强化人才支撑。精心组织全省系统干部等系列培训，成功举办第六届行业职业技能大赛，首次开展粮食工程专业技术职称"一网通"申报评审，人才兴粮兴储效能持续增强。

八　聚力锤炼党性，全面落实管党治党政治责任

一是政治建设持续加强。深入学习习近平总书记系列重要讲话指示精神，自觉践行"总书记有号令、党中央有部署，安徽见行动"的政治要求。坚持将学习宣传贯彻党的二十大精神作为首要政治任务，全省粮食和储备部门领导班子带头围绕"全方位夯实粮食安全根基"战略部署，深入基层调研并作宣讲，推动形成"学习、部署、督查、落实"机制。二是责任落实更加有力。全省粮食和储备部门党组织认真落实全面从严治党责任清单，推进全面从严治党主体责任和监督责任向系统延伸拓展。三是组织建设成效显著。各地以专项整治为契机，及时理顺党组织管理关系，规范组织生活，开展"一支部一品牌"创建和"学习型机关"建设，严格民主集中制、重大决策事项前置审议制度，基层党组织战斗堡垒作用有效发挥。四是党风廉政建设纵深推进。认真落实全省"一改两为五做到"要求，制定工作方案，细化改进作风、创建一流营商环境、为基层减负等措施，清理撤销粮食库长制，建立信访件阅批机制。严格执行中央八项规定精神，健全廉政风险防控制度，"不敢腐、不能腐、不想腐"的长效机制进一步构建。

撰稿单位：安徽省粮食和物资储备局；撰稿人：申晨；审稿人：吴龙剑

福建省　　基本情况

2022 年福建省地区生产总值 5.3 万亿元，比上年增长 4.7%。福建是粮食主销区，2022 年粮食种植面积 83.76 万公顷，比上年增加 0.25 万公顷。粮食产量 508.70 万吨，其中，稻谷产量 393.75 万吨，增加 0.57 万吨，增长 0.14%。全省地方储备成品粮、食用油可分别满足省内 10 天、26 天的消费需求。全省建立粮食应急网点 1671 家，粮食应急加工企业 165 家，应急配送中心 123 家，应急储运企业 103 家。省、市、县三级建立了救灾物资储备库 87 个，储备各类救灾物资 116.8 万件。

2022 年工作

一　坚定不移全面从严治党，服务大局凝聚力进一步加强

一是深入学习领会党的二十大精神。制定学习宣传贯彻工作方案，通过主题党课、学习研讨、座谈交流、知识竞赛等多种形式，引导广大党员干部原原本本学习大会精神，掀起学习宣传贯彻热潮。二是机关政治建设不断加强。持续常态化推进党史学习教育和"提高效率、提升效能、提增效益"行动；采取专家授课、实地参观等方式，推动党的创新理论入脑入心；全局"我为群众办实事"25 个项目全部落实到位。三是全面从严治党纵深推进。进一步加强廉政风险防控，修订完善廉政风险防控机制建设工作手册；持续深入开展纪律教育，每月开设"廉政微课堂"。

二　从严从实开展整治，粮食购销领域监管进一步强化

各级粮食和物资储备部门积极配合纪检监察部门，扎实有序推进各项任务落实。省粮食和物资储备局先后召开 15 次局党组（扩大）会议、20 余次专题会议研究部署相关工作，成立专项整治领导小组和工作专班，有序抓好各项任务。专项整治方面：2021 年 8 月开始整治后，全省粮储系统自查自纠共发现问题 1992 个（其中移送问题线索 72 个）。按照"边查边改边治"的原则，对检查发现的问题，及时建立问题清单，逐级压实责任，明确部门和责任人，实施限期销号管理，全面彻底抓好问题整

改。截至 2022 年底，已完成整改 1982 个问题，整改完成率 99.4%。专项巡视方面：2021 年 10 月 16 日至 11 月 6 日省委涉粮问题第一专项巡视组进驻，巡视省粮食和物资储备局和省储备粮管理有限公司。12 月 6 日，专项巡视组反馈了涉粮问题专项巡视的意见。省粮食和物资储备局党组立即召开党组巡视整改工作专题会，成立专项巡视整改工作领导小组，按照巡视反馈的三个方面 12 个大问题细化分解为 31 个具体问题，并逐条对照分解任务，制定了 99 条具体整改措施。截至 2022 年底已完成 25 个问题、基本完成 4 个问题，尚未完成的 2 个问题已明确整改措施和时限。

三　加快推动增容扩储，粮食安全根基进一步筑牢

一是省级粮库建设实现提速。总投资 14.65 亿元，全力推进新改扩建 7 个项目 65 万吨仓容建设。在全局组织开展"大干一百天，加快粮库建设"劳动竞赛，采取超常规、不违规、压茬推进粮库建设，7 个省级粮食储备库全部实现当年规划、当年立项、当年开工。二是粮食增储任务加快落实。提前完成 50 万吨增储任务。坚持制度管粮和技术管粮相结合，推广绿色储粮和信息化管粮技术。三是粮库智能化升级改造加快推进。成立信息化建设专班协调推进全省粮食购销领域信息化监管项目建设，截至 2022 年底，已由省大数据公司作为业主单位，组织完成可研、初设、立项和招投标工作。

四　全力以赴保供稳价，粮食应急保障能力进一步提升

一是应急保障机制进一步完善。制定全省粮食供应保障实施方案、全省粮油保供稳价应急工作手册，修订《福建省粮食应急预案》，已经省政府常务会议研究。二是应急保障体系进一步健全。制定省级大米应急加工重点企业管理办法，评定 30 家省级大米应急加工重点企业；安排粮食应急专项资金 1000 万元，支持企业提升应急保障能力。三是重点时期保供能力进一步增强。在春节、国庆、党的二十大召开期间和聚集性疫情发生等重点时期，对粮油市场供应和价格情况实行一日一报制度，及时掌握应急加工企业、供应网点粮食加工、供应、库存等情况，组织对粮食批发市场、重点商超、重点粮油加工企业督促检查，有效确保粮油市场不脱销断档。

五　扛稳粮安责任，粮食储备监管进一步加强

一是粮油储备监管不断强化。扎实开展全省政策性粮油库存检查，检查 918 个仓廒、115 个油罐。经查，全省地方储备粮库存数量真实、质量良好、储存安全、管理比较规范。二是粮食收购市场监督不断强化。进一步加大对收购市场的监管，先后派出 4 个检查组，抽查 24 个收购点，有效防止了压级压价、"打白条"等损害群众利益行为。三是粮食质量监管不断强化。开展治理"餐桌污染"专项检查，组织开展粮食风险监测；全年抽检粮油样品 16260 份，有效杜绝了不符合食品安全标准粮食进入口粮市场。四是粮食安全宣传不断强化。组织开展 2022 年全国粮食安全宣传周活动，以及涉粮法律法规规章宣传活动，全省各地开展宣传活动 93 场，5000 多人参加线上线下宣传活动。五是立法

修规加快推进。推动出台《福建省地方政府储备粮安全管理办法》，加快推进《福建省粮食安全保障条例》立法进程，新制定及修订完善配套制度文件14项。

六 深入完善协同机制，粮食产购储运加销进一步畅通

一是粮食安全党政同责稳步推进。成立福建省贯彻落实粮食安全责任制领导小组，省委书记任组长，下设办公室在省委农办、省发改委（粮储局），推动落实省委和省政府关于粮食安全各项决策部署。二是收购政策有效落实。实施储备订单粮食收购直补政策，省市县三级每年安排7200多万元；实施省级产粮大县粮食风险基金奖励政策，省级财政每年下拨5000万元，有效保护本地粮源。三是产销协作持续深化。成功举办第十八届福建粮洽会，签订各类粮食购销意向合同286项，数量498万吨，征集到61项粮食行业科技成果、25项粮食企业科技需求，参展参会企业超过1500家，参会代表近4000人。期间与兴业银行签订战略合作协议。四是外部粮源不断充实。粮食实施引粮入闽奖励政策，先后从协作省份调入粮食超亿吨。五是物资调运效能不断增强。先后顺利调运应急救灾物资10批次7.2万件，总价值1000多万元。

撰稿单位：福建省粮食和物资储备局；撰稿人：陈舒婷；审稿人：钟昌华

江西省　基本情况

江西省地处中国东南偏中部、长江中下游南岸，东邻浙江、福建，南连广东，西靠湖南，北毗湖北、安徽而共接长江，为长江三角洲、珠江三角洲和闽南三角地区的腹地。土地面积 16.69 万平方公里。2022 年，江西省地区生产总值 32074.7 亿元，同比增长 4.7%，高出全国平均水平 1.7 个百分点，继续保持在全国前列。粮食播种面积 3776.4 千公顷，粮食总产量 2151.9 万吨，连续 10 年稳定在 2150 万吨以上。年粮食收购总量 965 万吨，年外销稻谷超 650 万吨。

2022 年工作

一　粮食安全党政同责全面落实

一是建立一贯到底的责任体系。推动省、市、县三级都成立了由党委和政府主要负责同志任双组长的粮食安全工作领导小组，制定出台贯彻执行粮食安全责任制的若干措施，推动出台《市县粮食行政管理体制机制相关问题整改方案》，各地都按要求加挂粮食局牌子，按程序任命粮食局长，形成全省上下齐心协力推动全面落实粮食安全党政同责的良好局面。二是实行一贯到底的市县同考。在全国率先实行设区市、县（区）粮食安全责任制考核全覆盖，由省直接对各市县同步开展考核并打分排名，增加重点推进工作考核分值，考核结果纳入市县综合考核评价体系，对考核成绩靠后的县（市、区）进行约谈，切实强化考核"指挥棒"作用。组成 10 个实地核查组，顺利完成对全省 11 个设区市和 100 个市县全覆盖实地核查。

二　粮食保供稳价能力有效提升

一是粮食购销平稳有序。在全省建立规模 3.54 亿元粮食收购贷款信用保证基金，支持企业"收粮有钱"。深化产销协作，举办"中国粮食交易大会第二届十省籼稻专场交易会"，帮助农民"售粮无忧"。2022 年，全省累计收购粮食 965 万吨，全部为市场化收购，未出现农民卖粮难问题。二是储备体系更加健全。全面落实地方原粮储备、成品粮油储备和企业社会责任储备，积极构建完善以原粮为基础、成品粮为重要支撑、社会责任储备为必要补充的地方储备体系。三是粮食质量有效把控。针对去年特大旱情造成粮食质量波动的情况，压实地方政府收购责任，把粮食质量安全监测关口前移到收购一线，配齐快检设备，深入田间地头开展预约检验和上门检验，积极挽回种粮农民损失，确保粮食质量安全。四是保供网络提质拓面。印发《江西省粮食应急保障企业管理细则》，进一步规范粮食应急保障企业管理。全省各级粮食应急保障企业（网点）实现城乡社区全覆盖。与中国邮政集团江西分公司签署战略合作框架协议，为贯通应急供应"最后一公里"再添新军。

三　粮食储备管理基础不断夯实

一是储备粮管理更加严格。省级储备粮相对集中管理稳步推进，布局调整方案已报省政府批准同意，正有序实施，省级储备粮将从现有 80 个库点集并到择优选定的 28 个左右库点。二是承储企业更加规范。着手研究制定承储企业软硬件标准，逐步推进储备粮承储企业规范化管理，确保地方储备粮存储在最优的仓库、进行最优的管理。三是仓储设施更加优化。制定印发《江西省粮食和物资储备"十四五"发展规划》及相关子规划，统筹规划全省仓储设施建设。将仓容规模精确布局到县，多渠道筹措建设资金，大力推动仓储设施上等升级，不断优化仓储设施布局。四是救灾物资管理更加高效。全年采购落实省级生活类救灾物资 28 万余件，向 28 个受灾市县调拨救灾物资 2.6 万余件，调出两批次援疆物资 1.2 万件。印发《江西省省级应急救灾物资专项资金管理实施细则》、《省救灾物资储备库管理制度》，不断健全救灾物资储备管理运行机制。五是安全生产毫不放松。严格压实安全生产责任，认真开展安全生产专项整治三年行动、安全生产大检查、安全生产大检查"回头看"等工作，对重点场所、关键环节安全风险隐患进行全覆盖排查治理，建立问题隐患和制度措施"两个清单"，坚持边查边改、立查立改，实施闭环管理、对账销号，有效确保全省粮食系统安全生产形势稳定。

四　粮食流通监管更加有力

一是法制建设更为完备。《江西省粮食流通条例》已列入省人大 2023 年立法计划，制定完善《江西省政策性粮油库存检查约谈通报制度（暂行）》、《江西省粮食行政管理部门行政处罚自由裁量权参照执行标准（暂行）》等制度。建立央地、省直跨部门联合执法监管工作机制，为全国粮食流通联合执法提供典型经验。二是监管触角穿透延伸。全面完成"智慧粮库"平台与国家平台全部数据接口实时对接，省级储备粮承储库点摄像头覆盖率达 100%。在秋粮收购中，省级储备粮承储库点全面应用信息化系统开展收购。在全国率先开展直达基层库点的地方储备粮视频随机抽查。三是执法监管力度不断加大。扎实开展定期巡查、收购检查、新粮入库检查、政策性粮食出库监管等各项监督检查工作，持续保持严监管态势。库存检查整改完成率 100%。2022 年受理"12325"热线举报 45 件，按期办结率达 100%，帮助农民兑现拖欠售粮款 254 万余元。

五　全面从严治党持续深化

一是强化政治建设。把学习宣传贯彻党的二十大精神作为首要政治任务，举办专题读书班，在全系统宣讲党的二十大精神，切实在全面学习、全面把握、全面落实上下功夫，深刻领悟"两个确立"的决定性意义，不断增强"四个意识"，坚定"四个自信"，坚决做到"两个维护"。二是夯实基层党组织基础。深化基层党支部"三化"建设。扎实开展"让党放心、人民满意"模范机关创建活动。召开党员代表大会，严格按程序完成局直属机关党委换届选举。组织开展党建和党风廉政建设工作责任制考核和基层党组织书记述职评议考核工作，树立大抓基层鲜明导向。三是从严正风肃纪。发挥巡察利剑作用，建立巡察工作制度，制定巡察工作方案，启动对局属单位的第一轮巡察。全覆盖开展政治谈话，加强对"一把手"和领导班子监督。常态化开展廉政教育，建立廉政档案，组织明察暗访，充分运用监督执纪的"四种形态"，严查各类违规违纪问题，使纪律成为带电的高压线。

撰稿单位：江西省粮食和物资储备局；审稿人：成钦虎；撰稿人：钟华友

山东省　基本情况

2022 年，山东省地区生产总值 87435.1 亿元，按不变价格计算，比上年增长 3.9%。农林牧渔业产值 12130.7 亿元，按可比价格计算，比上年增长 4.8%。粮食再获丰收，粮食总产量 5543.8 万吨，比上年增长 0.8%。2022 年，全省各类粮食企业收购粮食 9909 万吨，同比增加 170 万吨，增幅 1.7%。其中，国有粮食企业收购 1405 万吨，占 14.2%，同比增加 19 万吨。全省各类粮食企业销售粮食 6362 万吨，同比增加 183 万吨，增幅 3%。截至 2022 年末，全省社会商品粮食库存 732 万吨，同比增加 28 万吨。

2022 年工作

一　扛稳责任，党政同责有效落实

牵头起草《省委常委会及其成员粮食安全工作职责清单》、《省政府领导班子及其成员粮食安全工作职责清单》，分别经省委常委会会议、省政府常务会议审议通过后印发，国家粮食和物资储备局以专刊推广相关做法。会同粮食安全责任考核工作组成员单位制发《2022 年度粮食安全重点工作职责清单》。出台《"十四五"时期保障粮食安全行动方案》，强化收购、储备、销售等各环节保障能力建设。进一步调整优化对各市高质量发展综合绩效考核指标，将地方储备粮和粮食流通监管风险防控、地方储备粮油管理和储存安全情况纳入考核。参与制定《山东省反食品浪费规定》。完成《山东省粮食收购管理办法》、《山东省地方储备粮管理办法》两部政府规章修正工作，省政府第 349 号令公布施行。

二　夯实基础，储备安全保障有力

深化粮食储备体制机制改革，调优地方储备规模结构布局，新增 3 万吨省级玉米储备完成入库验收。16 市成品粮油储备均达到市场供应量 15 天以上要求，全省地方储备粮超额完成国家计划和规定比例。实施绿色仓储提升行动，支持开展升级改造、新建扩建仓容 236 万吨。省级应急物资储备保障基地项目纳入省政府工作报告并按期建成，向青海、新疆等地调拨应急物资 5.7 万余件。牵头起草加强战略和应急物资储备安全管理的实施方案，推动按程序印发。研究制定省级成品（汽柴）油储备工作方案和地方政府成品（汽柴）油储备任务分配方案。

三   保供稳价，粮油市场持续稳定

创新设立省市县三级粮食收购贷款信用保证基金，规模近 6 亿元，收购期间放贷 36 亿元，助力企业增效、农民增收。全省收购新小麦 990 万吨，是近三年最多的一年。全省粮食产后服务中心清理烘干粮食近 520 万吨、减损 20 余万吨。创新完善应急供应体系，安排 2.8 亿元支持济南、青岛、临沂、滨州建设四大省级区域性粮食安全应急保障基地，安排 1 亿元支持改造升级粮食应急供应网点 2090 个。129 个县 1886 个应急网点完成项目建设或招投标任务。全省设立应急加工企业 307 家、应急配送中心 190 家、应急储运企业 210 家。加强舆论宣传引导，召开 8 场新闻发布会，在权威媒体及时发布信息回应社会关切，稳定市场预期。

四   做优产业，发展质量显著提升

初步统计，2022 年，全省粮食产业经济工业总产值突破 5000 亿元，占全国总产值的 1/8 以上。深入实施优质粮食工程，安排 1.07 亿元财政资金建设 7 个省级示范项目，带动社会投资近 3 亿元。增创"齐鲁粮油"品牌优势，连续四年入选中国粮油影响力公共品牌，"中国行""六进"活动有声有色，举办广州、福州、太原、呼和浩特推介会及上海产销云上行活动，累计带动联盟企业增收 400 多亿元，"中国好粮油"年度评选连续两年全国第一，品牌影响力和美誉度持续提升。"好粮有网"平台入驻企业 400 余户，累计交易额超 100 亿元。成功举办中国—东盟教育交流周"粮食安全与职业技能人才培养国际研讨会"和第六届全省粮食行业职业技能竞赛。

五   加强监管，执法效能成效明显

推进专项整治问题整改，会司省发展和改革委员会会组建工作组，赴 8 市开展专项督查。圆满完成粮食购销监管信息化建设示范验证任务，率先实现省级储备粮监管信息化全覆盖。完成全省及河北省政策性小麦跨省交叉检查任务和国家粮食和物资储备局对新入库粮食的视频抽查工作。扎实开展政策性粮油库存检查，建立协调机制，制定约谈通报制度，抽调 189 名专业人员组成 16 个工作组开展检查。开展省级储备粮管理绩效评估"首考"，压紧压实省级储备粮管理责任。认真做好协同监管、夏秋粮收购、粮食流通统计制度执行、"双随机、一公开"等督查检查工作，12325 监管热线查办案件 43 起，做到零失误、零整改。强化粮食质量安全管理，认真开展新收获粮食、库存粮油质量安全检测，检测样品 1000 余份，高质量完成跨省粮食扦样检测任务，在省食药安委食品安全评议考核中获得"A"级。推进实施安全生产专项整治三年行动，全行业安全生产形势稳定。

撰稿单位：山东省粮食和物资储备局；撰稿人：张伟；审稿人：刘绪斌

河南省　基本情况

　　河南省位于我国中东部、黄河中下游。周边与山东、安徽、湖北、陕西、山西和河北6省毗邻。2022年全省地区生产总值61345.05亿元，比上年增长3.1%，连续多年保持全国第5位、中西部省份首位。2022年全省粮食种植面积10778.35千公顷，比上年增加6.04千公顷；油料种植面积1592.45千公顷，减少11.92千公顷。全省粮食产量6789.37万吨，比上年增加245.17万吨，增产3.7%。其中，夏粮产量3813.05万吨，增产0.3%；秋粮产量2976.32万吨，增产8.6%。小麦产量3812.71万吨，增产0.3%；玉米产量2275.05万吨，增产10.9%。2022年全省油料产量684.03万吨，比上年增产4.1%，其中花生产量615.41万吨，增产4.6%。

2022年工作

一　聚焦主业履责，牢牢守住粮食安全底线

　　一是粮食安全党政同责深入落实。《地方党委和政府领导班子及其成员粮食安全责任制规定》出台后，制定贯彻落实工作方案，压实相关部门责任。牵头完成了2021年度粮食安全市长责任制考核，督促各地市对照考核发现问题清单，扎实推进问题整改。二是粮食收购平稳有序。加强粮食市场监测，积极引导各类市场主体入市收购。全省夏粮购销两旺，集中收购期间市场化收购小麦1391.3万吨，收购价格1.46—1.56元/斤，同比涨幅20%左右。秋粮收购市场平稳，共收购秋粮480.1万吨，其中最低收购价稻谷100.4万吨，保障了农民种粮基本收益。三是粮食储备管理扎实有力。出台《河南省地方储备粮管理办法》，修订完善仓储规范化制度。顺利完成省级储备粮轮换计划19.16万吨、省级储备油轮换计划0.7万吨。加强粮油仓储单位备案管理工作，推进粮油存储库点仓储规范化建设和管理，持续做好粮仓"一符四无"考核，全省库存粮油"一符四无"粮油率保持98%以上。四是粮食应急保障能力持续提升。全省粮食应急保障企业达到4335家，实现网络覆盖全省。6家企业被定为国家级粮食应急保障企业，21家企业被定为省级应急保障企业。强化市场监测数据运用与反馈，积极发布粮食收购和市场价格等信息，助农增收、助企增效。

二　主动深化改革，不断挖掘发展潜力

一是粮食储备机制改革持续深化。在完成政府储备和成品粮储备任务的基础上，建立社会责任储备企业 138 家。加速推进省级国有粮食企业改革，依托中原粮食集团、河南省粮食交易物流市场公司，组建河南省储备粮管理集团。郑州、洛阳、漯河、平顶山、三门峡等市组建政策性粮食实体企业，作为政策性粮食业务执行主体。二是地方国有粮食企业改革深入推进。开封、漯河 2 市和辉县、舞钢等 7 县积极推进国有地方粮食企业改革试点工作，成立了 12 家政策性粮食收储公司。大力推进重组整合，企业数量从 2020 年底的 226 家减少到 119 家。改革后经济效益初显，企业资产负债率由 80% 下降至 65.6%。三是战略和应急物资储备改革稳步推进。制订《关于改革完善体制机制加强战略和应急物资储备安全管理的实施方案》，已提交省委省政府审议。草拟上报《关于落实地方政府成品油储备工作的建议》，已经省政府同意。

三　促进升级转型，加快推进高质量发展

一是粮食产业保持快速发展态势。支出粮油深加工扶持基金 4.85 亿元，争取中央财政稻谷补贴资金 4650 万元，支持全省粮油加工企业做大做强，为地方政府争取产业发展资金 3 亿多元。印发《河南粮油品牌建设实施方案》，集中宣传公共粮油品牌。全省粮食产业保持快速增长，2022 年总产值预计突破 3000 亿元。二是优质粮食工程成效显著。印发 2022 年度优质粮食工程申报指南，组织开展优质粮食工程申报，落实全省优质粮食工程财政补助资金 3 亿元。指导各地做好 2021 年度优质粮食工程项目实施工作。三是粮食安全质量监管全面加强。认真组织开展 2022 年新收购粮食质量安全监测工作，重点对当年收购的小麦、稻谷、玉米和油料进行监测，检验样品 9625 份，所有品种的质量调查、安全监测和品质测报均已完成，质量安全情况总体较好。小麦质量是近十年来最好的一年。四是节粮减损行动大力实施。贯彻落实《河南省粮食节约行动实施方案》，制定了行业工作方案，推动粮食收购、储藏、物流、加工等环节的减损降耗。开展绿色储粮标准化试点工作，3 家单位被国家粮食和物资储备局评为绿色储粮标准化试点单位。充分发挥各地粮食产后服务中心作用，帮助农民减损增收。多角度开展"世界粮食日"、"全国粮食安全宣传周"等宣传活动，增强全社会粮食安全意识、节粮减损意识。

四　强化监督检查，持续提升储备监管效能

一是专项整治成效明显。扎实开展自查自纠和问题整改，全省粮食系统共发现问题 2756 个，已整改到位 2553 个。组织开展"国皮民骨、高息集资、财务管理、防范'假合资''转圈粮''虚库存'、执法能力专项提升"5 个专项治理活动。大力开展违纪违法案件以案促改，下发案件通报 21 起，开展警示教育 3500 余次。扎实推动自查自纠"回头看"，全省共成立整改审核验收组 198 个，核对印证资料 8675 份，确保精准高效整改。二是粮食流通监管扎实有力。认真组织粮油库存检查，对 267 个

存粮库点开展全面检查，问题清单和问题线索及时移送纪检监察机关，实现库存检查与专项整治自查自纠深度融合。全省粮油库存检查发现的问题已全部整改到位。完成 2022 年新入库地方储备小麦自查和交叉检查工作任务。扎实开展夏秋粮收购专项检查，抽查收购主体 2103 个，查处纠正违法违规案件 14 例，全年共受理各类涉粮举报案件 83 件。三是安全生产防线不断夯实。统筹推进安全生产三年行动专项整治、双重预防体系建设、安全生产和消防标准化建设、安全生产大检查等活动。聚焦夏秋粮收购高峰期等重点时段，围绕行业易发事故，开展风险隐患排查，强化各方责任的落实，全系统安全生产形势持续稳定向好。四是依法管粮管储能力不断增强。全面做好法治政府建设工作，组织基层行政执法人员能力提升专项活动，开展行政执法案卷评查活动，积极开展学法普法宣传教育。2020、2021 两个年度的法治政府建设考核均获得"优秀"等次。《河南省粮食安全保障条例》被列入2023 年立法调研项目，配合相关部门扎实做好立法调研工作。五是物资储备和调运畅通有力。加强对中央救灾物资的储备管理，对全省存储的中央救灾物资开展了全面排查，保障在库物资储存安全。全年补充省级应急救灾物资 153.22 万件，价值 2.08 亿元。全年向新疆及省内调运抗疫物资 78163 件（套），调运"冬春救助"物资 75300 件（套），有效保障了紧急状态下的救灾物资需求。

五　人才科技支撑，创新驱动行业提质增效

一是人才兴粮兴储扎实推动。扎实开展能力作风建设年活动，举办十九届六中全会精神等专题培训和先进事迹报告会，切实提高党员干部履职能力。大力实施"双才计划"行动，建立健全人才引进和技能人才培养体系。推进"人人持证、技能河南"建设，开展局属院校职业技能等级认定机构建设。全年全系统共培训 16536 人，新增技能人才 4378 人，新增高技能人才 2379 人。成功举办全省第八届仓储管理农产品食品检验业务技能竞赛暨全国粮食行业职业技能大赛河南省初赛。在全省第一届职业技能大赛上，河南经济贸易技师学院获 2 金 2 银 4 铜，位居全省同类院校前列。二是行业标准化建设积极推进。组织开展粮油产品企业标准"领跑者"活动。中粮（郑州）粮油工业有限公司、益海嘉里（安阳）食品工业有限公司、中粮面业（濮阳）有限公司等 3 家企业 4 项企业标准被国家粮食和物资储备局评为 2022 年粮油产品企业标准"领跑者"。组织开展农业农村领域标准化试点示范项目申报，想念食品股份有限公司国家现代农业一二三产融合发展标准化示范区项目获批第十一批国家农业标准化示范区项目。

六　坚持党建引领，凝聚干事创业强大合力

一是机关党建工作全面加强。扎实做好涉粮问题专项巡视整改和专项巡察，省委巡视反馈问题整改完成率 96%，巡察局直属企业党组织 2 个。大力推进党支部标准化规范化建设，认真落实巡听旁听制度，巡听旁听 2 次。全年共开展中心组理论学习 6 次。完成基层党组织换届 10 个。二是党风廉政建设持续深入。认真落实党风廉政建设责任制，层层压实责任。加强教育监督和执纪问责，组织实施"清廉机关""清廉企业""清廉校园"创建行动，引导党员干部增强廉洁从政、廉洁用权、廉洁修身、廉洁齐家的思想自觉。扎实开展郑州"7·20"追责问责案件和粮食购销领域违纪违法案件以案促改，

持续深化标本兼治。组织开展"双违规"专项整治、落实中央八项规定精神"回头看"等专项活动。三是干部队伍建设持续加强。严格干部选拔任用，坚持正确选人用人导向，加强"墩苗育苗"干部的跟踪培养。认真组织公务员遴选、省直选调生招录等工作，选录 4 名专业人才。按照省委省政府省直事业单位重塑性改革工作部署，顺利完成改革任务，精简事业单位 7 个，保留事业单位 4 个（处级），精简比例 64%。

撰稿单位：河南省粮食和物资储备局；撰稿人：滕庆磊；审稿人：李刚

湖北省　基本情况

　　2022年，湖北省粮食总产量2741.15万吨，减少0.8%，连续10年稳定在2500万吨以上；播种面积4688.9千公顷，增长0.06%。油菜籽产量274.19万吨，增长8.9%。全省纳入统计的各类粮食经营主体收购粮食1339.9万吨，同比增加83.7万吨。销售粮食2472万吨，同比减少491.8万吨。全省各类粮油经营企业收购食用油及料折油18.3万吨，同比增加3.07万吨；收购油菜籽40.4万吨，同比增加8.9万吨。

2022 年工作

一　改革创新，粮食流通管理机制更加完善

　　一是粮安考核"指挥棒"作用更加凸显。省"两办"印发贯彻落实地方党委政府领导班子及其成员粮食安全责任制工作清单，省政府专题研究耕地保护和粮食安全考核相关工作，市、县参照落实了责任清单和工作机制。省粮食局完善粮食安全责任制考核办法，优化指标，注重平常，严格程序，点对点反馈考核发现问题并督促整改。各市州发改（粮食）部门认真履行粮安办职责，精心组织对县市考核，逐级压实责任。二是地方储备管理更加规范。将省级储备粮油全部划转至省属储备企业统一管理。提高省级储备粮费用补贴标准，市、县积极争取并参照落实。制修订财务管理、轮换风险金管理、溢余粮处置、年度考核等储备粮管理制度，储备运营管理的规范性进一步增强。推进市县级储备粮向中心粮库集中，武汉、黄石、十堰等地本级，武汉、十堰、宜昌等地部分县市已建立成品粮储备，襄阳等地在全省率先探索企业社会责任储备。三是粮食行业治理初见成效。持续推进涉粮专项整治，1026个自查自纠问题全部整改到位，涉粮专项巡视巡察反馈问题整改率99.8%。采取"统一分组、交叉检查"方式，对10个市州的政策性粮油库存进行实地检查。坚持边查边改边治，建立长效机制，全省共制修订制度1301件。提请省政府出台《加强粮食购销领域监管能力建设的实施意见》，构建了"9+3"制度框架，成为全国第一个省级政府层面出台的制度成果。

二　强基固本，粮食安全保障能力有效提升

一是抓收购，保供应。46 个县市建立收购贷款信用保证基金，发放信用贷款 5.2 亿元，缓解粮食市场化收购资金难题。以市场化收购为主，适时启动中晚稻最低收购价执行预案进行托底，稻谷收购实现优质优价并保持价格稳定，小麦、油菜籽收购价格较上年分别增长 25%、17%，守住了"种粮卖得出"底线，实现了"好粮卖好价"。统筹做好疫情防控新形势下的粮油保供稳价工作，完善粮食应急保障体系。二是抓安全，促提升。落实"两个安全"监管责任，常态化开展"两个安全"隐患排查、粮食行业安全生产专项整治行动，提升粮食仓储管理水平，有效遏制各类事故发生。开展国有粮库能力提升三年行动，提升国有粮库规范化管理水平。加快粮食购销监管信息化建设，省级储备粮实现监管信息化全覆盖，市县储备粮向具备信息化条件的粮库集中。三是抓项目，夯基础。争取和统筹资金 5.4 亿元，加强粮食流通项目建设，项目和资金安排进度总体快于往年。完成准低温仓改造、粮食应急补短板及物流项目 206 个。开展优质粮食工程项目绩效评价，推进实施 5 大类 105 个粮油产业重点项目。四是抓产业，强品牌。聚焦优质稻米、菜籽油产业链建设，通过龙头培育和精准加工补贴，促进油菜籽加工恢复性增长。新增省级粮食产业化龙头企业 40 家，省内重点企业油菜籽收购量、加工量分别同比增长 68%、122%。"荆楚粮油"品牌建设写入省第十二次党代会报告和省政府工作报告，"荆楚好粮油·中国好味道"的影响力不断提升。

三　凝心铸魂，政治机关建设不断加强

一是突出思想政治引领。深入学习宣传贯彻党的二十大精神，把学习领会习近平总书记关于粮食安全的重要论述和指示批示精神作为"第一议题"，自觉用党的创新理论武装头脑、指导实践、推动工作。在省委党校和市、县党委理论学习中心组专题宣讲粮食安全，以实际行动拥护"两个确立"、做到"两个维护"。二是全力服务市场主体。持续优化营商环境，扎实开展"下基层察民情解民忧暖民心"实践活动和"解难题、稳增长、促发展"企业帮扶活动，积极为粮食企业纾困解难。出台粮油加工业执行农业生产用电优惠政策并推动落地，每年为全省粮油加工企业降低成本 2.4 亿元。三是加强专业人才队伍建设。深入实施干部能力素质提升工程，建立粮食行业四类专家人才库，举办第四届粮食行业职业技能竞赛。全省市、县两级新增粮食行政管理内设机构 50 个、人员 66 名，新设粮食安全保障中心 28 个、人员 126 名，科室及相关人员增幅分别达 31.1%、37.6%。四是坚持从严管党治党。扛起管党治党政治责任，全面推进清廉机关建设，召开警示教育大会，在全系统通报和编印粮食购销领域腐败典型案例，开展"以案五说"教育，用身边事教育身边人，一体推进"三不腐"在粮食部门落实落地。大力整治形式主义官僚主义，改进文风会风，统筹调研、会议、培训和督检考活动，切实减轻基层负担，粮食系统党风、政风、行风更加清朗。

撰稿单位：湖北省粮食局；撰稿人：王玉玲；审稿人：胡新明

湖南省　基本情况

2022 年，湖南省粮食播种面积 4765.5 千公顷，同比增长 0.2%；总产量 3018 万吨，连续三年保持在 3000 万吨以上；单位面积产量达 6333 公斤 / 公顷；全省新增优质粮油种植面积 38.1 万公顷，优质粮油产量新增 286 万吨；全年收购粮食 547 万吨。

2022 年工作

一　党政同责落实有力

2020 年起，对市州的粮食安全责任制考核创新采取了"当年工作当年进行考核、当年出结果、当年给予激励"的新模式。2022 年，湖南在全国率先以省委、省政府名义出台"中办 9 号文件"贯彻落实方案，将省对市州的粮食安全责任制考核纳入年度乡村振兴战略实绩考核的重要内容，权重占比 20%，连续第 5 年将粮食安全责任制考核列入省政府真抓实干督查激励内容。认真抓好对地方党委政府的粮食安全责任制考核，真考严考，充分发挥考核指挥棒作用，市、县两级党委政府抓粮食安全的积极性进一步提升。

二　粮食收购平稳有序

全省各级粮食和储备部门认真落实"先检后收、优粮优价、应收尽收"总原则，全年收购粮食 547 万吨，没有出现"卖粮难"。全年粮食收购价格基本稳定且维持在较高水平（早稻 135—140 元 / 百斤，中晚稻 136 元 / 百斤左右），对于惠农增收起到了较好作用。对重金属镉含量超标的稻谷采取临储收购等方式妥善处置，收购价格参照最低收购价执行，有力保护了农民种粮积极性，防止不合格粮食流入口粮市场。全年省市县三级储备粮轮换任务已全部完成。

三　粮油保供有力有序

全省新建 470 多个稻谷收购价格监测点，精准掌握实时市场粮价和农民售粮情况。长沙市按 15 天、其他市州按 5—7 天保供量建立成品粮储备。打通应急保供"最后一公里"，全省现有应急加工企业 504 家，应急供应网点 1381 家。2022 年全年，尽管全省疫情多发散发，但全省粮油库存充足，粮食市场总体稳定，价平量足，没有出现脱销断档涨价现象。

四　"两项改革"稳步推进

全力推进省级储备粮管理体制机制改革。印发《关于建立省级储备粮统一承储机制的改革方案》，提出了"统一主体、自有库存、合理布局、分步完善"的改革思路，指导重组省储备粮管理公司，开展全省省级储备粮收储库点布局和新建仓容规划工作。切实推动战略和应急物资储备安全管理体制机制改革。以省委、省政府名义印发《关于改革完善体制机制加强全省战略和应急物资储备安全管理的实施方案》，从六个方面提出 18 条务实可行、有针对性的改革措施。

五　产业发展逆势上扬

分两批下达"湖南优质粮油工程升级版"专项资金近 2 亿元，确定 11 个县区、11 个龙头企业作为省级示范县和示范企业，全省优质粮油新增 286 万吨，带动农户增收 8.6 亿元。认定 25 家企业的 26 个产品为 2022 年度"湖南好粮油"产品。着力构建了以"湖南菜籽油"、"洞庭香米"、"湖南茶油"、"湖湘杂粮"、"湖南米粉"五大省级公用品牌为龙头的"湘字号"粮油品牌体系，"南县稻虾米"继获得 2019 年巴拿马太平洋万国博览会金奖后，再次荣获 2022 年巴拿马太平洋万国博览会特别金奖。在疫情和"镉米事件"叠加影响下，粮油产业实现逆势上扬，全年加工业总产值 1728 亿元，同比增长 3.9%，位列全国第九。

六　执法督查严实有力

先后开展全省政策性粮油库存检查、粮食收购执法督查等多项检查督查累计 8000 余人次，核查问题线索 139 起，其中给予行政处罚 58 起、较去年同期增长 483%，罚款 103.1097 万元、较上年同期增长 206%；追回各类补贴 101.6 万元、没收违法所得 9.8 万元，实现零的突破。配合省纪委监委持续开展粮食购销领域腐败问题专项整治，全省集中清理、评估、修订、进一步完善规章制度 400 余件；延伸推进执法监管、财务管理、资金出借、政策性贷款转借等"四个专项治（清）理"，共上交红包礼金 33 万元，追回资金 344.8 万元。承担的软科学课题研究成果《深化粮食监管体制机制改革全面推进粮食购销领域穿透式监管》被国家粮食和物资储备局评定为"具有较高学术水平和实用价值"。

全力推进全省粮食购销领域监管信息化建设，实现省级储备粮信息化监管全覆盖。

七　物资储备管理规范高效

印发《湖南省省级救灾物资储备管理暂行办法》等文件，为规范战略和应急物资储备管理作出了制度安排。完成 7 批次、193108 件省级救灾物资调运和 5 批次、近 600 万元抗旱物资调运任务，为全省打赢防汛、抗旱重点任务提供了坚实的物资保障。出台《湖南省建立成品油储备实施方案》。

八　政治建设坚强有力

出台《关于进一步加强党的政治建设的实施意见》，着力打造"政治生态好、用人导向正、干部作风实、工作环境优"的省级模范政治机关。开展喜迎二十大"我之十年"征文比赛，编印《我之十年》《我之感悟》等学习贯彻二十大精神书籍，下发贯彻落实的方案和任务清单，全面宣传贯彻党的二十大精神。召开局系统全面从严治党工作会议，制定印发《关于贯彻落实"三重一大"集体决策制度实施办法》等文件。

撰稿单位：湖南省粮食和物资储备局；撰稿人：蒋昀羲；审稿人：兰录平

广东省　基本情况

广东是全国第一常住人口大省、最大粮食销区。2022 年，广东粮食作物播种面积 2230.3 千公顷，同比增长 C.8%；粮食产量 1291.5 万吨，同比增长 0.9%。全年粮食价格指数同比增长 1.6%，比全省居民消费价格指数低 0.6%，粮食市场保持基本稳定。

2022 年工作

一　认真配合专项整治专项巡视，以改促治的工作实效初步显现

从严从实推进粮食购销领域腐败问题专项整治查找问题和专项巡视反馈问题整改落实工作，出台一系列加强完善地方储备粮监管的制度措施，全省粮食和物资储备系统配合专项整治工作制修订各类制度 1196 项；省委第二巡视组反馈的 38 个问题，已完成整改 31 个，其他事项均取得阶段性成效并持续推进整改。

二　深入落实党政同责，粮食安全保障政治责任不断夯实

省政府高度重视粮食安全保障工作，省政府常务会议听取粮食安全省长责任制考核情况专题汇报。完善统筹协调机制，修订省粮食安全保障工作部门间联席会议制度，组织召开第一次全体会议，着力构建党政部门齐抓共管、一体推动的工作格局。先行先试对各地市实施粮食安全党政同责"首考"，压紧压实各地市党委、政府落实粮食安全主体责任和属地责任，调动各地重农抓粮、稳产保供的积极性。

三　健全完善粮食和物资储备管理，地方储备实力持续提升

持续推进地方储备安全管理体制机制改革任务落实，调整优化地方储备布局和品种结构，全省认

真落实地方储备粮，落实小包装成品粮储备。研究制定加强战略和应急物资储备安全管理实施方案，并经省政府常务会议审议通过，按程序提交省委深改委审议印发。探索推进建立社会层面公共卫生储备体系，完善省级药品储备机制。

四　加强产销合作和市场引导，粮食产业链供应链安全有效保障

切实抓好粮食全省夏粮和秋粮收购工作，优化粮食收购备案流程，完善收购网点布局，提升为企为农服务水平。举办线上、线下粮食产销交流会、洽谈会等，组织粮食企业参加第四届中国粮食交易大会线上参展和交易。加强常态化市场监测，做好重要节假日、疫情关键时期市场日监测日报告，定期发布监测报告等稳定市场预期。全省粮食价格指数同比增长 1.6%，比全省居民消费价格指数低 0.6个百分点。积极支持粮食产业发展，持续抓好国有粮食企业改革和龙头企业培树工作，2022 年全省粮食产业总产值继续保持在全国第一梯队。

五　推动应急管理制度和载体建设，应急保障体系日趋完善

印发《关于进一步完善粮食应急保障体系建设的实施方案》，制定《广东省粮食应急保障企业管理实施细则》。推进粤港澳大湾区粮食应急保障中心建设，印发建设方案和工作规则，开展成员企业和项目库遴选。举办 2022 年广东省粮食突发事件应急响应省市县三级联动演练暨粮食质量安全事故应急处置演练。圆满完成"中国—太平洋岛国应急物资储备库"机制下援助相关国家首轮实战，紧急完成省防汛 I 级应急响应等省级救灾物资保障任务。认真组织两轮省级储备冻猪肉投放。落实物流保通保畅工作部署，全年累计审核发放车辆通行证 1674 张。扛稳省防控物资保障组、生活物资保障组副组长单位职责，圆满完成疫情防控物资储备调拨和粮油等生活物资保障任务。

六　重视规范管理和进度调度，项目建设效能稳步提升

压实 13 个未建成骨干粮库的市县（区）责任，项目已完工 2 个、开工 11 个。省重点项目广东省暨广州市应急物资保障基地项目已完成勘测定界、控规调整等。完成"9 月底实现省级储备粮监管信息化全覆盖"阶段性目标任务，获得国家粮食和物资储备局肯定。会同省财政厅印发《广东省深入推进优质粮食工程"六大提升行动"实施方案》，以省政府办公厅的名义印发《广东省粮食节约减损实施方案》。

七　全面强化执法监督和管理，依法治粮管储持续推进

高标准开展全省储备粮油和物资专项检查，政策性粮油库存检查数量高于国家要求比例 10 个百

分点。强化粮食质量安全监管监测，粮食抽检、监测数量高于国家下达标准。修订印发《行政处罚自由裁量权适用规则》，编制《行政执法减免责清单》。从严查办涉粮违法案件，依法实施行政处罚。扎实推进安全生产和安全仓储大检查工作，全系统实现安全生产"零事故"。积极开展等级粮库评定，不断提升仓储管理水平。印发实施《广东省粮食和物资储备系统法治宣传教育第八个五年规划（2021—2025 年）》，组织开展 2022 年世界粮食日和全国粮食安全宣传周、科技活动周活动系列宣传活动。

撰稿单位：广东省粮食和物资储备局；撰稿人：张诣恒；审稿人：肖晓光

广西壮族自治区　基本情况

　　2022 年，广西壮族自治区地区生产总值 26300.87 亿元，按可比价计算，比上年增长 2.9%。全年粮食种植面积 2829.3 千公顷，比上年增加 6.4 千公顷。油料种植面积 265.58 千公顷，减少 1.47 千公顷。全年粮食总产量 1393.1 万吨，比上年增加 6.6 万吨，增产 0.5%。其中，春收粮食产量 27.6 万吨，增产 3.7%；早稻产量 480.4 万吨，增产 0.1%；秋粮产量 885.1 万吨，增产 0.6%。谷物产量 1312.2 万吨，增产 0.4%。其中，稻谷产量 1028.1 万吨，增产 1.0%；玉米产量 280.4 万吨，减产 1.7%。全年油料产量 76.48 万吨，比上年增产 0.8%。

2022 年工作

一　粮食储备保障功能持续增强

　　调整增加粮食储备规模，14 个设区市新增的粮食储备规模均落实到位。全区地方粮食储备实物库存常量保持高位，口粮品种储备占比达 70% 以上，符合国家对粮食产销平衡区要求。进一步优化应急成品粮油储备比例，其中南宁市作为全国 36 个大中城市之一，其下辖区成品粮储备规模达到 15 天以上市场供应量、所属县（市）和其他设区市达到 3 天以上市场供应量的储备目标要求。全区 54 家规模以上粮食加工企业建立社会责任储备。全区确定粮食应急加工企业 254 家、粮食应急供应网点 1515 个、粮食应急储运企业 99 家、粮食应急配送中心 69 个、应急保障中心 59 个，实现自治区、市、县三级粮食应急预案全覆盖。广西港青油脂有限公司、广西粮运物流集团有限公司入选"国家级粮食应急保障企业"。

二　重要民生商品实现保供稳价

　　统筹疫情防控和保供稳价，持续发挥全区 52 个粮食监测点功能作用，科学合理把握政策性粮食销售节奏和力度，深入实施稻谷补贴政策性粮食收购政策，粮食、猪肉等重要民生商品保供稳价持续有力。2022 年全区入统企业粮食总购进 2471.1 万吨，其中从自治区外采购粮食 1585 万吨（进口

899.27 万吨），粮食总销售 1082.76 万吨，转化用粮 1166.26 万吨；全区各级储备粮轮入 192.23 万吨、轮出 168.51 万吨。争取和筹集粮食收购、储备轮换等各类贷款资金 51.16 亿元，在全区 51 个粮食主产县实施稻谷补贴政策性粮食收购。全年全区共完成稻谷补贴粮食收购 76.64 万吨，完成年度计划的 95.8%，其中 13 个设区市完成率均超过 90%、18 个县（市、区）完成率达 100%，牢牢守住农民"种粮卖得出"底线。全区生猪活体 32 万头、冻猪肉 4000 吨储备任务超额完成，中秋、国庆节投放储备 1100 吨，有力保障重要节日市场供应。

三　储备改革和应急保障实现新突破

制定改革完善体制机制加强战略和应急物资储备安全管理和以及成品油储备有关方案，进一步优化储备布局、品种、结构，推动加快建立健全统一的战略和应急物资储备保障体系。协调落实信贷资金，推动政府成品油储备任务落实，会同自治区发展和改革委员会开展政府煤炭储备前期准备工作。深入推进国有企业改革三年行动，圆满完成既定任务。立足防大汛、抗大险、救大灾和疫情防控等应急物资保障需求，加强部门联动，落实自治区应急物资采购预算资金 1 亿多元，紧急采购疫情防控和防汛抢险救灾等各类应急物资 37 万余件，及时高效精准完成 21 批次 24 万余件中央和自治区应急物资紧急调运任务，全力支援保障自治区各地疫情防控、防汛救灾和抢险救援工作。

四　行政执法和安全监管效能持续提升

深入开展全区政策性粮油库存检查、粮食收购监督检查、国家政策性粮食销售出库检查、粮食安全责任制落实情况督查，采取多种措施，着力抓好国家粮安考核通报、粮食购销领域腐败问题专项整治和涉粮问题专项巡视巡察发现问题整改。国家粮安考核通报指出的存在问题、自治区党委专项巡视反馈意见指出的存在问题已全部如期整改完成。全区粮食和物资储备系统专项整治自查自纠发现问题完成整改 1867 个，占比 99.2%，自治区、市、县三级粮食行政管理部门出台措施 367 项，粮食企业出台内控措施制度 1019 项。严格查办举报案件，12325 全国粮食和物资储备监管热线分办投诉举报件 12 件，均在规定时间内办结。逐仓逐货位完成政策性库存粮油监督抽检 1284 份、"广西好粮油"质量监督检验 96 份，组织新收获粮食质量安全风险监测 1394 份。加强粮油质量技术培训和比对考核，2022 年新增南宁、钦州、河池 3 个市级和南宁市上林县、贵港市港北区 2 个县级粮食质检机构和自治区融安粮库公司 1 个监测点取得检验检测机构资质认定（CMA）。全年全区粮食和物资储备系统未发生生产安全事故，牢牢守住安全发展底线。

五　高质量发展根基得到持续夯实

统筹落实乡村振兴项目专项资金超 1.99 亿元，推进产业发展专项行动项目 36 个。安排自治区部门预算资金 4285 万元，支持 7 个自治区本级直属粮库、20 个市县级粮库新建标准仓房仓容 5 万吨、低温仓改造仓容 5.2 万吨、维修改造仓容 4 万吨，全区粮食储备基础设施条件进一步改善。大力推进全区粮食购销领域监管信息化项目建设，基本实现自治区级储备粮监管信息化全覆盖。深入推进优质粮食工程，扎实开展粮食绿色仓储、品种品质品牌、质量追溯、机械装备、应急保障能力、节约减损健康消费"六大提升行动"，突出加快推进粮食全产业链发展行动，持续加强"广西香米"区域公用品牌建设，施行图形商标管理办法（试行），全区入统粮油加工企业总产值 1361 亿元，同比增长 6.02％。广西雄达米业有限公司等 5 家企业被评为"全国放心粮油示范工程示范加工企业"，广西新发展米业有限公司等 13 家企业 21 个产品荣获 2022 年度"广西好粮油"产品称号。

六　党建引领促发展取得新成效

深入开展"建'四强'支部保储备安全"活动，深化基层党建"五基三化"攻坚年行动，持续推进"清廉粮储、清廉机关"建设，被选树为自治区清廉机关建设示范点。落实意识形态工作责任，加强思想和宣传教育工作，理论文章在《中国粮食经济》《当代广西》等媒体杂志刊发，举行广西落实粮食和物资储备工作情况新闻发布会，举办世界粮食日和全国粮食安全宣传周广西主会场活动，开展"广西粮安记者万里行"主题采访活动，政务信息采用量名列全国系统前茅，获评全国粮食和物资储备系统政务信息先进单位。强化队伍建设和人才培养，举办培训班 308 期，培训 12463 人次。全力以赴筹备第六届全国粮食行业职业技能竞赛并举办广西选拔赛。"人才兴粮兴储"战略取得新成果，广西工商职业技术学院顺利通过广西高水平高等职业学校和专业建设验收，获评"国家技能人才培育突出贡献单位"称号。

撰稿单位：广西壮族自治区粮食和物资储备局；撰稿人：韦宗唐；审稿人：吴宇雄

海南省

基本情况

2022 年，海南省粮食种植面积 273 千公顷，粮食总产量 146.6 万吨。粮食总消费 146 万吨，其中，城乡居民口粮消费 181 万吨，食品及工业用粮 10 万吨，饲料用粮 286 万吨，种子用粮 0.4 万吨。居民消费口粮的中高档灿粳米、小麦粉和饲料用粮玉米基本依靠省外市场供给，全年省外购进和进口粮食 331 万吨。

2022 年工作

一　锚定短板弱项，粮食和物资储备体制机制改革稳步推进

一是推进地方储备粮管理体制和布局改革。按照"全省一盘棋、全岛同城化"，加快推进"逐步取消市县级原粮储备，原粮储备由省级统一管理"等重点任务改革，修订《海南省省级储备粮管理办法》，改革完善储备轮换和定价机制，促进储备粮管理科学、运转高效。二是推进储备肉管理体制机制改革。实行省和市县猪肉分级储备制度，落实省级冻猪肉储备 1200 吨，增加省级临时冻猪肉储备 500 吨；完善政府储备肉适时调节机制，在重要节假日、疫情防控中投放省级冻猪肉储备，有效调控猪肉市场供给。

二　健全储备体系，粮食宏观调控能力有效提升

一是扩大政府成品粮储备规模。在落实地方粮食储备规模范围内，全省积极扩大地方成品粮储备，粮食应急保供能力得到有力提升。二是建立规模以上粮食加工企业社会责任储备。已在 26 家规模以上粮食加工企业建立了大米、面粉、食用植物油社会责任储备。三是优化省级储备粮品种结构和布局。按照省级储备以原粮为主，市县级主要储备成品粮（口粮）的体制机制改革要求，2022 年全省调回异地储备粮省内储备规模 11.6 万吨。

三　强化多措并举，粮油和猪肉市场保供稳价工作扎实有序

一是全力服务疫情防控大局。疫情期间，及时启动粮食库存量和市场价格日监测报告制度，实时监测市场动态，报送日监测报表 76 期、工作动态 44 期，及时调度掌握企业生产、销售和库存情况。协调省交通专班启动重点物资运输车辆通行证，给予粮油企业办理车辆通行证 2000 余张，有效疏通运粮车辆。增加储备猪肉轮换，加大市场投放力度，同时指导猪肉储备企业落实过海（琼州海峡）免费政策，猪肉过海免费 25 车次、332 吨。二是健全粮食应急保障体系。按照"城乡全覆盖"的要求在全省建立了 98 家应急加工网点、339 个应急供应网点、43 家应急配送中心和 26 个应急储运网点，形成主城区 1 小时、周边城镇 2 小时、边远乡镇 3 小时的粮食应急供应"123"三级应急保障圈。三是加强粮油市场监测。完善 6 个国家级网上直报点、35 个省级粮情监测网点建设，加强对重大节假日和台风汛期，特别是疫情期间粮油、猪肉市场价格的监测，及时报告和发布粮情信息。四是创新完善粮食供应保障运行机制。发挥多元主体的作用，强化省域间协同保障，与山东、湖北、广东、广西、重庆、四川、贵州、云南等省（区、市）建立联保联供机制，确保省外粮源调入顺畅。

四　加快项目带动，粮食和物资储备"十四五"规划初见成效

一是加快粮食流通基础设施建设。全省新建储备粮库 7 个、改造旧仓老库 3 个，累计新增仓容 25.55 万吨；协调儋州有关部门做好海南恒丰国际粮油加工物流产业园 23.25 万吨粮食储备仓储设施竣工验收工作，达到正常储粮条件。二是推进粮食信息化管理平台建设。制定海南省智慧粮食信息化监管平台建设实施方案，统一部署全省智慧粮库建设，粮食信息化管理平台已基本开发完成，省局机关和省级储备粮承储企业试用。

五　创新监督方式，粮食流通执法监管效果明显

一是组织开展 2022 年全省政策性粮油库存检查。按照"统一抽调、混合编组、相互交叉、本地回避"的方式，从省发改、省财政、省粮储局、农发行省分行、中储粮广州分公司在琼直属库以及市县地方粮食系统抽调 26 名业务骨干，组成交叉检查组，对承储地方储备粮的企业、库点、货位进行全覆盖检查。经检查，全省政策性粮油库存数量真实、账实相符、账账相符、质量良好、库贷挂勾、储存安全。二是强化系统安全生产工作督查。广泛开展"我是安全吹哨人"活动，加大风险隐患排查，对摸排发现的隐患和问题逐一逐项建立台账，实行销号管理。一年来，全省发现并完成安全产生隐患问题整改 155 项，有效处置安全生产事故 1 例，事故总量同比明显下降。三是推进涉粮案件的处理。广泛开展 12325 热线应用宣传，严格按照热线监管程序，做好组织调查、向举报人反馈调查结果、违规问题处置、结案、提交调查报告等工作。全年妥善处理 12325 热线举报案件 3 件。

六　强化责任担当，粮食安全责任制有效落实

一是压实考核责任。2022 年是粮食安全党政同责"首考"之年，省委省政府高度重视，建立省委省政府主要领导担任组长的领导机构，健全完善工作机制，确保粮食安全责任有效落实。二是提升考核实效。抓好《规定》宣贯工作，组织成员单位和各市县学习贯彻《规定》，协助召开粮安考核领导小组办公室会议，审议工作规则，部署考核准备工作。2022 年报送粮食安全省长责任制考核简报 16 期，被国家粮食和物资储备局采用 6 篇。三是跟踪抓好整改。及时总结粮食安全省长市县长责任制的工作成效，对存在问题，提出整改措施，并跟踪督促抓好整改，以考促改，补短板，强弱项。

七　提高政治站位，涉粮专项整治和巡视整改走深走实

一是坚持高位部署推进。召开全省粮食系统专项整治工作会议，部署 2022 年深入开展专项整治和巡视整改问题工作，坚持边查边改边治，高质量推进，高标准整改。二是加强专项整治调度督导。整合涉粮腐败问题专项整治自查自纠、巡视问题整改、市县巡察三项工作调度督办，一体推进。截至当前，全省粮食系统专项整治发现问题 1001 条，完成整改 913 条，完成整改率 91.2%。三是建立健全长效机制。对于巡视反馈比较复杂、深层次、涉及制度等方面的问题，抓好建章立制，制定《关于进一步加强地方储备粮库存质量管理的通知》《关于印发粮食主要业务全过程监管工作指南的通知》等制度。做到管粮管储有章可循、有规可依。

八　深化比学赶超，"能力提升建设年"活动效果显著

一是开展实战化大培训。通过"琼粮思政大讲堂""线上学＋线下学""专题讲座＋现场教学"等方式，抓好干部全员轮训，举办各种培训班 40 期，共 155 学时，参训 1922 人次。二是开展实战化大练兵。通过"业务讲解＋互动研讨""业务小讲堂"等形式，开展常态化业务学习，班子成员和业务骨干带头上讲台，每月不少于一次。梳理现有标准规则、政策法规 23 项，实施制度体系和工作流程再造 18 项，选派挂职干部和跟班学习 6 人次。三是开展特色化大比武。充分利用"查破促"、优化营商环境、"揭榜挂帅"三个平台，在海南生态储粮和绿色粮油产业园、智慧粮库等项目建设以及服务企业、服务基层上强劲发力，营造比学赶超氛围。通过项目现场观摩学习，比谋划、看进度、拼实绩，加快推动重点项目建设。举行全省粮食质检实操技能比武，检验大培训成效，提升质检人员能力业务水平。

九　坚持党建引领，政治思想和能力建设上新台阶

一是压实党建工作主体责任，推进党支部标准化建设。制定《关于坚持以党建引领海南自由贸易

港建设的措施》等制度措施，持续推进制度、程序、资料、阵地"四个规范"建设。在澄迈恒达伟实业有限公司开展标准仓规范库建设试点并获成功，为全省提供样板。二是强化作风建设，营造风清气正的政治生态。深入贯彻中央、省委全面从严治党决策部署，落细落实全面从严治党各项责任。常态化开展警示教育、健全管理制度，推崇"不需提醒的自觉"作风，大兴爱岗敬业、开拓创新的务实之风，一体推进不敢腐、不能腐、不想腐。

撰稿单位：海南省粮食和物资储备局；撰稿人：杨进；审稿人：黄泰平

重庆市

基本情况

重庆市是粮食产销平衡区。2022 年末常住人口 3213.34 万人。全市粮食种植面积 2046.7 千公顷，同比增长 1.7%。粮食总产量 1072.8 万吨，同比减少 1.8%。其中：稻谷 485.2 万吨、小麦 6.3 万吨、玉米 256.4 万吨。油菜籽种植面积 269.9 千公顷，同比增长 3.2%。油菜籽产量 54.7 万吨，同比增长 4.2%。全市建立粮食供应网点 1586 家，应急加工企业 97 家，应急储运企业 44 家，应急配送中心 79 家。

2022 年工作

一　粮食安全责任落实到位

市委、市政府多次研究部署粮食安全工作，市委主要负责同志高度重视粮食安全，压实"米袋子"责任制，守住守好粮食安全、耕地保护和不发生规模性返贫三条底线。市长胡衡华多次主持召开会议并开展调研，要求落实最严格的耕地保护制度，部署粮食安全工作。市委、市政府分管负责同志相继对粮食市场保供稳市作出专题批示，要求落实粮食安全党政同责，扛稳粮食安全重任，切实保障市场供应。成立市粮食安全考核工作组，统筹推动粮食安全党政同责各项工作。

二　粮食立法修规有序推进

贯彻落实中央及市委、市政府关于加强粮食储备安全管理的文件精神，加快推进粮食领域立法修规，出台《重庆市地方粮食储备管理办法》（重庆市人民政府令第 353 号）、《重庆市地方政府储备粮食仓储管理办法》、《重庆市地方政府储备粮食质量安全管理办法》、《关于进一步规范新建粮食仓房及油罐使用的通知》、《重庆市中晚籼稻最低收购价执行预案》、《重庆市地方政府储备粮食质量检查扦样检验管理暂行办法》等行政规范性文件，印发优化地方储备区域布局的补充通知、建立社会责任储备指导意见等政策文件，为地方粮食储备管理奠定法治基础。

三　应急调控能力显著提高

成品粮油（小包装食用植物油）储备规模可保障中心城区 24 天市场供应量。完善粮食应急工作预案，制定《应对中心城区突发规模性疫情粮食应急保供工作实施方案》，纳入市疫情防控指挥部市场供应保障组统筹调度，以"属地管理、区域联动"为总体思路，完善机制，细化流程。利用重庆市粮食流通管理信息平台形成应急调度一张图、供应一张网，全市应急保障企业及网点实现在线调度。疫情防控期间，积极配合市疫情防控领导小组交通运输防控小组，为 1200 余辆粮油运输车辆审核办理重点物资车辆通行证，协调解决白市驿火车站及粮食铁路专用线停运事宜，畅通粮油重点物资运输渠道，有力保障了米面油市场供应稳定。

四　粮食项目建设稳步推进

一是深入实施优质粮食工程。2022 年度围绕"六大提升行动"，共实施优质粮食工程项目 17 个，总投资约 1 亿元。二是推动市储备粮公司 31 个粮食应急保供项目和 12 个仓储设施设备维修改造项目建设，进一步完善粮食应急设施功能，提升粮食储备仓库功能、科技储粮水平和粮食质检能力。三是成立中储粮万州直属库和中储粮涪陵直属库，加快推动中储粮集团在渝 160 万吨仓容项目建设进度。四是在巴南区、荣昌区分别布局建设 8 万吨、6 万吨地方储备粮仓库。五是粮食信息化建设实现市级储备粮全覆盖。

五　执法监管能力显著增强

一是深入开展粮食领域腐败问题专项整治，坚持边查边改边治，将市委涉粮问题专项巡视巡察反馈问题和粮食购销领域腐败问题专项整治部门自查自纠、企业清查发现问题，一体督促整改落实。二是认真组织开展 2022 年政策性粮油库存和安全生产检查、夏秋粮收购监督检查、粮食购销定期巡查和问题整改督查，全市政策性粮食储备数量真实、质量良好、储存安全。三是加大违法违规问题依法查处力度，分级分类推进信用监管。四是全面完成 2022 年全市政策性粮油库存质量安全监测任务，抽检地方储备粮质量良好、卫生安全，未发现食品安全指标超标情况。五是组织开展全市粮油质检机构内部技术对比，市粮油质检站连续 10 年在国家检验技术比对考核中评价结果为"满意"。

六　全面加强党的建设

强化政治机关意识，坚决维护党中央权威和集中统一领导，深刻领悟"两个确立"的决定性意义，坚决做到"两个维护"。把加强党的全面领导贯彻到工作的全过程各领域，市发展和改革委员会（市粮食局）党组理论中心组学习会、党组会及主任办公会专题研究保障粮食安全工作 29 次。巩固用好专项整治和市委涉粮巡视巡察成果，大力推进依法管粮、科技信息化管粮，全面推行实时在线监管、穿透式监管，落实粮食安全党政同责，运用"四不两直"、交叉巡查等方式，不断深化监管工作，坚决守住管好"天下粮仓"，有效防范和化解重大风险挑战，切实服务好社会主义现代化新重庆建设大局。

七　爱粮节粮宣传形式多样

一是开展 2022 年世界粮食日和全国粮食安全宣传周活动。全面推进粮食安全知识进社区、进乡村活动，通过张贴宣传海报、设置宣传展板、优质粮油展销、营养健康咨询、劳动体验等，组织开展形式多样、内容新颖的宣传活动。二是成功举办 2022 年粮食科技活动周。组织全市粮食行业以"科技兴粮兴储创新有你有我"为主题，举办了全市粮食科技活动周系列活动。全市累计举办各类科普宣传活动 165 场次，推动"科技和人才兴粮兴储"、"爱粮节粮、健康消费"在全社会蔚然成风。三是联合市委宣传部、上游新闻等部门和单位，全年性开展"光盘行动"宣传，弘扬和传承中华民族勤俭节约的传统美德，营造全社会爱粮节粮浓厚氛围。

撰稿单位：重庆市发展和改革委员会（重庆市粮食局）；撰稿人：张雷、尹乐源；审稿人：刘淑云

四川省　　基本情况

2022 年四川省地区生产总值 56749.8 亿元，比上年增长 2.9%，人均地区生产总值 67777 元，增长 2.9%。全年粮食作物播种面积 646.4 万公顷，比上年增长 1.7%；油料作物播种面积 168.9 万公顷，增长 2.2%；全年粮食产量 3510.5 万吨，比上年减少 2.0%，其中，夏粮产量增长 1.7%，秋粮产量减少 2.5%。经济作物中，油料产量 434.1 万吨，增长 4.2%。

2022 年工作

一　粮食流通

一是做好粮食收购与销售。2022 年全省收购粮食 204.4 万吨，较上年减少 76.5 万吨，其中：收购小麦 38.9 万吨、稻谷 135.0 万吨、玉米 17.0 万吨、其他 13.5 万吨。全年收购油菜籽 33.9 万吨，比上年减少 11.9 万吨。全年销售粮食 1602.2 万吨，比上年增加 20.7 万吨。其中：销售小麦 316.1 万吨、稻谷 450.4 万吨、玉米 449.6 万吨、其他粮食 386.1 万吨。全年销售食用植物油 274.9 万吨，比上年减少 13.4 万吨。二是抓好粮油保供稳市。调整完善粮食应急网点，粮食应急供应网点 4073 个，日供应能力 8.3 万吨，应急加工企业 311 个，日加工能力 6.1 万吨，应急配送中心 210 个，日配送能力 1.3 万吨，设立国家级信息监测点 49 个，省级信息监测点 67 个，应急网络体系进一步健全。三是夯实粮油仓储设施基础。深入实施"优质粮食工程"粮食绿色仓储提升行动，下达 2022 年度省级促进粮油产业高质量发展粮油仓储设施专项补助资金 54815 万元，建设高标准粮仓 56.8 万吨、低温库仓容 40 万吨、提档升级仓容 16.2 万吨、油罐 6 万吨，建设仓顶阳光项目 25 个。

二　粮食流通体制改革

一是落实粮食安全党政同责。审定印发《四川省贯彻落实〈地方党委和政府领导班子及其成员粮食安全责任制规定〉责任分工方案》。专题研究部署稳定粮食生产、抓好秋粮收购、深化粮食购销领域专项整治等重点工作。高质高效完成 2021 年度粮食安全党政同责"首考"。二是建立健全储备管理制度。出台《四川省省级储备粮管理考核办法》，进一步加强省级储备粮管理。制定《关于进一步推进地方政府粮食储备网上公开交易的实施意见》，规范地方储备交易行为。印发《关于建立省级粮食储备管理费用动态调整机制的通知》，健全省级粮食储备运行机制。出台《四川省地方政府粮食储备承储企业选定暂行办法》，提升承储企业条件，规范承储行为。三是推进粮食节约减损各项工作落地落实。制定《四川省粮食节约减损健康消费提升行动方案》，安排部署关于粮食节约减损的实施意见，印发《四川省粮食和物资储备局关于粮食节约减损的实施意见》。利用"粮食科技活动周"、"世界粮食日"、"全国粮食安全宣传周"、"12·4"国家宪法日等重要节点，普及粮食科技，促进粮食节约，引导社会形成爱粮节粮风尚。

三　粮食产业发展

一是促进"川粮油"产业高质量发展加力提效。深入推进"优质粮食工程"，开展 7 大类 136 个项目建设，有效夯实"六大提升行动"建设载体。制定《粮食产后服务能力提升项目建设管理办法》等专项管理办法。加快建设 28 个粮油产业高质量发展示范县，实施 5 个粮食品种品质品牌提升项目县建设，引导"川粮油"产业集聚发展。2022 年度遴选出 24 个"四川好粮油"产品。2022 年全省入统粮油工业总产值保持 2500 亿元以上。二是深入实施"天府菜油"行动。印发《四川省"天府菜油"行动推进情况统计调查制度（修订版）》、《四川省"天府菜油"行动创新研发团队项目管理办法（试行）》。新授权 5 个企业 19 个"天府菜油"品牌产品。"天府菜油"参展第 106 届全国糖酒商品交易会、第八届四川农业博览会、第二十八届中国兰州投资贸易洽谈会。四川电视台播出国内首部"菜籽""菜油"纪录片——《菜油，四川的味道》。省政府网站专题访谈"天府菜油"行动成效吸引近 60 万人在线观看。"天府菜油"荣获第十二届中国粮油榜"中国十佳粮油影响力公共品牌"，品牌价值超过 52 亿元。

四　物资储备

一是高效完成中央及省级救灾物资储备保障任务。在应对"6·1"芦山、"6·10"马尔康、"9·5"泸定等地震灾害救灾物资应急保障工作中，向灾区紧急调运救灾物资 14.6 万件，其中中央救灾物资 2.3 万件，为抗震救灾提供有力物资保障；11 批次向广安、阿坝等 8 地调运 2 万件，两批次向重庆调运 9 万件，筹集 14 万件共计 55 车御寒物资发往全省 20 个市（州），保障疫情防控等物资需要；向灾情多发易发区域前置调拨救灾物资 9.5 万件，提高救灾物资保障能力。二是认真做好救灾物资采购入库工作。积极对接应急厅明确采购需求，协同省政府采购中心规范流程，加强合同执行管理，确保救灾物资又好又快入库。年初采购预算 2850 万元于 11 月执行完毕，入库物资 17 万件；新增救灾物资采购预算 9130 万元，截至 2022 年 12 月底完成入库 4 万件，有效充实储备。

五　科技、人才兴粮储粮

一是深入实施"科技兴粮"。建立 6 个低温储粮技术集成示范点，制定 2 项企业标准，获得实用新型专利 3 件；成都市龙泉驿区粮油实业有限公司、四川粮油批发中心直属储备库 2 家企业被国家粮食和物资储备局评定为"绿色储粮标准化试点单位"。二是提升粮食仓储现代化水平。积极贯彻实施地方标准——《低温储粮技术操作规程》，推广绿色低温储粮技术应用和发展，逐步形成"技术多样、生态环保、功能完善"的绿色低温储粮体系。全面推进省级储备监管信息化建设，省级平台与国家级平台联通 41 个接口并实现数据上传，全省 217 个承储库点完成接口及视频监控升级改造，上传数据与业务相符率 100%。三是加快推进信息化建设。国家级平台与省级平台、省级平台与省级储备 217 个库点全部实现互联互通，同步频率达到分钟级。粮库监管视频实现仓内和关键部位全覆盖、实时在线，7284 路视频监控（仓内 1865 路）与省级平台及国家平台实现对接，视频监控周平均在线率 100%，位列全国第一方阵。四是推进人才兴粮兴储。21 个市（州）共新增粮食科室 3 个、增加工作人员 13 人，183 个县（市、区）共新增粮食股室 30 个、增加工作人员 132 人。将培育和引进技术技能人才、举办粮食行业职业技能竞赛选拔赛、开展国有粮食购销企业人员轮岗交流 3 项工作，纳入对市（州）粮食安全党政同责考核，有效发挥"指挥棒"作用。建立全省粮食质检专业人才库，服务粮油产业高质量发展。

六　粮食购销领域腐败问题专项整治

一是做实"以案为鉴"。组织党员干部 3 次赴省高级人民法院旁听涉粮案件庭审，"零距离"接受廉政警示教育。组织全系统党员干部收看《粮食！粮心！》等警示教育片，梳理涉粮腐败典型案件 211 件，开展警示教育 919 场、19766 人次，筑牢干部职工思想防线。二是抓实"以案促改"。严格落实"责任制＋清单制＋销号制"，建立问题整改台账，切实整改专项整治自查自纠发现问题。截至 2022 年 12 月底，全省粮食和物资储备系统专项整治自查自纠发现问题已整改完成 98.7%。针对省委专项巡视反馈的 4 个方面 22 个问题，细化 56 项整改措施，逐项狠抓整改落实，已有 14 个问题完成整改，41 项整改措施落实到位。三是推动"以案促治"。研究制定《关于推进地方政府粮食储备企业政策性职能和经营性职能分开的指导意见》，在成都、绵阳、广元、达州等地积极试点储备企业改革，切断不同业务利益侵占链条。积极推进省级储备粮集中储存，将现有 148 家省级储备粮承储企业优化调减到 40 家、减少 73%，企业平均储备数量由 1.4 万吨增加到 5 万吨、增长 257%。

七　机关党建与文化

一是推动机关党建工作高质量发展。坚持把党的政治建设摆在首位，强化政治机关意识，深化对党忠诚教育，自觉在思想上政治上行动上同以习近平同志为核心的党中央保持高度一致，确保粮食流通和物资储备工作始终保持正确的政治方向。推动落实《四川省机关党建"三级五岗"责任清单》，严格落实党建工作责任。树立大抓基层的鲜明导向，严肃规范党内政治生活，不断增强党组织政治功能和组织功能。二是深入宣传贯彻落实好党的二十大精神。把学习宣传贯彻党的二十大精神作为首要政治任务和工作主题主线，与学习宣传贯彻习近平总书记来川视察重要指示精神紧密结合，在全面学习、全面把握、全面落实上下功夫。邀请专家教授解读党的二十大报告，邀请党的二十大代表、系统先进典型蒲丽蓉同志作党的二十大精神宣讲。三是持续深化党风廉政建设和反腐败工作。发扬斗争精神，严肃惩贪治腐，不断夯实风清气正、崇廉尚实、干事创业、遵纪守法的党风政风。印发党支部书记、党组织书记、纪检干部落实党内监督责任等 3 个责任清单，开展借培训名义搞公款旅游问题排查整治工作，执行廉政风险岗位 ABC 角制度，开展多层面轮岗交流。综合运用会议部署、短信提醒、微信提示等开展节前教育。

撰稿单位：四川省粮食和物资储备局；撰稿人：李向东；审稿人：柳易

贵州省　　　　　基本情况

2022 年，贵州省粮食播种面积 2788.7 千公顷，粮食产量达 1114.6 万吨、同比增加 19.8 万吨，粮食单产 3997 公斤 / 公顷、同比增长 1.8%。截至 2022 年底，全省入统企业全年累计购进粮食 849.6 万吨、同比增加 19.7 万吨，其中：累计从省外购进粮食 601.5 万吨、同比增加 9.3 万吨；累计销售粮食 514.4 万吨、同比减少 29.2 万吨；全省粮油产业总产值 1320 亿元，同比增长 4.8%；传统粮油加工业总产值 270 亿元，同比增长 18.94%；全省粮食和物资储备系统独立核算单位 753 个，在职职工 85899 人。

2022 年工作

一　坚持党的全面领导，讲政治、转作风

坚持和加强党对粮食和物资储备工作的全面领导，坚持学习第一议题制度，深入学习贯彻党的二十大精神，全面贯彻落实习近平总书记视察贵州重要讲话精神和关于国家粮食安全重要论述，扎实抓好习近平总书记重要指示批示精神贯彻落实"闭环管理"和"回头看"，常态化、长效化开展党史学习教育，第一时间宣传贯彻中央和贵州省委、省政府决策部署，做到思想同心、目标同向、行动同步。加强对直属单位"一把手"和领导班子监督，创新方式推动反腐败"三位一体"工作，深入推进模范机关创建。扎实开展"改进作风、狠抓落实"年活动和直属单位"整治提升年"工作，对查摆的 83 个"不作为、慢作为、官僚作风、文山会海"等方面问题实行台账式清单化管理，取得积极成效，省直粮食和物资储备系统党建水平、工作效能、作风建设等得到全面提升。

二　坚持党政同责要求，重考核、压责任

全面落实粮食安全党政同责要求，认真贯彻中央落实粮食安全责任制有关规定文件精神，省委农村工作领导小组印发《市县党委和政府领导班子及其成员粮食安全责任制规定任务分工方案》，把粮油生产、储备、加工能力提升等重点任务纳入全省对市县高质量发展综合绩效评价指标体系，压紧压

实市县党委政府及相关职能部门工作责任。建立健全省级粮安考核成员单位定期会商机制，推动考核落地落实。争取省委编办支持，在省局机关增设考核工作处，专门负责粮安考评督导。扎实开展2021年度粮食安全责任制督查激励考评，对工作成效明显的黔西南州、贵阳市、遵义市，从省级粮食风险基金中各安排300万元资金给予奖励。全力做好粮食安全省长责任制考核反馈问题整改，截至2022年12月底，接到反馈存在问题12项，已整改完成10项，其余问题整改正有序推进。

三　扎实开展粮油增储，扩规模、强保障

贯彻国家和贵州省关于成品粮储备和保供稳价部署，研究细化成品粮油储备、小包装粮油储备和社会责任储备、优化粮食应急预案等措施，大力实施粮食储备能力提升行动，全力做好全省粮油市场供应。经省政府同意，按照保障6个月粮食市场供应量要求，分解下达全省"十四五"期间地方政府新增储备粮和储备油规模计划。地方储备粮轮换已全部进入贵阳国家粮食交易中心平台竞价交易，全年成交粮油178.81万吨，较2021年增加50.89万吨。深化与黑龙江、山东、湖北等14个省区的产销合作，入黔粮源逐步拓宽，粮食供应能力显著增强。

四　统筹抓好物资储备，优品种、细管理

会同相关省直部门共同研究制定2022年省级药品储备品种目录，扎实抓好省级药品储备工作，省级共储备431个品类、价值约2000万元的医疗药品；认真落实新型冠状病毒"乙类乙管"要求，经省政府同意，分两批建立总额价值8000万元的新冠病毒相关治疗药品应急储备，实行动态轮换采购储备、精准高效投放。严格执行《省级重要商品补贴资金管理办法》，加强省级食盐、食糖、医药补贴资金使用管理和代储监管。2022年，委托承储企业和承储单位开展食糖、食盐和应急救灾物资代储工作，省级储备应急救灾物资共有4大类29种，有效保障全省人民急需和应急救灾需要。

五　不断强化市场调控，保应急、稳供应

健全完善粮食和物资储备应急保障机制，推进粮食应急保障供应网点建设。截至2022年12月底，全省认定粮食应急加工企业172家、日处理粮油能力2.19万吨，应急供应网点1622家、应急配送中心102家、应急储运企业100家。加大粮情监测频次，强化粮源调度，做好重点区域保障，在面对突发疫情和严重旱情期间，果断采取"日监测、日调度、日报告"措施，及时掌握市场动态，有效维护了全省及疫情发生地粮油市场供应安全和价格稳定。2022年，累计完成粮油购销存月报12期、粮油收购进度监测65期、粮油市场价格周监测49期，发布粮情监测动态26期、粮油市场网络监测周报40期、粮食市场分析报告4期。

六　深入推进依法管粮，抓治理、严执法

深入宣传贯彻《粮食流通管理条例》，加快推进法治粮食建设，加快推进《贵州省粮食安全保障条例》修订立法。研究拟制《贵州省粮食收购管理办法》，省政府审定印发实施。深入开展粮食流通"亮剑"执法专项行动，全覆盖开展政策性粮油库存检查、收购粮食质量安全调查和风险监测，全力维护粮食流通秩序。2022 年，全省累计开展各项粮食流通监督检查 1601 次（省级检查 10 次），检查粮食经营主体 2346 个次（省级检查 103 个次）；组织实施 2022 年政策性粮油库存检查，扦样检测粮食质量达标率 97.6%、储存品质宜存率 92.4%、食品安全指标合格率 94.4%。加强粮食质检能力建设，全省具备全指标检测能力的粮食检验机构增加至 8 家。加快粮食购销领域监管信息化建设，完成"省级储备粮食购销监管信息化全覆盖，省级平台具备购销监管功能，省级平台与国家平台 40 个购销数据接口对接"建设任务，推动实现穿透式监管。

七　加快推动项目建设，增仓容、夯基础

全面落实"十四五"行业发展规划和保障省内粮食安全"1+7"行动实施方案要求，大力推进全省粮食物资储备安全保障"1+8+8"重点项目建设，加快西南粮食物资储备安全保障中心、西部陆海新通道（遵义）粮食保障基地等项目建设，启动省级仓容 134 万吨、罐容 17 万吨 11 个项目建设，积极推动省应急物资（医药）储备保障中心（一期）项目建设，有序实施 37 个市县级在建仓储项目。截至 2022 年 12 月底，全省粮食仓储物流基础设施在建项目共 37 个，在建仓容 108 万吨、罐容 9.68 万吨，年度完成投资 36.09 亿元，新建成投用仓容 65 万吨、罐容 5.03 万吨。2022 年，全省入统国有粮食企业（未含中央储备）有完好仓容 360.90 万吨、罐容 20.28 万吨。

八　大力发展粮食经济，提质效、促转型

深化储备管理体制机制改革，组建贵州省粮食储备集团，推进贵州省粮食产业发展集团增资扩股，指导两个集团开展"储加结合"试点。大力实施粮油加工能力提升行动，加快发展粮食加工产业，积极培育地方特色粮油，加快优质粮食工程升级版建设，启动 10 个第二期"优质粮食工程"示范县建设，全面完成"中国好粮油"行动项目、粮食产后服务体系、粮食质检体系建设，建设贵州好粮油线上线下集中展示体验平台并对公众开放。截至 2022 年 12 月底，全省粮油加工企业(含酒类)319 家，粮油加工日产能达到 2.51 万吨；粮油工业总产值 1320 亿元，比上年增加 61 亿元、增长 4.8%。其中：大米加工产值 44.23 亿元、食用油加工产值 15.37 亿元、饲料加工产值 131.54 亿元、酒类企业产值 1050.25 亿元，产值超亿元的涉粮企业达 56 家。2022 年，全省国有粮企营业总收入 483358.42 万元，增幅 18.56%；营业总成本 453328.42 万元，增幅 15.79%。

九　持续深化专项整治，补短板、固成效

　　从严从实抓好粮食购销专项整治和省委专项巡视巡察问题整改，持续强化监督执法力度，深化专项整治成果运用，加快构建粮食购销监管长效机制。截至 2022 年 12 月底，全省专项整治发现问题 1379 个，已完成整改 1324 个，整改率 96.01%；省委巡视反馈 6 个方面 40 个问题，已完成整改 35 个，整改率达 87.5%，取得阶段性整改成果。省市两级围绕粮食收购、储备、销售等管理环节制定出台 180 余项规章制度，基层国有粮食企业针对粮食库存数量和质量、仓储安全、统计和会计账务处理等相继出台系列制度，不断完善制度短板漏项。

撰稿单位：贵州省粮食和物资储备局；撰稿人：王朝铭；审稿人：杨光荣

云南省　基本情况

2022 年，云南粮食总产量达到 1957.96 万吨，比上年增加 27.66 万吨，增长 1.4%；粮食播种面积为 4211 千公顷，比上年增加 19.6 千公顷，增长 0.5%；粮食单产为 4649.7 公斤 / 公顷，比上年增加 44.3 公斤，增长 1.0%。全省粮食产量和单产均达到了历史最高水平。夏粮总产量 263.67 万吨，比 2021 年增加 1.86 万吨，增长 0.71%；秋粮总产量 1677.75 万吨，比 2021 年增产 26.53 万吨，增长 1.61%。粮食收购数量 55.55 万吨，其中稻谷 29.78 万吨，玉米 24.36 万吨。

2022 年工作

一　认真落实管党治党责任，推动全面从严治党向纵深发展

按照"三个全面"的要求，制定印发《中共云南省粮食和物资储备局党组关于做好党的二十大精神学习宣传贯彻实施方案》并组织实施，切实把思想和行动统一到大会精神上来。认真落实"第一议题"制度，积极开展党支部联创共建活动，深入运用"粮储讲堂"，持续提高政治判断力、政治领悟力、政治执行力。以"对标先进、争创一流"主题实践活动为抓手，牢固树立效率意识，全面提振干事创业的精气神。确立"政治忠诚坚定、遵规守纪清廉、积极求进向上、班子团结战斗、正确选人用人、崇尚务实高效、爱岗敬业奉献、风清气正劲足"的目标导向，不断加强政治生态建设。深入开展"讲政治、守规矩、严作风、提效能"主题教育，积极破解"政治站位不高、规矩意识不强、纪律作风不实和担当作为不够"等突出问题。持续推进以案警示和以案促改以案促治以案促建专项行动，召开 8 次调度推进会，深入整治思想上"难怕怨"、工作上"推拖滑"、作风上"软懒散"、学风上"虚松厌"的问题，督促涉粮问题整改工作加快推进。扎实抓好党风廉政建设，认真开展"清廉粮储"活动，加大执纪问责力度，持续保持反腐败斗争高压态势。

二　积极构建现代粮食产业体系，不断提升粮食安全保障水平

确立"生产＋储备"、"加工＋储备"、"流通＋储备"发展模式，促进粮食全产业链供应链发展。推进政府储备"流程化、标准化、精准化、现代化"管理，实现科学精准高效管理。深入分析研究，科学合理论证，拟定上报《关于优化地方政府储备粮布局加强地方政府储备粮规模化管理的方案》。积极配合理顺省级储备粮管理体制机制，多次向有关部门反馈意见建议。努力推动"政策性职能与经营性职能分开"工作，印发《关于做好地方政府储备粮承储企业政策性职能和经营性职能分开工作的指导意见》。着力规模化集中管理，加快粮食仓储和物流设施建设。支持建立由省储备粮管理有限公司垂直管理的直属库，省储粮玉溪直属库、大理州国家粮食储备库整体搬迁项目正加紧建设。2022年全省推送涉粮项目 63 个，实施优质粮食工程项目 12 个。鼓励引导粮食企业"引粮入滇"，进一步丰富市场粮源。积极推动完善粮食应急保障体系建设，编制应对重大自然灾害粮食和救灾物资应急调运保障预案并组织实兵实装演练。截至 2022 年底，全省共建立粮食应急企业（网点）3040 家，较2021 年底新增 96 家。

三　强化使命担当，战略和应急物资储备工作稳步推进

出台《改革完善体制机制加强战略和应急物资储备安全管理的实施方案》，推动建立省级战略和应急物资储备安全管理委员会，构建"1+N"储备安全管理格局；完成成品油储备仓储能力调研，印发储备工作方案，牵头制定储备管理办法，初选运营主体，落实储备库点，完成了阶段性成品油储备任务；认真落实国务院领导重要指示精神和省委、省政府要求，积极推进储备基地建设有关工作。与京东物流、邮政快递、中铁快运、菜鸟驿站等大型物流企业及平台签订合作协议，构建多途径、多形式调运保障模式，积极搭建省级救灾物资调运保障平台。全年，争取省级救灾物资采购资金 1 亿元，补充救灾物资 46 万余件，累计完成调运保障任务 19 次，调运保障物资 21 个品类 25.65 万件。

四　坚持压实责任，全方位夯实粮食安全根基

坚决落实中央粮食安全党政同责有关规定，积极出台分工方案及实施方案，把中央的要求转化为具体工作措施、任务清单。组织开展 2021 年度各州、市粮食安全行政首长责任制考核，出台《2022年度州市党委政府落实耕地保护和粮食安全责任制考核办法》及评分细则。不断加强粮食安全管理制度建设，制定 8 个方面 18 项规章制度出台的时间表、路线图，积极配合《云南省粮食安全保障条例（草案）》立法审查。组织行政执法资格培训和考试，全局行政执法证取证率超过 80%。严格落实国家核定的地方储备粮规模，及时下达省级政府储备粮轮换计划，科学把握、适时调整地方储备吞吐的时机和节奏，确保省级储备粮月末实物库存量占规模的比例均达到国家规定不低于 70% 的政策要求。粮食购销领域监管信息化建设实现跨越发展，省级储备粮粮情监测和视频系统实现全覆盖。统筹抓好夏秋两季粮食收购检查，组织开展 2022 年全省政策性粮油库存检查、省级动态食用植物油质量抽检，

进行重点交叉入库实地检查，同时，派出 11 个督战队对重点交叉检查进行挂牌督战。认真贯彻落实安全生产"十五条"硬措施，围绕安全生产专项整治三年行动"重点任务清单"，督促企业严格执行"一规定两守则"，扎实推进安全生产工作。

撰稿单位：云南省粮食和物资储备局；撰稿人：刘阳；审稿人：徐鹏声

西藏自治区　基本情况

　　2022 年，西藏自治区粮食播种面积 192.6 千公顷，粮食产量 107.3 万吨（其中青稞产量 82.23 万吨），比上年增产 1.15 万吨，连续 8 年稳定在 100 万吨以上，粮食安全特别是青稞安全得到保障。全区购进青稞 5 万吨、销售粮食 37 万吨、区外购进粮食 29 万吨。

2022 年工作

一　粮食安全

　　全区各级粮食和物资储备部门坚决扛稳粮食安全重任，围绕做好"六稳"、"六保"工作，适时提高青稞最低收购价，完善实施青稞收购价补分离政策，继续实施售粮大户奖励政策，提高农民种粮和售粮积极性。把年度考核和日常监管有机结合起来，强化结果运用，突出问题导向，加大整改力度，传导考核压力，督促各地市党委、政府切实落实保障本辖区耕地保护和粮食安全责任制主体责任，推动粮食生产流通政策措施落地生效。严格执行国家粮食收购政策，全年购进青稞 5 万吨，种粮农民实现现金收入 2.2 亿元，守住了"种粮卖得出"的底线。粮食"产购储加销"协同保障机制进一步健全，实现了粮食市场供需平衡，确保了全区粮食安全。切实提升区市两级粮食质检机构服务区域粮食质量安全的能力。区级粮食质检机构不断提升检验监测能力、拓展检测服务范围，林芝、昌都两市粮食质检站已顺利通过资质认定评审，实现地市级粮食质检机构计量认证零的突破。进一步强化标准引领，《青稞储存品质判定规则》国家标准和《青稞米和青稞粉》行业标准制定进展顺利，将为适当延长青稞存储年限和做强做大特色农产品产业提供技术支撑和判定依据。

二　粮食储备

　　积极主动增储，制定《西藏自治区地方粮食储备增储及调整工作实施方案》。区市县三级财政落实增储资金 2.05 亿元，农发行西藏分行开通"绿色通道"解决粮食收购贷款 1 亿元，于 7 月底全面超额完成地方储备粮增储任务。以《西藏自治区储备粮管理办法》印发执行为契机，推进承储单位选定办法、仓储设施管理维修改造项目办法等配套办法的制订工作，完善粮食动态应急储备机制，加强央地储备协同保障和省际间联保联供，拓展稳固内地成品粮源进藏渠道，有效调剂粮食余缺，实现全区粮食供需总量动态平衡。地方储备粮增储任务的落实，进一步优化了粮食储备品种结构和布局，形成了以政府储备为主、动态储备为辅、企业商业库存和农户存粮为有效补充的多层次多元化粮食储备体系。

三　保供稳价

聚焦粮食安全职能，抓好粮源组织调度和市场投放，加强粮食调控，扎实做好粮食收购和粮油保供稳价工作，加大市场监测预警，强化供求形势分析，充分发挥 33 个价格监测直报点作用，科学研判粮食市场形势和价格走势。持续落实区域内粮食价格监测周报、动态监测月报制度，2022 年，33 个监测点共上报监测信息 1.52 万条，编写《粮油市场动态监测情况》9 期。面对疫情，全区各级粮储部门及时成立保供专班，实行梯队上岗，加强供应调度，强化部门联动，创新供应方式，协调运力畅通，组织购进区外成品粮，区内糌粑、青稞跨区域供应，高效做好疫情防控粮油保障，累计销售粮油14.54 万吨，确保"米袋子"供应量足价稳，保障市场有效供应和价格基本平稳。

四　粮食流通监管

一是坚持库存专项检查和突击检查相结合，加大对全区粮油库存、批发、零售等重点环节的监督检查力度，在疫情期间开展诚信经营保供稳价专项检查 5 次，及时动态了解市场流通状况，严查囤积居奇、哄抬粮价等违法违规经营行为，有效维护粮食流通秩序。开展 2022 年政策性粮油库存检查工作，对全区 7 地（市）的 14 家粮食储备库点开展检查，检查数量分别占全区地方储备粮油总量的51% 和 65%。二是强化粮食统计监督职能，加强对辖区内涉粮企业统计制度执行情况的检查，落实好国家和自治区粮食流通统计制度。加强政策性粮食销售出库检查，及时掌握辖区内政策性粮食竞价销售和出库动态信息，突出对超标粮食处置的督查，严防不符合食品安全标准的粮食流入口粮市场或食品加工环节。三是全区粮储系统扎实推进涉粮购销领域问题专项整治，各级粮储部门梳理监管职责问题、涉粮国有企业自查发现问题、"拉网式"排查新发现问题均已整改完成，解决了一批长期没能解决的历史遗留问题，形成了一批打基础、管根本、利长远的管理制度，有效净化了系统政治生态，全面从严、依法依规治粮管储的力度和效果持续提升。

五　应急物资储备

不断提升物资应急保障能力，充分考虑灾害分布区域和灾害特点及各地市代储需求，2022 年向 6 个地市、15 个县区代储 22 个品种救灾物资。拟定《关于改革完善体制机制加强战略和应急物资储备安全管理的实施方案》。坚持统筹调度，简化调拨流程，及时投放，全面满足了核酸检测、安置群众、人员隔离、方舱医院建设、领导包保等物资需求。及时动用协议车辆，优化物资和配送工作，精准保障疫情防控应急物资需求，疫情期间共计调拨区市县三级物资 82.5 万件（套）。坚持物资库存"边出边补"原则，根据库存变化及时向应急部门提出采购补库需求。

六　储备设施管理

认真执行《西藏粮食和物资储备安全生产三年专项整治行动方案》，开展经常性监督检查，把严抓出入库作业管理、仓储管理、消防管理、项目安全管理等措施，充分融入日常管理中，2022 年全区各级粮储部门累计开展消防演练 200 余次、应急救援演练 80 余次，全系统实现安全生产"零事故"，确保了粮食和物资储备管理各环节安全，延续着连续 10 年无安全生产事故记录。建立应急救灾物资快速调运机制，开展应急演练，加强应急值守、日常巡查等安全管理措施，确保救灾物资储得好、调得出、用得上。充分发挥智能粮库信息化建设成果，实现粮库和省级平台功能提升，实现互联互通、全程动态实时监管和预警防控。目前，智能粮库信息化建设项目，完成了 44 个粮库与省级平台的对接，粮食管理平台完成等保测评，实现了对自治区储备的全覆盖、全监督。

撰稿单位：西藏自治区粮食和物资储备局；撰稿人：肖铮；审稿人：刘宝杰

陕西省　　基本情况

2022 年，陕西省粮食播种面积 3017.5 千公顷，较上年增长 0.4%；全年粮食产量 1297.9 万吨，创产量新高，同比增长 2.2%；粮食单产创历史新高，单位面积产量 4301.2 公斤 / 公顷，增长 1.7%。夏粮播种面积 1105.10 千公顷，夏粮产量 475.90 万吨；秋粮播种面积 1912.37 千公顷，秋粮产量 821.99 万吨。

2022 年工作

一　粮食安全党政同责有效落实

省委省政府高度重视粮食安全，坚决扛稳粮食安全政治责任，省委常委会议、省政府常务会议、专题会议多次研究粮食安全，省委省政府主要领导和分管领导多次深入基层调研指导粮食工作。省委省政府领导班子及其成员粮食安全责任清单印发实施，市县党委政府对标看齐，知责尽责，宝鸡、榆林、汉中、韩城等 8 个市（区）印发责任清单，自觉扛稳粮食安全政治责任。省粮食和物资储备局认真履行省粮食安全考核领导小组办公室职责，充分发挥粮食安全考核"指挥棒"作用，建立项目资金奖励机制。将考核结果纳入全省目标责任考核体系，采取一把尺子量到底、实地考核全覆盖的考核方式，全面开展了 2020、2021 年度省对市（区）考核，各级党委政府重农抓粮积极性有效激发，粮食安全党政同责在各级党委政府得到有效落实。粮食安全党政同责工作受到充分肯定，并作为唯一代表省份在全国粮食和物资储备工作会议上交流经验。

二　粮食调控能力显著提升

全省新增粮食储备全部落实到位，地方粮食储备规模创历史新高；应急成品粮油储备保障能力位居全国前列。全年共调整省级储备粮 25.93 万吨、省级储备食用油 15.5 万吨。全省粮食储备安全管理改革重点任务全面完成，地方储备规模布局和品种结构更加合理、管理制度机制更加完善，粮食储备"压舱石"更加稳固，储备调控能力显著提升。各级加强粮食应急保障体系建设，全省建成粮油市场监测点 600 个、粮食应急保障企业 2358 家，粮食应急供应实现镇（街道）全覆盖。6 家企业被评定为国家级粮食应急保障企业，27 家企业选定为省级粮食应急保障企业，覆盖全省各市（区）。精心安排部署，扎实做好夏秋粮食收购工作，牢牢守住农民"种粮卖得出"底线。全年累计收购粮食 761.0 万吨、销售粮食 1202.5 万吨。政策性粮食线上交易 72.26 万吨，以精准高效的措施，确保了全省粮油市场供应充足、运行平稳。持续深化产销合作，组织参加第四届中国粮食交易大会和区域粮食贸洽会，拓宽粮食购销渠道。

三　粮食产业实现稳步增长

第一轮优质粮食工程全面收尾，建成了覆盖全省产粮大县的粮食产后服务中心、省市县三级粮食质量监测体系。第二轮优质粮食工程开局起步良好，省级粮食专项资金规模增加 1.2 亿元，首批 54 个项目全部启动实施，协同推进"六大提升行动"，促进粮食产业提质增效。打造"陕西好粮油 1+N"品牌矩阵，粮油产品影响力、产品价值力和市场占有率持续提升，"延安小米"荣获"中国十佳粮油影响力公共品牌"，主营销量和收入实现翻一番。全省 64 家企业 78 个产品入选"陕西好粮油"产品名单，其中 15 家企业 17 个产品荣获"中国好粮油"称号。2022 年，全省粮油加工业实现工业总产值 616.8 亿元。全省国有粮食企业营业收入 211.49 亿元，同比减少 5.48%，利润总额 1.74 亿元，同比减少 13.63%。开展粮食节约行动，牵头组织开展世界粮食日和全国粮食安全宣传周陕西主会场系列活动，发布爱粮节粮倡议书，会同省妇联举办陕西巾帼兴粮节粮推进活动，宝鸡、铜川、渭南、榆林市向农户发放科学储粮装具，陕西粮农集团下属企业入选国家绿色储粮标准化试点单位，全链条推进节粮减损。

四　物资储备取得新突破

经过积极争取、多方协调，省防汛抗旱物资管理中心完成转隶并提升为差额拨款事业单位，省级救灾物资、防汛抗旱物资和重要商品储备职能基本理顺。按照国家关于地方成品油储备建设要求，建立了一定规模的省级成品油储备。认真履行物资储备管理职能，组织开展各市（区）代储省级救灾物资实地核查，全面摸清代储在市县的省级救灾物资底数。开展物资紧急投放和应急预案演练、组织物资储备管理现场观摩，印发《陕西省省级救灾物资储备管理暂行办法》，确保物资储备关键时刻拿得出、调得快、用得上。全年先后向西安、渭南、西藏阿里地区调拨 1.5 万余件应急物资支援疫情防控和防汛救灾等工作，受到省委省政府的充分肯定和干部群众的广泛好评。强化督查检查，组织开展了省级救灾物资和重要商品应急储备专项检查，救灾物资和重要商品储备数量真实、质量良好、储存安全。指导各市（区）加快理顺物资储备职能，并取得显著成效。西安、渭南、延安、安康、商洛、杨凌示范区等市（区）建立了救灾物资储备，榆林市建立了重要商品储备。

五　粮食流通监管蹚出新路子

全省粮食购销领域腐败问题专项整治取得阶段性成效，各级粮食和物资储备部门整治问题 758 个，建章立制 260 余项，靠制度管粮、管权、管人的长效机制基本形成。2022 年全系统开展监督检查 900 余次，行政处罚 15 起，给予警告处罚 12 起，罚款 3 起。印发《关于加快推进全省粮食购销领域监管信息化建设的通知》，持续推进粮食购销全过程"穿透式"监管。协调省委政法委召开粮食安全座谈会，出台政法机关关于保障粮食安全的若干措施。会同省委编办印发《关于完善体制机制加强保障粮食安全基层基础力量的通知》，进一步健全基层粮食和物资储备机构职能和执法监管力量。组织开展执法人员通用法律知识考试，建立粮食立法、行政执法和人才培养协作机制，粮食安全多部门联动、齐抓共管的良好局面正在形成。认真开展省级储备粮管理年度考核，发现问题从严处置、严肃问责，持续释放强监管信号。商洛市组建市、县粮食执法队伍，实现"四统一"管理，有效解决执法力量不足问题，为全省树立榜样。2022 年度库存检查结果显示，政策性粮食库存数量真实、质量良好、储存安全。加强新收获粮食质量安全监测，严防不符合卫生指标粮食流入口粮市场。认真开展全系统安全生产专项整治三年行动，加强监督检查，安全生产形势总体平稳。粮食质量安全工作连续三年荣获全国优秀等次，陕西省粮食和物资储备局消防安全工作被省委省政府评为优秀等次。

六　机关政治建设全面加强

深入学习贯彻习近平总书记来陕考察和在瞻仰延安革命纪念地时的重要讲话重要指示，推动大会决策部署在粮储系统落地见效。坚持科技和人才兴粮兴储，与西北农林科技大学等高校签订战略合作协议，创建"博士后创新基地"，设立"拔尖人才工作室"，举办了全行业粮食安全人才实训班 2 期，推动商洛学院设立粮食工程本科专业，填补了西北地区涉粮人才培养的空白。加强政治机关建设，创建精神文明单位；成立团委、妇委会和志愿者组织，开展"唱起来、跳起来、乐起来"系列活动，邀请省纪委监委领导同志讲授廉政党课，深刻汲取违纪违法案件教训，严管厚爱干部，涵养风清气正的政治生态。扎实开展作风建设专项行动，发扬"勤快严实精细廉"作风，加强基层组织建设，努力打造"政治强、业务精、作风硬"的干部队伍。

撰稿单位：陕西省粮食和物资储备局；撰稿人：姚进房；审稿人：杨林

甘肃省   基本情况

2022 年，甘肃省地区生产总值 11201.6 亿元，比上年增长 4.5%。全省粮食总产量 1265.0 万吨，比上年增加 33.5 万吨，增长 2.7%。其中，夏粮产量 342.3 万吨，增长 3.8%；秋粮产量 922.7 万吨，增长 2.4%。全省粮食总收购 340.2 万吨，同比下降 0.04%；总销售 387.4 万吨，同比下降 0.9%。全省食用油总收购 19.3 万吨，同比增长 2.5 倍；总销售 30.6 万吨，同比增长 1.5 倍。全省共签订粮油收购订单 4548 个，订单收购数量 26.9 万吨。

2022 年工作

一   粮食安全责任制

贯彻落实《地方党委和政府领导班子及其成员粮食安全责任制规定》，提请省委办公厅、省政府办公厅印发重点工作清单，梳理明确 24 项工作任务，建立台账、督办盯办、推动落实。向省委农村工作领导小组第二次全体会议汇报了落实粮食安全责任制工作情况，推动各级各单位履行工作职责，切实落实保障粮食安全政治责任，筑牢守好粮食安全底线。建立《甘肃省粮食安全责任制考核工作简报》，及时向省委、省政府和国家粮安考核办汇报粮食安全责任制落实情况、典型经验和工作亮点，向省直相关部门和各市（州）通报情况、传导压力，推动与国家对口部委加强沟通衔接，促进提高工作质效。2022 年上报国家粮安考核办 35 期，整理编发 20 期，被采用 4 期。

二   地方粮食储备建设和管理

完成粮食储备安全管理体制机制改革，13 个市（州）建立社会责任储备。制定出台地方储备管理、成品管理、轮换管理等制度，地方储备管理制度体系不断完善。修订印发《甘肃省省级储备粮竞价销售交易细则》，制定印发《关于加快推进政府储备粮轮换第三方交易的通知》，地方储备轮换交易机制不断健全。适时调整吞吐轮换节奏，安排省级储备小麦轮换计划 27.4 万吨、玉米 2.1 万吨，分期分批通过省粮油批发市场竞价拍卖，精准调控省内粮食市场，保障了面粉、饲料等用粮企业需求。

三　物资储备管理

出台《甘肃省改革完善体制机制加强战略和应急物资储备安全管理的实施方案》。主动承接省级食盐、防汛抗旱物资管理等新职能，管理的储备物资达到 7 类，占全省 12 类的一半以上，统一健全的物资储备管理体系正加快形成。全省组织调运省级救灾物资 5 类 3.77 万件（套）、市县级救灾物资 17 类 182 万件（套）；分 3 批次投放省、市级储备肉 1416 吨，收储临时储备冻猪肉 744 吨；投放冬春蔬菜 2 万多吨。提前谋划成品油储备建设，落实资金补助、承储单位、管理办法，加快节奏，盯紧入库，率先完成国家下达的储备任务。

四　粮食产业发展

完成优质粮食工程一期，建设了质检体系、产后服务体系、"陇上好粮油"新零售体系，全省粮食产业基础不断增强。组织 47 家"陇上好粮油"企业、近 300 种产品参加第 28 届"兰洽会"，持续提升"陇上好粮油"品牌和产品在省内外的知名度、影响力，并荣获"优秀组织奖"。认真落实《关于深入推进优质粮食工程的意见》，紧紧围绕粮食绿色仓储、品种品质品牌、质量追溯、机械装备、应急保障能力和节约减损健康消费"六大提升行动"，从最迫切、最急需的项目入手，分批次建设，已具备实施条件的 5 个提升行动均已启动实施，总投资 1.7 亿元，着力打造优质粮食工程"升级版"。

五　粮食市场供给

巩固拓展与河南、黑龙江等粮食主产省、周边省份的产销协作关系，邀请新疆维吾尔自治区粮食和物资储备局参加第 28 届"兰洽会"相关活动，并签订产销区粮食安全合作保障协议。持续"引粮入甘"，全省从省外购进粮食 187.1 万吨、食用油 18.9 万吨，满足了省内小麦、稻谷需求。全力做好重大节日和疫情期间粮油保供稳市工作，抓好粮源组织筹措，发挥"粮超对接、粮批对接、粮企对接"等直采直供优势，畅通粮油产品供应"最后一公里"，确保粮油供应不脱销、不断档。充分发挥覆盖全省 14 个市（州）、86 个县（市、区）信息监测网络作用，及时准确掌握粮油价格动态，合理引导预期，确保全省粮食市场平稳运行。

六　保粮爱粮节粮

开展粮油科技周宣传活动，推动科普宣传进家庭 1007 次、进社区 152 次、进学校 83 次、进企业 132 次。主要在线上开展 2022 年世界粮食日和全省粮食安全宣传周活动，各市、县相应开展宣传，累计创建国家级 2 个、省级 21 个粮食安全宣传教育基地，在提升全社会粮食安全意识、爱粮节粮、健康消费等方面持续发挥积极作用。制定印发《领导班子成员安全生产职责和安全生产领导小组成员单位任务分工》，与直属单位签订储粮安全和生产安全目标责任书，开展春、秋季"两个安全"大检查、安全生产专项整治三年行动总结评估，指导 12 家直属企业完成安全生产标准化三级达标创建，组织市（州）及直属单位 2400 人完成全国粮食和物资储备系统安全生产线上注册培训学习，全系统安全形势稳定向好。

七　粮食应急体系建设

制定印发《甘肃省粮食应急保障中心建设实施意见》，按照省市县三级均至少建立 1 家的要求，组织开展省、市、县三级粮食应急保障中心建设，全省拟建立粮食应急保障中心 99 个，其中省级 4 个，市级 15 个，县级 80 个。全省粮油应急供应网点达到 1897 个、配送中心 145 个、加工企业 136 个、储运企业 137 个、保障中心 96 个，修订三级粮食应急预案 79 个，增强了粮食应急保供能力。

八　粮食购销领域专项整治工作

把专项整治不断引向深入，取得阶段性成效。专项巡视反馈的 16 项 35 个问题，整改完成 31 个，取得阶段性成效并长期坚持 4 个。认真组织开展政策性粮油库存检查，全省交叉检查库存粮食 107.1 万吨、是上年检查数量的 2 倍，扦取样品 178 份、是上年的 3.8 倍。在 19 家直属企业开展"四清四查"财务检查活动。全省开展粮食流通执法督查 1683 次，查处案件 12 起，查办 12325 监管热线 11 起，对涉粮违纪违法行为形成有力震慑。不断完善系统功能，加强粮食信息化监管，9 月底前实现省级储备粮监管全覆盖，全省粮食信息化监管功能提升改造进展顺利，穿透式监管格局正在形成。《甘肃省粮食储备安全管理办法》出台实施，标志着全省粮食储备、流通依法治理迈上新台阶。

撰稿单位：甘肃省粮食和物资储备局；撰稿人：张静；审稿人：刘建堂

青海省　基本情况

青海省位于祖国西部，雄踞世界屋脊青藏高原的东北部。青海是长江、黄河、澜沧江的发源地，故被称为"江河源头"，又称"三江源"、素有"中华水塔"之美誉。2022 年末全省常住人口 595 万人，比上年末增加 1 万人。从城乡构成看，城镇常住人口 366 万人，比上年末增加 3.5 万人，占常住人口的比重（城镇化率）为 61.43%，提高 0.41 个百分点。青海粮食播种面积 303.5 千公顷，同比增长 0.4%，总播种面积和粮食播种面积均为近年来最多，粮食总产达到 107.3 万吨。

2022 年工作

一　粮食安全省长责任制

一是认真贯彻中央关于地方党委和政府领导班子及其成员粮食安全责任制规定的部署要求，印发落实地方党政领导粮食安全责任制规定重点工作职责清单。二是印发《2022 年度粮食安全责任制工作重点任务》、《做好 2022 年度粮食安全责任制考核市州级自查总结工作的通知》，制定《青海省市州级党委政府落实粮食安全责任制考核指标评分细则（试行）》，扎实推动粮食安全责任制各项工作有效落实。

二　粮食制度体系及行业指导

一是全面贯彻落实改革完善体制机制加强粮食储备安全管理的意见要求，修订《省级政府储备粮管理办法》，制定《省级政府储备粮基础管理规范》、《省级储备粮油财政补贴资金管理暂行办法》等，统筹完善管粮制度体系。二是完善粮食收购贷款信用保证金制度和省级储备粮贷款资金联合监管机制。三是持续巩固省际间产销合作关系，与内蒙古粮食和物资储备局签订《粮食产销战略合作协议书》，进一步拓展粮源供应渠道。

三　储备粮油管理

及时下达 2022 年省级储备粮油轮换计划，紧跟轮换进度，有效指导承储企业做好轮换工作。全力做好政府储备粮油落实和管理工作，确保储备粮数量真实、质量良好、储存安全。稳步推动储备粮轮换，实现省级原粮静态轮换 100%公开竞价交易，省级储备小麦实际轮出 96%、轮入 93%，成品储备粮完成 4 次轮换。全省落实社会责任储备，初步形成"政府储备为主、企业储备补充"的全社会储备格局。进一步优化省级储备粮补贴政策，调增成品粮保管费用定额标准，优化原粮轮换价差标准。充分利用粮食收购信用保证金的融资增信功能，为油脂加工企业发放粮食收购贷款，通过国家粮食青海交易中心交易 23.75 万吨，交易额 8.02 亿元。

四　储备管理体制机制改革

全面贯彻落实改革完善体制机制加强粮食储备安全管理的意见要求，持续推进储备粮政策性与经营性职能分开，省属企业政策性与经营性职能分开实施方案经省政府常务会议、省委深改委会议审议通过后印发执行，完成青海省粮食集团有限责任公司、省储备粮管理公司组建及工商登记注册和股权划转。指导市州国有粮食储备企业推进改革工作，7 个市州已基本完成储备粮政策性与经营性职能分开。

五　安全储粮和安全生产

圆满完成 2022 年政策性粮油库存检查，总体数量真实、质量良好、储存安全，检查发现的问题已全部整改到位。认真开展粮食行业监督检查和问题查处，全面提升监管效能。顺利完成全国粮食企业信用监管平台信用评价工作，全省参加首次信用评价企业 109 家。持续做好政策性粮食质量安全检验监测及库存粮食质量安全风险监测，确保政策性粮食库存质量安全。推进安全生产专项整治三年行动集中攻坚，全面加大安全储粮、安全生产工作指导和普查、巡查、抽查力度，全省粮食行业未发生安全生产责任事故，安全生产形势良好。

六　粮食应急保供和市场价格监测

落实政府成品粮储备"10+5"模式，督导西宁、海东提升应急保障能力，确保成品粮储备达到常住人口 15 天以上规模，小包装食用油达到 3 天以上规模。强化与省级粮食应急保障企业协同联动，有效衔接储运、配送、供应等各环节，充分发挥政府储备在市场宏观调控中的吞吐调节作用，确保粮源充裕、库存充实、供应畅通，满足群众日常生活需要。持续强化粮油市场监测，启动四轮粮油监测日报，采集汇总信息 1.8 万条。加强应急保障体系建设，制定应急体系建设方案和促进应急保障企业发展实施意见，建立粮食应急工作指挥部办公室工作机制，审核认定第二批国家应急保障企业，开展省级粮食应急供应预案演练，指导西宁、海北、海东修订本级预案并开展应急演练。

七　粮食产业项目储备

一是加快推进第一轮优质粮食工程整改任务落实，重点督导检查资金未落实、建设未完工、项目未验收的地区和单位，细化项目资金绩效考核指标，委托省财政投资评审中心开展综合绩效评价，全力推动优质粮食工程项目落地，发挥实效。二是以绿色仓储和应急保障能力提升为突破口和着力点，依托国有粮食仓储和应急骨干企业，推动落实"六大提升行动"，打造优质粮食工程升级版。编制《深入开展优质粮食工程项目实施方案》，落实项目建设资金。会同财政厅向国家粮食和物资储备局进行报备。三是大力推动绿色储粮设施提升行动，制定《青海省 2022 年绿色储粮升级项目实施方案》，谋划 2023—2025 年绿色储粮升级项目，提升安全绿色储粮水平。

八　专项整治巡视巡察

深入开展粮食购销领域腐败问题专项整治和省委涉粮问题专项巡视反馈问题整改工作。把系统学习与整改整治、推动工作贯通起来，把解决具体问题与推进制度建设紧密结合，确保问题改深改透改实。全省粮食系统专项整治问题整改率 98.31%，省委专项巡视问题省级层面整改率 93.80%，其余需要长期整改的问题正在持续整改中。在巩固粮食购销领域腐败问题专项整治成果的基础上，扎实开展工程建设领域专项治理，深化一体推进"三不腐"工作。全省粮食系统理想信念进一步坚定，思想认识进一步升华，工作作风不断改进，制度体系更加健全，廉洁意识大幅提升，政治生态明显净化。

九　粮油质检

全面完成了政策性粮食质量安全检验监测工作，全年共完成各类省级储备粮油监督检验样品 397份。积极开展政策性粮食委托检验业务，与全省 12 个粮食行政管理部门和 1 家律师事务所签订了政策性粮食委托检验协议，共接受委托检验样品 270 份。认真落实全省食品安全重点工作任务安排，组织省级和 7 个市（州）级粮食质量监测站开展了收购粮食质量安全风险监测，完成检验样品 83 份。配合省粮食行业协会，完成了拟参加遴选"青海好粮油"产品称号企业的委托检验工作。认真开展培训并指导各市州粮食质量监测站开展检验监测业务。联合相关单位完成《青稞面粉》等 3 个青海省食品安全地方标准的研制工作，成功纳入青藏高原种植资源研究与利用共建实验室。

✛　党建、党风廉政建设和队伍建设

　　加强党对全局工作的领导，高度重视党的建设和党风廉政建设工作，切实把政治建设摆在首位，突出政治引领，落实全面从严治党主体责任，推动全面从严治党向纵深发展。坚持党建统领，建立健全党组理论学习中心组引领示范、基层党组织积极带动和各支部联学联建的学习机制，重点开展全面从严治党专项行动、制度执行年活动并取得积极实效。履行全面从严治党主体责任，深入推进以案为鉴、以案促改工作，扎实开展"转作风、勇争先"作风建设行动，强化警示教育，引导全系统党员干部知敬畏、存戒惧、守底线。持续深化整治群众身边腐败和不正之风等突出问题，坚决防范化解粮食系统重大廉政风险，大力营造风清气正的良好政治生态。加强干部队伍建设，全力克服"本领恐慌"，激励干部担当作为，强化干部监督管理，培养造就忠诚干净担当的高素质专业化干部队伍。

撰稿单位：青海省粮食局；撰稿人：王艳秀；审稿人：王丽娜

宁夏回族自治区　　基本情况

　　2022年宁夏回族自治区粮食播种面积692.29千公顷，同比增加2.99千公顷，增幅0.4%。其中，小麦81.35千公顷，同比增加14.25千公顷，增幅21.4%；稻谷29.37千公顷，同比减少21.53千公顷，减幅42.2%；玉米365.59千公顷，同比减少1.81千公顷，减幅0.5%。全区粮食总产量375.8万吨，同比增加7.4万吨，增幅2%。其中，小麦27.27万吨，同比增加8.32万吨，增幅43.9%；稻谷23.66万吨，同比减少17.3万吨，减幅42.3%；玉米276.63万吨，同比减少13.23万吨，减幅5%。现有入统粮油加工业企业199家，年加工能力812万吨，加工总量240万吨，实现工业总产值155亿元。

2022 年工作

一　全面加强党的领导，党建引领发展质量明显提升

　　坚决落实全面从严治党主体责任，巩固拓展党史学习教育成果，认真开展"大学习、大宣传、大实践"活动，大力实施"党建强、业务强，机关带系统、系统带基层"的"双强双带"工程，推动党建与粮食和物资储备工作深度融合，促进了全区粮食和物资储备行业高质量发展。深入开展粮食购销领域腐败问题专项整治，扎实推进专项巡视、专项审计反馈问题整改工作，紧盯整改任务，细化整改措施，压实整改责任，确保整改落实工作深入开展、见行见效。全系统累计专项整治自查自纠问题340个，整改完成323个；专项巡视反馈的19个问题，整改完成18个；专项审计反馈的59个问题，整改完成57个，一些沉积多年的问题得到了有效解决，全系统工作作风明显转变。

二　全面落实党政同责，保障粮食安全能力明显提升

　　坚决扛起保障粮食安全重大政治责任，成立由自治区党委、政府主要领导为组长，党委、政府分管领导为副组长的自治区粮食安全责任制考核工作领导小组，将粮食安全责任制考核纳入乡村振兴综合考评、效能目标管理考核和自治区党委督检考计划，全面保障粮食安全政治责任不断压实。2022

年，全区累计收购粮食 183.9 万吨、销售 258.9 万吨，其中夏粮收购小麦 11.5 万吨，守住了农民"种粮卖得出"底线。自治区储备粮轮换收购基地小麦 3.5 万吨，占全区小麦年度轮换计划的 70%，自治区储备小麦自给率由 7% 提高到 24%。积极构建区、市、县三级地方粮食储备格局，落实自治区级储备、临时储备、市县成品粮储备、企业社会责任储备、食用油储备，原粮储备保障能力达到 6 个月，成品粮储备保障能力达到 10 天以上，食用油储备保障能力达到 60 天。修订《宁夏回族自治区粮食应急预案》，建立区、市、县、乡四级联动应急工作机制，3 次启动粮油市场监测预警日报机制，入围国家级重点应急保障企业 3 家，应急保障企业累计达到 183 家，实现市、县（区）全覆盖。

三　全面强化协同保障，粮食产业发展活力明显提升

持续巩固第一轮优质粮食工程建设成果，完善政策体系，突出项目支持，大力推进"三链协同"，深入实施"五优联动"，着力开展"六大提升行动"。建立健全"十四五"优质粮食工程项目库，其中年内开工的 80 个项目（总投资 5.1 亿元）中完工 59 个，完成投资 4 亿元，优质粮食工程成效初显。谋划粮食和物资储备重大基础设施项目 71 个，其中年内开工项目 33 个，完工 10 个，完成投资 8930 万元。新增入统企业 41 家，全区粮油加工业 4 项统计指标均呈现增长态势。加快推进宁夏（中卫）"一带一路"粮食储加销基地项目谋划，总体规划通过评审。认真开展第四批"宁夏好粮油"产品遴选工作，全区"中国好粮油"产品 6 个，"宁夏好粮油"产品 78 个。积极参加第四届中国粮食交易大会，22 家企业 180 多个优质粮油产品参展福建粮洽会，全区 9 个脱贫县 18 家粮油加工企业入驻脱贫地区农副产品网络销售平台。加快建设新型社会化、专业化粮食产后服务体系，建成粮食产后服务中心 64 个，配备粮食烘干设施 120 套，服务涵盖 112 个乡镇。

四　全面夯实监管责任，依法管粮管储水平明显提升

认真贯彻落实《粮食流通管理条例》，印发《全区粮食节约行动实施方案》，修订《自治区粮食质量安全监管实施细则》，出台应急救灾物资、代储商品管理办法及保障预案等制度。不断强化粮食质量安全风险监测，切实把好粮食入库、储存、出库质量安全关。扎实开展安全生产专项整治三年行动，高质量完成国务院安委会、自治区安委会及国家粮食和物资储备局开展的年度安全生产和消防安全等专项迎检考工作，全系统安全生产零事故。扎实开展 2022 年政策性粮食库存检查巡查，严肃查办涉粮违法案件 7 起，核查 12325 监管热线转办线索 6 条，全区未发生重大涉粮案件。深入推进粮食购销领域监管信息化项目建设，自治区级 11 个储备粮库实现监管信息化全覆盖。全面完成自治区应急商品代储、救灾物资补库、疫情防控物资采购工作，应急物资三级储备格局基本形成。地方成品油储备任务如期完成。全年共调拨 28 批次物资支援疫情防控，得到自治区疫情防控指挥部的充分肯定。

撰稿单位：宁夏回族自治区粮食和物资储备局；撰稿人：白冰；审稿人：蒋文斌

新疆维吾尔自治区　基本情况

新疆维吾尔自治区，地处中国西北，位于亚欧大陆腹地，是"一带一路"核心区。2022年粮食种植面积 2433.9 千公顷，粮食总产 1813.5 万吨，比上年增加 77.7 万吨，单位面积产量达 7451.0 公斤 / 公顷。其中：玉米产量 1080.51 万吨，增产 6.7%，玉米种植面积 1145.56 千公顷，增长 3.2%；小麦产量 653.49 万吨，增产 2.1%，小麦种植面积 1153.6 千公顷，增长 1.6%；大豆产量 12.11 万吨，增产 115.6%，大豆种植面积 40.08 千公顷，增长 111.5%。

2022 年工作

一　粮食安全党政同责

完善粮食安全责任制领导小组，成立由自治区党委主要领导任组长的粮食安全责任制领导小组，将自治区党委和兵团有关部门纳入成员单位，明确职责任务，建立兵地粮食安全保障协调机制。将粮食安全责任制考核工作任务纳入自治区党委、人民政府督办内容，将保障粮食安全写入 2022 年自治区《政府工作报告》，指导各地州市制定完善贯彻责任制规定的若干措施和重点任务分工方案，组织 14 个地州市和 8 个考核牵头单位向自治区党委、人民政府递交《保障粮食安全责任书》。自治区党委组织召开自治区粮食安全责任制领导小组全体会议，安排部署粮食安全保障工作。协调自治区财政筹集资金近 27 亿元，推动整改历年"国考"反馈问题，粮食安全考核反馈问题得到全面整改。

二　粮食流通调控

推动出台《新疆维吾尔自治区粮食安全保障条例》，2022 年 11 月 1 日正式施行。该条例为自治区粮食生产、维护粮食流通秩序、实现粮食安全保障工作现代化治理提供了法治保障，标志着新疆粮食安全保障工作依法治理进入了新阶段。2022 年全区累计收购小麦 327.1 万吨、玉米 621.3 万吨，收购平均价格较上年分别上涨 0.36、0.23 元 / 公斤，支持粮食企业取得增信贷款 64.45 亿元，带动种粮农民增收 25 亿元。将地、县政府储备粮全部纳入国家粮食交易平台公开竞价交易，全年完成各类粮油交易 88.14 万吨，成交金额 25.32 亿元。新疆 2022 年完成自治区储备粮油轮换计划 32.5 万吨。

三   救灾和物资储备

出台《关于改革完善体制机制加强战略和应急物资储备安全管理的实施方案》，确定 4 个重点领域 17 个关键品类储备目录。探索建立政府与企业相结合的多元储备模式，制定自治区政府成品油、食盐储备方案，推动建立成品油储备。有序推进救灾物资储备库建设，建成投入使用自治区救灾物资储备库北疆分库，目前全区共有救灾物资储备库（点）114 个，中央、区、地、县四级救灾储备网络更加健全完善。全年高效调拨应急救灾物资 20 批次 19.3 万件，调拨物资数量超过前五年的总和。

四   粮油应急保供

制发《关于完善粮食供应保障体系建设的实施意见》，指导地县签订《粮油加工企业社会责任储备协议书》，完善粮油市场保供稳价应急工作机制。疫情期间启动应急工作机制，加强监测预警、统筹粮源供应、指导粮油加工、协调运输配送，发挥中央、地方储备粮宏观调控和应急保供企业作用，有序投放 399 万吨小麦，保障了全区粮食供应充足和价格稳定。健全完善粮食应急网点，目前全区共有粮食应急企业 2699 个，其中：供应网点 1958 个、加工企业 212 个、配送中心 337 个、储运企业 165 个、主食加工企业 27 个。制定完善《粮食应急预案》104 个，开展粮食应急演练 101 次，应急培训 107 次，全面提升全区粮油应急保供能力。

五   安全仓储与粮油质检

出台《自治区"十四五"粮食产业高质量发展规划》，争取预算内资金 8.5 亿元用于地州市粮食物流仓储设施项目建设，新建仓容 23.56 万吨。"绿色仓储提升行动"总投入 3.07 亿元，自治区级储备粮实现储粮化学药剂磷化铝零使用，全区全社会保障仓房仓容 1350 万吨。评选出 2 家"五星级"粮库，4 家"四星级"粮库。制定《2022 年度自治区粮食质量安全监督管理计划》，累计完成新收获检验样品 2164 份。12 家地州级粮食质检机构全部取得资质认定，全年组织开展 5 次地县两级粮食行政管理人员质量安全监管业务培训，累计培训 800 余人次，全面提升全区质检水平。

六   粮食产业高质量发展

组织参加第七届中国—亚欧博览会，集中推介自治区粮油领域的新产品、新技术。指导各地因地制宜组建粮油集团，全区粮油集团数量由 3 个增加至 8 个。组织全区粮食企业参加第四届中国粮食交易大会，线上交易量 32 万吨，成交金额 12 亿元。全区入统粮油加工企业工业总产值达 500 亿元，同比增长 12%。细化制定《自治区 2022 年"优质粮食工程"实施方案》，储备确定 2022 年"优质粮食工程"重点项目 143 个，总投资 1.67 亿元。多渠道筹集资金 2.95 亿元实施"六大提升行动"，新建仓容 18.5 万吨、升级改造仓容 23.8 万吨。推动"中国好粮油"产品企业中粮八一面业（呼图壁）有限公司与中化数字农业新疆公司合作推出"福临门麦芯高筋雪花小麦粉"品牌。

七　粮油市场执法监管

组织开展粮食收购、储存、销售等环节和法规政策执行情况的检查，充分发挥 12325 及自治区粮食收购监管热线作用，切实维护种粮农民利益，有效维护粮食流通秩序。印发《关于进一步深入推进专项整治坚决根治粮食购销领域腐败问题的通知》，修订规章制度 32 项。完成全区 363 家粮食企业网上信息归集和信用评价。粮食购销领域监管信息化建设达到省级储备全覆盖，实现库点、省级平台、国家平台三级数据互联互通。与地、县两级发改（粮储）部门共同推动机制编制及队伍建设工作，全区执法人员由 118 人增加到 416 人，切实加强了粮食购销领域监管力量。2022 年全区查办涉粮行政执法案件 48 件，罚没款 90.81 万元，查办案件量是前四年总和的 3 倍，有力打击违法违规行为，维护种粮农民利益，确保粮食流通市场平稳有序。

八　加强自身建设

全面提升干部职工能力素质，深入开展"作风建设提升年""能力素质提升年"活动，通过组织专题讲座、交流研讨、学习强国 APP、法宣在线网站等形式加强学习。举办"全区粮食和物资储备系统学习宣传贯彻党的二十大精神暨能力素质提升培训班"，400 余名干部职工参加培训。举办"第六届全区粮食行业职业技能竞赛"，为行业培养储备了更多"粮工巧匠"。组织开展"民族团结一家亲"和民族团结联谊等活动，全年派出 36 名干部职工参与"访惠聚"驻村工作，投入 663.24 万元推动乡村振兴建设，帮带创建"五个好"党支部 9 个。坚守政治纪律和政治规矩，认真履行党风廉政建设主体责任，持之以恒纠"四风"，营造粮食和物资储备系统风清气正的政治生态环境。

撰稿单位：新疆维吾尔自治区粮食和物资储备局；撰稿人：冯长安；审稿人：邱杰

新疆生产建设兵团　基本情况

　　2022 年，新疆生产建设兵团粮食播种面积 341.30 千公顷，比上年增长 13.7%；全年粮食产量 315.35 万吨，比上年增长 12.3%。其中：小麦种植面积 155.02 千公顷，比上年增长 10.2%，产量 107.30 万吨，比上年增长 7.5%；玉米种植面积 148.58 千公顷，比上年增长 15.6%，产量 180.95 万吨，比上年增长 17.41%；水稻种植面积 11.27 千公顷，比上年减少 27.9%，产量 11.35 万吨，比上年减少 26.5%。粮食作物单产比全国高出 229 公斤，总产增量占全国增量近十分之一，占全疆增量近二分之一。

2022 年工作

一　讲政治，全面贯彻粮食安全党政同责

　　一是起草兵团落实粮食安全党政同责的考核办法。会同自治区粮食和物资储备局建立健全新疆和兵团粮食安全党政同责的考核机制，紧扣保障粮食安全的关键核心，突出耕地保护、粮食播种面积和产量、粮食质量安全等考核重点，充分发挥考核导向作用，传导责任压力，促使兵团各级各部门形成上下联动、统筹推进、保障有力的工作格局，粮食安全党政同责工作落实一年比一年好。二是根据 2022 年 7 月习近平总书记到兵团调研时的讲话精神"兵团要在保障我国粮食安全和重要农产品供给方面发挥更大作用"，积极向国家发展和改革委员会、国家粮食和物资储备局申请给予兵团地方政府粮食储备任务，完整、准确、全面贯彻落实粮食安全责任制。三是保障粮食生产能力。2022 年粮食播种面积 341.30 千公顷，增长 13.7%，达到历史新高；夏粮和秋粮收获形势大好，粮食总产量 315.35 万吨，增长 12.3%，提前完成兵团"十四五"粮食和物资储备发展规划目标任务。

二　稳基础，健全粮食和物资储备体系

　　一是增加原粮储备规模。经兵团行政常务会议审议通过，印发《兵团地方政府储备粮（小麦）增储方案》。二是建立健全成品粮储备和应急保供体系。印发《兵团成品粮储备实施方案》和《兵团应

急保障体系实施方案》，各师市依托企业建立成品粮储备，同时利用现有资源和企业设施，构建以兵团各师（市）、镇（街道）、和团场粮食应急供应网点为基础，应急配送中心、应急加工企业、应急储运企业为保障的粮食应急供应网络，形成"布局合理、设施配套、运营规范、功能完备"的粮食应急供应保障体系。2022年四季度，兵团粮食应急保障企业共计223家，其中，供应网点190家，加工企业27家，储运企业4家，配送中心1家，应急保障中心1家。粮食企业的加工能力方面，小麦日加工能力累计4270吨，稻谷日加工能力累计1025吨。三是落实储备粮管理制度。严格按照《兵团储备粮质量安全管理办法》、《兵团储备粮仓储管理办法》、《兵团级储备粮轮换管理办法》要求，加大储备粮管理的力度，确保兵团储备粮数量真实、质量良好。四是印发《兵团粮食应急预案》，逐步建立健全兵团粮食应急保障机制。五是做好夏粮收购工作。会同自治区粮食和物资储备局印发《自治区小麦收购应急预案》、《关于公布2022年小麦应急收购价格的通知》，公布2022年小麦应急收购价格为2.32元/公斤。向各师市印发《关于切实做好夏粮收购工作的通知》，要求各师市进一步提高政治站位，全力以赴抓好夏粮收购，贯彻执行自治区夏粮收购政策，要按照做好预案启动的准备工作，牢牢守住农户"种粮卖得出"的底线。

三　严监管，保障粮食质量安全

一是加强储备粮监管检查。严格落实储备粮食入库、出库质量安全检验制度和储存期间定期检验制度。加大政策性储备库存监管，确保库账相符，夯实粮食供应托底之本；常态化组织粮油安全大检查、安全储粮和安全生产监管检查，牢牢守住安全底线。二是加强粮食质量安全监测。不断提升全兵团粮食质检能力，2022年下达兵团粮食质量安全监测任务270份，充分保障职工群众"舌尖上的安全"。三是加强粮食流通监督检查。严格履行法律法规规定的粮食流通执法监督检查职能，重点对三、四、六、七、八、九等师市指导开展粮食收购备案、粮食流通统计检查、粮食经营活动检查等工作。四是切实扛起保安全护稳定的责任。印发《关于进一步做好当前安全生产工作的通知》、《关于开展2022年"安全生产月"活动的通知》，督促各师市坚决落实安全生产责任，认真开展相关活动。组织兵团粮食和物资储备系统有关工作人员参加全国粮食和物资储备系统线上安全培训，切实强化全员安全意识，提高安全技能和监管能力水平。

四　优机制，提升物资保障能力

一是开展2021年度、2022年度和疫情期间紧急追加的兵团本级应急救灾物资的采购计划制定、招标、验收、入库、支付货款等工作，先后三批采购应急救灾物资。会同兵团应急管理局向相关师市分配救灾物资。二是开展应急救灾物资大清查工作，全兵团共储备防护用品、食宿炊具、防洪抗旱、动力设备等四大类救灾物资。三是加强对兵团本级救灾物资的日常管理。学习自治区物资储备服务中心的管理经验，探索更优化的兵团本级物资储备库管理方式，强化消防安保工作，做到库区消防设备每月一大检、每周一小检，提升库区防范灾害风险能力。印发《关于做好2022年全国防灾减灾日有关工作的通知》和《关于做好地震灾害防范应对准备自查工作的通知》，积极开展宣传教育，提升灾害风险防范意识和能力。

五　谋发展，推动粮食产业提质增效

一是深入推进优质粮食工程。2022年1月，兵团发展和改革委员会联合兵团财政局印发《深入推进优质粮食工程实施方案》的通知，谋划新一轮"优质粮食工程"，大力推进"三链协同"，深入实施"五优联动"，以粮食绿色仓储、品种品质品牌、质量追溯、机械装备、应急保障能力、节约减损健康消费等"六大提升行动"为重点，提升兵团粮食产业效益和竞争力，增强粮食安全综合保障能力。二是开展节粮减损工作，印发《兵团粮食节约行动实施方案》、《粮食节约和反食品浪费近期工作要点》，指导师市开展节粮减损工作。

六　强担当，为疫情防控贡献力量

一是开展粮食等生活物资保障协调工作。做好疫情防控期间粮食保供有关工作，协调相关师市、自治区有关单位、粮食保供企业，全力以赴做好成品粮的应急保供。二是报送《关于兵团疫情防控物资保障有关情况的报告》，梳理兵团本级和各师市疫情防控物资资金、储备、调拨、采购等有关情况，为决策提供依据。三是报送《兵团疫情防控物资保障情况周报》，收集汇总兵团本级和各师市医疗、生活、救灾、生产等物资的储备情况。四是印发《关于进一步做好疫情防控物资保障工作的通知》，督促各师市查漏洞、补短板，做好急需药品、防护物资、消杀用品等医疗物资和应急救灾物资的储备，切实提升应对突发事件的能力。五是统筹安排全兵团各类储备物资。分析研判各师市疫情形势和储备情况，根据兵团疫情指挥领导批示要求，科学、精准、高效地向11个师市调拨医疗、应急救灾等物资，调拨物资32批次，切实保障职工群众的防疫和生产生活需要。

撰稿单位：新疆生产建设兵团发展和改革委员会（粮食和物资储备局）；

撰稿人：陈晖；审稿人：李澎涛

大连市　　基本情况

2022 年大连市地区生产总值 8430.9 亿元，增长 4%。粮食播种面积 26.939 万公顷，产量 135.96 万吨（水稻 9.31 万吨，玉米 109.55 万吨，大豆 10.96 万吨，其他 6.14 万吨）。全市收购粮食 75.56 万吨，价格稳中有升。大连港和北良港粮食年中转量持续保持 1000 多万吨。大连商品交易所、大连北方粮食交易市场仍是全国前列的粮食期货、现货交易市场，对粮食市场化流通起到积极的推动作用。

2022 年工作

一　落实粮食安全责任制，扛稳粮食安全政治责任

认真学习贯彻习近平总书记关于保障粮食安全的重要指示批示精神，落实市国安委的部署，建立市粮食安全工作协调机制，加强信息联络、情报会商和危机管控，统筹做好维护粮食安全的各项工作。圆满完成 2021 年度市级党委和政府领导班子及其成员粮食安全责任制考核工作，获评优秀等次。完成落实分级考核责任以及对涉粮区市县的考核任务。

二　深入推进粮食安全保障体系建设，提高粮食安全保障能力

持续推动粮食仓储设施等粮食安全项目三年（2021—2023）建设计划和深入推进优质粮食工程"六大提升"行动，大力支持"粮食绿色仓储、质量追溯、应急保障能力、节粮减损健康消费"提升，2022 年实施 7 个项目，总投资 1.7 亿元，市政府投资补助 8543 万元，有效保障储备粮安全，提高粮食收储保障能力。

三　做好市级储备粮轮换和验收，推动储备粮轮换网上交易

严格落实市级储备粮油规模，下达 2022 年度市级储备粮油轮换计划，完成 2021 年度市级储备粮油轮换验收入库工作，督导承储企业做好日常管理，确保市级储备粮数量真实、质量良好、存储安全。建立《大连市市级储备粮轮换第三方交易联席会议机制》，实现 2022 年度市级储备粮轮换线上交易 12 万吨。

四　加强市级物资储备安全管理，巩固储备管理制度基础

适应粮食储备工作形势任务发展变化，持续加强市级储备粮管理制度建设，依据《粮食流通管理条例》、《辽宁省地方储备粮管理条例》等文件精神，经报请市政府常务会议审议通过，重新制定的《大连市市级储备粮管理办法》印发实施，为提高市级储备粮安全管理水平奠定了制度基础。出台《大连市市级储备糖管理办法》，强化制度保障。开展市级储备糖年度储备、轮换验收和审计，确保市级储备糖数量真实、质量合格、储存安全。

五　加强粮食监测预警和粮食产销合作，做好粮油保供稳市工作

做好国家和省级重点粮食价格和本地粮油市场运行情况监测，开展对市级储备粮、放心粮油等政策性粮食质量风险监测，适时公布市场信息，稳粮价、稳市场、稳预期。疫情期间，统筹调度，保证粮油储备充实、市场供应充足、价格基本稳定。建立稳固的区域粮食产销合作关系，继续履行与哈尔滨市粮食局、长春市粮储局签订的《粮食产销合作框架协议》。打造"北粮南运"精品航线，提高粮食转运效率，降低全程物流和交易成本，集中优势资源重点保障国家及地方储备粮的转运调拨及仓储保管。

六　加强粮食安全和科技成果转化宣传，积极开展世界粮食日和粮食科技周宣传活动

以有效提高科技成果转移转化，加速推动科技支撑优质粮油工程，助力科技法律法规知识宣传普及，推广粮油营养健康消费理念为活动宗旨。结合当前粮食安全新形势、粮油营养健康消费新趋势、科技法规制度新变化和优化营商环境新需要，以车载粮食应急检验检测技术演示、放心粮油产品推介为切入点，增强广大群众对国家粮食安全的新认识，引导绿色消费、健康膳食、爱粮惜粮、节粮减损的粮食理念，进一步提高爱粮节粮意识，激发粮食企业运用创新粮油科技转化生产效能的热情，营造关注粮食和物资储备科技进步的良好氛围。

七　扎实推进粮食和物资保障体系建设，发挥应急保障作用

落实国家、省关于粮食应急保障体系建设的相关工作部署，逐步充实完善应急加工、储运、配送、供应各个体系建设环节，2022 年全市落实应急供应网点 278 个，应急配送中心 6 家，应急储运企业 18 家，应急加工企业 13 家，应急保障中心 6 家。在多波次疫情保供过程中，各粮食应急保障企业能够积极响应政府的工作部署，及时启动行业价格监测和企业商业周转库存监测，适时增加成品粮市场投放，有力支持了疫情期间群众的购粮需求。按照储备管理规定和应急预案要求，加强市级救灾物资储备管理，确保救灾物资储得好、拿得出、调得快、用得上。强化部门间协同配合，形成工作合力，及时安全高效完成了 29 次市级救灾物资的调运任务，有效地保障防台防汛和疫情防控等工作；完成了 3 批次市级救灾物资的入库接收工作，及时补充库存。

八　全面完成 2022 年粮食行业"两个安全"监管工作，粮食安全有保障

提高思想站位，深入落实新《安全生产法》"三管三必须"要求，层层落实责任，坚持以涉爆粉尘专项整治三年行动为主线，把省粮储局和市安委会相关会议和文件精神作为重要抓手和依据，依法依规履行安全监管责任，以实际行动落实国务院安全生产"15 条"硬措施和市安委会"66 项"具体任务，扎实做好重要敏感时期和疫情期间安全生产工作，加强安全调度、开展督导检查、组织全行业安全演练和培训，在消除盲区漏洞，不断提升安全生产监管能力和水平上取得了较好的成绩，指导各区市县粮食行政管理部门及相关粮食企业落实监管责任和主体责任，突出重点环节，强化安全监管，共同提高安全管理水平。实现了全年安全储粮、安全生产无事故。

九　强化监管，保障粮食流通秩序和政策性粮食收储安全

不断加强粮食领域执法规范化建设，创新监管方式，强化日常监管和执法督查，深挖联合执法效能。会同相关部门组成的监督检查工作协调机制，明确责任分工，完善工作程序，加强协调机制成员之间信息收集、汇总、共享，提高监督检查工作法制化、规范化、制度化水平。加大执法培训力度，聘请专家和经验丰富的一线执法人员对全市粮食行政管理人员及相关企业人员 100 余人进行授课辅导，极大地提升执法能力素质，开展 2022 年全市政策性粮油库存大检查工作，共检查全市 21 个承储企业、362 个货位。确保储备粮油数量真实、质量良好、储存安全。

十　加强粮食质量安全检验监测工作，确保粮食质量安全

确保粮食质量安全。加强粮食质检机构建设，完成粮食安全风险监测体系—风险监测点和粮食质量安全风险监测—仪器设备升级改造项目的建设，充分发挥专业粮食质量安全检测车辆的快速应急监

测作用，全国首创将无人机、粮食安全应急监测车、手持式土壤重金属快速分析仪、水质重金属快速分析仪等现代化技术手段应用于田间地头的粮食质量调查，实现了"从空中到地面"一体式全覆盖实时监测的目标，为制定粮食政策、优化粮食品种结构提供科学依据。全年完成粮食专项检测任务2521 批次，共参与粮食标准修订 9 项，获得辽宁省粮食行业协会科学技术研究成果一等奖 3 个，二等奖 2 个，三等奖 1 个；牵头起草的《六块石大米》企业标准被国家粮食和物资储备局确定为 2022年粮油产品企业标准"领跑者"。

撰稿单位：大连市发展和改革委员会（粮食和物资储备局）；撰稿人：于露，审稿人：王鹏

青岛市　基本情况

　　青岛市是计划单列市、副省级城市，陆域面积 1.1 万平方公里，海域面积 1.1 万平方公里，辖七区三市，常住人口 1034.21 万人。2022 年，青岛市生产总值 14920.75 亿元，比上年增长 3.9%。全市粮食播种面积 48.2 万公顷，粮食总产量 311.3 万吨，连续 5 年稳定在 300 万吨以上，其中，夏粮产量 141.5 万吨，秋粮产量 169.8 万吨。2022 年，收购粮食 156.2 万吨，其中，收购小麦 122 万吨，玉米 24.1 万吨。销售粮食 1135.6 万吨。全市粮食工业总产值 674.58 亿元，同比增长 5.62%。销售收入 891.46 亿元，同比增长 11.02%。

2022 年工作

一　粮食安全党政同责

　　印发《中共青岛市委常委会、青岛市政府领导班子及其成员粮食安全工作职责清单》和《青岛市 2022 年度粮食安全重点工作职责清单》。开展粮食购销领域腐败问题专项整治，按照要求上报《省委涉粮问题专项巡视反馈问题整改落实进展情况阶段性总结报告》、《关于省委涉粮问题专项巡视反馈问题整改情况的报告》，专项巡察反馈问题 9 项和专项审计反馈问题 2 项已全部完成。根据国家、省粮食安全责任考核工作组要求，做好粮食安全责任任务清单分解工作，积极做好全市粮食安全考核工作。

二　粮食收储管理

　　严格落实夏粮收购政策，指导平度、莱西建立粮食收购贷款信用保证基金 4675 万余元，协调农发行落实收购资金授信 10.6 亿元。集中收购期间，全市粮食企业收购小麦 58.53 万吨、玉米 20.19 万吨。全市完成储备粮轮换任务 17.5 万吨，其中市本级完成轮换小麦 6.61 万吨、稻谷 5000 吨、食用油 5000 吨，发挥了储备粮轮换吞吐、调节市场作用，实现储备粮推陈储新。

三　粮食质量监管

开展入市粮油质量安全检测 3193 批次，完成市食安办下达的年度检测计划的 116.1%，合格率 98.8%，对不合格产品全部作退场处理，确保入市口粮质量安全。组织开展粮食质量调查 338 批次，品质测报 90 批次，安全监测 100 批次，对 2022 年度新收获玉米、花生、大豆等秋粮开展了质量安全监测。对市级新入库储备粮进行了质量鉴定，抽检 62 批次，合格率 100%。开展轮换小麦质量检查 11 家次，代表数量 66137 吨；轮换稻谷质量检查 1 家次，代表数量 5000 吨；花生油轮换质量检查 3 批次，代表数量 4500 吨。开展成品粮质量抽检 11 家次，品种涉及面粉、大米、花生油和挂面等。

四　粮食流通监督

开展政策性粮油库存检查和出库检查 32 次，检查企业 57 家次，出动检查人员 100 人次，重点就粮食质量、数量、轮换管理、粮食收购政策执行情况等进行了检查，全市地方储备粮数量真实、质量良好、储存安全、管理规范。组织开展夏粮、秋粮收购监督检查，全市共组织检查 109 次，出动检查人员 320 人次，检查收购主体 156 个，就粮食收购企业收购行为、粮食收购入库质量检验制度执行情况、政策性粮食收购检查情况等进行了检查，未发现违规违法行为，有力地维护了粮食收购市场秩序。检查 2022 年新轮换入库小麦储备库点 21 处、仓房 63 个，出动检查人员 72 人次，扦取样品 36 份，全部检验合格，数量质量总体完好。认真开展春秋两季粮食安全普查。根据省粮食和物资储备局统一部署，对 8 家粮油承储企业 71 座仓房、10 个油罐开展监督检查，共发现问题 11 项，均已按要求完成整改。按照要求对临沂市 6 家粮食仓储企业的政策性粮油库存情况进行了检查。配合江苏省交叉检查组完成轮换入库小麦监督检查，共发现问题 25 项，均已按要求完成整改。

五　粮食供应保障

加强粮油商品流通统计监测工作，完成统计、社会粮油供需平衡调查和农户存粮调查任务，摸清粮油供需基本状况。强化粮源组织调度，积极组织粮食应急加工企业扩大生产，粮食应急供应企业和粮油批发市场经营业户加大采购力度，充实库存，满足市场消费需求。全市新增 500 吨市级挂面储备，落实加工企业社会责任储备面粉 1.794 万吨，社会责任储备食用油 2460 吨，进一步夯实了应急保供的储备基础。完善粮食保障应急体系建设，全市共认定粮食应急保障企业 427 家，其中粮食应急加工企业 20 家，粮食应急配送中心 22 家，粮食应急储运企业 20 家，粮食应急供应网点 365 个。争取财政资金 1350 万元对粮食应急供应网点进行提档升级改造。争取胶东经济圈省级区域性粮食安全应急保障基地项目落户。

六　粮食产业发展

截至 2022 年底，纳统 92 家粮油企业全年工业总产值达到 670.36 亿元，同比增长 4.64%；销售总收入 890.61 亿元，同比增长 10.64%。有序推进青岛市区域性粮油公共品牌建设，推荐 13 个产品申报使用"齐鲁粮油"公共品牌商标，12 个"中国好粮油"产品全部入驻"好粮有网"。青岛港董家口港区北三突堤粮食筒仓三期及配套流程项目列入"十四五"粮食仓储物流设施重点项目。争取省级补助资金 1300 万元，支持青岛天祥食品集团有限公司建设优质粮食工程省级示范项目。组织粮食企业参加福州、太原、呼和浩特等粮食产销洽谈会和"齐鲁粮油"中国行系列活动，达成粮食贸易合作 30 万吨、贸易额 9.3 亿元和年度 1000 万元的产品合作框架协议。强化地方政策性储备粮动态监管系统建设，实现全市总仓容 24 小时无死角监管。

七　爱粮节粮宣传

在世界粮食日和全国粮食安全宣传周活动期间，会同全市 6 个部门，历时半年的时间在全市开展了以"爱粮节粮反对浪费"为主题的"六进"系列宣传活动。在福兴祥集团活动主会场组织开展了 2022 年"世界粮食日""粮食安全宣传周"主题宣传暨"反对浪费、崇尚节约"文明行动，全市 18 个粮食安全宣传教育基地向社会公众开放。活动期间，全市共组织爱粮节粮专题宣传活动 30 多场次，参与活动 4000 多人次，制作发放宣传手册 5000 册、倡议书 5000 份、公益专题宣传片 200 张、张贴海报 1000 余张。印发《青岛市粮食节约行动方案》，加强粮食生产、机收、收储、运输、加工、消费等粮食全产业链各环节节约减损，降低粮食损耗浪费，在全社会营造了重视粮食安全、崇尚爱粮节粮的良好氛围。

八　救灾物资储备

2022 年疫情期间，根据调拨指令，第一时间向莱西、市南等区（市）调拨 1.26 万余件帐篷、棉衣棉被、折叠床等救灾物资，助力打赢疫情防控阻击战，为一线"战疫"补充好"弹药"，守护好"粮仓"。积极争取市疫情防控资金 760 万元，启动紧急采购程序，共采购帐篷等救灾物资 1.82 万余件充实库存。完成了本年度 247 万元 1.07 万件市级救灾物资采购任务，库存物资为建库以来最高。按照企业自愿申报、委托第三方实地核查、专家评审、信用审查、社会公示等程序，选定 11 家市级救灾物资应急保障企业，不断提升应急保障能力，确保市级救灾物资筹得快、储得足、调得出、供得上。

九　安全生产检查

组织开展安全生产学习培训 3 次。开展谷物磨制领域安全生产专项整治百日清零行动，下达整改通知书 23 份，整改率 100％。组织开展全市粮食行业季度"安全周"活动，对全市粮食仓储和谷物磨制企业以及中储粮、中储棉等 2 家驻青中央企业开展督导检查，共发现安全生产问题隐患 26 个，下达安全隐患整改通知书 6 份。有效化解原市粮食系统信访积案 8 起。

撰稿单位：青岛市发展和改革委员会；撰稿人：姜建国、李琳琳；审稿人：王好东

宁波市

基本情况

　　宁波市陆域面积9816万平方公里，海域面积8356平方公里，共有大小岛屿611个，面积277平方公里。2022年末，常住人口961.8万人，全年实现地区生产总值15704亿元。全年粮食播种面积11.5万公顷，粮食总产量71.6万吨，其中稻谷54.7万吨，小麦8.0万吨，玉米1.9万吨，大豆1.4万吨。全年国有粮食收储企业收购本地粮食34.5万吨，其中订单收购量33.5万吨。

2022年工作

一　严格落实粮食安全责任

　　按照粮食安全"党政同责"要求传导压力，强化市、县、乡镇三级粮食安全责任制落实，在2022年度全省粮食安全市长责任制考核中获评优秀。积极推动出台本级党委政府粮食安全工作职责"三张清单"并组织落实，协助市委市政府签订粮食安全责任书。建立健全粮食安全工作协调工作体系，分解落实省对市各项考核指标，强化月度评估分析，力争年度考核争先进位。制定印发市对县粮食安全责任制考核办法和考核方案，会同市相关部门对各地粮食安全责任制落实情况开展督查。积极落实上年度责任制考核问题整改，省"七张问题清单"涉及宁波问题全部及时整改销号。

二　加强粮油收储轮换管理

　　按照"全方位夯实粮食安全根基"要求强化基础，确保粮食收储任务高质量完成。严格落实地储粮和成品粮油增储任务。执行最低收购价政策，小麦最低收购价与国家持平，实际收购价每百斤高于最低收购价5元，稻谷最低收购价每百斤高于国家最低收购价4元。做好稻麦收购工作，全面落实稻麦订单收购补贴政策，早稻收购数量创近二十年新高。出台订单收购粮食市内余缺调剂办法，建立健全市内粮食产需平衡机制，分别落实早稻、晚稻市内调剂计划2.7万吨、2.5万吨。继续推进"五优联动"提质扩面，完成粮食产业"五优联动"实施面积9.8万亩。

三 夯实粮食流通发展基础

规划"十四五"期间新建储备仓 62 万吨，加快白沙粮库迁建工程、市应急物资储备库、市粮食储备和应急保障项目建设进度，加速仓储基础设施提档升级。积极推进绿色数字储粮技术应用，大力推进"浙江粮仓"数字化应用建设，加快提升仓储管理现代化水平。制定出台《宁波市优质粮食工程实施方案》，推动实施绿色仓储、品牌创建、质量追溯、机械装备、应急保障以及节粮减损等"六大提升行动"。落实省粮食流通"255"工程政策，遴选确定 14 家企业为市级粮食流通主渠道企业，并纳入粮食调控和应急保供体系。结合产需实际，在"东三省""长三角"等粮食主产区，建立省外粮源基地 52.8 万亩。

四 推进应急保障体系建设

组织修订市粮食应急预案，开展市、区联动粮食应急供应演练，落实粮食应急供应网点、应急加工、应急运输等应急保障措施，完善粮食安全应急保障机制。落实粮食价格及市场动态实时监测制度，做好粮油市场保供工作，完成重点物资运输车辆通行证保障任务，力促全市粮食市场稳定。稳固与粮食主产区合作关系，协助浙江省粮食和物资储备局与安徽省共同主办"皖美粮油""皖美粮机"暨"双招双引"浙江推介会，持续在安徽、江苏、吉林、江西等粮食主产省建立以异地储备、采购和生产等为主要合作形式的粮源收储基地。扎实推进社会化储粮，增强全社会抗风险能力。在落实粮食加工企业社会责任储备基础上，全面推进机关和企事业单位食堂储粮。

五 完善粮食监管治理体系

规范"双随机、一公开"监管执法工作，推进"大综合一体化"执法监管数字应用建设，向市综合执法局划转粮食物资行政处罚事项 24 项，调整完善"12325"举报热线承办工作体系。对粮食流通"亮剑 2021"专项执法行动整改情况进行"回头看"。加强粮油质量安全监管，组织开展 2022 年粮食质量安全风险关口前移监测和超标处置、收购粮食质量安全监测、政府储备粮质量安全专项监测、"放心粮油"市级质量安全监测等工作。加强粮食收购行为监管，积极开展小麦、早稻、晚稻收购政策执行情况督导和监督检查，指导各地规范制定执行水杂升扣、定等标准，纠正收购各环节存在的问题。总结推广镇海区创新粮食收购"三三工作法"，受到粮农欢迎，得到浙江省粮食和物资储备局肯定。加强地方储备粮监管，部署开展全市春季、秋季粮油安全大检查、规范化管理水平评价和"一符四无"粮仓鉴定。完成粮食购销定期巡查首轮巡查和 2022 年政策性粮油库存检查。推进放心粮油供应体系建设，会同市市场监督管理局、市财政局完成慈溪市"放心粮油示范县"创建市级初评。开展粮食安全宣传科普活动，通过宁波电视台、网络视频、实地采访宣传、开展各类主题宣传实践活动等方式，积极倡导爱粮节粮社会风尚。

六 狠抓问题整改隐患整治

一体推进涉粮问题专项整治、专项巡察、专项审计查找及反馈问题整改，全市粮食物资系统干部职工从上至下统一思想、统一行动，狠抓问题整改，推动机制完善。根据全省粮食购销领域腐败问题专项整治整改工作视频推进会部署，统筹谋划涉粮问题专项整治"后半篇文章"，在全市范围内开展粮食购销领域清廉工程建设专项行动，持续推动专项整治走深走实，推动全市粮食系统实现"脱胎换骨"式的转变和提升。扎实做好安全生产工作，落实彻底摸清风险底数、彻底管控风险、彻底整治隐患"三个彻底"要求，结合"安全生产月"活动，集中开展4轮次综合核查检查，覆盖全市204个库点或单位。推进辖区内国有粮食企业"3个专题""3个专项"整治行动，建立问题隐患和制度措施"两个清单"，完成问题隐患整改14个。各区（县、市）完成国有粮食企业安全风险辨识评估、预防管控体系建设，安全生产管理水平得到全面提升。

七　提升应急物资保障水平

完善应急物资保障制度，出台市"健全应急物资（粮食）保障提升平安建设风险防范能力"专项工作排名赋分办法和考评赋分细则，制定《宁波市应急物资分类指导目录》和《宁波市应急物资运输中转保障方案》。推广应用"战略和应急物资在线"。开展战略和应急物资保障体系研究，《物资储备保障体系建设和项目谋划储备研究》初步形成大纲。完成省级区域综合应急物资储备库遴选工作。做好防汛抗台和应急救灾物资保障工作，全年共保障抢险救灾物资22项67874件。

撰稿单位：宁波市发展和改革委员会（粮食和物资储备局）；撰稿人：汪洋；审稿人：鲍正操

厦门市

基本情况

2022 年，厦门市粮食总供给和总需求基本平衡，全社会粮食总供给 987.9 万吨（原粮口径），与上年同期相比增加（以下简称同比）37.8 万吨，增幅 3.98%。粮食产量 2.57 万吨，同比增加 0.03 万吨，增幅 1.18%，产消缺口数 164 万吨，同比扩增 0.63%；进口粮食 379.6 万吨，同比增加 49.9 万吨，增幅 15.13%。

2022 年工作

一　做好保供稳价工作

坚决贯彻省粮储局和市委市政府工作部署，一手抓疫情防控，一手抓粮油市场保供稳价工作，加强市场预警监测和市场巡查，启动了粮食加工、库存、供应和价格日报制度。制定 2022 年度粮食保供稳市工作指南，召开保供稳价工作调度会，加强敏感时段和重大节日产销衔接调度，协调交警部门办理 93 张通行证，保障"最后一公里"畅通，确保粮食市场供应充足、品种丰富、价格平稳，为疫情防控工作和社会大局稳定提供了有力支撑。

二　落实粮食安全责任制

按照粮食安全党政同责要求，认真贯彻中央和省考核办部署，加强对责任制考核工作的组织领导，修订完善考核办法和评分细则，按照省对市拟考核任务，逐条认真开展预评预估，查找差距，对标整改，确保考核任务落实到位。

三　制定出台粮食安全保障地方法规

牵头成立立法工作专班，加快推进《厦门经济特区粮食安全保障规定》（以下简称《规定》）立法调研工作，对粮食安全保障涉及的生产、储备、流通、应急等重点环节进行制度构建，完成立法草案送审稿。10月28日，市人大常委会第七次会议全票通过《规定》，于12月1日正式实施。《规定》的出台实施，将发挥法治"固根本、稳预期、利长远"的作用，进一步提升厦门市粮食安全保障水平。

四　强化储备粮管理

落实市级储备粮年度轮换计划，招标采购和订单粮食总量115000余吨，将原定2023年增储的储备粮提前购入。启动翔安粮库三期工程建设，计划投资6亿元，占地120亩，仓容22万吨。创新储备机制，积极引导和支持粮食企业建立社会责任储备，已有11家企业建立社会责任储备。做好夏粮和秋粮收购工作。与市财政局和市农业农村局联合印发《2022年地产籼稻谷定向托底收购实施方案（试行）》。

五　深化粮油市场监管

组织开展全市2022年政策性粮油库存大检查。组织春秋两季库存抽查，抽查数量占全市市级储备粮年均库存总量的30%。组织3次应急储备成品粮专项检查，对发现的问题立即督促整改。对储备粮、政策性用粮、粮食应急供应网点和放心粮油示范店销售的粮油质量进行抽查，抽检粮油样品560批次。出台一批监管制度，进一步创新监管方式，健全监管机制。

六　开展粮食安全宣传教育

会同市委宣传部制定《厦门市粮食安全宣传教育工作方案》，积极开展2022年世界粮食日和全国粮食安全宣传周活动，推动各区、各单位举办形式多样的粮食安全宣传教育活动，依托粮食安全宣传教育基地，开展粮食安全和节约粮食宣传进社区、进学校、进机关、进家庭，提高全社会粮食安全意识，形成爱粮节粮的良好风尚。

七　提升粮食应急保障能力

全市共核定7家粮食应急加工企业和194个粮食应急供应网点。针对应急保障存在的短板，增补粮食应急储运、配送、保障中心三类应急企业12家，签订了应急保障承诺书。组织开展粮食应急演练，增强了应急意识，磨合了应急机制，提升了应急实战水平。落实应急成品粮油储备，增加小包装成品粮油储备，市级成品粮储备可以满足全市15天供应量。

撰稿单位：厦门市发展和改革委员会；撰稿人：陈学东；审稿人：张伟生

深圳市　基本情况

2022 年，全年实现地区生产总值 32387.68 亿元，比上年增长 3.3%。其中，第一产业增加值 25.64 亿元，同比增长 0.8%；第二产业增加值 12405.88 亿元，同比增长 4.8%；第三产业增加值 19956.16 亿元，同比增长 2.4%。第一产业增加值占全市地区生产总值的比重为 0.1%，第二产业增加值比重为 38.3%，第三产业增加值比重为 61.6%。2022 年，地方一般公共预算收入 4012.3 亿元，同口径下降 0.6%；一般公共预算支出 4997.2 亿元，同比增长 9.3%。

2022 年工作

一　编制规划方案，加强制度建设

出台《深圳市粮食安全"十四五"规划》、《深圳市战略和应急物资保障体系"十四五"总体实施方案》和《深圳市粮食储备保障能力提升方案》，明确"十四五"期间发展目标、重点任务和重大项目，针对性解决粮食储备问题短板，推动粮食和物资储备高质量发展。印发《深圳市发展和改革委员会粮食储备领域专项资金操作规程》、《深圳市发展和改革委员会食用植物油储备领域专项资金操作规程》和《深圳市市级储备冻猪肉管理办法》，完善粮油肉储备管理规章制度，明确各主体职责分工，细化管理流程，规范储备资金管理。根据国家、省粮食储备管理最新要求，结合深圳实际情况，启动《深圳市粮食储备管理暂行办法》修订工作，新修订的《深圳市市级储备粮管理办法（草案）》经市委市政府审定后将正式印发实施。

二　落实粮食增储，强化保障能力

结合粮食纯销区的城市特点和市民消费习惯，推进储备粮规模提升和结构调整，切实提高粮食储备保障水平。积极开展补充储备粮增储招标工作，确定 12 家优质粮食经营企业承担储备大米（折原粮）任务，新增储备大米已于 2022 年 6 月底前全部完成入库验收，全市储备粮规模可满足全市管理人口 8 个月的消费需求。通过委托承储合同和储备计划明确承储企业的小包装大米、面粉储备数量要求，提高全市小包装成品粮储备规模，目前可满足全市管理人口 8 天的消费需求，粮食应急保供能力大幅提升。持续优化储备结构，目前深圳市地方储备粮中，口粮占比 86.8%，超过国家、省的口粮不低于 70% 的原则性要求；本地主要消费粮食品种稻谷加大米占口粮的比重为 52.1%；成品粮可满足全市管理人口 3 个月消费需求，高于省政府要求的 15 天标准。

三　推进粮库建设，提升市内仓容

加大资源投入和协调力度，推动市内粮库重大项目建设，补足政府和承储企业自有粮库仓容不足的短板，为粮食储备适度集中创造条件。4 个粮食储备库项目均于 2022 年开工建设，预计将于 2025 年底前建成投入使用，新增粮库仓容 112 万吨。鼓励粮食经营市场主体开展旧厂房、仓库改造，提升成品粮储备仓容。引导承储企业提高现有粮库硬件设施和储备管理水平，申评等级粮库，截至 2022 年底，深圳市共有 1 个粮库被授予广东省"AAAA 级粮库"称号，16 个粮库被授予广东省"AAA 级粮库"称号。

四　强化监督管理，确保储备安全

强化粮食储备管理队伍建设，积极开展监督检查，切实提升监管效能。市发展和改革委员会新增粮食和物资储备行政编制 1 名，市救灾物资储备中心更名为市粮食和物资储备保障中心，核增事业编制 3 名，共同承担市级储备粮任务的宝安、龙岗区发展改革局成立专门的粮食科，全市粮食储备行政管理人员由不足 10 名增加至超过 20 名，管理力量明显增强。成立深圳市粮食购销领域监管工作领导小组，明确各部门粮食监管职责分工。建立季度巡查工作机制，市、区粮食储备行政主管部门组织开展监督检查，引入专业第三方机构协助检查，覆盖所有储备粮承储库点。及时督促企业落实整改，全年各项检查累计发现承储企业 424 个问题，已全部完成整改。建立非政策性粮食监管工作衔接机制，制定并落实"双随机、一公开"年度联合检查计划，强化对承储企业政策性和非政策性粮食监管，加强对承储企业储备粮轮换监管。完成新一轮市级储备冻猪肉任务招标，委托第三方机构开展入库验收，加强承储企业管理，确保数量真实、质量合格和储存安全。

五　构建信息平台，实现智慧监管

搭建深圳市粮食和物资储备管理信息平台，鼓励支持企业加大粮库信息化建设资金投入，提升粮库信息建设基础水平，着力实现智慧化监管全覆盖。市平台自 2022 年 6 月起试运行，目前已经全面接入市级政府储备粮油全部承储企业（15 家）共 31 个储备粮承储库点和 4 个储备食用油承储库点的库存、粮情和视频监控数据。同时不断优化平台功能，上线储备计划管理、熏蒸作业备案、自主轮换事前备案等，完成从数据平台到管理平台的转变，将储备粮日常管理由线下转为线上。充分利用移动端平台，现场核对企业数据，将"线上＋线下"监管相结合，确保储备监管无死角。

六　完善应急体系，保障应急供应

制定印发《深圳市粮食应急预案》，成立深圳市粮食应急工作指挥部，细化部门职责分工，并建立粮食应急联合通讯渠道，理顺粮食应急管理机制。组建粮食应急工作专家组，完善粮食应急咨询机制，强化粮食应急指挥的专业技术支撑。强化应急演练，定期组织开展粮食和物资应急演练及粮食安全工作培训，提升粮食和物资应急供应保障能力。健全粮食应急保障网络，全市共有 64 家粮食应急保障企业，构建了加工—批发—运输—供应四个环节齐备的粮食应急保障网络。截至 2022 年底，全市粮食应急供应网点超过 975 个，覆盖全市所有街道（含深汕特别合作区），应急加工企业 23 家，应急储运企业 4 家，小麦、大米日加工能力分别不低于 1000 吨、5000 吨。

七　强化物资储备，做好应急调运

持续做好救灾物资储备管理，服务保障全市和兄弟城市疫情防控、防汛救灾工作，市粮食和物资储备保障中心荣获"2022 年度深圳市最美应急集体"。谋划落实 2021—2025 年救灾物资储备实施计划，全年累计完成 3 批次共 6.8 万件、价值 1345.5 万元救灾物资采购，充分保障应急调拨需求。研究制定 2023 年度商业代储方案，完成商业代储企业遴选，商业代储规模由 16.1 万件提升至 31.7 万件，督促商业代储任务落实到位。积极落实救灾物资应急调拨任务，全年完成 9 次应急调拨任务，累计调拨救灾物资 3.3 万余件。7 月落实省三防指挥部要求调拨 6000 张防潮垫支援湛江，8 月响应援疆前指号召调拨 8000 件帐篷等物资支援新疆。

八　加强宣教培训，推进品牌建设

强化行业教育培训，组织开展多次粮油库存检查、安全生产和安全储粮等专项培训，全年培训规模超 200 人次，有效提升粮食企业从业人员的安全生产责任意识和储备粮管理水平。2022 年世界粮食日和全国粮食安全宣传周期间，采取"线上为主、线下为辅"的活动形式，组织开展深圳粮仓线上云直播、线上粮食安全知识问答、城市中心区主题亮灯等系列活动，通过本地主流媒体晶报刊发 21 篇宣传报道，同时在人民日报、今日头条、腾讯新闻等平台分发传播，营造全市爱粮惜粮的浓厚氛围。加大品牌培育力度，全市共有 2 家粮食企业入选 2022 年农产品质量安全规范管理 AAA 级企业名单；7 家粮食企业的 19 种粮油产品入选 2021 年"圳品"名单；7 家粮食企业入选全国放心粮油示范工程第十一批示范企业名单，其中 4 家为示范加工企业、1 家为示范仓储企业、1 家为示范销售店、1 家为示范配送中心。

撰稿单位：深圳市发展和改革委员会；

撰稿人：郑铁军、肖卫群、张宝、王海林、赖向群；审稿人：郭子平

第五篇

各垂直管理局工作

国家粮食和物资储备局北京局

基本情况

国家粮食和物资储备局北京局（以下简称"北京局"）实行以国家粮食和物资储备局与北京市双重领导的管理体制，监管范围是北京市、天津市，是正局级单位，党的关系在北京市直机关工委。设办公室、粮棉糖监管处、能源监管处、战略应急物资监管处、规划建设和法规体改处、财务审计处、安全仓储与科技处、执法督查处、人事处、机关党委等 10 个处室。

2022 年工作

一　坚定拥护"两个确立"，学习宣贯党的二十大精神全面展开

一是及时传达学习。组织党员干部职工通过多种形式收听收看党的二十大开幕会实况直播，认真聆听习近平总书记现场报告。坚持读原文、悟原理，充分利用理论学习中心组、青年理论小组、"三会一课"等学习平台和局长论坛、处长讲坛、专题读书班、知识竞赛等特色学习机制，分层分类开展学习交流 30 余次，推动党的二十大精神入脑入心、走深走实。二是精心部署安排。成立学习党的二十大精神领导小组，召开 3 次分党组会议，认真传达学习党中央关于学习宣传贯彻党的二十大精神的决定和北京市委实施方案，研究提出落实举措和具体要求，制定印发学习宣传贯彻工作方案，层层压实各级党组织主体责任。三是大力营造氛围。充分发挥领导干部领学促学作用，成立由局主要领导担任团长的宣讲团，制定宣讲方案，组织开展形式多样的特色宣讲活动。积极向"北京机关党建"等公众号报送学习信息数十条，充分利用办公楼电子屏等宣传阵地，集中展示和播放党的二十大有关学习内容，持续营造浓厚热烈的学习宣传氛围。

二　坚决守住"天下粮仓"，首都粮食安全保障更加可靠有力

一是积极配合开展粮食购销领域腐败问题专项整治。北京局内部自查自纠 9 项问题并全部整改到位，中储粮集团北京分公司自查自纠 27 项问题全部完成整改；北京局全面清查监管企业发现问题 17 项，已整改完成 14 项，其他 3 项结合中央储备粮轮换将于 2023 年完成。二是严肃处理中储粮集团北

京分公司涉粮问题违规案件。对北京分公司徐辛庄直属库违规问题开出首张行政处罚单。查实北京分公司密云直属库委托库点中央储备小麦超架空期问题，责令退还财政补贴。督促北京分公司及所属企业追责问责 59 人次。三是着力提升在地监管综合能力和水平。牵头完成 2021 年度京津冀地区中央储备粮棉管理和中央事权粮食政策执行情况考核。精心组织开展政策性粮油库存大检查和战略应急物资储备大清查。制定《北京局中央储备粮棉糖监管办法》、《北京局执法检查督查工作办法》。联合京津两市粮食和储备局、农发行建立京津地区粮食和物资储备协同监管机制。

三 坚决管好"大国储备"，推进储备治理体系现代化迈出新步伐

一是周密稳妥落实收储任务。充分发挥储备资源优势，主动对接首都物资储备需求，顺利收储市级应急物资。建立周对接、月调度工作机制，积极协调市发展和改革委员会、粮食和物资储备局有序推进北京市成品油储备工作。坚持"一库一批一方案"，认真做好战略和应急物资收储任务，扎实收储好国家战略物资、中央防汛抗旱物资及专项物资。二是增强储备应急保障能力。积极推进战略和应急物资储备安全管理体制机制改革，制定《北京局"十四五"时期深化改革转型发展专项规划》，建立《北京局中央应急救灾物资储备管理办法》等 4 项监管制度。维修更换数万张应急储备木板折叠床，圆满完成向辽宁盘锦调运 30 台排涝设备的紧急任务，应急保障功能得到充分发挥。三是加快推进储备设施建设。国家成品油储备能力建设六五四工程取得重大突破、实现全面开工。协调昌平区政府出资，收回直属处 120 亩国有土地，拆除 13000 平方米违建，历史遗留问题得以妥善解决。直属处综合性国家储备基地项目完成主体建设，直属处、八三八处、八三三处储备仓库安全综合整治提升工程和加固改造提升工程进展顺利、稳步推进。压茬推进安全生产专项整治三年行动和储备仓库安全治理提升三年行动，排查整治安全隐患 132 项，安全生产形势稳中向好。

四 坚决压实"两个责任"，风清气正政治生态进一步巩固提升

一是深入推进政治思想建设。召开 2022 年全面从严治党会议和上半年全面从严治党专题会议，制定监督基层单位"一把手"和领导班子的监督清单、责任清单。全力配合完成中央巡视组下沉调研和国家粮食和物资储备局党组现场巡视工作，召开专题民主生活会，制定整改工作方案，大力推进整改落实，制修订规范性文件 73 项。围绕"两会"、国庆、党的二十大召开等重要节点，开展意识形态领域分析研判。汇编印发习近平总书记关于粮食和物资储备安全的重要论述，组织理论学习中心组集中学习暨"学思践悟"专题读书班 12 次。二是着力加强能力素质提升。组织开展"端正党风严守党纪"专题教育和"能力作风提升"专项行动，团结奋斗、凝心聚力干事创业的氛围更为浓厚。制定《干部职工队伍能力素质提升专项规划》，通过双向交流、跟班学习、基层挂职等途径，选派 15 名年轻干部锻炼交流，提拔交流 4 名处级干部，选优配强基层单位领导班子。三是完善廉政风险防控机制。与北京市直机关工委、中储粮集团北京分公司纪委建立纪检沟通协调机制，推动内外监督贯通融合、协同发力。组织开展工程建设项目专项审计和纪检调研，以扎实有力的监督确保项目管理和资金使用合法合规。加强廉政警示教育，精准运用"四种形态"，严格监督执纪问责，切实做到严的主基调不动摇。

四是坚持做好疫情防控工作。研究制定并严格执行《北京局新冠疫情防控常态化工作方案》和《北京局新冠疫情防控应急预案》。积极响应市委市政府号召，分四个批次选派 7 名精干力量，成立临时党支部，果断迅速下沉一线，投身社区防控工作，得到北京市直机关工委充分肯定和宣传报道。

撰稿单位：国家粮食和物资储备局北京局；撰稿人：王崇远；审稿人：隋萍

国家粮食和物资储备局河北局　　基本情况

国家粮食和物资储备局河北局（以下简称"河北局"）内设 10 个处室，办公室（法规体改处）、粮棉糖和救灾物资监管处、战略物资和能源监管处、规划建设处、财务审计处、安全仓储与科技处、执法督查处、人事处、离退休干部处、机关党委。所属事业单位共 13 个，分布于石家庄、承德、秦皇岛、保定、邯郸、邢台六市所辖区县，所属企业 1 个。

2022 年工作

一　坚持政治统领，党的建设取得新成效

坚持政治机关定位，聚焦"两个维护"，加强和改进党对各项工作的全面领导。深入学习宣传贯彻党的二十大精神，巩固拓展党史学习教育成果，严格落实意识形态工作责任制，组织开展"奋进新征程建功新时代"主题实践活动，深入推进党建与业务工作融合发展，不断提升基层党组织政治功能。严格落实管党治党政治责任，认真开展"端正党风严守党纪、凝心聚力干事创业"专题教育，一体推进不敢腐、不能腐、不想腐。锲而不舍纠"四风"树新风，推进中央巡视反馈等各类问题整改，建立健全管党治党长效机制。各级纪检机构充分发挥专责监督作用，加强政治监督，全力推动党中央决策部署落地见效。大力推进廉洁文化建设，倡树新时代储备精神，组织开展扣好廉洁从政"第一粒扣子"主题演讲、"五学"知识竞赛等活动，积极营造风清气正良好政治生态。

二　聚焦主责主业，改革发展取得新成就

一是强化粮食监管执法。圆满完成中储粮年度考核、政策性粮油库存检查、夏秋粮收购督导等重大任务，进一步深化粮食购销领域腐败问题专项整治。二是稳妥推进储备体制机制改革。研究形成"五优化三提升"改革实施方案。深化河北国储物流公司改革，分步撤销分公司，初步实现事企分开。三是顺利完成国家储备收储轮换任务。分党组靠前指挥，业务处室一线督导，相关单位全员作战，安全高效完成相关专项、油料收储轮换、中央防汛抗旱物资接收调运任务，有效发挥国家储备"压舱石"和"稳定器"作用。四是圆满完成中央战略和应急物资储备库存检查。五是积极推进项目建设。3 个安全综合整治提升项目，1 个办公用房改造项目，1 个水毁修复项目建设完成，投产达效；自筹资金

969.26 万元实施了 13 个消防设施、生活设施改造提升项目，储备基础设施保障能力进一步增强。推动一三五处资产置换取得突破进展，与地方政府达成置换协议，新址用地正式批复。该项目被国家粮食和物资储备局纳入第二批综合性区域储备基地建设规划，被河北省批准为重点项目。六是积极推进储备融合发展。在完成主责主业的基础上，积极发挥储备资源优势，有效管控经营风险，全局实现仓储物流服务收入 1.21 亿元，同比增长 7%，为系统高质量发展创造条件。

三　突出标本兼治，安全稳定态势得到新巩固

深入贯彻习近平总书记关于安全生产重要论述，以"时时放心不下"的责任感抓安全、保稳定。认真落实"三个必须"要求，统筹推进安全生产专项整治和治理提升两个三年行动，扎实开展"5S定置化和标准化提升年"活动，健全完善安全制度规程 210 项，排查整治安全隐患 232 个，本质安全水平得到新提升。加强矛盾纠纷调处，全局信访形势保持总体稳定。

四　着眼事业发展，干部队伍建设得到新加强

认真贯彻新时代党的组织路线，选优配强基层单位领导班子，基层单位处级干部平均年龄下降至49.6 岁，大学以上学历占比增至 94.2%，干部队伍活力进一步激发。充实加强基层单位年轻干部力量，为粮食和储备事业发展补充新鲜血液，招聘人才 73 名，35 岁以下人员提升至 29%，大学及以上学历人员占比增至 60%，干部队伍数量规模进一步扩大，年龄结构、知识结构进一步优化。

五　坚持问题导向，作风建设取得新进展

深入开展"作风建设年"活动，围绕改革发展如何看、怎么干、干什么问题，开展解放思想大讨论，凝聚改革共识。深入开展"服务基层专项行动"，局领导认真落实包联责任制，深入基层调查研究，帮助解决实际问题。局机关各处室改进工作作风，精文减会，统筹各类检查督导，为基层纾困解忧。组织开展历史遗留问题清零专项行动，遗留近二三十年的历史问题实现清零。

撰稿单位：国家粮食和物资储备局河北局；撰稿人：王媛媛；审稿人：阎会力

国家粮食和物资储备局山西局

基本情况

国家粮食和物资储备局山西局（以下简称"山西局"）内设 10 个处室：办公室、粮棉糖监管处、战略物资监管处、能源和救灾物资监管处、规划建设处、财务审计处、安全仓储与科技处、执法督查和法规处、人事处（离退休干部处）、机关党委。下设机关服务中心 1 个直属事业单位，12 个所属储备仓库。共有职工 2084 人，其中在职人员 907 人，离退休人员 1177 人。山西局党的组织关系隶属中共山西省直属机关工作委员会，截至 2022 年底，设有直属机关党委 1 个，基层党委 12 个，党支部 45 个，党员 959 人。

2022 年工作

一　突出政治统领，全面从严治党

强化政治建设。制定落实学习宣传贯彻党的二十大精神实施方案，把贯彻党的二十大精神转化为踔厉奋发的工作热情和干事创业的实际行动。加强机关文化建设，持续创建模范机关。扎实开展"端正党风严守党纪凝心聚力干事创业"专题教育。积极开展文明单位创建，一三八处、一五二处晋升为"省直文明单位标兵"，其他申报单位保持原文明单位称号。狠抓巡视整改。对照国家粮食和物资储备局中央巡视反馈问题整改方案，提出 314 条整改措施，全力推动未按规定存放战略物资等重点问题整改。坚持全面从严。建立基层单位半年全面从严治党专题会议制度。落实"监督执纪质量年"要求，出台一揽子管理办法，明确职责任务，规范程序流程，贯通协同监督，通过建立健全制度保障，推进正风肃纪。开展基层单位主要负责人离任审计和年度预算执行审计，及时纠正发现问题，进一步强化规矩意识、法纪意识。夯实基层基础。持续推进党支部标准化规范化建设，三五一处开展一支部一品牌创建活动，实现党建和业务工作同频共振；四七五处探索"多元融合 +"党建模式，与系统内外多个单位开展联合主题党日活动，推动党建和业务深度融合。抓好驻村帮扶与乡村振兴有效衔接，帮助村民拓展农副产品销售渠道，中阳县委县政府授予山西局驻村干部"最美中阳人——最美帮扶干部"荣誉称号。

二   心怀"国之大者"，深耕主责主业

一是中央储备粮棉监管进一步强化。制定落实推动粮食购销领域腐败问题专项整治走深走实工作举措，向省纪委移交线索并配合开展核查工作。加大涉粮案件查办力度，年内开出行政处罚"第一单"，全年立案调查 6 件次，给予行政处罚 4 件次。圆满完成中央储备粮年度考核和政策性粮油库存检查，定期开展中央储备粮季度巡查，全力督促问题整改，各类检查发现 332 个问题，整改完成 304 个，完成率 94%。强化动态监管系统应用。举办在晋中央储备粮一体化监管研讨培训班，不断完善协同监管机制。2022 年被省政府确认为省本级行政执法主体。二是战略和应急储备物资监管有力有效。周密组织、有序落实专项物资收储轮换任务，四七五、九七二处认真落实"1+2+3 工作法"，顺利完成物资入库任务。扎实开展战略和应急物资储备库存检查，针对质量、储存安全方面发现的问题，均制定措施并积极推进整改。加强中央应急救灾物资监管，开展汛前检查，做好汛期防范应对，一三八处完成中央防汛救灾物资验收入库，完成年度中央应急抢险救灾物资储备监管评估考核。制定积极推进构建应急物资一体化投放保障模式工作方案，积极推进试点工作。三是仓库基础设施不断提升。按期完成一三八处安全综合整治提升建设项目。加快仓库信息化建设，6 个基层处实现专网"数据通、视频通"。

三   增强改革意识，提升储备效能

认真落实改革部署。深入学习相关文件精神，广泛调研、深入研讨，形成山西局"深化改革、转型发展"初步方案，各单位按照"一库一方案"原则，探索提出富有建设性的改革思路及举措。规范政事企管理，制定山西局《关于加强所属事业单位出资企业监督管理的实施意见（试行）》，形成企业投资经营责任清单、事业企业经营投资项目负面清单、事业单位出资企业监管事项清单，建立健全提供社会服务和确保储备安全的风险隔离机制，确保不踩红线、不越底线。储地融合持续深化。与太钢不锈钢股份有限公司签订战略合作协议。积极服务地方防灾备灾，2022 年接收红十字会物资 5000 余件。坚持结构优化、链条延伸，推动仓储物流服务提质增效，全年各单位克服疫情和工程建设等不利影响，实现仓储物流服务收入 8241 万元。

四   统筹发展安全，守稳"三条底线"

实现安全生产无事故目标。压紧压实安全生产责任，完成安全生产专项整治三年行动总结评估，推进安全治理提升三年行动持续攻坚。持续开展成品油储备库安全管理标准化规范化专项提升行动，试点开展安全生产标准化达标，三五一处达到安全生产标准化三级。积极推进"双控体系"建设，二七三处形成双重预防机制管控手册、责任制和安全操作规程、安全管理制度三本手册。开展危险化学品仓库重大安全隐患排查和安全距离专项整治，落实安全生产大检查要求，开展 4 轮全面检查和 1 轮自查自纠，加大隐患排查整治，全年投入整改资金 3329.45 万元。持续抓好疫情防控。认真落实属

地疫情防控政策，采取有效防控措施，最大程度保护干部职工身体健康和生命安全，最大限度减少疫情对正常工作开展的影响。疫情管控期间，局系统许多干部职工逆向而行，参加社区抗疫志愿服务，展现了山西局良好形象。着力确保廉政稳定。深入推进清廉机关建设，紧盯重要时间节点，及时进行廉洁提醒。密切关注干部职工思想动态和利益诉求，开展重要时点信访稳定风险摸排，努力化解矛盾问题。

<table>
<tr><td>五</td><td>营造和谐环境，汇聚发展合力</td></tr>
</table>

一是全力打造高素质干部队伍。下大力气选优配强局属单位领导班子，年内完成 8 个单位 9 名处级干部交流调整，完成 4 名正处级干部和 10 名副处级干部选拔，7 名公务员职级晋升，9 名处级干部试用期满转正。通过跨单位交流科级干部、派出跟班挂职、招聘新进人员等多种途径不断优化干部队伍结构、提升能力素质。承担的《推进"四化"建设提升监管效能》课题研究被国家粮食和物资储备局评为具有一定学术价值和实用价值成果。二是持续改进工作作风。局班子成员分工联系基层仓库，参加联系党支部活动，开展矛盾问题就地化解。持续开展"我为群众办实事"实践活动，推进解决技师评聘、购房补贴、道路改造、环境治理等一批涉及职工群众切身利益的热点难点问题。认真落实中央八项规定及其实施细则精神，全年召开视频会议培训 17 次，机关处室制发文件同比减少 13%，建立公车使用管理台账，实行定点加油、维修。积极创建节约型机关，被国管局授予"节约型机关"称号。深入推进法治建设，制定山西局法治建设"一方案两计划"，编印《山西局 2022 年法治宣传教育学习读本》。一五二处探索建设法治文化阵地示范点，依法管理有力提升。三是关注职工"急难愁盼"。垂管局筹措 750 万元支持二五四处进行库外道路水毁抢险改造，从根本上解决了影响职工民生与单位发展的瓶颈。开展购房补贴、退休人员独生子女一次性补贴等历史欠账摸底测算，积极稳妥推动解决。加大与地方政府、开发商对接力度，推动解决机关团购房遗留问题。落实离退休干部"两个待遇"，走访慰问特困老党员、老干部，用心用情为老干部办实事、做好事、解难事。六三九、四七六、一五二等处维修改造单身职工宿舍、工勤楼，改善职工生活环境。一三八、一三九、六三九、一七一、二七三、四七五、四七六、五七七、三五一等处通过优化职工就餐环境、提高食堂饭菜质量等方式，切实增强干部职工的获得感和幸福感。

撰稿单位：国家粮食和物资储备局山西局；撰稿人：梁晋；审稿人：杨永宁

国家粮食和物资储备局内蒙古局

基本情况

　　国家粮食和物资储备局内蒙古局（以下简称"内蒙古局"）主要职责是监管辖区内中央储备粮、石油、天然气、食糖和中央救灾物资等中央储备，负责辖区内国家战略物资收储、轮换、出库的组织实施和日常管理。截至 2022 年底，机关在职公务员 34 名，离退休人员51 名。所属事业单位共 5 个，分布于呼和浩特市、包头市、乌兰察布市所在辖区县。事业单位出资企业 2 个，分别为内蒙古国储物流公司和乌兰察布映山饭店。

2022 年工作

一　强化党建引领，形成团结奋斗的良好局面

　　加强"四强"党支部建设，通过分党组理论学习中心组、处级干部专题读书班、支部集体学习和干部职工自学等形式，原原本本、全面系统、反复学习党的二十大精神。全面落实模范机关建设要求，开展"最强党支部"创建，推进"一支部一品牌"建设，认真选树先进典型，树立"蒙储先锋"、"筑梦北疆"等 6 个支部标杆，形成榜样力量。全面从严治党工作深入推进，逐项梳理、认领中央巡视国家粮食和物资储备局党组反馈问题和驻委纪检组指出全面从严治党问题整改落实方案中涉及垂管局的问题，制定整改方案，全力进行整改。加强法治教育，持续推进法治机关建设，认真组织干部职工学习习近平法治思想、民法典，学习合同纠纷案例、涉法涉诉案件和反面典型案例，从中吸取教训。严格规范和加强资产出租出借、经营创收行为。团结奋斗开展疫情防控，积极参加自治区直属机关工委和当地政府组织的党员"双报到"、志愿者服务，选派干部深入包联社区开展疫情防控，打赢了抗疫防疫攻坚战，涌现出 8 名"抗疫先锋"。

二　精准改革，构建高质量储备体系

　　加强粮食储备体制机制改革，重点在监管层面督导中储粮直属企业聚焦主责主业，退出外租库点和临时仓储设施，停止不符合政策的对外经营活动，严格执行中央储备粮收储轮换政策和质量标准，

管好中央储备粮。制定印发直属单位绩效考核改革方案，实行全员绩效考核，一三七处、八三六处已顺利实施，并取得初步成效。各储备仓库按照新"三定"方案开展岗位设置、人员配备、专业技能人才培养和"转职能、转机制、转作风"改革。对所属企业映山饭店实行职工集体内部承包制改革和减员增效，全部人员转换身份重新办理劳动关系，改革取得良好效果。积极推动落实地方政府成品油储备任务，并取得阶段性成效。四个基层处通过加强管理、激发活力，在主责主业、安全稳定、出租业务等方面取得长足进步。

三　精细管理，夯实安全稳定廉政基石

严格推动落实储备仓库安全生产主体责任。实行"黄白两联"安全检查清单式管理，完善应急预案 31 项，整改安全隐患 59 项。持续推进安全治理提升三年行动，加大安全生产资金投入，全年共投入 300 万元，进一步巩固物资储备安全基础，2022 年未发生安全生产等级事故。积极推进储备物资日常管理专业化，按照综合物资管理办法及其细则、内蒙古局"4 项守则"要求，严格落实垂管局监管责任和储备仓库主体责任。定期检查储备仓库存储物资数量、质量、保管条件及制度落实情况，对发现问题提出整改要求，督查整改进度。发挥创红旗品牌的引领作用，开展"红旗单位、红旗班组、红旗库房"创建工作。持续推进财务预算管理、审计等工作规范化，完善与系统改革、仓库转型相适应的财务管理，进一步规范基本支出、项目支出和资产配置。对直属单位领导干部开展离任审计，印发《关于建立健全审计查出问题整改长效机制的实施意见》，从制度层面推进审计发现问题整改。稳步推进项目建设管理科学化，严格规范招投标、政府采购行为，按程序和流程开展基建项目建设。重点推进国家成品油储备能力建设。顺利完成一三七处、八三六处安全综合整治项目及一三六处民生改造项目。积极落实中央政府煤炭储备基地建设任务，成立工作专班，协助企业开展中央煤炭储备基地选址、手续办理等事宜。

四　科学监管，履行护粮守储使命职责

严格落实国家粮食和物资储备局关于中央储备粮和应急救灾物资相关管理规定，积极落实穿透式监管任务。通过中储粮年度考核、粮油库存检查等方式，严格督促中储粮落实粮食收购、轮换政策。聚焦库存管理和轮换指标完成情况，加强日常监管。建立粮食监管人才库，开展培训 5 次，参与粮食监管 68 人次。创新性开展中央应急救灾物资信息化监管，利用已建成的应急物资编码追溯信息系统，加强系统在日常管理、库存检查、出库的运用。接到国家粮食和物资储备局支持地方抗击新冠疫情的物资调运指令后，通过编码信息追溯系统实现物资出库网上审批、扫码即出、后台统计、全程可追溯，减少现场作业人员，提高物资出库效率，规范物资出库管理，高质高效完成中央应急救灾物资调运任务。

五　激励创新，全面推进干部职工能力素质提升

精心组织完成局机关两名公务员和事业单位九名工作人员招录聘任工作。举办处级干部公共管理专题培训班、党委书记培训班、选派机关公务员到基层仓库蹲点学习、新入职人员到宁夏局五三六处驻库培训，干部职工能力素质不断提升。组织全局系统干部职工立足本职岗位，发扬工匠精神，勤学苦练本领，涌现出 6 名"岗位之星"。各单位高度重视对近三年新招录人员的培养、培训和工作上、生活上的关心爱护，努力为新一代储备人成长创造良好土壤。加强形势分析研究，成立工作专班，定期分析粮食和战略物资形势，形成了《关于内蒙古地区秋粮生产购销形势及重点战略物资市场形势分析情况的报告》、《关于内蒙古地区 2022 年秋粮丰收后可能面临"卖豆难"问题的报告》等两个形势分析报告上报国家粮食和物资储备局。

撰稿单位：国家粮食和物资储备局内蒙古局；撰稿人：张春蕾；审稿人：黄永恒

国家粮食和物资储备局辽宁局

基本情况

国家粮食和物资储备局辽宁局（以下简称"辽宁局"）于2019年9月挂牌成立，主要职责是：负责监管辖区内中央储备粮棉管理情况，承担有关年度考核工作；按权限查处有关案件，并提出相关处理意见和追责建议；负责辖区内国家战略物资收储、轮换、出库的组织实施和日常管理，监督检查储备物资数量、质量和存储安全；负责监管辖区内石油、天然气、食糖和中央救灾物资等中央储备；按照国家粮食和物资储备局部署，落实重大灾害及突发性事件的有关中央储备物资保障工作等。截至2022年底，机关在职公务员44名，离退休人员44名。所属事业单位8个。

2022年工作

一 坚持政治机关定位，不断强化政治建设统领

一是把党的政治机关建设摆在首位，持续强化政治意识和规矩意识。及时学习贯彻习近平总书记重要指示批示精神，全面落实国家粮食和物资储备局各项工作部署要求，通过分党组会、理论学习中心组学习研讨、分党组主要负责同志讲党课、举办党的二十大精神培训班等方式，带动全局党员干部深入学习习近平新时代中国特色社会主义思想和党的二十大精神。持续开展政治机关意识教育，落实意识形态工作责任制，深入推进机关文化建设，引导广大干部职工立足"两个大局"，牢记"国之大者"，走好"第一方阵"，全力推动党中央决策部署和国家粮食和物资储备局党组工作安排在辽宁局落地见效。

二是以施行工作标准规范为重点，持续强化全面监督和问题整改。开展中央巡视整改工作，形成问题清单，销号推进整改。同步推进国家粮食和物资储备局巡视整改工作，加强重点任务督导，确保整改取得实效。开展落实中央八项规定精神和"三重一大"专项检查，进一步提高基层单位领导班子议事决策水平，突出对基层"一把手"的监督指导。开展机关处室协同监督工作，完善工作机制，协同推进工作8项，发出督办单2次，强力推进职能部门履职担当。开展对2个基层党支部的政治巡察"回头看"，督导重点领域，提早防范化解经营风险。开展预算管理一体化工作和审计工作，制定完善有关工作制度，强化内部审计监督和资产出租出借及资产处置的审核。完成5个事业单位9个以前年

度竣工项目财务决算审计、3家企事业单位的经济责任审计、认真开展预算执行审计和工会经济责任审计。全局以基层单位监督、机关职能处室监督、巡察监督、财务和审计监督为着力点的全方位监督格局基本形成并有效发挥作用。

三是以突出担当为重点，持续强化基层党组织和党员作用。加强党支部建设，以创建"四强"党支部为切入点，进一步彰显党支部对中心工作的保障作用，九七三处第一党支部被省直机关工委评为"党建引领业务"优秀案例。进一步加强机关党建工作，强化平衡发展，开展机关与基层党支部结对共建，建立共建对子11对。加强党员教育，在中储粮考核、物资收储、执法监管、项目建设等专项工作中充分发挥党员干部先锋模范作用，号召党员支援地方疫情防控工作，全局共134名党员参与了社区防疫志愿服务，突出优秀典型示范作用，1名同志荣获省直机关青年五四奖章。持续开展驻村帮扶，积极推进消费扶贫，助力乡村振兴。

四是以素质能力提升为重点，持续强化组织工作效能。不断夯实领导班子和干部队伍建设，完成各级领导班子和领导干部考核，对存在问题的班子及干部进行提醒谈话，适时调整；开展职级晋升、公务员招录、事业单位招考、跟班学习选派等工作，有效调动干事创业劲头；制发干部交流工作、跟班学习干部管理有关制度，进一步加强干部培养锻炼和监督管理。持续开展干部素质能力提升工作，全年共开展处长讲堂41次、处室小讲堂63次、基层单位业务骨干讲业务29次，2名局领导、2名处级干部参加省委党校组织的进修班，1名新招录公务员参加省委组织部组织的初任培训。加强监管、执法人才培养，组织2期行政执法业务培训，有3人参加行政执法证申领培训并通过考试取得行政执法资格。

二　坚持聚焦核心职能，有效提升在地监管水平

一是坚持问题导向、协同运作，认真落实政府粮糖监管职责。注重强化保障国家粮食安全的政治责任，作为粮食安全责任制考核领导小组成员单位，主动履职尽责，研提考核意见，为保障辽宁辖区政府储备粮安全贡献力量。注重中储粮年度考核和日常监管，推进问题整改和跟进检查，对照6个方面评价标准34项评价细则完成对辖区内中储粮系统9个直属库（企业）的实地考核，进一步细化完善工作制度，制定巡查工作方案，完成对辽宁辖区中央政府储备粮和其他中央事权粮食承储企业的巡查全覆盖。注重强化中央与地方储备粮协同运作，与省粮食和物资储备局、中储粮辽宁分公司建立联席会议机制和信息互通共享机制，强化各级储备布局和结构衔接，深化开展交流合作，推动形成吞吐联动、运转高效、优势互补、资源共享的管理格局。

二是坚持提高站位、主动而为，认真推进能源监管工作。开展辽宁省煤炭生产企业储煤能力和库存数量抽查工作，对辽宁辖区建立政府煤炭储备进行调研，结合实际提出建立政府煤炭储备基本模式和管理思路。协助开展辽宁省成品油储备有关工作，与省发改委、省粮食和物资储备局联合协作，配合开展实地调研和情况咨询，在省成品油储备能力建设中发挥积极作用。开展辽宁辖区国家储备原油监管，重点检查数量管理情况和安全管理情况，确保辖区内储备原油账实相符，各库区总体运行情况良好。开展辽宁辖区中央储备能源潜力调研，与省发改委联合印发通知，开展实地考察，上报有关情况。

三是坚持政治引领、统筹推进，扎实完成好执法督查工作任务。开展粮食购销领域腐败问题专项

整治工作，集中核查涉粮违法违规问题线索并按规定及时向省纪委监委移交，专项整治取得阶段性成果。加强跨区域协同执法，与北京、黑龙江、吉林、内蒙古、山东等垂管局协同配合开展涉粮违规违法问题线索核查，形成工作合力。开展政策性粮油库存检查等专项检查工作，充分利用12325监管热线、中央储备粮库存动态监管系统、粮食企业信用监管平台等信息化手段，开展好监管执法各项工作。严格落实新修订的《粮食流通管理条例》，作出辽宁局首例行政处罚。

四是坚持迅速响应、雷厉风行，持续提升应急救灾物资保障能力。落实国家粮食和物资储备局历次防灾减灾救灾视频会议精神，强化应急库日常管理和督导检查，确保防汛抗旱物资数量真实、质量良好，管得好、调得出、用得上。绕阳河盘锦段发生溃口时第一时间按照国家粮食和物资储备局调令，督导中央防汛抗旱物资沈阳仓库调运拖车式移动泵站、大流量应急排水泵及其他应急救援物资支援锦州、阜新、盘锦三市抢险排涝和盘锦市的溃堤抢险工作。第一时间与辽宁省防办积极沟通协调，跨地区接收北京、天津、河北、黑龙江、吉林五省市排涝设备支援盘锦市绕阳河抢险排涝工作，通过做好应急物资保障工作，极大地缓解了灾情，并在汛后注重加强督导，确保存储物资可使用率达到100%。

三　坚持抓好主责主业，全面加强战略物资管理能力

一是补齐短板、完善流程，不断提升国储物资监管效能。注重以钉钉子精神抓好专项任务，局领导带队督导筹备、全程指挥，机关职能部门现场协调，九七三处全员作战、攻坚克难，圆满完成收储任务。注重制度完善和问题整改，编制战略物资轮换队伍保障方案和战略物资收储轮换保障方案，提高了物资日常维护保养制度化、规范化水平。开展天然橡胶倒垛工作并完成质量检验，完成铝锭入库工作，全面整改战略物资露天存放问题。注重工作标准规范，各基层仓库优先保障战略物资收储，积极解决物资混存问题，确保物资在符合条件的库房中储存。

二是规划引领、项目支撑，持续发挥国家储备功能作用。积极谋划调研，起草形成辽宁局"十四五"事业发展规划初稿，为全局事业长远发展擘画蓝图。大力推进重点项目建设，按国家粮食和物资储备局部署开展信息化建设工作，计算机安可替代工作顺利完成并通过测评。积极开展项目规划和申报，结合工作实际完成2023年度部门自身建设项目申报；立足长远，按照"一库一图一案"要求制定发展规划图和项目建设方案，为仓库现代化管理水平进一步提升奠定基础。积极与辽宁省发展和改革委员会、有关企业沟通协调，开展煤炭储备基地项目调研工作。

三是深化改革、转型发展，认真落实改革发展和形势分析工作。在全局范围内开展"我和大国储备"大交流大讨论活动，全局干部职工聚焦"深化改革、转型发展"主题，积极建言献策，提出本单位未来的职能定位、改革方向、发展愿景等，凝聚发展共识。落实形势分析和自我评估工作，开展全面分析，研提工作思路，同步推进政务信息、网络信息和党建工作信息报送工作，进一步强化经验总结和宣传教育。

四　坚持防风险守底线保稳定，提升守土尽责的责任意识

一是以"辽本案"终审胜诉为突破，强化法治机关建设和法律风险把控。坚持以习近平法治思想为指导，制定印发"八五"普法工作方案和年度法治机关建设工作计划并认真组织实施。坚持抓好涉法涉诉案件管理，"辽本案"终审胜诉，避免了重大经济损失，以此为契机，进一步加强法治宣传教育，完善内控制度，推进合法性审核，系统梳理涉法涉诉案件，建立重大案件工作会商机制，强化风险管控，广大干部职工的法治意识和风控意识有效增强。六三六处诉新宾满族自治县自然资源局行政诉讼案一审胜诉，上诉期内对方未提起上诉，再一次通过法律途径维护了资产安全。坚持发挥法律顾问和公职律师作用，强化合法性审核，局机关配置公职律师 1 名，聘用法律顾问团队律师 7 名，强化了对重大决策、重要文件出台、对外合同签订、重大事件处置的合法性论证，法律风险把控、法律监督作用充分发挥；8 家事业单位已有 7 家聘用常年法律顾问，为事业发展提供坚强法律保障。

二是以风险排查治理为抓手，强化安全责任落实。抓好安全隐患排查治理，推进安全生产专项整治三年行动和储备仓库安全治理提升三年行动，2022 年前需推进的任务已全部完成。落实安全生产责任制，修订"四不两直"监督检查制度，开展安全生产大检查，强化整改和风险防控，彻底根治九七三处库外石粉厂安全距离不足的问题。抓好安全教育，开展"安全生产月"、防灾减灾日等活动，组织"新安法知多少"等活动，开展各类应急演练体验活动，参加国家粮食和物资储备局组织的安全生产在线培训，安全宣传教育进一步强化。2022 年，全局未发生安全生产事故。抓好其他风险防控工作，落实保密和网络安全工作，落实保密责任，开展保密教育，筑牢保密防线；及时细化措施，开展疫情防控，落实疫情居家办公期间值班值守等工作，确保应急处置及时有效。

三是以规范线索处置和信访调处为切入点，强化纪律约束和信访稳定。坚持结合实际开展教育提醒，开展纪检组长"面对面"听取基层单位纪委书记工作汇报，基层单位纪检干部队伍建设进一步强化；首次召开针对不实举报问题线索的澄清正名会议，进一步严肃党风、端正党纪、弘扬正气；首次编制辽宁局违规违纪问题案例汇编，充分发挥"身边人身边事"警醒作用，筑牢底线意识，激励党员干部敢于担当、勇于作为。坚持从严从实执纪问责，运用"第二种形态"处理党员干部 5 人，运用"第一种形态"问责党员干部 2 人，其中诫勉 1 人，约谈 1 人。坚持推进信访工作规范化，建立联席会议机制，年内召开 4 次联席会议，依法依规审议研究信访复查事项 4 件。多措并举做好重点人员稳控工作和信访转诉讼应诉工作。

撰稿单位：国家粮食和物资储备局辽宁局；撰稿人：周明；审稿人：祝铁

国家粮食和物资储备局吉林局

基本情况

国家粮食和物资储备局吉林局（以下简称"吉林局"）成立于 2019 年 6 月 5 日。负责监管辖区内中央储备粮棉管理情况，会同地方有关部门监督检查中央事权粮棉政策执行情况，承担有关年度考核工作。按权限查处有关案件，并提出相关处理意见和追责建议。负责辖区内国家战略物资收储、轮换、出库的组织实施和日常管理，监督检查储备物资数量、质量和存储安全。负责监管辖区内石油、天然气、食糖和中央救灾物资等中央储备。按照国家粮食和物资储备局部署，落实重大灾害及突发性事件的有关中央储备物资保障工作。内设机构 10 个，行政编制 48 名。全局共有 8 个基层单位，事业编制 824 名。

2022 年工作

一　牢固树立政治机关意识，坚持和加强党的领导，积极创建模范机关

深入落实习近平总书记"三个全面"政治要求，把学习贯彻党的二十大精神作为首要政治任务抓紧抓实，做到思想上政治上行动上与党中央高度一致。加强思想建党，扎实开展"端正党风严守党纪，凝心聚力干事创业"专题教育，推动党史学习教育常态化长效化。落实省委"基层建设年"要求，推进基层党组织调整换届，高标准开展新时代吉林党支部标准体系建设，创建吉林局党建特色品牌。以党建带群建，开展"巾帼心向党，建功新时代"系列活动，被省直机关妇委会评为优秀组织奖，1 名干部荣获省直机关"五一"劳动奖章。加强分党组班子自身建设，参加国家粮食和物资储备局年度考核，吉林局分党组班子连续 2 年被评定为优秀等次，群众满意率 100%。

二　认真履行全面从严治党"两个责任"，努力营造风清气正的政治生态

落实纪检监察体制改革要求，健全纪检组办事机构。狠抓巡视巡察整改，整改率 100%。用好监督执纪"四种形态"，全局开展廉政警示谈话 400 余人次。坚持挺纪在前，对 1 名违反工作纪律的干部和 1 名个人事项漏报严重的干部，分别作出党纪处分和组织处理。贯彻新时代党的组织路线，突出

政治标准选人用人，加强处级干部和基层领导班子配备。建设完善处、科两级后备干部人才库，持续构建人才梯队。举办专业培训、新入职培训，开展处长讲业务 46 次，加快素质能力提升。严密组织公开招录招聘，大力引进优秀大学生人才，队伍年轻化专业化水平进一步提升。

三　坚决扛稳粮食安全监管重任，确保中央储备粮数量真实、质量良好、储存安全

认真贯彻落实习近平总书记重要讲话和批示精神，提升执法监管效能。在协同联动上发力。持续深化专项整治，与吉林省纪委监委建立协作配合机制，查实"以陈顶新"案件 1 起；用好东北四省协同监管工作机制，跨省协查线索百余条；与吉林省粮食和物资储备局、农发行吉林省分行建机制、建队伍，实现信息共享、监管互助。在创新举措上发力。上半年克服库存检查任务增长近 3 倍、全省疫情"封城"等实际困难，创新采用"县域小交叉"、纪检干部全程监督方式，圆满完成政策性粮油库存检查任务。用好动态监管系统，全年核查 4.8 万余条线索，信息化监管效能凸显。在提升业务上发力。加强形势分析和监测预警，在全国率先编制《中央储备监测简报》。制定中央储备粮日常监管办法，配套完善定期巡查、定期调度、行政执法等"1+N"制度机制，执法监管制度体系更加完善。完成辖区企业首次信用评级，为分类监管奠定基础。加强执法培训，16 名同志获得执法资格证。在强化震慑上发力。根据执法监管情况，督促中储粮开展内部追责问责 497 人次。中储粮储运公司对 1 名直属库主任党内严重警告、记大过，内退处理。中储粮吉林分公司 3 人被移送司法机关，1 人被纪委监委留置。依法依规对辖区中储粮企业违法行为开展行政处罚，实现处罚"零突破"。

四　精准聚焦主责主业，物储工作加快提升

基层单位生产、生活环境持续改善，国储物资管理水平和应急保障能力显著提高。聚焦"四化三保"目标，编制综合应急物资、油料等规范化管理《实施细则 100 条》，构建起全新标准化管理体系，为国家储备平战结合，提升应战保障和应急处置能力探索了新路。应急响应保障快精准。以全员"军事化"能力提升，促进物资保障能力和水平。六三五处全力支援吉林省疫情防控，紧急调运棉被 2 万床，棉帐篷 1280 顶，木板折叠床 22246 张，受到省、市领导肯定；二三八处按国家粮食和物资储备局部署迅疾行动，圆满完成中央防汛物资调运辽宁抗洪抢险任务。在库物资监管严细实。扎实开展库存检查，摸清辖区 5 个库点、5 大品类战略和应急物资实底，向国家粮食和物资储备局提出增储建议。开展防汛专项检查，确保汛期物资保障及时到位。二三七处高效率完成露天铝锭倒垛入库和橡胶倒垛整理，确保了物资储存安全；二三八处开展军事化管理标杆仓库建设，实现物资管理各作业环节信息化、智能化、自动化；二七八处优化制作"相对湿度速查表"，大幅提升了工作效率。科技兴储结硕果。六三五处积极对接国家粮食和物资储备局科学研究院战略物资储备管理技术研究所和成果转化中心，开展"科技兴储专项提升工作"，研发生产设备和改造升级原有设备，2 项成果申请专利。

| 五 | 以"十四五"规划为引领，转型发展积极推进 |

重大工程项目取得进展。推动国家战略应急物资东北基地项目，六三五处铁路专用线新建工程可研获批，新址建设部分基本具备开工条件。谋划一七九处国家级成品油库项目，国家粮食和物资储备局和吉林省委省政府大力支持，地方政府成立专班推进。国家成品油储备能力建设二五三处项目洞库隐患整改和越野管线维修基本完成。国家储备仓库安全综合整治提升二三八处项目实现竣工。探索融合共建走出新路。深化央地协作。改制经营壮大发展实力。深化公司改制运营，提升市场化竞争能力。与沈铁钢铁集团建立战略合作伙伴关系，与中远海、顺丰、德邦等大型优质物流企业深度合作，建成多式联运、辐射国际国内的高效物流网络。打造"应急物资物流保障平台"，建立稳定的应急投放需求，与吉林省交通厅签订战略合作协议，建起信息化物流保障新模式，实现中央级、省级与市县级应急物资储备仓库全覆盖。

| 六 | "四线建设"全面发力，以工作实绩换取群众好口碑 |

统筹发展与安全，围绕"生产线、生活线、文化线、安全线"持续发力，保安全防风险守底线。抓好"生产线"，"安全生产专项整治三年行动"圆满收官，开展"安全生产季度会战专项行动"，国家粮食和物资储备局给予充分肯定，做法在国家粮食和物资储备局《动态信息》头版和《中国粮食经济》杂志刊发。抓好"生活线"，抓实民生工程，解决群众"急难愁盼"问题，为群众办实事32项，在地方党委政府大力支持下，吉储大厦94户住宅产权全部通过审批并取得产权证，一七九处专用线平房纳入辉南县人民政府2022年棚改。抓好"文化线"，发扬光大粮食和储备文化，建设吉林局特色文化体系。发行《东北风》内刊6期、《吉林局信息》50余期，各基层单位积极推进自身文化建设，有力提升了发展软实力。抓好"安全线"，加强廉政监督，坚持抓早抓小，一体推进"三不腐"体系建设。严格落实保密工作，在省保密检查中，局机关被评为优秀等次，二五三处、二七八处被作为先进典型在全省推广。统筹抓好疫情防控，上半年全局获评"无疫机关"、"无疫单位"。二七八处积极响应抗疫号召，开设检测点、组建突击队，得到地方政府认可。通过全局上下共同努力，全年实现安全生产无事故，内部维稳无上访，安全保密无事件，党员干部无违纪，疫情防控没有发生单位内部群体性感染。

撰稿单位：国家粮食和物资储备局吉林局；撰稿人：姜传鑫；审稿人：阎红兵

国家粮食和物资储备局黑龙江局

基本情况

国家粮食和物资储备局黑龙江局（以下简称"黑龙江局"）最早成立于 1954 年 8 月，时称"黑龙江省物资储备局"。1995 年 10 月，改称"黑龙江储备物资管理局"。2019 年 6 月，更名为"国家粮食和物资储备局黑龙江局"。机关内设办公室、粮棉糖和救灾物资监管处、战略物资和能源监管处、法规体改处、规划建设处、财务审计处、安全仓储与科技处、执法督查处、人事处（离退休干部处）、机关党委 10 个处室，编制 50 人，在职 42 人，离退休 52 人。局属事业单位 9 个，编制 1108 人，在职 663 人，离退休 859 人。

2022 年工作

一　强化理论武装，全面加强党的建设

一是牢记政治机关、"第一方阵"根本定位。深入贯彻落实党的二十大精神。党的二十大召开后，细化宣贯方案，召开动员大会，分党组书记为全局讲党课。深入领会端牢"中国饭碗"、管好"大国储备"的新思想新理念新战略。在全面从严治党、深化改革加快转型、安全稳定、保供稳市、监管执法、增储建库、规范经营、班子建设等重点工作推进中体现政治责任。

二是贯彻新时代党的组织路线。2022 年度对机关事业单位 16 名处级干部进行了统筹调配，其中事业单位 5 名"一把手"轮岗交流。选拔了 10 名处级领导干部，完成 5 名机关公务员职级晋升。制定 33 项干部素质能力提升工作计划和黑龙江局 2022 年培训计划，举办政治理论学习，政策性粮食日常监管等各类培训班 12 次，举办事业单位新入职人员培训。

三是持续推进全面从严治党走深走实。制定完善各类制度 10 余项，召开全面从严治党专题会 2 次，开展政治生态分析研判 2 次，签订党风廉政建设责任书 101 份，各种形式的廉政提醒谈话 200 余人次。一体推进"三不腐"。处置问题线索 5 件，诚勉和提醒谈话各 1 人，对年轻干部集体提醒谈话 90 人次。突出项目建设、干部选任、资金使用、经营创收、粮食监管等权力集中、资金密集的部门岗位。

二　扛稳抓牢主责主业，持续提升粮储监管能力

一是全面发力推动"深化改革、转型发展"。立足垂管局职责定位和黑龙江粮储实际，认真落实"一局一策"部署，深入基层各单位、省直12个厅局开展大调研，制定"深化改革、转型发展"实施方案，细化"八大基地"建设内容。

二是持续深入推进中央储备粮监管。全面落实《粮食流通管理条例》，与黑龙江省粮储局等建立专项工作联席机制，与辽、吉、蒙垂管局建立区域性粮食执法协同机制。连续4个年度实施中央储备粮管理和中央事权粮政策执行情况考核。结合专项执法行动、政策性粮油库存检查等工作，实现辖区中储粮黑龙江分支机构直属库及分库监管全覆盖，对宾县直属库开出首单行政处罚。认真核查国家粮食和物资储备局交办的以陈顶新线索以及重点抽查后移交的线索。配合支持其他垂管局完成问题线索的实地核查。

三是不遗余力增强国家战略和应急物资储备实力。安全顺利完成收储轮换、国储成品油等量轮换等重大任务，疫情期间向吉林调运木板折叠床与棉被。坚持以"标杆库（洞、罐）"创建为带动，开展应急救灾库品牌建设，投资500余万元完善基础设施。针对橡胶凝水问题，进行移库倒垛。助力落实地方政府成品油储备工作，向省政府报送专题报告，协助制定储备方案、建立管理制度。成为黑龙江省政府成品油储备单一承储主体，现已完成部分油料接收入库任务。

三　立足当下放眼未来，统筹发展与安全

一是毫不懈怠巩固安全稳定格局。安全生产责任体系更加严密。每季度召开安全形势分析会，特殊敏感时期开展"四不两直"检查。先后成为省安委会、省反恐领导小组等成员单位。党的二十大召开期间，分党组主要负责人带队督导，其他局领导驻库蹲点，保证了局系统绝对安全和稳定。安全生产基础更加坚实。积极推进专项整治两个"三年行动"集中攻坚，储备仓库安防系统全面升级、消防系统联控报警，危化品仓库防恐能力大幅提升。抓实双重预防体系建设，高效推进视频通、会议通工作。应急救援处置更加高效。坚持以"时时放心不下"的紧迫感危机感建设应急队伍、加强应急备勤、完善应急预案、开展应急演练。应急备品库建设作为国家粮食和物资储备局试点全面完成。疫情防控屏障更加牢固。先后投入资金30余万元购置防疫物资，有效保障了干部职工生命安全和身体健康。为地方进出卡口值守、社区防控做出积极贡献，受到高度评价。

二是统筹谋划战略应急物资储备基础设施建设。全方位规划，聚焦改革发展编制"十四五"事业发展规划、信息化发展规划、突出项目建设主攻方向充实项目库，按要求编报通用仓库"一库一图一案"规划建设方案。高质量实施，严格对标"三高一样板"要求，高质量完成各类投资项目82项，总投资9538.05万元，年度项目均在党的二十大召开前顺利竣工。高标准推动，大力推进建设信息化监管中心筹备等多个重要项目论证工作。高标准完成一五三处多项改造任务，为承储地方政府成品油提供了有效保障。

三是坚持人民至上，提升干部职工获得感幸福感。直面现实困境，破解历史遗留问题。分党组坚持"新官理旧账"，一次性向国库补齐储备仓库安全改造不合理列支300万元；承诺并推动3年完成

820 吨超损油料补库任务。筹措资金 6000 余万元，解决职工绩效工资"托低"等 20 多项难题。党史学习教育期间编制"我为群众办实事"清单 11 项。筹措专项资金为职工家属区改善环境，解决新招录人员的食宿困难。巩固脱贫成果，助力乡村振兴。3 年来，投入资金 100 余万元，为定点扶贫村建设基础设施，扶持农户搞养殖增加收入。传统节日走访慰问，青年干部结对帮扶，先进事迹在黑龙江日报等党媒宣传。

撰稿单位：国家粮食和物资储备局黑龙江局；撰稿人：吴寒；审稿人：张继祥

国家粮食和物资储备局安徽局

基本情况

国家粮食和物资储备局安徽局（以下简称"安徽局"）是国家粮食和物资储备局设在安徽的监管机构，于 2019 年 9 月正式挂牌，现有 9 个职能处室，6 个事业单位。主要负责监管辖区内中央储备粮棉管理，并会同地方有关部门监督检查中央事权粮棉政策执行情况；按权限查处有关案件；负责辖区内国家战略物资收储、轮换、出库的实施和管理；监督辖区内石油、天然气、食糖和中央救灾物资等中央储备。

2022 年工作

一　全面从严治党展现新气象

坚持政治机关定位。把准政治方向，聚焦"国之大者"，踔厉前行，落实"第一议题"制度，认真学习贯彻习近平总书记重要讲话精神。落实模范机关创建 18 条措施，走稳走好"第一方阵"。创新制定机关党支部"政治三力"评价办法，推动党支部和党员不断提高政治判断力、政治领悟力、政治执行力。以钉钉子精神狠抓中央和国家粮食和物资储备局党组巡视反馈意见整改，完成对 3 个基层单位党组织巡察，实现巡察全覆盖。强化创新理论武装。制定学习贯彻党的二十大精神 21 条举措，开展"大学习、大宣讲、大培训、大贯彻"系列活动，班子成员带头开展主题宣讲，组织副处级以上干部参加省直机关二十大精神轮训。同步加强和改进分党组会议学习、中心组学习、支部学习、青年理论学习，创新形式举办"粮储徽课堂"18 期，参加省直机关"新时代新担当新作为"主题讲述比赛、征文比赛等活动。加强基层党组织建设。不断提升基层党建规范化标准化水平，推动机关支部建在处室上、基层支部建在科室上，建立局务例会处室同步通报支部工作机制。开展党建调研和党务工作问题清查专项行动，深入实施"领航"计划，大力开展"一支部一品牌"行动，评选 22 名"两优一先"先进典型。加强干部队伍建设。完成机关基层处级干部选拔任用 8 人，开展跟班学习、挂职锻炼 9 人，选好用好各类干部。完成事业单位招聘 30 人、公务员转任 1 人，增添事业发展力量。组织参加各类培训 1105 人，着力提升干部履职能力。严格开展"吃空饷"专项排查，完成干部个人事项报告核查 15 人次，加强常态化监督。

持续深化党风廉政建设。开展中央八项规定及其实施细则精神制度建设及执行情况"回头看"，修订完善相关制度 17 项。建立安徽局监督工作贯通协同机制并制定"六个清单"，召开专项会议 2 次，协同监督初见成效。以严的主基调正风肃纪，加强各单位"一把手"和领导班子日常监督。实事求是处理问题线索，消存量、遏增量。加强"以案为鉴"警示教育，认真组织"端正党风严守党纪、凝心聚力干事创业"专题教育，开展中高风险岗位廉政谈话，推动形成廉洁文化"五进"模式。营造和谐稳定氛围。调动和发挥集体智慧和创造力，每逢重大决策形成之前、落实之中，开展多层次的调查研究，充分尊重民意和关切，充分吸收意见和建议，沉下去、收上来，民主集中。言出必行，有诺必践，团结协作，各司其职、各尽其责，形成系统上下心舒气顺、共谋共建新发展局面的良好氛围。

二　深化改革转型发展迈出新步伐

按照改革完善体制机制加强战略和应急物资储备安全管理意见和国家粮食和物资储备局部署要求，制定形成安徽局"1+4+N"深化改革、转型发展实施方案。6 个工作机制平台初步搭建起来，个别重点工作推进力度、产生的效果已显现。积极联系省委、省政府等有关部门，提出统筹用好仓储资源建议，省委主要负责同志作出专门批示推动有关工作，地方储备顺利落地，将有力推动职能履行和事业发展。区域融合发展有力推进，做好第二届长三角垂管局论坛各项准备工作，加强与阜南县人民政府战略合作，助力乡村振兴发展，深化与中石化安徽分公司合作，推动储备成品油市场化轮换。

三　粮食执法监管取得新突破

创新工作模式，推进监管"穿透式"突破，形成安徽局"1+6"监管模式。持续开展粮食购销领域腐败问题专项整治，与省纪委监委建立工作协调机制。持续跟进中储粮安徽分公司专项整治进度，督促做好问题整改。坚持依法行政，制定粮食监管制度 5 项，按权限查处有关案件，实现行政处罚"零突破"。持续从严执法，查办的 12325 问题线索达到上报结果"零退回"。以粮食质量监管为突破口的"七查"工作法，得到了国家粮食和物资储备局的充分认可。强化监管力量，打造一支 20 余人、平时分散、"战"时集中的过硬队伍。在中储粮年度考核中，敢于动真碰硬，精心组织问题整改"回头看"。建立中央储备粮动态监管工作室，扎实做好政策性粮油库存检查国家抽查、夏秋粮收购督导、新入库政策性粮食跨省交叉检查和视频抽查。把质量监管贯穿粮食监管全过程，粮食监管工作实现"三个转变"，即在心态上，从"忐忑""畏难"到"有底气""有信心"的转变；在方法上，从"门外汉"到"掌握了关键方法""积累了一定斗争经验"的转变；在成效上，从"基本完成规定任务"到"主动出击树立执法权威"的转变。

四　物资储备保障能力得到新提升

把成品油轮换与市场保供结合起来，加强沟通对接，及时掌握市场动态，相继完成多次轮换保供任务，以柴油为主要品种的储备成品油轮换机制初步形成。灵活运用网络监管和实地监管方式，持续做好企业代储油料监管。建立健全物资管理制度机制，从严抓好日常监管，以物资库存检查为契机，全面摸清直管、监管物资数质量、存储安全，给国家交上一笔明白账。扎实做好应急救灾物资监管，闻令而动，第一时间组织督导应急物资调运，高效完成马达加斯加国际援助、支援上海疫情防控等任务，充分发挥应急保供和救灾援助作用。

五　安全基础管理再上新台阶

全面开展安全大检查及"回头看"。落实"十五条硬措施"，开展"全覆盖、快整治、零容忍"安全大检查，分党组主要负责同志亲自安排亲自带队，开展9次实地督导检查。建立安全生产包保责任制，压实储备仓库的主体责任和职能部门的监管责任，深化安全生产"三管三必须"。隐患排查治理成效明显，定期开展安全检查，及时发现问题，建立隐患台账。大力开展百日攻坚行动，扎实推进重大安全隐患和安全距离不足问题专项整治，实行挂牌督办、闭环管理，提高整治成效。加强与地方政府部门协调联动，共治隐患、共保安全。持续推进两个"三年行动"，全面推进"双控体系"建设，制修订制度12项，安全生产标准化水平不断提升。做好防灾应急准备，常态化开展应急演练。组织专班推进油库安全风险治理，"四个系统"有效投用，完成储备油库较高风险等级动态"清零"目标。

六　规划项目建设厚积新支撑

对标国家粮食和物资储备局工作部署，立足安徽、跳出安徽，积极谋划申报2个综合性规划建设项目，按照"加固、改造、三化"和"一库一图一案"要求，及时编制上报"十四五"时期建设项目。在建项目统筹推进，1个安全综合整治提升项目竣工验收，2个民生项目投入使用，1个重点项目顺利通过国家粮食和物资储备局工程质量专项抽查。积极协调省发展和改革委员会、省能源局，做好辖区内能源品类储备有关工作。

撰稿单位：国家粮食和物资储备局安徽局；撰稿人：刘尚；审稿人：荀旭、曹吉鹏

国家粮食和物资储备局江西局　基本情况

国家粮食和物资储备局江西局（以下简称"江西局"）是国家粮食和物资储备局直属的垂直管理机构，主要职责是：负责江西省内国家战略物资储备收储、轮换、出库的组织实施和日常管理，监督检查储备物资数量、质量和储存安全，监管江西省内中央储备粮棉管理情况，监管江西省内石油、天然气、食糖和中央救灾物资等中央储备，落实重大灾害及突发性事件的有关中央储备物资保障工作。内设 9 个职能处室，下辖 6 个事业单位和 2 个公司。截至 2022 年底，机关在职人员 37 人，事业单位在职人员 365 人。

2022 年工作

一　坚定正确政治方向，全面从严治党纵深推进

一是政治建设水平全面提升。深入学习贯彻党的二十大精神，制定宣贯方案并举办专题培训班；制发《2022 年党的建设工作要点》，召开江西局全面从严治党工作会议；扎实开展"让党放心、人民满意"模范机关创建；开展"端正党风严守党纪、凝心聚力干事创业"专题教育；配合国家粮食和物资储备局迎接中央巡视并落实反馈问题整改，做好国家粮食和物资储备局党组巡视反馈问题整改回头看。

二是思想建设能力不断提高。坚持第一议题制度，定期开展分党组理论学习中心组学习，全年开展集中学习 15 次；制定《基层单位党委理论学习中心组学习列席旁听实施办法（试行）》，全年各基层党委开展集中学习 60 余次；强化意识形态工作责任制落实，印发《2022 年宣传思想工作要点》、《江西局政务新媒体和互联网工作群管理暂行办法》，加强网络阵地建设管理；推动党史学习教育常态化长效化。

三是组织建设成果日益凸显。制发《关于进一步严格基层党组织党的组织生活制度的意见》，严肃基层党组织党内政治生活；严格执行"三会一课"、谈心谈话、民主评议党员、主题党日等制度；召开年度组织生活会 1 次，专题组织生活会 2 次，党日活动 154 次，开展"清查整治突出问题、规范党务工作"自查；全年召开党委联席支部（扩大）会议 12 次；深入开展"我为群众办实事"实践活动，结对珊田村，开展"新时代文明实践站"共建；制发青年理论学习小组学习计划，召开青年干部座谈

会；积极参加省直机关主题演讲比赛，持续开展"文明单位""青年文明号""最美家庭"等创建活动。

四是党风廉政建设持续走深。压紧压实"两个责任"，组织签订党风廉政建设责任书 88 份；坚持每月开展"一月一主题"学习，编印《江西局纪律教育参考》，持续推进"三化三提"；完成被巡察党组织巡察"回头看"全覆盖，形成巡察"全周期"闭环；认真做好案件查办，进一步规范问题线索处置和案件办理程序；紧盯关键时间节点"四风"问题，一体推进"三不腐"，营造全局风清气正的政治生态。

五是干部队伍建设不断强化。着力人才引进，完成 2022 年事业单位公开招聘，录用 29 人；强化专业训练，选派 2 名处级干部参加江西省委党校调训，会同贵州局、云南局联合举办处级干部培训班，联合江苏局举办干部能力素质提升培训班；加强实践锻炼，推荐 1 名处级干部到国家粮食和物资储备局跟班学习，选派 8 名年轻干部双向挂职，抽调 2 名干部前往乡村振兴岗位对口支援；加强指导协调，完成 25 名工勤人员等级认定晋升。

二　准确把握履职定位，执法监管水平全面提升

一是全力抓好专项整治。全力配合江西省纪委监委开展粮食购销领域腐败问题专项整治工作；完成国家粮食和物资储备局移交的涉粮车辆信息线索排查；协助广东、湖南、浙江、安徽等 8 个垂管局开展涉粮车辆信息的摸排工作。

二是认真落实"两项考核"。有计划统筹推进日常监管，现场考核中储粮直属库和中储棉九江公司，保质保量完成中储粮年度考核；配合做好江西省落实粮食安全党政同责考核相关工作。

三是切实加强粮食收购督导调研。落实省粮食收购协调工作小组要求，完成夏粮收购督导调研工作；按照国家粮食和物资储备局安排，协调省发展和改革委员会、省粮食和物资储备局等八部门，开展全省秋粮收购督导调研。

四是扎实开展库存检查。完成政策性粮油库存检查，参与江西省级督导，对于发现的重点问题，有针对性开展工作。做好中央战略和应急物资库存检查工作，形成普查报告，推动问题整改。配合做好国家粮食和物资储备局对中储粮随机视频抽查工作。

五是持续提升执法能力。研究制定并印发《江西局行政处罚文书》，进一步规范执法工作流程。强化执法队伍建设，组织申领执法证人员学习并全员通过考试。开展涉粮问题线索核查，针对核查发现的情况，下达责令改正通知书，按规定移交问题线索。全年办理 12325 监管热线转办、地方移交问题线索 3 条；积极发挥江西省食安委成员单位作用，做好全省食品安全考核工作。

六是抓实战略和应急物资监管。完成国储油料损耗溢余核查上报，做好企业代储国家储备油料监管工作。召开江西局系统防灾减灾救灾工作视频会议，对在库物资和仓储设施设备进行全面检查，指导各承储单位完善紧急出库预案，签订物资运输协议。

三　践行高质量发展思路，国家储备实力持续壮大

在收储轮换方面，抓好战略物资和成品油收储轮换，二五六处安全圆满完成中央储备成品油轮换

入库；六七三处完成部分国储物资并库。在项目谋划方面，落实国家"十四五"储备基础设施建设规划，统筹做好"十四五"项目清单编制，申报了国家储备仓库江西局六三二处中央级应急救灾物资储备库等一批"十四五"重大工程项目；结合各单位实际情况，谋划一批自筹资金项目。在设施建设方面，安全综合整治提升建设项目均已通过竣工验收，达到预期建设目标，安全综合整治三年行动圆满收官；三七〇处工勤房改造等民生工程竣工验收；本年度下达的 9 个自筹资金项目全部完工，年内投资计划均已完成。

四　积极推动改革谋划，管粮管储机制不断健全

一是全面谋划深化改革、转型发展。编制《国家粮食和物资储备局江西局"深化改革、转型发展"实施方案（讨论稿）》，根据国家粮食和物资储备局要求和意见反馈情况持续完善；制定印发《江西局关于加强所属事业单位出资企业监督管理的实施方案》，有序推进事业单位出资企业改革；认真落实国家粮食和物资储备局意见，督促各单位加强出资企业管理，规范国有资产出租出借。

二是持续健全基础管理机制。配合国家粮食和物资储备局顺利完成事业单位基建项目以及所属企业专项审计，切实推动问题整改，建立长效机制；完成各基层单位 2021 年度经济责任审计；开展了中央巡视反馈意见涉及财务资产审计问题专项检查。学习贯彻习近平法治思想，印发江西局"八五"普法规划，积极组织普法宣传教育，进一步深化法治机关建设。建立季度综合形势分析机制，组建工作专班，按要求报送分析报告。

五　切实增强责任意识，安全稳定防线进一步巩固

一是从严抓好安全生产。认真学习贯彻习近平总书记关于安全生产重要论述，推动落实安全生产十五条硬措施；结合实际制修订安全生产监管制度；扎实开展安全生产大检查及"回头看"，完成国家粮食和物资储备局督查和安徽局、湖南局的交叉检查；深入推进两个"三年行动"，严密排查治理安全隐患，2022 年共排查隐患 580 项；不断增强应急处置能力，组织开展实战演练 30 次。

二是压实各级安全责任。逐级签订安全稳定、平安建设责任书 694 份；印发领导班子成员及安委会成员部门任务分工，推动"三管三必须"责任落实；多次组织召开全局系统安全生产视频会议，部署落实安全稳定防范工作；认真执行 24 小时值班制度和领导带班制度，做好法定节假日、重要敏感时期以及灾害易发期安全管控。

三是营造安全稳定氛围。举办安全（综治）干部培训班，组织全系统 324 人参加线上安全考试并全部合格；组织"防灾减灾日""安全生产月""科技活动周""平安建设主题宣传"活动和安全培训 50 次，开展平安江西志愿者行动 41 次，召开联防联席会议 17 次；借助网络公众平台，大力宣传平安建设、安全生产等科普知识；抓好信访及矛盾纠纷排查，接收办理中央巡视组交办信访件 1 件，开展全局矛盾纠纷大排查大化解有效预防"民转刑"专项行动。

撰稿单位：国家粮食和物资储备局江西局；撰稿人：熊园园；审稿人：罗擎杰

国家粮食和物资储备局山东局

基本情况

国家粮食和物资储备局山东局（以下简称"山东局"）是国家粮食和物资储备局在山东的垂直管理机构，主要负责辖区内中央储备粮棉、石油、天然气、食糖、中央救灾物资等中央储备的监管和辖区内国家战略物资的收储、轮换、出库的组织实施和日常管理。山东局内设 10 个处室，下辖 8 家事业单位和 1 个公司。截至 2022 年 12 月底，机关公务员 39 人，事业单位人员 271 人，聘用制人员 123 人，离退休人员 459 人。

2022 年工作

一　提高政治站位，深入学习宣传贯彻党的二十大精神

一是迅速行动抓学习。及时组织全局广大干部职工收听收看党的二十大开幕式，第一时间组织局分党组理论学习中心组专题学习，分党组成员分别带队到各基层联系点宣讲党的二十大精神，各基层党委、党支部、青年理论学习小组及时跟进组织学习，全面学习领会二十大精神。二是营造氛围抓宣传。认真组织收听收看丛亮局长专题党课和国家粮食和物资储备局专题报告会，举办山东局二十大精神宣讲报告会，下发学习辅导教材，用好"鲁储党建"、粮储山东局学习群、《工作简报》等载体，交流学习心得，分享感悟体会。三是细化举措抓贯彻。深入贯彻落实国家粮食和物资储备局党组、山东省委关于学习宣传贯彻党的二十大精神的部署要求，制定印发《山东局分党组关于认真学习宣传贯彻党的二十大精神实施方案》，从突出"七个聚焦"、丰富形式载体、注重转化运用、加强宣传报道四个方面细化 12 项具体举措，全力抓好贯彻落实。

二　强化在地监管，扛牢主责主业

一是着力推进考核检查。组织开展中储粮年度考核、粮油库存检查、2022 年新入库政策性小麦交叉检查，共计对中储粮山东分公司 12 个直属库及日照仓储有限公司，中储粮北京分公司河北辖区 15 个直属库进行全覆盖检查。采取实地检查、视频督导等方式，认真组织夏秋粮收购督导，开展中

央储备棉直属企业年度考核评价，作为六个垂管局之一在国家粮食和物资储备局工作会议书面交流夏秋粮收购督导有关经验做法。二是扎实组织日常监管。制定《山东局中央储备粮定期巡查工作办法》，年内实现对辖区内中储粮直属库巡查全覆盖。建立日常督导机制，督促承储企业每月报送轮换情况。依托动态监管系统，实施精准监管，处置问题线索 1000 余条。三是较真实施执法督查。针对中储粮山东分公司有关直属库粮食超耗和账外粮等问题开展立案核查，有序推进行政处罚，开出 3 张行政处罚单。配合江苏局等协查问题线索，及时办理国家粮食和物资储备局转办的 12325 问题线索。四是着力提升监管效能。认真落实《粮食流通管理条例》、《粮食储备管理问责办法（试行）》等规章制度，与省粮食和储备局、财政部山东监管局等共同推进辖区内粮食监管工作。

三　提升储备效能，增强保障能力

一是强化储备物资管理。推进三三四处、八三二处国储橡胶倒入丙类库房，牵头制定通用仓库涂装规范和服装标准。二是圆满完成重点任务。组织开展辖区内 2022 年中央战略和应急物资储备库存检查，首次配合国家粮食和物资储备局开展煤炭生产企业储煤能力核查，为承接煤炭等新增储备监管任务做好准备。以视频方式圆满完成对山西辖区中央应急抢险救灾物资储备监管评估工作。三是增强应急保障能力。与省应急管理厅签订战略合作协议，三三四处代储济南市区两级应急物资，举办山东局特种车辆设备操作技能比武，认真推进国家粮食和物资储备局应急物资一体化投放保障试点工作，加强中央防汛救灾物资维护保养和调运演练，确保关键时刻调得快、用得上、能应急。

四　统筹改革发展，夯实事业根基

一是系统谋划体制改革。认真学习中央关于体制机制改革和国家粮食和物资储备局规范所属事业单位出资企业经营管理文件精神，从政事企分开、储备效能提升、监管职能强化等三个方面深入研究论证，系统形成改革方案。二是稳步推进项目建设。彻底化解成品油储备能力建设二五二处工程超概风险，完成工程结算，并利用工程节余资金实施武警智慧磐石、采暖及库区绿化和道路硬化等项目，完成二五二处工程罐室进水等工程质量缺陷问题整改。加快推进三三四处、八三二处安全综合整治提升建设项目，推动改建 5 座丙类仓库。积极推进域内中央煤炭储备基地项目，如期完成"双通"工作。三是深入优化融合发展。主动服务地方经济社会发展，2022 年三三四处累计发运与接收欧亚班列 507 班，货值 3 亿美元。局机关、三三四处、二五二处荣获 2021 年度服务山东高质量发展绩效考核"优秀"等次，其他单位获得"良好"等次。四是推进全面规范管理。扎实组织开展审计问题整改"回头看"和防范审计查出问题"前改后犯"整改，认真推进国管局第二批公务用车管理专项领域建设，全面开展法治机关建设，大力开展法治宣传教育，连续两年被国家粮食和物资储备局评定为全国粮食和物资储备系统法治机关建设"优秀"等次。

五　聚力本质安全，守住安全底线

一是强化安全生产责任。全面落实全员安全生产责任制，对安全生产相关责任人按要求进行追责问责。二是持续完善制度体系。认真落实规定动作，探索创新自选工作，制定山东局《安全生产考核办法（试行）》《安全生产约谈实施办法（试行）》《安全生产"吹哨"暂行办法（试行）》《安全生产责任清单》，用制度保证安全。三是深入开展排查整治。以"两个三年行动"为抓手，深入开展"大快细实严"行动，全面开展隐患排查治理。2022年山东局共开展各类安全检查100余次，其中分党组成员带队集中督导2次，外聘专家20人次，累计发现问题隐患772项，并认真编制"一库一策"整改方案，着力整改落实。四是加强安全教育培训。建立"党建+安全"工作模式，在全局范围大力开展"大学习、大培训、大考试"专项行动，共组织学习培训40场次，营造良好安全氛围。

六　加强人才培养，优化干部队伍

一是畅通渠道优结构。针对干部队伍缺编严重、梯次断档实际，认真招录50名事业单位专业人才。着眼事业发展需要，提拔重用7名处级干部，选调2名优秀机关干部到基层任职，选派2名优秀年轻干部到基层挂职。二是多措并举育人才。建立青年理论小组学习"五学"模式，教育引导青年干部"学深一层，讲高一等，写长一技，做实一着，干先一步，严律一格"，在省委省直机关工委第二届青年理论学习先进表扬四个表扬项中获得三项表扬。荣获国家粮食和物资储备局"2022年度全系统政务信息先进单位"。常态化组织4期"我来讲"讲坛，全年组织培训114个班次、2152人次。1人获评国家粮食和物资储备系统首个技能大师，并建设全国"技能大师工作室"。2个团队获评国家粮食和物资储备局"干事创业好团队"、2名干部获评国家粮食和物资储备局"担当作为好干部"。三是严管厚爱抓管理。组织开展2022年度考核，出台机关公务员平时考核办法，完善基层单位绩效考核评价体系，组织津贴补贴清理规范"回头看"，规范企业兼职行为，提升履职成效。四是关心关爱强服务。做实拴心留人工作，对新录用人员继续采取合规性拎包入住。加强老干部支部建设，组织开展"初心如磐历久弥坚"等主题活动，为退休干部举行荣退仪式。

七　强化政治统领，抓好党的建设

一是强化政治建设。坚持"第一议题"制度，扎实开展分党组理论学习中心组学习。建立基层党委中心组理论学习"一学一报"制度，制定《山东局分党组关于推动党史学习教育常态化长效化的实施意见》，举办学习贯彻党的十九届六中全会精神培训班。组织开展"端正党风严守党纪凝心聚力干事创业"专题教育活动，二十五处、二五二处以活动为契机积极解决长期遗留问题。采取"一述一评"方式召开2022年度党建述职评议考核会议。分党组连续两年被国家粮食和物资储备局考核为"优秀等次领导班子"。二是筑牢党建基础。开展2022年度党支部标准化规范化建设等次评定，全局29个党支部达到"四星级党支部"以上水平。开展党建工作专项督查和机关支部工作检查，每月

10 日开展主题党日活动，每季度集中开展"过政治生日"活动，组织开展山东建储 70 周年系列庆祝活动。顺利完成二五二处党委换届。坚持党建带工建、带妇建、带团建。局机关、三三四处、八三二处、三七二处、青岛疗养院荣获省级文明单位称号，基层单位实现省直文明单位全覆盖。三是厚植为民情怀。常态化开展"我为群众办实事"实践活动，完成 2022 年自筹民生事项 15 项，投资 431 万。扎实开展"双联共建"。严格落实离退休人员"两项待遇"，营造尊老敬老良好氛围。

八　坚持从严基调，强化管党治党

召开山东局 2022 年全面从严治党工作会议，严肃通报问题，全面部署任务。高质量完成基层单位巡察全覆盖，建立"一周两调度两碰头"工作机制，全力推动国家粮食和物资储备局巡视整改"回头看"和巡察工作专项检查反馈问题、国家粮食和物资储备局党组与驻委纪检监察组全面从严治党专题会商指出问题整改。创新制定《山东局分党组政治生态分析研判暂行办法》，出台《山东局分党组关于实施加强对"一把手"和领导班子监督的十八条措施》，压紧压实各级"一把手"和领导班子监督责任，推动监督具体化常态化。

撰稿单位：国家粮食和物资储备局山东局；撰稿人：高晓磊；审稿人：潘青

国家粮食和物资储备局河南局

基本情况

国家粮食和物资储备局河南局（以下简称"河南局"）机关内设 10 个处室，下属 14 个正处级事业单位和 2 家事业单位出资企业。负责监管辖区内中央储备粮棉管理情况，会同地方有关部门监督检查中央事权粮棉政策执行情况，承担有关年度考核工作；辖区内国家战略物资收储、轮换、出库的组织实施和日常管理，监督检查储备物资数量、质量和存储安全；监管辖区内石油、天然气、食糖和中央救灾物资等中央储备。按照国家粮食和物资储备局指令，落实重大灾害及突发性事件的有关中央储备物资保障工作。按权限查处有关案件，并提出相关处理意见和追责建议。截至 2022 年 12 月底，机关和事业单位职工总数 2264 人（在职 944 人、离退休 1320 人）。

2022 年工作

一 坚持党建引领，认真履行管党治党责任

一是提高站位抓学习。始终把政治建设摆在首位，组织分党组理论学习中心组集中学习 12 次、学习研讨 2 次；第一时间谋划党的二十大精神学习方案，分党组书记和分党组成员带头讲专题党课，带动各级领导干部迅速行动，组织多种形式学习活动，利用豫储党建公众号推送党建信息 114 篇，形成浓厚氛围。深入开展"能力作风建设年"活动，举办干部能力作风建设培训班及党务干部培训班，327 名党员领导干部参训，切实强化责任担当。

二是突出标准求实效。制定《关于加强对各基层党组织党建工作指导的实施办法》，明确局分党组成员工作联系点分工，压紧压实"一岗双责"。充分发挥党建现场会示范引领作用，以规范化标准化建设为主线，推动全局党建工作提质升级。在郑州疫情形势严峻时期，党员干部冲锋在前，领导干部以上率下，确保工作不断、干劲不减。认真落实"双报到"工作机制，积极开展"四送一助力"活动，全局 380 余人参与了志愿服务，为疫情防控捐款捐物价值 8 万余元、助农投入 13 万余元。局属宾馆两次为驻地提供隔离服务，持续打造疫情防控硬核堡垒。局机关及多个基层单位受到驻地政府好评。局机关获评全国"节约型机关"和河南省卫生先进单位，保持了省级文明单位称号，基层单位普遍创建了市县文明单位。

　　三是紧扣制度强监督。修订领导班子和基层单位目标管理考核办法，研究制定对各直属单位"一把手"和领导班子监督实施办法，推动管党治党主体责任落实落地。开展《党委（党组）落实全面从严治党主体责任规定》落实情况自查评估，针对发现问题，立查立改。认真落实驻委纪检监察组指出问题整改工作，细化落实中央巡视反馈意见的整改措施。签订党风廉政建设责任书 28 份，印发党建、纪检工作要点，定期召开党风廉政建设形势分析会，明责任、传压力。开展工作人员过问打探工作事项自查，组织对中央八项规定精神配套制度及执行情况"回头看"。对直属企事业单位巡察率达100%，"回头看"覆盖率达 87%。健全廉政风险防控机制，加强与河南省纪检监察部门合作，规范高效处置问题线索。

二　坚持严的基调，持续强化中央储备在地监管

　　一是认真开展监管考核。运用"考核办法＋年度重点"新模式，顺利完成河南辖区中央储备粮棉管理和中央事权粮食政策执行情况 2021 年度考核。严格按照检查要求，扎实开展 2022 年政策性粮油库存检查。同时，开展了中央储备粮专项巡查，建立了巡查工作台账。扎实组织开展棉糖、应急救灾和防汛抗旱物资库存检查。针对河南省情，成立应急物资调运预备队，督促各承储单位做好防汛备汛工作。日常监管中发现某仓库擅自调运中央救灾物资，及时上报国家粮食和物资储备局并按要求督促其做好整改，检验和提升了监管能力。精心组织实施，高标准完成 2022 年新入库政策性小麦跨省交叉延伸检查工作。认真履行企业代储成品油监管职责，不定期到承储油库进行现场监管 7 次。以常态化监管为切入点，着重做好中央储备物资日常监管工作。

　　二是扎实推进专项整治和线索核查。切实履行中央储备在地监管职责，持续推进粮食购销领域腐败问题专项整治，加强督导检查力度，督促承储企业进行排查整改，扎实做好各类检查发现问题整改及整改"回头看"工作。严格依法办案，配合省纪委监委核查河南辖区涉嫌"转圈粮"问题线索，按照执法督查工作规程组织力量，严肃核查 2022 年案件线索，定期跟进整改情况，确保整改效果。开展中央储备粮动态监管平台试运行，严格处理各类问题线索。做好全国粮食企业信用监管平台试运行工作。

三　坚持系统观念，有效提升工作效能

　　一是上下协调联动，高效完成专项物资收储轮换任务。根据时间紧、任务重的形势，做实做细方案预案制定、全流程预演动员部署等准备工作，局领导带队抓好现场组织，协调攻克铁路运输难点，主动加强与武警、公安、消防、应急等部门联动，扎实做好全过程督导，在较短时间内顺利完成了专项任务。

　　二是狠抓制度落实，强化物资日常管理。聚焦关键环节，扎实开展战略物资库存检查工作，强化人员培训，加强督促指导，严格清查物资数量，规范检验物资质量，进一步查清了库存物资底数，强化了管理措施。通过日常督查、不定期督查等多种方式督促各仓库严格落实物资管理制度，定期对物资进行维护保养，把好物资数量关、质量关。

三是立足全局谋势，积极推动融合发展。积极主动助力河南省政府推进成品油储备工作，4次参加工作推进会，充分发挥国储优势，帮助河南省测算各类数据，并尽力提供保障。加强与河南省粮食和物资储备局、河南省地方金融监管局、地方政府部门的沟通联系，有力推动储地融合。与河南省油企、炼厂开展合作，深化资源整合，积极助力河南省能源市场稳定。

四是坚持稳中求进，着力加强设施建设。积极推进国家成品油储备能力建设项目。以隐患整改和管理升级为储备核心职能保驾护航，四三二处、四三三处安全综合整治提升项目已通过竣工验收，五七三处工勤房改建项目和六七一处行政区设施改造项目顺利完工并通过初步验收。在前期摸底的基础上，根据物资储存布局和功能定位，较好完成规划编制及上报工作。

四　坚持问题导向，牢牢守住安全底线

一是基础工作常抓不懈。坚持统筹发展和安全，定期组织召开安全生产形势分析会议等专题会议，认真贯彻落实国家粮食和物资储备局安全生产会议精神。强化教育培训与监督考核，逐级逐岗签订安全责任书1011份，层层压实责任，严格落实安全生产责任制。较好组织了"火灾警示宣传教育月"、"安全生产月"、"119消防宣传月"等活动，针对关键时间节点，扎实做好安全风险防范工作，本质安全水平进一步提升。

二是专项任务聚焦聚力。狠抓生产安全，在专项工作任务中，严格落实工作要求，指导相关单位制定安全警戒方案、现场处置方案，会同地方单位召开协调会，共同研究并有效落实了交通疏导、风险防控、应急处置等安全保障工作，采取"交警开道、武警押运、公安沿途警戒"的模式，织密安全保障网，确保了作业和运输安全。除在建仓库外，安全专项整治三年行动完成率达到90%以上，安全治理提升三年行动有序推进。

三是督促检查全面跟进。深入开展风险隐患排查整治工作，成立检查组，通过现场检查和资料查阅，细致检查安全隐患，提出整改要求。牢牢把握"疫情要防住、经济要稳住、发展要安全"的工作要求，组织督导组，拉网式开展安全生产大检查"回头看"活动，对查出安全隐患立行立改、强力推进，整改率达到95%以上，未整改的隐患结合三年行动计划持续推进。

五　坚持人才为先，全面推进队伍建设

一是紧抓人才引进。顺利完成2023年机关公务员招录计划上报和资格审核，开设4个岗位。通过双选会等程序，完成1名军队转业干部接收工作。2022年度事业单位招聘开设70个岗位，入职64人，有效缓解了事业单位人才短缺、知识断层的状况。

二是突出实战练兵。完成了机关和事业单位8名处级干部试用期考核，开展了机关1个副处级岗位选拔和4名干部职级晋升。开展3期"处长讲业务"活动，带动直属单位开展"科长及业务骨干讲业务"活动36期，形成以上带下、领学促学工作机制。选派16名机关、事业单位年轻干部到国家粮食和物资储备局和河南局跟班学习，让干部在不同岗位上经风雨、见世面、壮筋骨、长才干。

三是选树先进模范。组织召开全局干部素质能力提升经验交流会，督促各事业单位主动对标先进

学典型，推动全局干部素质能力提升工作有序有效开展。刊发 4 期干部素质能力提升专刊、建设"能力作风建设展室"，用先进典型激励全局广大干部职工锐意进取。

四是强化督学培训。在南水北调干部学院举办了 2 期"领导干部能力作风建设"培训班，115 人参训，加深了对习近平经济思想以及视察河南重要讲话重要指示的理解把握。联合河南工业大学举办了"直属单位退役军人能力作风建设提升培训班"，帮助事业单位 40 名退役军人提升了行政服务能力和基本素养。

撰稿单位：国家粮食和物资储备局河南局；撰稿人：陈璐；审稿人：李强

国家粮食和物资储备局湖北局 基本情况

国家粮食和物资储备局湖北局（以下简称"湖北局"）于 2019 年 9 月 20 日正式挂牌，机关现有 10 个职能处室，截至 2022 年 12 月 31 日，在职人员 43 人（含局级干部 6 人），离退休人员 64 人。下属 14 个基层事业单位和 1 个湖北国储物流股份有限公司。基层事业单位正处级编制单位 13 个（11 个储备仓库、设计院、机关服务中心）和副处级编制单位 1 个（物资检验所）。现有基层在编在岗职工 703 人、编外职工 227 人，离退休职工 1144 人，共计 2074 人。

2022 年工作

一　坚持谋改革促发展，"三项改革"稳步推进

积极推进地方政府储备。参与制定湖北省改革完善体制机制加强战略应急物资储备安全管理实施方案，与襄阳、宜昌、孝感等地方政府会商储地融合工作。推动建立湖北省政府成品油储备，起草《管理办法》、《储备方案》并报省政府，收储资金已纳入省级财政预算。配合国家能源局完成湖北省煤炭生产企业储煤能力核查。深化政事企改革。制定上报《深化改革转型发展实施方案》，完成总体研究报告和 12 个专项调研报告。落实国企改革"三年行动"，深化事企改革，事企经营风险防火墙机制逐步建立。三三八处场地改造项目获得国家发改委专项资金支持。

二　坚持凝聚监管合力，储备监管职责有效履行

扎实开展中储粮考核。精心组织实施 2021 年度中储粮年度考核，发现各类涉粮问题 103 项并紧盯整改，对中储粮黄冈、孝感、荆门直属库下达行政处罚决定书。持续推进粮食购销领域专项整治。协同省纪委监委做好问题线索核查，配合省市场监管局开展粮食流通监管，会同省粮食局对审计署发现问题整改情况进行联合检查督导。协助 6 个省市实施问题线索核查，协商 4 家垂管局收集跨省车辆线索。积极运用中央储备粮库存动态监管系统，处置问题线索 813 条，核查办结 12325 分办举报案

件 3 件。督促中储粮湖北分公司所属 17 家直属企业开展"大排查、大起底",发现储粮超耗、对外拆借资金、委托库点短量未追回等问题 102 个,已整改 99 个。赴安徽省开展中央储备小麦交叉延伸检查,督促完成现场整改 38 项,下达整改任务 41 项。认真实施中央储备日常监管。制定中央储备年度监管计划和季度监管台账,动态掌握辖区内中央储备数质量和安全管理现状。定期调度中央储备粮轮换、调节储备玉米轮入,年度计划完成率达 100%。督导调研夏、秋粮收购。开展汛期中央应急救灾物资大清查,修订物资维护保养和应急调运预案。组织中央战略和应急物资储备库存大检查,完成辖区粮、棉、糖、油脂库存检查。

三   坚持规划引领项目支撑,基础设施功能更加完善

深入谋划建设项目。编制《湖北局事业发展"十四五"规划》,指导各储备仓库编制"一库一图一方案"建设规划,谋划新增能力规模、加固提升、改造提升、"三化提升"项目,湖北局"十四五"事业发展格局基本形成。加快推进重大项目投产见效。综合性国家储备基地项目已完工;三三七、五三八处安全综合整治提升项目,三三八处新建应急物资仓库、三七九处完善功能项目、七三六处民生工程通过竣工验收;五三八处综合整治工程、三七九处成品油储备能力建设工程完成结算审核和预算执行。自筹资金着力完善仓库功能,补齐短板弱项,解决制约发展的痛点难点。积极推进"智慧仓库"建设。推进实施成品油库信息化试点项目;有序开展储备仓库"数据通"、"视频通",7 个仓库监控视频、远程会议信号已接入国家粮食和物资储备局专网。

四   坚持扛稳主责做强主业,物资管理保障水平上新台阶

主动承接重大专项任务。指导完成九三五处成品油轮换入库、一五六处柴油出库任务,有效解决地方成品油市场供应紧张形势;督导三七三处完成专项任务。强化应急保障职能。制定应急物资一体化投放保障试点工作方案,督导三三七处仅用 13 小时完成 1.5 万床棉被紧急驰援上海防疫任务。严格战略物资基础管理。严格执行国家粮食和物资储备局成品油损耗溢余管理办法,逐月清查盘点并规范登记台账。持续推进标准化建设。实行物资区域集中和定置化管理,规范各类展示牌和操作流程。

五   坚持科技和人才兴粮兴储,发展动能加速集聚

积极实施科技兴粮兴储。加强中央储备粮库存动态监管系统应用,探索信息化"穿透式"监管实现途径。为辖区中央防汛抗旱和救灾物资储备库配备远程在线监管系统,实现作业远程实时监控。大力实施人才兴粮兴储。推进干部能力素质提升工程,与武汉轻工大学、中南财经政法大学签订战略合作协议,深化"产学研用"融合,着力打造"一平台七基地"。组织完成粮储系统工程系列中级职称评审。严格干部选拔任用,加强机关基层处级干部平时考核。仓储管理和对外服务水平持续提升。围

绕主责主业，拓展期货交割、集装箱到发、航煤铁路运输、大宗商品仓储物流功能，通过参与汉口北国际多式联运港等项目，深度融入地方经济多层次循环。持续优化经济结构，推动业态转型升级，逐步清退危险系数高、附加值低的经营项目；按照主责主业要求，主动承接农产品、成品油及工业原材料仓储物流业务。在服务地方经济社会发展的同时，持续提高全局国有资产利用效益。

六　坚持高质量发展，治理体系和治理能力显著提升

统筹发展和安全。抓实抓细疫情防控，防疫成果得到有效巩固。安全生产专项整治三年行动圆满收官，扎实推进安全治理提升三年行动。完善并落实安全监督检查、约谈等制度，开展全局性安全检查143次，发现安全隐患309项，已整改252项；落实全员安全生产责任制，编制《安全生产手册》。认真组织"安全生产月"活动，每季度召开安全稳定廉政形势分析会。严格财务审计。开展中央巡视和企业专项审计整改落实情况专项检查，对19个基本建设项目竣工财务决算进行专项审计，完成五三八、三七九处主要负责人离任审计。加强法治机关、法治单位建设。制发"八五"普法实施方案、年度法治建设工作要点，落实学法普法"每月一主题"、"谁执法、谁普法"机制，举办4期"法律巡回讲堂"。强化重大事项、重要文件合法性审查和重点涉法问题跟踪督办。加大督查监管力度。建立局级层面重点工作督查机制和重要文件办理督办机制。严格国有资产管理和预算管理，制定并落实《湖北局事业单位国有资产管理实施细则》，加强预算管理一体化系统运用。严格机要、保密、档案管理，组织开展专项检查及整改工作。健全完善制度体系，编制《湖北局制度汇编》。

七　坚持政治统领，全面从严治党持续向纵深发展

深入学习宣传贯彻党的二十大精神。组织全局党员干部收听收看党的二十大开幕盛况，第一时间召开分党组会议研究制定学习宣传贯彻工作方案，统筹推进宣讲、研讨、自学等各类活动。组织编写《党的十八大以来湖北粮储事业改革发展综述》，组织参加国家粮食和物资储备局"喜迎党的二十大"主题征文并荣获优秀组织奖和5个单项奖。压实管党治党"两个责任"。召开局全面从严治党工作会议，围绕53个问题153项整改任务扎实推进中央巡视反馈问题整改。积极创建模范机关，完成108项中央和国家机关党的建设专项督查问题整改任务。认真组织"端正党风严守党纪、凝心聚力干事创业"专题教育，加强意识形态阵地建设。锻造坚强有力基层党组织。召开党组织发展质量提升推进会，制定《关于严格党的组织生活制度的实施办法》。开展"一下三民"实践活动，局驻村工作队相关做法被"人民号"等21个媒体平台刊载。推进党支部标准化规范化建设，连续五届被评为省直机关"党建工作先进单位"。强化监督执纪问责。开展季度政治执行力和权力运行情况专项督查，持续加大对"一把手"的监督力度，建立权力和责任清单。全年开展廉政谈话52人次，受理检举控告14件次，处置问题线索10件次，对10名党员干部采取监督执纪"四种形态"处置处理。

撰稿单位：国家粮食和物资储备局湖北局；撰稿人：王帅；审稿人：杨刚、李凯

国家粮食和物资储备局湖南局

基本情况

国家粮食和物资储备局湖南局（以下简称"湖南局"）成立于 1950 年，现有 13 个下属事企业单位：10 个储备仓库（事业单位），2 个附属事业单位和 1 个公司。截至 2022 年 12 月 31 日，全局干部职工总数 804 人，其中局机关在职人员 42 人，12 个下属事业单位在编在职人员 660 人，1 个公司现有员工 102 人。全局离退休人员 836 人。

2022 年工作

一　旗帜鲜明讲政治，坚决做到"两个维护"

一是深入学习宣传贯彻党的二十大精神。组织集中收听收看开幕式、首场记者招待会、新一届中央政治局常委记者见面会，深刻领悟"两个确立"的决定性意义，坚决做到"两个维护"。制定印发学习宣贯实施方案，对标对表落实落地。迅速掀起学习宣传热潮，制作宣传栏、宣传屏 30 余栏次，以中心组集体学习、支部大会、青年座谈会、线上交流会等形式广泛开展学习研讨，开展"走好第一方阵、我为二十大作贡献"主题活动，用党的二十大精神武装头脑、指导实践、推动工作。

二是积极推进政治机关、基层党组织和业务体系建设。坚持局机关政治机关定位。制定落实《政治监督清单》、《日常监督清单》、《关于加强政治机关文明机关建设监督工作的实施方案》，把政治建设融入日常、抓在经常。突出抓好基层党组织建设。强化政治功能和组织功能，巩固拓展党史学习教育成果，全面开展基层党组织整建提质专项行动，持续创建"五化""四强"支部，打造"一支部一品牌"，落实意识形态工作责任制，培育党建示范单位，深化党务业务融合发展。推进业务体系建设。立足党建和业务深度融合，以"三化建设"（规范化、信息化、标准化建设）为载体抓实业务体系建设，按照"一年试点、两年巩固、三年提升"的思路，组织对各基层单位开展制度、流程和标准类体系文件交叉审计，有效强化安全风险管控，提升管理质效。推动各单位更新完善体系文件并规范成册，"用制度规范行为、按流程规章办事"的规范化基础进一步夯实。

三是推动全面从严治党向纵深发展。狠抓中央巡视反馈问题整改，认真对照巡视反馈问题清单、任务清单、责任清单，逐条逐项对标对表，研究制定湖南局整改具体措施 180 项，做到立行立改、标本兼治。落实巡察工作五年规划。实现对基层党委巡察全覆盖、"回头看"全覆盖。坚决拥护党中央开除张务锋党籍和公职的决定，深入开展"端正党风严肃党纪凝心聚力干事创业"专题教育，组织中央八项规定精神配套制度建设及执行情况"回头看"，弘扬新风正气，激励担当作为。

二　勇于斗争严监管，有效彰显执法权威

一是动真碰硬开展粮食购销领域腐败问题专项整治和"亮剑"行动。严肃查办中储粮某直属库中央储备粮轮换以陈顶新案，给予警告并处罚款，依法处理相关责任人，系垂管系统首次实施顶格罚款行政处罚案例，积极做好以案促治"后半篇文章"。专项整治开展以来，积极配合省纪委监委核查问题信息，严格办理12325热线转办案件，让铁规发力，让禁令生威。

二是用好"两项考核"指挥棒。扎实开展2021年度中央储备粮棉管理和中央事权粮食政策执行情况考核，检查发现问题30个，实施1起行政处罚，提出追责问责建议5项，考核导向鲜明有力。积极争取省委省政府支持，已纳入湖南省落实粮食安全责任制考核领导小组成员单位，协助完善粮食安全责任清单和市州党政考核方案，有力推动国家粮食和物资储备局决策部署在湘落地落细，压紧压实地方党委领导责任和政府具体责任。

三是扎实开展库存检查。认真组织开展全国政策性粮油库存检查，入库实地检查全部中储粮直属库、分库、收储库点，实现辖区内中央政府储备粮（油）全覆盖。扎实开展2022年中央战略和应急物资储备库存检查，深入全部承储库点检查物资数质量、核对账实情况，确保质清量准。严肃组织战略物资库存大清查问题"回头看"，督导湖南中糖物流公司完成临储白砂糖处理和原糖出库工作，中储棉岳阳公司完成进口棉收储任务。

三　科学谋划求突破，统筹推进改革发展

一是稳步推进战略和应急物资储备安全管理改革。聚焦重点任务，把准方向定位，初步形成深化改革转型发展"1+9施工图"。锚定重点内容和重点方向深化前期准备，围绕三三五处建立质量监测检验和信息技术中心等重点项目开展集智攻关、调研论证。积极充实国家储备，稳妥实施重大专项，组织完成国家储备物资出入库工作；承办矿产品竞价采购视频会，扎实完成竞标任务，达到平衡供需、引导预期、应对风险的效果。筑牢应急救灾防控体系，圆满完成中央应急救灾物资出入库工作，督导调运中央防汛抗旱物资，与省应急厅签订《应急救灾物资储备战略合作协议》，三三六处等6个基层仓库挂牌省应急物资储备基地，六三三处积极代储、紧急调运地方政府应急救援物资，应对急需功能进一步显现。组织核查省域内20家煤炭生产企业储煤能力和存煤量，推动建立煤炭储备，切实保障区域能源安全。

二是深化粮食储备安全管理改革。通过年度考核、库存检查，督导检查中储粮直属企业贯彻落实《粮食流通管理条例》、政策性和经营性职能分开、中央储备粮严禁租赁委托储存、政策性粮食收储政策执行等情况，确保改革政策落地有声；贯彻落实《粮食节约行动方案》，督促中储粮湖南分公司及其直属库全面实施全链条节粮减损。

四　标本兼治守底线，全力维护安全稳定

一是盯紧抓牢安全生产。贯彻落实国务院安委会十五条硬措施，深入实施安全生产专项整治三年行动和储备仓库安全治理提升三年行动，自筹资金完善储备油库"四系统一平台"，开展储备仓库安全隐患整治，安全生产标准化、安全管理规范化和风险管控智能化水平不断提高。坚持风险分级管控和隐患排查治理双重预防机制，对风险等级三级以上危险源逐个制定防控措施。开展安全生产大检查、石油储备安全风险治理行动、居民自建房"百日攻坚"行动和高层建筑消防安全检查等系列专项行动，坚决防止各类事故发生。完善印发全局应急预案和专项预案，常态化开展预案演练。

二是协同开展联防联控。深化"三共"活动机制，联合省公安厅、武警湖南总队开展第十二届"三共"和联防联动工作验收评估，取得全省治安保卫先进集体 1 个、先进个人 1 个、保卫管理员竞赛三等奖 2 个等荣誉。

三是切实维护稳定局面。开展形势政策宣讲、政治纪律教育和个别谈心疏导，压实信访工作主体责任，妥善化解历史遗留问题和群众反映突出问题，全力做好重大节日、重要活动期间的安全维稳工作。

五　导向鲜明强队伍，持续激励担当作为

全面贯彻新时代党的组织路线和好干部标准，统筹抓好"选育管用"，完成基层单位 4 名处长和 5 名纪委书记选拔聘用，做好局机关 18 名干部选拔任用和职级晋升（转正定级），六三三处国有资产科、七七二处被国家粮食和物资储备局评选为 2021 年度"干事创业好团队"、4 名干部被评选为"担当作为好干部"，一五四处、六三三处分别被省直机关工委评选为 2022 届省直机关文明标兵单位和省直机关文明单位，不断强化新担当新作为的正向激励。深入实施人才兴粮兴储，完成公务员招录、军转干部接收和事业单位人员招聘，选派 25 名优秀干部到国家粮食和物资储备局、省纪委、省粮食和物资储备局等开展岗位学习锻炼，开办局（处）长讲坛 11 次。持续开展乡村振兴工作，响应国家粮食和物资储备局 2022 年定点帮扶工作计划，向阜南县提供帮扶资金，展现担当奉献精神。

撰稿单位：国家粮食和物资储备局湖南局；撰稿人：张馨月；审稿人：王臻颖

国家粮食和物资储备局广东局

基本情况

国家粮食和物资储备局广东局（以下简称"广东局"）实行以国家粮食和物资储备局为主与广东省政府双重领导的管理体制，成立于 1972 年 4 月，监管范围是广东省、海南省，正局级单位，是广东省粮食安全保障工作部门间联席会议成员单位、应急委员会成员单位、安全生产委员会成员单位。机关内设 10 个职能处室，下属事业单位 10 个，事业单位出资设立 2 家企业。

2022 年工作

一　紧紧围绕"迎接和学习贯彻党的二十大"主题，持续在理论武装方面有新提升

严格落实"第一议题"制度，全年集中学习"第一议题"16 次，理论学习中心组研讨 10 次。深入推进分党组领学、机关党委督学、党支部研学、青年读书班创新学、个人拓展形式学的"五学联动"机制，围绕党的二十大精神、《习近平谈治国理政》第四卷、《习近平经济思想学习纲要》等重点内容，开展多形式、分层次、全覆盖的学习宣传教育活动，推动习近平总书记重要讲话和重要指示精神入脑入心、走深走实。深入实施青年理论学习提升工程，创新青年读书班学习形式，评选每月学习标兵，局机关青年理论学习小组获得"广东省直机关青年理论学习标兵集体"荣誉称号。

二　始终牢记"为民护粮、为国管储"使命，在强化履职能力方面有新突破

持续跟进粮食购销领域腐败问题专项整治工作进展，向粤琼两省纪委监委移送储备粮轮换"以陈顶新"问题线索 91 条，约谈 3 人，开出《责令整改通知书》2 份，对中储粮某直属库违规问题线索开展立案调查并作出行政处罚。完成辖区 2021 年度中央储备粮考核、政策性粮油库存检查、粮食购销定期巡查等工作，扎实推进问题整改"后半篇"文章，督促相关企业完成问题整改 140 个、问责 23 人次。有序推进中央战略和应急物资储备库存检查。高标准、高质量、高效率完成中央储备成品

油轮换任务。加强应急物资保障，完成中央防汛、救灾物资入库计划，全年累计调运 5 批次中央防汛物资，有力保障了区域抢险救灾和马达加斯加、汤加等援外急需，八三〇处物管科荣获"广东省应急救援先进集体"荣誉称号。不断创新监管方式，用好各类物资在线监管平台及 12325 热线等，以"线上 + 现场、定点不定仓"的方式，全面构建信息化穿透式监管格局。抽调全局骨干共 36 人组建监管辅助人才库，进一步充实监管力量。

三　着力打造阳光工程、廉洁工程、放心工程，在增强储备实力方面有新进展

按照压茬推进、科学施工、严格管理的要求，推动辖区内国家储备基础设施项目加力提速，确保阶段性和年度目标的实现。651 工程于 2022 年 5 月底开工建设。657 工程可研取得国家发展和改革委员会批复，并同步下达征地资金。八三〇处 2022 年底已建成投用，新增库容面积约 1.6 万平方米。海南处中央救灾物资仓库项目可研通过国家粮食和物资储备局内审，正全力协调项目地块总规及控规调整工作。坚持总体谋划和阶段推进相结合，出台广东局"十四五"规划，为全局高质量发展指明了路径、绘就了蓝图。

四　以"时时放心不下"的责任感，持续维护安全稳定良好态势

健全完善全员安全生产责任制，形成事前、事中、事后全流程安全监督管理制度体系，统筹开展安全生产专项整治三年行动和储备仓库安全治理提升三年行动、危险化学品安全风险集中治理、自建房出租物业和项目施工现场安全整治等重大专项行动，建立隐患销号整改机制，持续狠抓隐患排查整治。全年累计发现各类安全隐患 525 项，完成整改 483 项，剩余项已制定整改方案并落实好管控措施。推动所属储备仓库全部完成双重预防机制建设，形成全区域风险分级管控清单，共计 83 项较大以上风险均采取措施降至中低风险并做到管控。

五　注重党的建设，推动科技和人才兴粮兴储，在增添发展活力方面有新作为

对海南处党委开展巡察整改"回头看"，推进基层单位加快转变工作作风、提升工作效率。统筹抓好政治机关建设、基层党组织建设和业务体系建设，建立局领导联系基层党建工作机制，制定印发《局分党组成员对基层单位党建工作指导实施方案》《直属党组织书记抓党建工作述职评议考核实施办法》，开展"端正党风严守党纪、凝心聚力干事创业"专题教育和"奋进新征程、建功新时代，以模范机关创建实际成效迎接党的二十大胜利召开"主题活动，推动全局干部职工讲政治、守纪律、负责任、有效率。落实干部能力素质提升计划第三年任务，先后举办工匠精神、专业技术人员创新力、政务管理、财务国资业务等培训班，开展公文写作比赛、"小发明、小创造、小设计"项目评审以及能力素质提升优秀成果展示评选等活动，全年共开展全局性培训活动 33 次，参加 1987 人次。

撰稿单位：国家粮食和物资储备局广东局；撰稿人：解笑愚；审稿人：薛浩

国家粮食和物资储备局广西局

基本情况

国家粮食和物资储备局广西局（以下简称"广西局"）机关内设职能处室9个，分别为：办公室、粮棉糖和救灾物资监管处、战略物资和能源监管处、规划建设处、财务审计处、安全仓储与科技处、执法督查与法规处、人事处（离退休干部处）、机关党委（纪委），下辖事业单位6个。

2022 年工作

一　坚持政治建设统领，持续加强政治机关建设

一是强化理论武装提升政治能力。严格落实"第一议题"制度，分党组理论学习中心组12次集中学习研讨，深入学习《习近平谈治国理政》第四卷，学习贯彻习近平总书记参加党的二十大广西代表团讨论时的重要讲话精神，把学习宣传贯彻党的二十大精神作为当前和今后一个时期的首要政治任务，不断提高政治判断力、政治领悟力、政治执行力。深刻领悟"两个确立"的决定性意义，始终把"两个维护"作为最高政治原则和根本政治规矩，心怀"国之大者"，把坚决贯彻落实习近平总书记关于粮食和物资储备工作的重要批示指示精神和党中央决策部署，全面体现到广西局事业发展全过程各环节。

二是深化巩固模范机关创建成果。在深化模范机关建设过程中，坚持以"严、廉、基、融"四字诀强化党建引领，助推全局中心工作高质量发展。获评2022年自治区直属机关"创建模范机关示范单位"，实现创建模范机关"双创"目标。

三是着力推动乡村振兴工作。持续选派2名优秀年轻干部赴定点帮扶村开展乡村振兴工作，巩固拓展脱贫攻坚成果与乡村振兴有效衔接。局领导多次带队赴帮扶村开展调研，慰问村干部、困难村民，关心关爱驻村干部，落实相关政策规定。积极落实消费扶贫，大力支持帮扶点广西玉林市博白县那凭村、永新村风貌提升和振兴发展。2022年6月获自治区评定为2021年度定点帮扶工作考核结果"好"等次。

四是积极推进法治机关建设。制定广西局《"八五"普法规划》，印发广西局《2022年执法督查工作计划》《公职律师管理办法》。组织公职律师、法律顾问"送法进基层"，建立公职律师对接联系基层单位机制。开展各类普法宣传教育、行政执法主题讲座、学法用法学习考试等活动。目前全局持

有行政执法证人员达 9 人。广西局法治机关建设工作在 2021 年度考核评议中获国家粮食和物资储备局肯定。

五是抓好干部人才队伍建设。落实《广西局"十四五"人才队伍建设规划》，开展各类业务培训暨岗位技能竞赛、公文写作大赛等活动，全年组织"局长讲坛"2 次、"处长讲业务"11 次。印发《广西局关于鼓励干部职工参加在职教育的指导意见》，调动干部职工学习深造的积极性主动性。持续推进机关公务员平时考核和事业单位中层干部绩效综合考评。全年共选派 9 名干部挂职锻炼，组织 8 名干部交流轮岗，选派系统内 35 岁以下干部到局办公室跟班学习；完成 1 名军转干部定级、7 名机关公务员职级晋升、2 名机关副处级干部的试用期满转正考核工作；选拔任用 2 名事业单位副处级领导干部；2022 年，共接收军转干部 1 名、招录公务员 3 名、公开招聘事业单位人员 14 名。

二　紧抓主责主业落实，推动重点工作落地见效

一是严格中央事权粮食执法监管。扎实开展粮食购销领域腐败专项整治，围绕涉嫌"转圈粮"问题线索，加强与地方纪委监委沟通协调，积极配合各级纪委监委开展调查工作。认真开展 2021 年度粮考和 2022 年度政策性粮油库存检查，强化考核"指挥棒"作用，不断规范辖区内中央储备粮内控管理。加大粮食日常监管力度，核查中央储备粮动态监管系统不属实问题 277 条，处理 12325 监管热线问题举报 2 件，增强监管的针对性和威慑力。开展中储粮年度考核试评价工作，对辖区内中储粮直属库进行量化打分和年度评价。

二是强化中央事权储备物资监管。完成九三一处 46 捆 2270 个中央防汛物资折叠式抢险金属网箱的验收入库工作。督导储备库点完成向广西紧急调运 70 车 5 万余件中央应急救灾物资任务，有力支援广西抢险救灾工作。对辖区内中央储备糖承储库点全覆盖检查，贯彻落实《国家储备原油管理办法》，强化监管力度。推动广西地方成品油储备建设，参与联席会议、研提意见、调度工作进度，积极推动储备任务落地落实。

三是建立战略物资储存风险分级分类管理。研究制定《广西局战略储备物资分级分类管理实施方案（试行）》，系统建立各品类物资分级分类管理划分标准。针对储存安全风险点合理确定管理重点、监管关键、检查比例和频次等，开展"一库一策"、"一垛一策"管理，推动战略储备物资从无差别、粗放式管理向差异化、精准化、科学化管理转变。

四是高质量推进项目规划和建设。贯彻落实"三高一样板"项目建设要求，九三一处安全综合整治提升建设项目二期工程和七三二处安全综合整治提升建设项目均通过竣工验收并交付使用。推进九三一处南宁中央级救灾物资储备库项目，项目可行性研究报告获国家粮食和物资储备局批复立项，项目初步设计审核通过后上报国家发改委审批。

五是抓好安全管理工作。严格落实安全生产责任制，强化"一把手"第一责任人责任，开展对"一把手"履行安全工作责任检查评估。全面推行安全生产绩效考核，落实"三管三必须"，不定期开展电话抽查和"四不两直"检查，加大督查问责力度。开展各类安全宣教培训讲座 3 场 153 人次，推进安全生产学习教育全覆盖。创新开展安全生产月活动，突出活动主题，把"法与责"贯彻活动始终，开展"五个一"活动，营造"人人讲安全"文化氛围。深入开展安全生产大检查，落实"十五项硬措施"，开展各类"全覆盖"式督导检查 8 次，排查安全隐患问题 128 条，完成整改 123 条，其余 5 条已采取措施予以管控，整改完成率 96.1%。

六是着力推动科技兴储。持续优化四七九处机械化作业试点项目，认真总结机械化作业项目建设经验，制作广西局机械化作业试点成果介绍视频，在国家粮食和物资储备局2022年科技活动周视频会上作汇报发言，广西局实施科技兴储战略全力推进机械化作业试点工作在《中国粮食经济》2022年第6期刊登。开展"建立国家储备仓库安防监控系统运行和维护管理体系"软科学课题研究及成果上报，获评为2022年度国家粮食和物资储备局"具有一定学术水平和使用价值的软科学研究成果"。

三 落实全面从严治党，深入推进清廉机关建设

一是压实管党治党政治责任。制定广西局2022年党建和纪检工作要点，落实驻委纪检监察组指出全面从严治党问题整改，2次召开广西局全面从严治党工作会议，分党组书记与机关处室及基层单位主要负责人签订《党风廉政建设责任书》21份。配合做好中央巡视问题整改，制定广西局整改台账，每月汇总上报整改进展情况。开展国家粮食和物资储备局巡视反馈问题整改督查和"回头看"，截至目前，巡视反馈问题15个，已完成整改13个，持续推进整改1个，整改完成率93.3%。

二是持续发挥基层党组织战斗堡垒作用。深入推进"五基三化"攻坚年专项行动，把打造业务工作"新亮点"作为创建"一支部一品牌"的抓手，坚持"三会一课"、民主评议党员等基本制度，强化基层党组织建设。按新标准建设党员政治生活活动室，打造党建宣传阵地。以党建推动各项中心工作，通过"机关党建＋行动学习"解决制约中心工作高质量发展的难点堵点问题。积极发挥群团组织桥梁纽带作用，鼓励和指导机关团支部开展青年活动，完成工会和妇委会换届工作。

三是强化监督执纪问责。紧盯全局中心任务和年度重点工作，加强对"一把手"和领导班子、党员领导干部的监督检查。对粮食执法监管工作中履行职权、工作作风、廉洁自律等情况开展回访调查，向中储粮广西分公司各直属库发放《广西局粮食执法监管回访调查问卷》，主动接受对粮食执法监管工作监督评议，建立健全风险防控和治理闭环的制度机制。持续深化"三不腐"一体推进，运用好监督执纪"四种形态"，深入开展监督提醒谈话和日常约谈。不断完善《提醒谈话提纲》《纪律检查建议》等工作规范，落实严肃严谨严实的要求，推动纪检监察工作规范化走深走实。

四是扎实推进清廉机关建设。制定广西局清廉机关建设工作方案和任务清单，围绕"五个聚焦"明确45项工作任务，按照"六个一"规定动作要求认真组织实施。深入开展"端正党风严守党纪、凝心聚力干事创业"专题教育，举办"廉洁促进师＋行动学习"案例分析会，开设"粮储广西—清廉机关建设"微信公众号宣传专栏，开展清廉先进典型选树工作，组织党员干部参观家庭家教家风主题展等。全年开展各类廉政警示教育87次，受教育1362人次。

撰稿单位：国家粮食和物资储备局广西局；撰稿人：莫少雄；审稿人：黄玉涛

国家粮食和物资储备局四川局

基本情况

国家粮食和物资储备局四川局（以下简称"四川局"）是国家粮食和物资储备局的垂直管理机构，为正司局级，有关粮食和物资储备监管职责范围为四川省、重庆市。局机关设 9 个内设机构和机关党委，下辖 10 个事业单位。

2022 年工作

一　提升监管执法水平

胸怀"国之大者"，不忘自己是谁、把牢主责主业，在推进粮食购销领域专项整治、强化"两项考核"、做好物资大清查、抓好"专项工作"、服务防灾减灾等方面守好了"基本盘"、发挥了新作用。全年检查辖区内粮油数百万吨，发现问题上百条并督促整改；督导承储企业禁止从事政策性业务外的其他经营性活动、加快提升自储比例；会同有关地方部门、国有企业联合建立政府储备粮轮换第三方交易联席会议机制，在统筹日常检查和年度考核中提升了"严监管"效能。与四川省市场监管局等四部门建立定期联席会议制度，集中开展"穿透式"联合执法；配合粮食购销领域专项整治，及时移送问题线索，协助查实有关案件，形成"强震慑"态势。组织召开川渝两地应急物资储备调研座谈会，完成煤炭储备基地选址核查，督导中央应急救灾物资承储仓库加强物资管理强化调运实战演练，初步形成了央地融合应急保障新格局。督导中央救灾物资成都储备库向泸定地震灾区发运救灾物资两万余件，有力支持了抗震救灾工作。

二　深化改革转型发展

一是规范出资企业运行。汲取袁昌模案件教训，压实出资事业单位资产管理主体责任和监管责任，完善运用"四大权责清单"，强化执纪问责，规范国有资本运作，防止国有资产流失。坚持有所为、有所不为，严格控制开展一般性贸易经营。二是落实地方政府储备任务。跟进地方储备推进计划、落实情况，与重庆市发改委达成年度成品油应急储备合作协议，采取实物储存、动态调整等方式，初步形成中央储备、地方政府储备和企业社会责任储备"三级联动"的国家战略成品油储备体系。

三　解决历史遗留问题

坚持"走正道、拐活弯、跨南墙"的理念，推动长期制约四川局发展的历史遗留问题成功突围、步入健康发展轨道。一是吸引社会主体参与投资长寿油库项目。认真落实党中央、国务院关于战略和应急物资储备安全管理改革有关要求，引入延长集团投资国家储备基础设施建设，合作建设长寿油库。二是向成都市中级人民法院、四川省高级人民法院起诉解决机关大院迁建问题，收回省统建中心、蜀府公司拖欠四川局的损失补贴费，推动问题朝着对四川局有利的趋势发展。三是会商资中县委县政府解决二七一处转运站安全距离问题。双方共同制定应急保障和安全保障方案，明确转运站外围的安全由资中县人民政府负责，安全属地管理主体责任由资中县人民政府承担。

四　稳定推进安全生产

贯彻习近平总书记"一个目标""三个不怕""四个宁可"的要求，强化红线意识和底线思维，建立安全风险分级管控和隐患治理双重预防机制，构建全员安全责任体系。全局召开安全专题会议151次、组织安全检查169次，接受国家粮食和物资储备局组织的安全交叉检查6次，接受地方相关职能部门检查46次，及时消除了安全隐患；扎实开展安全生产专项整治三年行动、安全治理提升三年行动等重点工作，组织实施"全国防灾减灾日"和"安全生产月"等活动；以四三六处、二七一处、一五七处为试点，形成了安防及信息化升级项目可研报告；指导四七三处改进气动码垛车，完成箱装物资作业模式优化工作；修订完善应急处突预案，突出与地方应急预案有效衔接增强实战能力，开展应急演练69次。针对个别基层处风险管控不全面、隐患整改不到位的问题，依纪依法对相关责任人给予党纪政纪处分，并将问责情况全局通报，形成了"四不两直"常态化、隐患排查全面化、问题整改清单化、失职追责严格化的安全管理新态势。

五　加强干部队伍建设

全年组织培训班8个，培训350余人次；各基层单位组织培训班16个，培训1029人次；外出送培325人。推荐机关3名科级公务员到基层事业单位挂职部门负责人，在全局事业单位范围内选拔了3名年轻干部到艰苦偏远的四七三处挂职部门负责人，让干部到艰苦单位、吃劲岗位、急难险重任务中受磨砺、长才干。突出"关键少数"挺纪在前，及时函询约谈诚勉，让咬耳扯袖、红脸出汗、杀菌排毒成为常态，防止"小毛病"演变成"大问题"。全年约谈6个基层处领导班子，引导干部队伍精神士气和作风更加向好。

六　坚决贯彻全面从严治党

扛稳扛牢全面从严治党主体责任，把纪律规矩挺在前面，以建设模范机关为引领，以党建业务融合发展为抓手，贯通巡视整改、以案促改、审计整改扎紧制度"笼子"、建立健全长效机制。精准运用监督执纪"四种形态"尤其是第一种形态、第二种形态持续清除袁昌模案"余毒"、净化政治生态。2022 年，对严重违纪违法、涉嫌犯罪的所属国储公司 3 名高管进行纪律审查，配合地方监委进行监察调查，并移交地方人民检察院提起公诉；对违反党纪法规的 6 名干部依纪依法问责，分别给予党内处分、调整退休待遇、诫勉等处理。

撰稿单位：国家粮食和物资储备局四川局；撰稿人：佘华东、冉娅；审稿人：王荣鑫

国家粮食和物资储备局贵州局

基本情况

国家粮食和物资储备局贵州局（以下简称"贵州局"）于 2019 年 9 月 6 日更名挂牌。内设 9 个处室：办公室（法规体改处）、粮棉糖和救灾物资监管处、战略物资和能源监管处、规划建设处、财务审计处、安全仓储与科技处、执法督查处、人事处（离退休干部处）、机关党委，下辖 8 个国家储备仓库。截至 2022 年 12 月 31 日，局机关在职公务员 39 人，离退休 62 人；所属事业单位在编在职 342 人，离退休 568 人。全局党员 556 名，其中离退休党员 287 名。

2022 年工作

一　深入学习宣传贯彻党的二十大精神，推动全面从严治党向纵深发展

一是旗帜鲜明抓政治建设，首位意识进一步树牢。深化落实"第一议题"制度，专题研究部署深化模范机关创建工作。认真抓好十九届中央第九轮巡视反馈问题整改，局分党组主动认领 70 项任务，成立整改领导小组和工作专班，制定整改方案，扎实开展整改。对直属单位开展党建督查和巡察"回头看"，统筹抓好驻委纪检监察组指出垂管系统全面从严治党存在问题整改，进一步增强履行"两个责任"的政治自觉和行动自觉。二是持之以恒抓思想建设，理论武装进一步增强。分党组中心组开展学习 28 次，局主要负责同志专题宣讲党的二十大精神，局分党组成员均到联系单位宣讲。局机关坚持周五学习日学习制度，开展集中学习 18 次，全局 8 个青年理论学习小组开展研讨交流 76 次，完成调研课题 13 个。通过班子带头学、党员干部广泛学、青年同志用心学，全局干部职工理论武装不断增强。三是一以贯之抓组织建设，党建基础进一步夯实。落实机关党建工作责任制，局分党组每半年开展专题研究、每季度召开党建暨党风廉政建设工作例会，深入推进支部标准化规范化建设。机关第二党支部获省直机关"标准化规范化建设星级党支部"称号。2022 年度"我为群众办实事"23 个项目全部落实到位。四是从严从实抓纪律建设，正风肃纪反腐堤坝进一步筑牢。层层签订党风廉政建设责任书，专题研究全面从严治党工作，以全面从严治党问题整改为抓手，压紧压实各级党组织责任。全局各单位共开展廉政警示教育 42 次、廉政谈话 658 人次。五是多措并举抓群团工作，党建活力进一步显现。深化"职工之家"建设，建好"职工书屋"，积极开展"青春心向党"主题活动。助力乡

村振兴，投入 30 余万元开展对口帮扶点产业扶贫等工作，助力消费帮扶 6 万余元，慰问脱贫户 96 人次。局领导多次带队赴帮扶点调研，持续推动"双联双促"活动。

二　健全"3+2"粮食安全监管体系，"天下粮仓"守得更牢

一是强化日常监管。督促中储粮贵州分公司每月报送中央储备粮轮换情况，根据动态监管系统提示问题线索开展分类核实。二是强化专项监管。加强与省纪委监委协同，积极配合核查问题线索，就食安指标超标问题对中储粮贵州分公司贵阳直属库施行首例行政处罚。立案启动超耗问题案件调查工作，持续跟进已查实"以陈顶新"案件的行政处罚工作。开展 2022 年全国政策性粮油库存检查，检查覆盖率达 100%。三是强化协同监管。召开与省粮食和物资储备局、中储粮贵州分公司、农发行贵州省分行保障贵州粮食和物资储备安全四方联席会议，达成定期会商机制，发挥优势互补作用，构建齐抓共管协同监管格局。开展区域联动，配合省纪委监委做好粮食购销领域腐败问题专项整治涉及浙江、江西、湖南、安徽等中储粮库点线索核查工作。四是把创新监管和依法监管贯穿始终。创新监管方式，全程督查中储粮春、秋普，构建以督查促监管、促整改、促学习、促考核的"四促"长效机制。落实"一规定两守则"要求，加强《粮食流通管理条例》等规章制度的贯彻执行，把依法监管贯穿始终，形成监管体系合力。依法依规完成对中储粮 2021 年度考核工作，检查出问题 17 条，提出整改要求并开展"回头看"。

三　深化改革转型发展，"大国储备"效能不断增强

一是积极推进深化改革转型发展。把握主动权谋划改革、抓好深调研推进改革、用足"结合法"落实改革。编印 2 期资料汇编，召开 3 次改革发展专题会议，实行工作周调度，及时掌握各基层单位工作进展，督促增强谋事、干事主动性。结合贯彻落实《关于支持贵州在新时代西部大开发上闯新路的意见》，主动对接省政府办公厅、省粮食和物资储备局等 10 余家单位开展会商调研。申报《深化国家粮食和物资储备在贵州的战略和物资储备改革实施方案研究》课题，入选 2022 年度贵州省委全面深化改革重大调研课题并顺利结题。申报和实施的《千方百计加强能源储备切实保障贵州能源安全》课题，荣获省直创新项目评比一等奖。二是稳妥高效落实好物资储备任务。高质量完成物资出入库任务，开展库存检查，切实摸清家底，积极配合做好成品油省级政府储备相关工作，认真细致开展煤炭生产企业储煤能力核查。三是提升应急救灾保障能力和监管水平。开展 2022 年度中央应急抢险救灾物资储备监管评估，完成对贵州局六三一处仓库、中央防汛抗旱物资贵阳仓库及四川局所属四家仓库的监管评估核查。与省应急管理厅联合开展 2022 年中央应急抢险救灾物资调运演练，进一步增强仓库物资调运应急处置能力。四是压茬推进项目建设。扎实推进二五八处油库能力建设，五三一处安全综合整治提升建设项目已竣工验收。3 个油库接入管输项目已列为贵州省油气产业发展"十四五"规划重点项目，一五八处管输接入工程建设已基本完成。

四　紧盯重点完善安全长效机制，全力守牢安全底线

一是扛稳政治责任。每月召开局长办公会，深入学习贯彻习近平总书记关于安全生产重要指示、李克强总理重要批示，认真落实全国、贵州省安全生产电视电话会议、国家粮食和物资储备局安全生产视频会议部署，研究部署具体举措。二是夯实主体责任。出台《班子成员和机关处室安全生产职责分工》、《直属单位全员安全生产责任制管理办法（试行）》、《安全生产考核办法》，按照纵向到底、横向到边的原则，层层签订安全稳定责任书，将安全责任分解到部门、落实到岗位、量化到个人。各基层处共排查隐患 320 项，完成整改 304 项，隐患管控率 100%，投入安全经费 510 万元。三是抓实专项行动。持续动态更新问题隐患和制度措施"两个清单"，每月统计、每季通报，安全生产专项整治三年行动圆满收官。扎实开展成品油库紧急切断、视频监控、气体监测、雷电预警"四个系统"建设，确保运行安全。打好"打非治违"歼灭战，深入开展"安全生产月"活动，确保取得实效。四是构建长效机制。认真开展成品油库安全风险评估，制定《安全风险评估检查表》，细化 16 个方面、440 项检查内容。强化成品油库安全风险辨识管控，有效防范和遏制安全生产事故发生。聘请省内行业专家开展危化品仓库安全距离风险研判和设备设施安全运行风险排查。五是扎实开展安全检查。在安全生产百日督查、安全生产"打非治违"、成品油库安全风险专项治理等工作基础上，深入开展安全大检查"回头看"，进一步摸清安全生产底数。按照国家粮食和物资储备局统一部署，完成赴云南局储备仓库交叉安全检查工作。

五　夯实发展根基，自身建设水平不断提升

一是人才大培养。落实人才兴粮兴储要求，用好名校专家资源，开展党建、粮食业务、行政办公等各类专题培训 17 期，培训 1300 余人次。让年轻干部参与粮食考核、物资监管等重要工作，在实践中提升水平。选派 4 名年轻干部挂职锻炼、5 名干部驻村帮扶，抽选 8 名同志跟班学习。启动 2 名公务员招录，招聘事业单位人员 37 人，完成 7 名工勤岗位人员等级考评。5 名同志被评为 2022 年度省直机关"文明标兵"，1 个处室被评为省直机关"文明处室"。二是科技有支撑。扎实推进信息化建设，局机关接入省级政务内网，3 个油库完成物储专网线路铺设。聚焦科技人才兴粮兴储，开展粮食和物资储备科技活动周宣传。用好中央储备粮库存动态监管系统、中央预算管理一体化系统等手段提升监管效能。三是制度再完善。强化制度建设，制修订《储备油库代储成品油管理实施意见》、《投资项目管理办法实施细则》等制度 12 项，规范工作流程，强化制度约束。四是管理大提升。持续推进达标库考评，考评合格率 100%。持续推进资产增效，优化资产出租出借审批流程，设置出租出借审批材料预审环节。开展基层单位闲置资产摸底，研究盘活路径。推进节约型机关建设，获国家机关事务管理局等 4 部门联合颁发的"节约型机关"称号。

撰稿单位：国家粮食和物资储备局贵州局；撰稿人：肖天佑；审稿人：宋念柏

国家粮食和物资储备局云南局

基本情况

国家粮食和物资储备局云南局（以下简称"云南局"）主要负责云南辖区中央储备战略物资的收储、轮换和日常管理等，对云南辖区中央储备粮棉糖、原油、航空煤油、煤炭、天然气、救灾物资、防汛抗旱物资等进行监管。内设机构 9 个，下辖事业单位 6 个。截至 2022 年底，全局机关公务员 39 人，事业编内在职 205 人，全局退休人员 426 人，离休人员 3 人。

2022 年工作

一　聚焦主责主业，依法管粮与依法管储均衡发展

一是强化主责主业意识。认真学习贯彻习近平总书记关于粮食和物资储备工作的重要指示批示精神，以政治机关建设为抓手，融合党建业务，提高政治站位，胸怀"国之大者"，强化主责主业意识，将保障国家粮食和战略应急储备安全作为坚决捍卫"两个确立"、忠诚践行"两个维护"的具体体现。

二是扎实推进涉粮重大专项工作。多次到云南省纪委监委沟通协调，推动粮食购销领域腐败问题专项整治工作走深走实。持续深化与云南省粮食和物资储备局、省农发行的协同监管机制，顺利完成政策性粮油库存检查工作。在实际工作中建立"日常监管任务清单"，追踪"整改问题清单"，完善"工作底稿清单"，用好"线索核查清单"，不断提升常态化监管、动态监管和定期巡查工作水平。

三是有效形成粮食执法监管震慑。对涉嫌"转圈粮"违法违规线索进行逐条核查。就 2021 年度考核和 2022 年政策性粮油库存检查中发现问题约谈中储粮云南分公司领导班子 3 次，每月调度整改落实情况，目前各类检查发现问题均已整改完成，超架空期应清退补贴已全部退回。年底对 3 个承储企业开具行政处罚通知 4 份，全年督促中储粮云南分公司对 6 个承储企业共计 11 人进行了党纪政纪处分。

四是安全顺利完成专项任务。就专项任务向省政府呈报请示并获常务副省长批示，成立由云南局和云南省发展和改革委员会为召集人，成员包括 3 个州市政府及 8 个省直厅局在内的专项任务工作联席会议制度。组织各成员单位进行现场调研，召开第 1 次联席会议，明确职责分工。在联席会议的强力支撑和国家粮食和物资储备局督导组的正确指导下，安全顺利完成 2022 年专项任务。

五是不断提升战略物资储备管理。按时保质保量完成成品油轮换入库工作。制定盈余油管理办法，规范代储油料管理。顺利完成战略应急物资库存检查工作，对发现的问题严肃督促整改，对账销

号。进一步规范国储物资管理，认真落实国家储备仓库及三类物资管理制度。采取线上线下、动态和定期相结合方式，加强中航油云南分公司代储航煤监管。

六是持续增强应急救灾物资储备实力和应急能力。先后与云南省应急厅、省粮食和物资储备局进行工作会商，不断完善省应急救灾物资储备联席会议制度。结合云南局作为应急物资一体化投放保障试点工作要求，完善试点方案，督促各救灾物资、防汛抗旱物资承储仓库做好物资晾晒及设备维护保养工作，开展应急调运演练，确保关键时刻调得快、用得上。年内督导两个库点920万元的救灾物资增储任务。

<table>
<tr><td>二</td><td>聚心高质量发展，厚植发展后劲与解决遗留问题共同发力</td></tr>
</table>

一是持续夯实高质量发展的安全基础。认真落实"三管三必须"原则，层层分解压实安全责任。紧盯重要敏感时期和季节性防火防汛工作，加强巡查和值班值守工作。落实安全员制度，强化施工和作业现场安全监管，全年未发生任何安全事故。统筹推进两个"三年行动"，扎实开展安全生产大检查及"回头看"工作，危化品仓库重大危险源备案和应急预案编制工作取得积极进展。坚持问题导向，加大检查力度，全年开展安全检查50余次，发现问题隐患182项，全部整改完成。多方调剂资金，加大安全投入，全年局处两级累计投入自筹资金249.6万元。严格落实各阶段疫情防控政策，加强单位管控和个人防护，确保了工作正常运转。

二是加快推进高质量发展的基础建设。在确保安全、质量和廉政前提下加快工程进度，年底实现三七一处工程主体完工，工程总体完成超过75%。强力推进652工程各项可研前置条件，目前可研已顺利通过评审。积极运用安全综合整治工程成果，3个基层处均已实现与国家粮食和物资储备局的视频通、数据通。认真开展云南煤炭储备能力核查，联合省能源局就华能某扩建项目进行现场核实。

三是认真谋划高质量发展的路径举措。增强改革的机遇意识和主动精神，在专题研讨和广泛调研基础上，修改完善"深化改革转型发展"实施方案。主动与省发改委对接沟通云南省有关实施方案，推动中央和地方储备融合。

四是多方构建高质量发展的外部环境。加入云南省安全生产委员会、云南省国家安全委员会。先后与省应急厅、省粮食和物资储备局构建工作联动机制，努力推动中央和地方应急救灾物资储备在布局、项目、品类、规模上相互衔接、互为支撑。联合省国资委到省贵金属集团调研，邀请省农垦集团到五三〇处调研，积极探索贵金属、天然橡胶收储轮换机制。

五是积极应对高质量发展的制约瓶颈。扛起系列涉诉案件应对主体责任，坚决拿起法律武器维护国有资产安全完整和单位合法利益。结合涉诉案件深入开展尊法学法守法用法宣传教育，深化法治机关建设，不断提高领导干部运用法治思维和法治方式破解难题、推动发展的能力。

六是主动化解高质量发展的风险隐患。强化内控管理，开展国有资产出租出借和合同管理专项检查，规范经营行为。对全局历史遗留问题进行大起底大排查，明确责任领导、责任部门和工作举措，分轻重缓急及难易程度，逐步推动解决。

七是大力夯实高质量发展的经济基础。严格执行国家粮食和物资储备局"预算八条"，强化对重大工程、重大专项、执法监管、安全稳定等方面的资金保障。在经营创收上努力延伸服务链，提高附加值，推动业务转型升级、提质增效，2022年实现创收3004万元，同比增长24.3%，在云南局历史上首次突破 3000 万元大关。

三　聚力全面从严治党，主体责任与监督责任协同贯通

一是强化理论武装。重点围绕学习贯彻党的二十大精神和习近平新时代中国特色社会主义思想开展分党组理论学习中心组学习 13 次，分党组（扩大）会专题学习 7 次，着重在真学真懂真信真用上下功夫，在学以致用、指导实践、推动工作上下功夫。

二是建强政治机关。分党组每半年专题研究全面从严治党和意识形态工作，每季度分析党风廉政建设形势。开展经常性政治机关意识教育，增强政治属性和政治功能。扎实开展"端正党风严守党纪、凝心聚力干事创业"专题教育。以"四强"党支部建设和分类定级为抓手，深化党支部标准化规范化建设，融合党建业务，发挥好党建的引领作用。

三是落实新时代党的组织路线。树立鲜明的重基层、重实干的用人导向。从机关选派 2 名优秀年轻干部到基层任主要负责人，交流 2 名基层"一把手"，从严加强基层处领导班子教育管理，在 2022 年基层领导班子和领导干部年度考核中群众满意度明显提升。就引进地方优秀党政干部、将云南局领导干部培训纳入云南省统一规划等主动拜访省委组织部并得到大力支持。认真做好事业单位人员招聘工作，截至目前，全局事业单位在职人员 205 人，相比三年前，队伍平均年龄由 49 岁降至 40.7 岁，大学及以上学历人员从 74.5% 提升至 79.6%，专业技术人员从 18% 提升至 25.2%，队伍结构持续优化。

四是抓实问题整改。持续做好国家粮食和物资储备局党组巡视云南局分党组指出问题整改落实的"后半篇"文章。对照中央巡视反馈问题，结合云南局实际深入查摆自身问题，明确整改措施和责任清单，结合国家粮食和物资储备局党组和驻委纪检监察组会商全面从严治党指出问题、专项审计反馈问题，一体推进整改，建立挂牌督办、定期调度、登记销号的整改机制，确保真改实改、应改尽改。

五是狠抓作风转变。将 2022 年作为云南局"转观念、强作风、提质效"活动年，大力推行项目工作法、一线工作法、典型引路法，牢固树立"今天再晚也是早，明天再早也是晚"的效率意识，狠抓作风转变，提振干事创业的精气神，推动工作质量和水平上新台阶。

六是严肃监督执纪。配合驻委纪检监察组和地方纪检监察部门严肃查办三七一处案件有关责任人，给予 3 人"双开"处分，并由地方纪检监察部门移交司法；给予 1 人留党察看、行政降级处分，给予 1 人党内严重警告、2 人党内警告处分，达到了查处一案、警示一片的效果。紧盯基层处党委班子尤其是"一把手"等"关键少数"，以民主集中制、"三重一大"事项议事决策以及请示报告制度落实为重点，发现苗头性问题就及时敲打提醒，对 2 个基层处班子进行提醒谈话，对 1 个基层处班子进行约谈，对 1 名基层处"一把手"进行提醒谈话，对 2 名处级干部进行诫勉。机关公务员和事业单位科级以上干部均建立廉政档案，做好过问打探登记备案工作，完善廉政风险防控机制，开展经常性警示教育和廉政提醒，一体推进"三不腐"体系。

撰稿单位：国家粮食和物资储备局云南局；撰稿人：李彦达；审稿人：张灿柏

国家粮食和物资储备局陕西局

基本情况

国家粮食和物资储备局陕西局（以下简称"陕西局"）是国家粮食和物资储备局的垂直管理机构，主要职责是：负责监管辖区内中央储备粮棉管理情况，会同地方有关部门监督检查中央事权粮棉政策执行情况，承担有关年度考核工作。按权限查处有关案件，并提出相关处理意见和追责建议。负责辖区内国家战略物资收储、轮换、出库的组织实施和日常管理，监督检查储备物资数量、质量和存储安全。负责监管辖区内石油、天然气、食糖和中央救灾物资等中央储备。按照国家粮食和物资储备局部署，落实重大灾害及突发性事件的有关中央储备物资保障工作。下设 10 个正处级事业单位（9 个基层储备仓库和 1 个机关服务中心），另有 1 个国储物流公司。

2022 年工作

一　突出政治统领，坚决捍卫"两个确立"

一是加强党对粮食和物资储备工作的全面领导。陕西局分党组坚持把政治标准和政治要求贯穿始终，将政治理论学习与党员思想教育相结合，注重学习效果联系实际。全年召开分党组中心组（扩大）学习 13 次，局机关处以上干部受教育达 270 人次，集中学习人均 50 小时，自学人均超过 60 小时。

二是深化党建"领航"工程。今年以来，陕西局积极开展党建"领航"工程，培育选树具有示范引领作用的基层党委、党支部形成特色亮点工作品牌，以点带面提升陕西局党建工作总体水平。陕西局 4 个党支部被省直工委评为 2021 年度"五星级党支部"。五七五处第一党支部在国粮储系统基层党组织建设质量提升推进会作经验交流发言。

三是积极开展宣传党的二十大系列活动。陕西局分党组将学习宣传贯彻党的二十大精神作为当前和今后一个时期首要政治任务，制定出台了认真学习宣传贯彻党的二十大精神实施方案，在全局范围扎实做好贯彻落实；积极开展喜迎二十大专题职工讲书人大赛、演讲比赛，"做好表率我为二十大作贡献"专题党课等系列活动。

四是全力抓好粮食购销领域腐败问题专项整治。重点督导中储粮西安分公司自查自纠，通过自查发现问题 56 个，立行立改 100%，修订制度 90 项，完善工作机制流程 37 项。联合各地市纪委监委从严查处涉粮违规违法线索，向陕西省纪委监委移交可疑线索 50 条，为查处辖区内影响国家粮食安全的腐败问题和安全隐患提供业务支撑。

二 认真开展在地监管，彰显"国之大者"重任

一是切实扛牢在地监管责任。按照全年全覆盖的总体要求，累计开展各类检查活动 81 次，出动人员 298 人次，发现各类问题 172 个。克服疫情影响顺利完成 2021 年度中央储备粮棉管理和中央事权粮食政策执行情况考核，2022 年政策性粮油库存检查，中央防汛抗旱应急救灾物资汛前检查，粮食购销领域转办线索核查以及辖区内中央储备棉、糖、救灾物资、防汛抗旱物资库存检查，完成陕西辖区内中央应急抢险救灾物资监管评估工作，参与对银川直属库年度考核。

二是深化央地监管协作机制。建立健全与省应急管理厅、省粮储局的央地应急救灾物资保障协调工作机制，强化中央储备物资和地方应急体系协同运作。与省粮储局联合印发《关于开展全行业安全生产大检查及专项整治工作的通知》，进一步加强监管力度，形成有效监管合力。

三是加强中央应急救灾和防汛抗旱物资监管。坚持关注疫情和灾情信息，结合特殊时间节点督促仓库做好保管保养和应急调运准备工作。7 月，渭南市蒲城县发生内涝，陕西局提前部署，接到国家粮食和物资储备局紧急通知后，在一小时内高效完成了排涝泵站调运任务，获得国家粮食和物资储备局肯定。

三 夯实主责主业，凸显物资储备"压舱石"作用

一是突出抓好物资专项任务落实。五三三处高效完成橡胶、钛铸锭等转移工作，国储物资已全部转至新址。五七五处、二七二处克服疫情和天气影响，以最快速度、最高标准完成 4 批次专项物资出库任务，工作得到了铜川市政府、武警陕西省总队、陕西省公安厅以及兄弟基层单位的大力支持。一五九处、四五六处严格落实"一库一批一方案"要求，细化优化作业流程，圆满完成油料出入库任务。

二是有序完成战略物资储备库存检查。根据国家粮食和物资储备局部署，及时制定普查工作实施方案，成立普查工作小组，共对三类国储物资 422 多个垛（罐）进行检查，填写工作底稿 1763 多张，累计录入相关检查信息 1100 余次，通过普查，陕西局三类物资库存账面信息清晰、数量准确、质量合格。

三是加强国储物资规范化管理。六三〇处组织开展岗位技能比武活动，促进业务技能提升。四五六处积极开展设施设备标准化管理工作，建立了 10 余项标准化管理制度。五三三处、五七五处积极探索完善中央救灾物资管理制度和调运方案，严格落实"专库储存、专账记载、专人负责"，确保了关键时刻能够调得出、用得上。

四　抓好安全生产，提高本质安全水平

一是夯实安全责任。落实落细安全生产各项措施，全面排查整治各类安全隐患，签订责任书 666 份，安全协议 200 份，全年累计开展各类检查 39 次，各单位自查 103 次，接受地方政府部门检查 53 次，陕西局连续 5 年未发生安全生产等级责任事故，被陕西省公安厅评为 2021 年度全省内保工作突出集体。

二是认真贯彻落实两个"三年行动"。4 月，先后开展安全生产大检查和专项整治活动，6 月，对各单位安全自查情况及安全生产情况进行全面检查，9 月，在全局开展安全大检查"回头看"隐患排查问题整改和"安全生产专项整治月"，重点检查安全责任落实情况、重点部位管控情况、风险隐患排查治理等情况，坚决杜绝"三超"、"三违"现象。

三是完善安全管理体系建设。加大应急投入，各基层单位共投入 240 余万元用于专项培训、隐患整改、应急物资采购，共开展应急演练 16 次。梳理完善现有设备设施管理制度，推进设备标准化管理。

五　夯实管理基础，切实提升治理能力和治理水平

一是深化创建模范机关活动。全面加强政治机关建设，持续巩固拓展党史学习教育成果，扎实开展建设"政治机关文明机关"活动。积极打造健康机关，派员参加省直机关第九届运动会，举办陕西局乒羽比赛和运动会。创建新型文化机关，由机关带动各基层单位按月组织"青年读书分享会"，积极参与省直机关网络读书分享会、机关大讲堂、道德讲堂。践行环保理念，全体干部职工身体力行打造绿色低碳办公环境，陕西局机关被国家机关事务管理局、中共中央直属机关事务管理局等部门授予国家级"节约型机关"荣誉称号。

二是切实压实信访主体责任。各基层单位不断提高政治站位，坚持落实陕西局信访稳定工作各项要求，每月开展安全稳定廉政"三性"问题分析，积极化解各类矛盾，陕西局每季度组织召开全局分析会，确保全局安全稳定廉政不出任何问题。

三是做好全局预算执行管理。召开陕西局预算管理专项工作会议，深入贯彻党中央、国务院关于进一步深化预算管理制度改革的决策部署和国家粮食和物资储备局预算管理工作会议精神，指导各单位扎实推进中央预算管理一体化系统建设。

四是多角度实施职工队伍选育。认真落实"人才兴粮兴储"实施意见和三年行动计划，依托延安学习书院举办两期领导干部能力素质提升培训班，创建"薪火相传——处长讲业务"平台，持续提升干部综合素质和专业能力。组织开展优秀"新人"和优秀"匠人"推荐表彰工作，体现重实干、重实绩的导向。完成 2022 年度事业单位公开招聘，两批新招录人员 47 人已全部入职。

六　锚定目标靶向发力，年度重点工作取得新突破

一是综合性国家储备基地建设取得重大突破。积极沟通协调地方政府和职能部门，在陕西省、西安市两级政府的大力支持下，与大兴新区签订了土地收储补充协议，历时十四年的五三三处资产置换暨综合性国家储备基地项目建设进入不可逆转的"快车道"。

二是国有资产利用效益得到提升。协调指导五三二处推进恢复储备功能的资产置换工作，积极与新城区政府联系沟通，多次实地考察选址；在推进资产置换工作的同时，提前一年部署谋划开展资产出租工作，在完成了国有资产价值评估和市场价值评估基础上，按程序进行资产出租招标工作，最终招标额比原租赁收入翻了一番，充分发挥国有资产最大效益。

三是在陕中央煤炭基地建设迈出坚实步伐。坚持高起点部署中央政府煤炭储备基地在陕项目的选址考察、建设审批手续工作。在陕西局的努力协调推动下，成立了由省政府联系副秘书长任组长，陕西局及省发改委负责同志任副组长，相关厅局负责人任成员的陕西省中央政府煤炭储备基地项目建设协调小组。陕西局负责同志带队多次赴榆林市与相关政府部门、煤炭企业开展研讨，统筹考虑企业项目数量和规模总量，指导企业严格把控项目初步设计等工作，上报了煤炭储备基地在陕项目 10 个，已获批 3 个。

撰稿单位：国家粮食和物资储备局陕西局；撰稿人：张文娟；审稿人：邹皓、张鹏

国家粮食和物资储备局甘肃局

基本情况

国家粮食和物资储备局甘肃局（以下简称"甘肃局"），下辖 6 个战略物资储备仓库。目前负责监管中储粮兰州公司 12 个直属库储存的中央储备粮和中央事权粮食；监管中储棉兰州公司 1 个直属库储存的中央事权棉花；监管国家原油储备兰州基地储存的原油；监管中央防汛抗旱物资兰州库、中央救灾物资兰州储备库储存物资；监管中石油西北销售公司 3 个库点代储国家成品油。

2022 年工作

一　突出政治引领，党的建设持续巩固

一是把牢正确方向，强化政治引领。持续拓展巩固创建"让党中央放心、让人民群众满意"的模范机关活动，深入开展"奋进新征程，建功新时代"主题实践活动，以"走好第一方阵，我为二十大作贡献"为主题开展党组织书记讲专题党课 10 人次、主题党日活动 1 次，着力引导党员干部讲政治、守纪律、敢担当、有作为。

二是强化理论武装，筑牢思想根基。深化分党组理论学习中心组"四讲"工作机制，全年组织中心组集中学习 20 次，重点发言 34 人次。在"国储党建"微信公众号刊发工作信息 103 篇，位列垂管局前茅。开展《习近平谈治国理政》第四卷、《习近平经济思想学习纲要》、《总体国家安全观学习纲要》专题学习，撰写心得体会 63 篇。推动党史学习教育长效化常态化发展，全年分党组成员讲党史专题党课 8 次，增强党员干部学党史用党史的思想自觉和行动自觉。深入学习宣传贯彻党的二十大精神，印发《甘肃局分党组关于认真学习宣传贯彻党的二十大精神的实施方案》，坚持深学细悟，已开展各类集中学习 21 次，交流发言 62 人次，撰写心得体会 161 篇，全面准确把握党的二十大丰富内涵和精神实质。

三是加强党务业务融合，夯实组织根基。持续深化"六维党建"主题实践活动和"两级联动破解党建难题"成效，巩固拓展党建与业务"两张皮"专项整治成果。严格落实"三会一课"制度，分党组书记讲专题党课 12 次，各基层处党委书记、机关各党支部书记讲专题党课 10 人次。深化党支部标准化规范化建设，甘肃局在省直机关工委党建年度考核中获评"好"等次，2 个党支部被命名为第四

批"省直机关标准化建设示范党支部"，1个党支部获得省直机关先进基层党组织，2名同志分获省直机关优秀共产党员和优秀党务工作者荣誉称号。

四是全面从严治党，深化作风建设。坚持问题导向，全力推动国家粮食和物资储备局党组巡视反馈问题整改，反馈意见指出的4大类16个问题，已完成整改14项。实现所属7个基层事业单位巡察全覆盖，共发现"四个落实"方面问题184个，已全部整改完毕。用好监督执纪"四种形态"，先后与14名新调职干部开展任前廉政谈话，对处级干部提醒谈话4人、诫勉谈话1人。持续开展"我为群众办实事"实践活动，解决五七四处社保基金退费等职工群众急难愁盼问题47项。坚持落实党支部工作联系点制度，帮助党支部破困境、解难题。开展"端正党风严守党纪凝心聚力干事创业"专题教育。与属地社工委开展常态化新时代文明实践活动，疫情期间累计派出106名干部下沉社区70余天，全力配合社区开展疫情防控工作，相关事迹被央广网报道。

二　履行核心职能，监督管理持续强化

一是加强中央事权粮棉监管。做好粮食购销领域腐败问题专项整治。从严从实抓好2021年度中央事权粮棉年度考核及2022年全国政策性粮油库存检查工作，与省粮储局、农发行甘肃分行等单位组成工作组，积极运用第三方质检机构力量，实地扦取8个直属库97个样品，质检结果均符合要求。按时报告年度考核及库存检查问题清单22项，督促中储粮兰州分公司整改完成14项。

二是加强战略物资管理，推动省级成品油储备落地落实。组织开展2022年中央战略和应急物资储备库存检查，认真核查储备物资数量、质量和安全储存情况，按时上报普查报告。持续夯实物资管理基础工作，进一步完善规章制度，制定甘肃局库房管理考核指导意见，规范日常管理，安全高效完成专项出库任务和成品油轮换入库任务。甘肃局提前部署谋划，主动向甘肃省政府领导汇报，与省发改委、省财政厅、省粮储局对接联系，确定依托甘肃局现有资源支持建立完善甘肃省级成品油储备体系模式，省级储备成品油已入库。扎实开展2022年战略和应急物资储备库存检查，定期对企业代储成品油和原油储备开展实地监管。

三是加大监管力度，提高应急物资保障能力。深入贯彻国家粮食和物资储备局工作要求及视频会议精神，立足"防大汛、抗大旱、抢大险、救大灾"要求，全力做好防灾减灾救灾物资保障工作。对六三八处、中央防汛抗旱物资兰州仓库和甘肃省救灾物资储备管理中心开展防汛备汛检查及应急调运准备工作。认真开展2021年度中央防汛抗旱物资报废申请和中央应急抢险救灾物资储备监管评估工作。

三　坚持守正创新，推动改革发展

一是安全稳定形势持续向好。深入推进安全标准化建设。1个单位已完成安全标准化三级达标验收，目前正在申报安全生产标准化二级创建工作，其他5个单位进入第三方安全管理机构指导建立阶段。有效提升反恐应急能力。全年累计组织开展应急处突演练29次。无人机低空防御系统顺利通过无线电部门测试并取得资质，成为首家部署储备仓库无人机低空防御系统单位。扎实开展安全隐患排

查整治。结合"安全生产月""消防宣传月"活动开展，组织开展安全大检查 4 次，提出问题和建议 189 条，坚持即知即改，立行立改，一时难以整改的严格管控，积极推进风险分级管控和排查治理体系建设。强化联防护库工作合力，与地方政府建立联防会商机制，共同开展安全风险防控，4 个单位完成库区周界安全距离报备，相关方案通过驻地政府印发实施，与甘肃省反恐办联合对所属危化品仓库反恐工作进行调研，深化警储地协同合作机制。加大安全教育力度。组织基层处长"安全知识讲堂"等活动，开展各类安全教育 52 次，组织 537 人次参加安全生产在线培训。

二是调整优化预算稳基层保运转。甘肃局坚持过紧日子，严格控制一般性支出，结合 2022 年预算执行情况及基层仓库实际困难，统筹局机关及事业单位预算，按照保基层单位正常运转、保切实履行主责主业、保新进人员工资待遇、保驻库武警后勤保障的原则，下大力气压缩局机关本级人员经费等，重点向创收困难、承担国储任务较多的基层仓库倾斜，使全年预算得到顺利执行，基层单位正常运转得到保障。

三是信息化建设取得历史性突破。国家粮食和物资储备局确定甘肃局为"数据通视频通"试点单位。甘肃局高度重视，按要求制定试点工作实施方案，统筹系统内外资源，破解技术难题，实行"每日一计划一进度"报告机制，历经 19 天连续奋战，一举突破困扰垂管系统多年的三级联网技术瓶颈，实现"数据通视频通"，圆满完成试点任务，国家粮食和物资储备局召开专门会议将甘肃局试点经验印发垂管系统推广。同时，成功将监控系统纳入相关信息系统，首次实现国家粮食和物资储备局对储备仓库直接进行自行调度。圆满完成国家电子政务外网建设，实现财政预算管理一体化系统联网。

四　着力人才培养，队伍作风建设不断优化

一是下决心下力气培养年轻干部。面对基层干部队伍青黄不接、人员老化的实际，在近两年招聘 135 名人员基础上，研究制定《关于进一步加强年轻干部培养工作的实施意见》，提出 5 方面 25 项具体措施，狠抓落实。组织年轻干部认真学习丛亮局长在青年干部座谈会上的讲话，撰写心得体会 60 余篇。举办机关年轻干部《管理学》、《生产与运营管理》系列专题讲座和闭卷考试，以考促学，引导年轻干部不断提升综合素质和专业能力。注重加强年轻干部基层历练，先后选派 3 名年轻干部驻村帮扶，选派 2 名年轻干部援疆，安排 8 名机关年轻干部下沉基层参与铝锭转库、油料出库等重点作业，推荐 15 名年轻干部到国家粮食和物资储备局跟班学习，接收 14 名基层单位年轻干部到局机关跟班学习，组织培养 18 名信息化员。

二是调整优化干部队伍。树立能干者能上，优秀者优先的鲜明导向，以选优配强基层单位领导班子，优化机关处级干部队伍为重点，局机关新提任 3 名副处级干部，安排 3 名年轻干部到基层单位挂职；基层单位中对重点工作推进滞后的个别基层单位主要负责人和领导班子进行调整，安排 4 名处级干部到局机关挂职，2 名科级干部跨单位横向交流挂职，经调整，干部队伍年龄、学历结构明显优化，工作主动性、积极性明显增强，各项工作得到有序推动。

三是持之以恒正风肃纪。不讲困难，不讲条件，切实整改五三四处露天存放铝锭问题。成立专项工作领导小组，督促五三四处压实责任，克服疫情影响，加班加点、埋头苦干，历经 105 天，提前完成整改任务。5 个中央巡视反馈整改问题已销号 3 个。认真贯彻落实国家粮食和物资储备局党组"加强新时代廉洁文化建设"等要求，加强各级领导干部违反中央八项规定精神、"四风"隐形变异问题

等监督检查，进一步端正党风、严肃党纪。利用《纪律教育参考》、违纪违规典型案例等材料和"甘粮储中青年大讲堂"、年轻干部学习研究小组等平台，狠抓党员干部理想信念教育。

撰稿单位：国家粮食和物资储备局甘肃局；撰稿人：魏志云；审稿人：赵川

国家粮食和物资储备局青海局

基本情况

国家粮食和物资储备局青海局（以下简称"青海局"），2019 年 6 月机构改革后受国家粮食和物资储备局垂直领导，正司局级单位。主要职责包括贯彻落实党中央关于粮食和物资储备工作的方针政策和决策部署，履行全面从严治党责任；负责监管辖区内中央储备粮棉管理情况，承担有关年度考核工作（粮食安全省长责任制考核、辖区内中储粮年度工作考核）；按权限查处有关案件，并提出相关处理意见和追责建议；负责辖区内国家战略物资收储、轮换、出库的组织实施和日常管理；负责监管辖区内石油、天然气、食糖和中央救灾物资等中央储备；按照国家粮食和物资储备局部署，落实重大灾害及突发性事件的有关中央储备物资保障工作。监管范围包括青海省和西藏自治区。

2022 年工作

一　坚持学思践悟，宣贯党的二十大精神

把学习宣传和贯彻落实习近平新时代中国特色社会主义思想和党的二十大精神作为重大政治任务，结合实际制定了学习宣贯实施方案，紧紧围绕"七个聚焦"，以"九学方式"（领导干部带头学、党员干部重点学、集中宣讲引领学、专家辅导深入学、组织生活常态学、青年理论小组主动学、主题党课专题学、群团组织参与学、运用网络广泛学），做到宣贯党的二十大精神"四结合"（与"深化改革、转型发展"结合起来、与谋划破解高质量发展战略性课题结合起来、与落实在地监管职能结合起来、与推动日常工作落实结合起来）。精心组织"喜迎二十大，奋进新征程"主题活动，开展全局主题征文、演讲比赛、党课辅导等系列活动，营造良好学习氛围。制定《局分党组关于开展党委（党组）理论学习中心组学习列席旁听工作的措施》，各级中心组理论学习小组带头领学，全年平均集体学习 12 次，举办政治理论专题培训班 2 期，组织青年理论学习 6 期，党员干部政治判断力、政治领悟力、政治执行力不断提升。

二　严肃执法督查，筑牢粮食安全根基

扎实推进专项整治、年度考核、日常监管、质量检测、保供稳价等各项重点工作，确保辖区内中央储备粮数量真实、质量良好、储存安全、运作规范。严肃开展专项整治。召开粮食购销领域腐败问题专项整治领导小组调度会和座谈会10次，实地督办10余次，下发责令调查函6份，持续督办问题调查、整改及依法问责追责工作。通过汇总资料、形成专卷、总结经验，持续巩固放大专项整治成效，专项整治工作转入常态化。抓实粮食"两项检查"。统筹开展2021年度中央储备粮考核、2022年全国政策性粮油库存检查和季度巡查，实地考核比例100%。强化监管和问责，守住管好"青藏粮仓"责任进一步夯实。建立常态监管机制。制定《青海局中央储备粮监管办法（试行）》、《青海局青藏辖区中央储备粮定期巡查工作办法》，切实提升监管水平。健全粮食质量安全监管机制，委托专业粮食质检机构进行检验。利用中央储备粮库存动态监管系统，进行全天候全流程动态监管，排查涉粮问题线索，推动粮食购销领域信息化监管、穿透式监管。

三　扛稳安全责任，营造稳定发展环境

坚持"两个至上"，贯彻"三个必须"，落实全员安全生产责任制，层层签订安全稳定责任书、消防工作目标责任书400余份，签订率100%。开展安全生产专项整治三年行动总结评估工作，三年行动既定任务全部完成。制定青海局《生产安全事故隐患排查治理实施细则》、《储备仓库安全生产监督管理实施细则》等6项规章制度，安全治理提升三年行动稳步推进。开展冬春安全生产暨消防安全工作专项活动、安全生产月、平安单位创建等活动，扎实做好危化品仓库重大安全隐患和安全距离专项整治工作。开展安全生产大检查，制定《落实"十五条硬措施"专项实施方案》等，开展全覆盖、拉网式大排查，及时发现问题隐患，堵塞安全生产漏洞。2022年，组织开展专项检查8次，"四不两直"安全检查12次，下发隐患整改通知书4份。各基层单位开展各类检查42次，排查各类隐患98项，整改92项，整改率93.8%，全局安全"零事故"。

四　完善设施管理，维护中央物资储备安全

稳步实施年度项目建设和监管工作，按照《国家储备仓库基础设施综合整治功能提升三年行动意见》要求，指导五三五处严格按基本建设程序依法依规开展五三五处安全综合整治提升工程招投标和建设工作，疫情后为追回工期，增加人力、机械投入，在严把质量安全关的前提下，倒排工期任务加班加点完成，全力推动工程进展提质增效。持续推进标杆仓库常态化建设，巩固物资储备仓库标准化、规范化现场观摩会成效，推动物资管理和安全管理水平提升，制定印发《青海局代储和经营盈余油管理办法》，修订三类仓库优秀库（罐）评比标准，修订完善相关操作规程，组织开展物资管理物业培训，指导各单位大力开展分级培训和岗位练兵活动，确保制度执行到人、落实到事，有效推动标杆仓库建设提质增效。2022年度库存物资数量准确，质量合格，储存安全。

五　强化物资监管，应急储备保障有力

推进应急救灾物资储备安全保障体系建设，建立青海和西藏中央应急救灾物资储备监管协同联动机制，形成"为国管储"合力。探索开展应急物资一体化投放保障试点工作。制定《青海局中央应急救灾物资储备监管暂行办法（试行）》等4项规章制度。督导检查各应急救灾物资仓库4次，认真开展中央应急物资储备库存检查、监管评估、煤炭生产企业储煤能力核查等工作，压实压紧监管责任，应急保障能力持续提升。全年增储中央应急救灾物资10余万件，调运中央救灾物资棉被8000床、牛津布折叠床8000张，支援西藏疫情防控。

六　提升能力素质，打造专业人才队伍

持续推进干部职工综合素质和专业能力提升，制定《青海局干部职工能力素质提升计划》，针对粮食执法监管能力不足问题，举办粮食监管、执法等业务培训班24期，800余人次参加培训。健全激励机制，优化调整机关处级干部和事业单位领导班子，着力配齐配强"三地"项目筹建处班子。公开招聘18名事业单位人员，补充新鲜血液，优化人员结构。制定青海局《加快基层事业单位年轻干部培养选拔工作的意见》等制度10余项，采取挂职锻炼、跟班学习等多种方式，加快处级以下年轻干部培养，强化干部管理，激励担当作为，干事创业氛围更浓。

七　强基固本提质，全面提升工作效能

修订完善《青海局分党组工作规则》、《青海局工作规则》等规章制度，举办保密形势教育2期，开展微信泄密专项整顿等工作，无失泄密情况发生。两个基层处实现了国家粮食和物资储备局、垂管局、基层处"三级"视频会议联通。强化预算管理，着力在保安全、保稳定、保急需上下功夫，积极向国家粮食和物资储备局申请财政资金，调剂增加2023年财政拨款，有效缓解全局资金压力。落实财政部、国家粮食和物资储备局要求，青海局预算管理一体化系统业务开通。推进乡村振兴，到驻村联系点调研慰问2次，提供帮扶资金29000元，助力乡村集体经济。制定《青海局"八五"普法规划》，成立普法讲师团，通过中心组学习、法治培训、"法宣在线"、主题宣传月活动等形式，推进法治机关建设。全年学法15次，法治培训3次，8名同志取得行政执法证，提高了监管队伍执法水平，增强了依法管粮、依法管储的政治自觉、思想自觉和行动自觉。

八　坚持党建引领，深化党风廉政建设

坚持全面从严治党和业务工作统筹融合，召开全局全面从严治党工作会议2次，党风廉政形势分析会2次，专题研究部署党建及党风廉政建设工作，通过签订党建、党风廉政建设目标责任书层层压

紧压实责任，在执法监管、物资管理、"三地"项目建设、巡视整改、精神文明创建等各项工作上发挥了党建凝心聚力作用，团结干部职工守住管好"青藏粮仓"和"大国储备"。牢牢树立大抓基层的鲜明导向，以责任制为抓手，以积分制管理、特色支部创建为载体，创新激发基层党组织工作活力。2022 年，局机关再次获评青海省"文明单位标兵"荣誉称号，五三五处、二五一处继续获评省级文明单位荣誉称号。坚持以严的基调正风肃纪，综合运用调查研究、列席会议、个别谈话、约谈提醒等形式开展监督。贯彻落实青海局监督工作"1+N"贯通协同机制，重点对粮食购销领域腐败问题专项整治、巡视巡察审计问题整改等开展了政治监督，对三个基层单位开展巡察整改"回头看"工作。成立整改组织机构和办事机构，制定整改方案和清单，全力抓实问题整改工作。加强经常性纪律教育和警示教育，引领党员干部受警醒、明底线、知敬畏。全年，组织开展廉政警示教育 75 次、参加 1470 人次，开展廉政谈话 680 人次，局直属机关纪委获评"全省纪检监察系统先进集体"。

撰稿单位：国家粮食和物资储备局青海局；撰稿人：李淼；审稿人：孙彪

国家粮食和物资储备局宁夏局

基本情况

国家粮食和物资储备局宁夏局（以下简称"宁夏局"）主要承担宁夏辖区中央储备粮油、应急救灾和防汛抗旱物资行政监管职能，负责国家战略储备物资收储轮换和日常管理。机关行政编制40名，共设8个处（室），现有在职人员33人；下辖机关服务中心和3个基层储备仓库，事业编制279名，现有在职人员170人。另外，基层仓库出资设立宁夏国储物流有限公司，主要开展集装箱等现代物流业务。

2022 年工作

一　突出政治统领，纵深推进全面从严治党

一是第一时间传达学习党的二十大精神，深刻领会主旨要义、精神实质、科学内涵和实践要求，引导全局干部职工认真贯彻全方位夯实粮食安全根基，确保粮食、能源资源、重要产业链供应链安全等重要部署。二是加强基层党组织建设，深入开展"端正党风严守党纪凝心聚力干事创业"专题教育，认真落实学习研讨、查摆问题、整改提高各项要求，以每日督导方式推进专题教育走深走实，持续涵养风清气正、干事创业的良好政治生态。三是认真落实国家粮食和物资储备局党组关于中央巡视反馈问题整改要求，切实强化政治担当，敢于动真碰硬，不折不扣推进各项整改任务完成。四是通过召开全面从严治党会议、意识形态工作会议、季度廉政形势分析会，开展"领导干部廉政警示教育周"活动，教育引导全局党员干部明法纪、知敬畏、守底线，持续巩固中央八项规定精神落实成果，弛而不息反对"四风"，一体推进不敢腐、不能腐、不想腐。

二　坚持守土尽责，切实履行中央储备粮监管职责

一是深入推进粮食购销领域腐败问题专项整治。以刀刃向内的勇气，严肃认真落实自查自纠问题整改。指导辖区内中储粮直属企业开展全面清查，督促其对自查问题全部完成整改。二是率先完成中储粮年度考核和政策性粮油库存检查任务，实现对辖区内中央储备粮承储库点、仓房检查全覆盖。三

是创新监管工作方式，制定宁夏局《中央储备粮定期巡查工作办法》，受到国家粮食和物资储备局肯定并转发其他垂管局借鉴学习。截至 12 月中旬，顺利完成了三轮中央储备粮巡查工作。四是召集自治区应急管理厅、粮食和储备局，相关市、县粮食和储备部门和中储粮直属企业座谈，就建立中储粮直属企业安全生产监管部门协调联动和信息沟通机制达成一致意见，有效发挥垂管局专业监管和地方行业主管部门属地监管作用。

三　聚焦主责主业，认真抓好储备物资管理和仓储设施建设

一是率先完成战略和应急物资库存检查。坚持早谋划、早部署、早开展，按照"有库必到、有物必查、有账必核、查必彻底"原则，扎实有序完成登统、自查、普查和检查数据录入等各环节工作。总体看，物资数量准确、质量合格、储存安全。二是加强中央应急救灾物资管理。指导承储单位开展中央应急救灾物资自查，对中央应急救灾物资管理和库房防汛安全进行专项检查，确保安全度汛。督促承储单位制定应急调运预案并开展演练，确保在关键时刻调得快、运得到、用得上。三是压茬推进储备仓库项目建设。充分考虑疫情发生的不确定性，倒排项目建设工期，明确各环节工作进度，并将其列入每月督办事项，储备仓库安全综合整治提升两个项目和五三六处民生项目全部顺利通过竣工验收并投入使用。

四　强化责任落实，持续提升国家储备仓库本质安全度

一是健全完善安全管理责任体系。制定《宁夏局领导班子成员安全生产职责和安全生产领导小组成员单位任务分工》，明确细化工作职责，将安全管理与其他工作同部署、同落实、同检查、同考核。二是狠抓安全治理提升三年行动落实。以"双周"推进会为抓手，高标准、高质量推进国家粮食和物资储备局下达的 7 项重点任务。抽调业务骨干成立工作专班，承担安全生产制度建设工作，完成通用仓库 134 项安全规章、制度和流程的制修订任务。研究制定宁夏局安全生产标准化创建方案，走访地方应急部门了解内外评审及定级流程，咨询协调第三方服务机构，稳步推进创建工作。三是强化安全隐患排查治理。深入贯彻国家粮食和物资储备局安全生产视频会议精神，组织开展安全生产大检查及危化品专项整治行动；制定《宁夏局"四不两直"安全监督管理办法》，每月开展检查并通报检查结果。四是积极向地方政府和有关部门请示汇报，宁夏局正式纳入自治区安委会。

五　提升能力素质，努力打造过硬干部职工队伍

统筹做好公务员招录、事业单位招聘和职务职级晋升等工作，优化干部队伍结构，树立重实干重实绩的鲜明用人导向。加大干部轮岗交流力度，持续推动机关和基层干部双向交流，有计划地安排机关处室负责人深入基层蹲点调研，指导基层抓好重点工作；安排储备仓库科级干部到局机关学习锻炼。继续办好处长讲业务、青年读书班，加强公文写作、执法督查、纪检业务等培训学习。积极推进

五三六处技能人才驻库实训基地建设。选派干部到对口帮扶村加强思想淬炼、政治历练，在实践中增长才干。

撰稿单位：国家粮食和物资储备局宁夏局；撰稿人：刘晓清；审稿人：海林

国家粮食和物资储备局新疆局

基本情况

　　国家粮食和物资储备局新疆局（以下简称"新疆局"）是国家粮食和物资储备局的垂直管理机构，为正司局级，行政编制 40 名，内设机构 9 个：办公室、粮棉糖和救灾物资监管处、战略物资和能源监管处、规划建设处、财务审计处、安全仓储与科技处、执法督查和法规处、人事处（离退休干部处）、机关党委。截至 2022 年底，实有人数 32 人。事业编制 158 名，实有人数 69 人。派驻自治区"访惠聚"驻村工作队村 1 个：喀什地区伽师县卧里托格拉克镇托格热克斯木村（4 村）；派驻第一书记村 2 个：喀什地区伽师县卧里托格拉克镇塔格艾日克村（1 村）和喀塔尔墩村（5 村）。乡村振兴助力示范联系点 3 个：伊犁哈萨克自治州巩留县提克阿热克镇萨尔布群村、阿尕尔森镇萨尔乌泽克村、库尔德宁镇库热村。

2022 年工作

一　加强政治建设，筑牢理论根基

　　一是做好巡视巡察和审计指出问题整改工作。积极落实中央巡视和国家粮食和物资储备局专项审计反馈问题整改，建立"三个清单"台账，牵头抓整改，督促抓落实，整改完成率 95% 以上。修订完善分党组重大事项请示报告清单。二是深化党的理论武装。落实"三个学习"机制，深入学习贯彻习近平新时代中国特色社会主义思想，组织副处级以上党员干部春季、秋季读书班各 1 次，中心组学习 21 次，党支部学习 84 次。做好党史学习教育总结评估和成果深化工作，持续推进党史学习教育常态化长效化。开展庆祝建党 101 周年系列活动，开展"强国复兴有我"群众性主题宣传教育。三是学习宣传党的二十大精神。组织收看习近平总书记在党的二十大作工作报告实况，制定学习宣传贯彻实施方案，掀起学习宣传党的二十大精神热潮，分党组书记在机关进行集中宣讲，班子其他成员结合年终考核下基层开展宣讲，宣讲覆盖率 100%。

二 围绕服务大局，推动融合发展

一是抓党建促重点工作落实。聚焦全面从严治党政治职责以及新时代党的治疆方略，推动各级党组织加强党建引领，筑牢根基，在粮棉糖监管、专项整治、重点任务落实、促进乡村振兴、疫情防控等重点工作中，不断促进党建与业务融合发展。二是推进民族团结。争取乡村振兴"以工代赈"项目资金1020万元，工作队所驻村农田水利基础更牢，农民收入增幅更大。运用帮扶资金完善基层党建阵地，慰问600余人次，办实事85件。

三 加强廉政建设，强化监督执纪

一是落实治党责任。持续落实"每半年全面从严治党工作会议、每季度形势分析会议、每月局务会议、适时调度会议"的常态化党建责任落实机制。深入开展基层党组织书记抓党建工作述职评议考核。签订党风廉政建设责任书。结合"质量管理年"活动，完善不敢腐、不能腐、不想腐一体推进的制度机制。二是加强廉政教育。加强廉洁文化建设。开展第二十四个党风廉政教育月系列活动。开展为期两月的端正党风严守党纪、凝心聚力干事创业专题教育。三是强化日常监督。对监管业务、工程建设、选拔任用、招聘流程、廉洁过节等工作进行监督检查。开展落实中央八项规定精神配套制度建设及执行情况"回头看"工作。

四 聚焦改革发展，主业主责履职提质

一是抓好各项检查，强化粮棉糖监管。高质量完成中储粮新疆分公司年度考核、辖区内政策性粮油库存实地检查、中储棉库尔勒有限责任公司实地考核、新疆华糖仓储有限公司承储的中央储备糖实地出库轮换检查、夏粮收购工作情况实地督导检查等工作。加强监督整改，确保所有发现的问题均能整改到位，切实发挥监管职责。与中储粮新疆分公司会商研究，决定联合创建"标准化示范库"，已全面推进创建试点工作。二是抓好检查评估，强化战略物资管理。以标杆仓库创建为抓手，督促落实日查库制度、三级查库制度、出入库登记制度和钥匙领交制度，严格做好国储物资日常管理各项工作，确保国家战略物资质清量准、存储安全。三是建立协调机制，强化储备能力和能源监管。推进六五三处项目竣工验收，完成了相关子项目专项验收，推进试运行准备工作。持续推进喀什项目可研前置条件办理工作。商请自治区党委组织部，选派一名处级干部挂职喀什地区发改委，任党组成员、副主任，统筹协调喀什地、市各部门，加快推进项目前期工作。与自治区、兵团建立协调机制，推动地方成品油储备走深走实。组建检查组赴新疆重点地州对煤炭生产企业的储煤能力、实际库存进行现场检查，形成高质量的检查报告。四是实操应急演练，优化救灾物资监管。推进应急演练实战化，联合自治区应急管理厅、地方局等单位，在八三五处完成了物资应急调运演练。推进应急出库标准化，克服疫情影响，组织有力，作业规范，高质量完成价值266万元中央防汛物资调运任务，充分发挥中央储备物资应急保障作用。根据国家粮食和物资储备局部署，完成各类库存检查、监管自评等工作。

完成对八三五处中央防汛抗旱和救灾物资库存普查、报废申请工作。

五　完善体制机制，行政执法工作增效

一是持续推进粮食购销领域腐败问题专项整治。按照中纪委部署要求、国家粮食和物资储备局安排，组建三个工作专班，对"人、粮、库"领域存在问题开展全面核查。发挥厅局协作机制优势，召开 3 次协调会议，各厅局领导、专家集体"把脉""会诊"，对发现的问题线索进行分析研判，形成处理意见。对专项整治督促检查发现的 39 个属于日常管理方面的问题，督促整改落实，对涉嫌违规违纪的 15 个问题立案 2 件，予以警告并处罚款。二是完善执法督查制度。制定印发新疆局执法督查工作规程（试行）、重大决策合法性审查办法、法律顾问管理办法等制度。配合国家粮食和物资储备局法规体改司开展战略物资和能源国家储备立法研究。做好 12325 监管热线线索转办检查工作。新疆局"访惠聚"工作队获得中宣部授予的"2016—2020 年全国普法工作先进单位"。

六　高标准严要求，安全生产持续巩固

一是高站位部署，压实全员安全责任制。全面落实安全生产专项整治三年行动各项要求，制定《2022 年安全生产工作要点》，并按季度召开形势分析会。层层签订安全稳定责任书。制定《新疆局安全生产工作考核办法》，进一步夯实安全生产责任，守牢安全底线。加入自治区安全生产委员会，属地监管力度进一步增强。二是高标准要求，加强隐患排查治理。开展安全生产大检查及专项整治工作，落实重大生产安全事故隐患判定标准，对全局隐患进行全面排查和判定；针对九七六处 35KV 高压线纵穿库区历史遗留重大隐患，完善重大安全隐患专项管控方案，实现有效管控。

七　推出创新举措，不断提升管理水平

一是强化建章立制，规范制度执行。开展"质量管理年"活动，充实完善制度建设，强化内部控制，修订制度 46 项，新制订制度 26 项，坚持用制度管权管事管人，明确责任和要求，制度落实更加有效。二是提升财务管理，落实过"紧日子"要求。严格预算管理，强化预算执行，成立财务核算中心，提高财务管理的规范化、标准化水平；积极配合国家粮食和物资储备局专项审计组的工作，对反馈的相关问题整改 58 项，整改率 100%。三是抓好队伍建设，开展轮岗交流。抓好干部队伍建设，完成 10 名新提任处级领导干部试用期满考核工作，调整 3 个事业单位主要负责同志，选派 7 名干部参加自治区"访惠聚"驻村和乡村振兴工作。受到国家粮食和物资储备局表彰的干事创业好团队 1 个、担当作为好干部 1 名，受到自治区"访惠聚"办表彰的先进个人 2 名，受到自治区"民族团结一家亲"领导小组表彰的先进个人 2 名，2 名同志荣获三等功。四是严格保密制度，做好文档管理。加大保密工作力度，开展保密警示教育 3 次，涉密人员积极开展网上涉密知识学习，严防失泄密事件的发生；公文收发、处理、归档等工作更加规范。

撰稿单位：国家粮食和物资储备局新疆局；撰稿人：许昱博；审稿人：傅文德

国家粮食和物资储备局上海局

基本情况

国家粮食和物资储备局上海局（以下简称"上海局"）成立于 1992 年 8 月，2019 年 9 月挂牌更名。机关现有 8 个内设处室，分别为办公室、粮棉糖和救灾物资监管处（执法督查处）、战略物资和能源监管处、规划建设处（法规体改处）、财务审计处、安全仓储与科技处、人事处（离退休干部处）、机关党委等。机关公务员编制 40 名，2022 年底实有 34 人。下辖 5 个县处级事业单位。事业编制 142 名，2022 年底实有在编人员 61 人。事业单位出资成立了上海国储物流股份有限公司和江苏国储物流股份有限公司。

2022 年工作

一　旗帜鲜明讲政治，把坚持和加强党的全面领导放在首位

一是坚持政治建设统领全局。认真落实好"第一议题"制度，全年开展学习 12 次。分党组专题研究党建工作形势 6 次，制定关于加强全面从严治党相关文件制度 12 个。党的二十大召开后，迅速举办为期一周的学习党的二十大精神培训班，多措并举抓好学习宣传贯彻，将思想和行动统一到大会决策部署上来，更加深刻领悟"两个确立"的决定性意义。

二是持续加强思想建设和组织建设。通过领导干部讲党课、举办专题培训班、征文、演讲比赛等多种形式，深入学习党的二十大、十九大及十九届历次全会精神，深刻领悟百年大党的重大成就和成功经验，进一步坚定初心使命。全年累计开展中心组学习、青年理论学习等 200 余次。以"四强党支部"建设为抓手提升组织力，出台党支部标准化规范化建设举措 21 项，支部堡垒作用和党员的先锋作用进一步彰显。特别在上海疫情最严重时期，全局党员干部 100% 赴社区抗疫第一线报到，73 名党员提供志愿服务 320 余人次，勇当先锋、争作表率。

三是疫情面前奋勇担当。面对上半年突如其来的新冠疫情，全局党员干部齐心协力，做到了工作不停摆、学习不打烊、安全有保障。局领导靠前指挥，带领机关处级干部及事企业单位处科两级干部职工第一时间赶到单位，66 名同志连续值守两个月。期间主持召开疫情防控部署会、重点工作推进会等 31 次，周密部署，细化措施，压实责任，强化督办，圆满完成中央和地方政府应急储备物资调运出库任务，有力支援地方政府疫情防控工作。

四是持续深化党风廉政建设。完善常态化监督机制，每季度开展专项检查。全面排摸廉政风险点，做好自查评估。持续落实"学抓改强"活动，印发《纪检工作提示》23 期，举办党务纪检干部培训班。组建局纪检室，精准用好监督执纪"四种形态"，开展警示教育 14 次，约谈、提醒谈话 3 人次，批评教育 11 人次，诫勉谈话 6 人次，切实提升"三不腐"能力和水平。

五是常态化加强作风建设。以"作风转变年"为抓手，深化"四风"问题整治，建立作风建设长效机制。坚持用身边事教育身边人，全年编印《纪律教育参考》39 期。深入开展"端正党风严守党纪凝心聚力干事创业"专题教育。九三七处党支部先进典型案例被市级机关工委收录，1 名同志荣获上海市"五一"劳动奖章，能力素质提升、党建、粮食在线监管工作均在国家粮食和物资储备局会议上作经验交流。

六是落实巡视审计整改。将落实中央巡视整改作为重要政治任务来抓，明确 185 条整改措施，专题调度 7 次，逐一督办销号，举一反三，建立巡视整改长效机制，整改完成率达到 96.22%。实现基层巡察全覆盖，组建巡察人才库。认真落实审计监督要求，压实责任落实审计整改任务，61 项问题已完成整改。

二 牢记"国之大者"，在狠抓任务落地中深化"三项改革"

一是始终聚焦国家粮食安全战略。扎实开展粮食购销领域专项整治，建立定期巡查、督导调度机制，共核查问题线索 4 件，依法作出警告处罚 2 例。坚持以问题为导向，紧盯数量质量管理、闲置仓房出租清理、粮食和油脂委托及租罐储存等重点问题，督促中储粮上海分公司加快推进青浦建仓、双凤粮库购置等重点项目。探索建立贯通融合监管机制，强化日常执法监管和年度考核、库存检查等专项检查，全年核销动态监管系统问题线索 400 余条。功能缺失事业单位港口办事处转型发展取得实效，建立粮食领域数据搜集分析机制，完成调研报告 10 篇，为履行好行政监管职责提供技术支持和决策支撑。

二是聚焦战略和应急物资储备安全管理改革。扎实推进战略和应急物资储备安全管理改革，全年组织贯彻专题会议 8 次，初步明确了 103 项改革任务，细化了改革措施，厘清了时间表，绘制了施工图。组建"稳定产业链供应链，保障国家安全""深化体制机制改革，提升储备效能"两个专班，与上海市发展和改革委员会、市粮食和物资储备局，以及市联合产权交易所合作完成建设国家储备物资交易平台可行性研究。赴船舶制造、集成电路、金融证券、交易平台等 7 家重点企业、科研院所调研会商 10 余次，形成调研报告 2 篇，着力建立与国家储备规划相一致的分层对接机制。

三是聚焦央地融合协同发展。聚焦"三项改革"，积极与地方政府及有关部门会商协调，找准结合点、探索合作共赢，推动实现央地在应急保障、资源共享、队伍共建等方面有效联动。完善与上海市粮食和物资储备局的战略合作机制，特别是在上海疫情防控保卫战中，九三七处及时响应、克服困难、连续作战，迅速高效调运折叠床、毛毯等应急物资共计 10.9 万余件、420 余车，有效保障地方疫情防控急需。

三　聚焦核心职能，在强化主责主业中持续提升储备效能

一是高效完成战略和应急物资接收、调运和移库工作。按照安全储存的规范，超前谋划，主动而为，提前完成中央巡视整改任务。完善调运方案和流程，高质量完成国家粮食和物资储备局下达的支援上海市 2 万张木板折叠床调运任务，有效保障上海市疫情防控急需。指导储备仓库认真做好各项准备工作，规范高效完成专项收储入库及应急物资返还接收任务。

二是不断提升战略和应急物资管理水平。扎实完成战略和应急物资库存检查，全面摸清了在库物资数量和质量底数，达到了数量真实、质量良好、储存安全的标准。实施物资管理水平提升行动计划，制定 15 项具体措施，制定 2 项管理制度，组织储备仓库制修订 8 项物资管理制度，强化标准化管理制度支撑。编制物资储备管理"应知、应会、应做"培训教材，各储备仓库累计开展各类物资管理培训 77 次、452 人次，一线物管人员物资管理能力有新提升。夯实储备仓库"保管员"职责，全年开展物资检查 57 次，查出问题 66 项，下发整改通知 22 次，整改率 98%，储备仓库物资管理工作进步明显。

三是全力推进重大项目建设。积极争取国家粮食和物资储备局支持，全力协调市发展和改革委员会、规划、绿容和临港管委会，破解九三七处重点项目绿地率难题，取得规划和施工许可证，为项目全面建设扫清政策性障碍。对接地方政府有关部门，第一时间将七处建设项目列入属地复工复产白名单，赶追工程进度。实现招标、采购进市级平台，从源头把控项目建设廉政风险。完善项目建设制度 3 项，建立项目建设周调度机制，多措并举压实各项目单位责任，构建规范项目建设长效机制。

四　实施"人才兴储"战略，着力加强队伍建设提升素质能力

一是抓住关键强化领导班子建设。建立局领导班子成员基层联系制度。全年，局领导赴基层调研、指导工作 97 次，切实督促职责履行，协调推进重难点工作。持续优化事企业单位领导班子结构，完成七处、九三六仓库和公司班子优化调整配备，新班子平均年龄分别下降 3—8 岁。持续强化对班子成员的监督提醒，压实基层单位"一把手"带头抓"第一资源"的主体责任。

二是多措并举加强干部队伍建设。坚持好干部标准，按照规定程序启动处级干部选拔任用，完成 5 名公务员职级晋升和 1 名事业单位副处长试用期考核。常态化开展干部轮岗、挂职、锻炼、跟班学习，全年轮岗交流 6 人、挂职锻炼或跟班学习 13 人。聚焦主责主业，组建"长三角四省市"粮食、能源、战略和应急专家咨询委员会和产业链供应链安全保障专家咨询委员会，共吸收专家 92 人，建立健全常态化运行机制。

三是高质量实施能力素质提升 2.0 工程。落实"八个一批"能力素质提升目标，组建内部讲师团 20 人，打磨精品课程 11 讲，开展讲师授课 24 讲。持续推进"一室两组"建设，组织各类培训 10975 人次。召开能力素质提升现场会，进一步增强各级领导干部提升能力素质的自觉性、主动性、创造性。开展理论学习、技术革新、师徒带教等活动近 200 次，提出首批培训基地和实训基地建议名单 17 家，与多家单位达成初步合作意向。

五　坚持强基固本，在提升内生动力中推动事业发展

一是扎实推进法治机关建设。深入学习贯彻习近平法治思想，开展法律专题讲座 2 次，不断提高法治化水平。印发法治机关建设要点并逐月抓好落实。制定合同风险动态监控管理办法，开展全局涉法涉诉排查。在 2021 年度全系统法治机关建设考评中名列垂管系统第一。

二是统筹发展与安全。认真贯彻国家粮食和物资储备局安全生产视频会议精神，开展迎接党的二十大胜利召开安全专项治理活动，开展安全生产大检查，组织防台防汛体系标准化建设，建成"六网合一"体系，开展各类应急演练 17 次，坚持科技赋能，使用无人机巡飞、巡库机器人巡游等方式增强安防技防力量，筑牢安全防线。推进安全治理提升、安全问题整治两个"三年行动"，全年发现安全隐患 386 项，整改率 97.67%。全年共发出防疫工作提示 17 次，统筹做好疫情防控和重点工作。

三是全力维护稳定大局。建立综合形势分析研判制度，围绕粮食、能源、产业链供应链安全开展数据收集和分析，提高预测预判预警能力。每季度开展干部职工舆情调查，研究分析"三性"问题，抓早抓小，及时化解风险。建立涉密风险防控机制，制定《涉密风险管理手册》，定期开展涉密形势分析、保密自查和培训教育。建立领导下访制度、信访接待日制度和定期分析研判机制。全年未发生失泄密、安全生产责任事故及群体性事件，安全稳定发展环境进一步巩固。

四是加强财务资产管理。强化全口径预算管理，推进预算一体化建设。制（修）订 41 项财务规章制度，不断完善财务管理制度体系。健全国有资产管理制度，加强事业单位对出资企业监督管理，强化公司党委领导核心作用，不断健全法人治理结构，完善"三会一层"职责权限，强化风险管控。开展财经纪律、财务法规、预算执行等方面专项审计检查，切实发挥审计监督作用。采取有效措施解决了 3 家事业单位长期挂账、京鸿公司注销、九三六仓库崂山东路公房凭证办理等历史遗留问题。

五是做好政务管理和服务保障。系统修订完善 13 项政务管理制度，规范会务、专报、公文等日常通报、讲评机制，全面梳理优化政务工作流程。开展档案管理提升专项行动，邀请市档案局专家指导，推进档案达标创建。全年向国家粮食和物资储备局报送专报信息 33 篇，15 篇被采用，比 2021年全年采用篇数增长 150%。修订完善值班制度，改造机关日常值班房间及公共区域，完善应急值班值守设施配备，做好应急保障。各单位在疫情进驻办公期间，克服物资短缺、人手不足困难，全力做好餐饮供应、消杀清扫等服务，保障工作正常运转。

撰稿单位：国家粮食和物资储备局上海局；

撰稿人：施恒、陈方奇、葛彩云、刘蓉；审稿人：潘一闽

国家粮食和物资储备局江苏局

基本情况

国家粮食和物资储备局江苏局（以下简称"江苏局"），主要负责江苏省辖区内中央事权粮棉、石油、天然气、食糖和中央救灾物资储备的监管，以及辖区内战略物资储备的管理。行政编制 39 名，局长 1 名，副局长 2 名，纪检组长 1 名。内设 8 个正处级机构：办公室（法规体改处）、粮棉糖和救灾物资监管处（执法督查处）、战略物资和能源监管处、规划建设处、财务审计处、安全仓储与科技处、人事处（离退休干部处）、机关党委（纪委）。下属 3 个基层单位。

2022 年工作

一　抓党建、强引领，持续深化政治机关建设

一是强化理论武装，持续深化学习贯彻党的二十大精神。印发《江苏局分党组关于深入学习宣传贯彻党的二十大精神实施方案》，细化工作目标，层级压实责任，各级党组织扛稳主体责任。分党组以上率下，专题召开集体学习会，传达学习贯彻党的二十大、二十届一中全会精神以及习近平总书记系列重要讲话精神，开展集中学习研讨，在江苏局迅速掀起学习热潮，全年累计跟进学习习近平总书记最新重要讲话和指示批示精神 24 次，开展理论学习中心组集体学习 6 次，为全体党员干部作专题党课 6 次，切实发挥领学促学作用。扎实开展联学共建，联合"金谷党建联盟"其他 4 家成员单位开展党的二十大精神专题宣讲，牵头举办联盟单位学习贯彻党的二十大精神培训班，不断巩固深化学习成效。

二是强化政治监督，确保党中央决策部署落地落实。制定落实《局分党组纪检组政治监督清单（试行）》，持续推进政治监督具体化常态化。围绕年度中央储备粮棉管理和中央事权粮食政策执行情况年度考核、政策性粮油库存检查、夏秋粮油收购监督检查、国家成品油储备能力建设项目推进和防汛救灾物资监管等中心工作，及时公布监督举报电话、信箱等，进一步畅通信访举报渠道，加大对执法督查队伍监督力度，坚决扛稳为人民护粮为国家守储政治责任。

三是强化基层基础，树立大抓基层的鲜明导向。深入贯彻落实党的二十大关于"坚持大抓基层的鲜明导向"等重大部署，研究制定《关于加强基层党组织建设的实施意见》，大力推进基层党组织规

范化标准化建设，细化局分党组落实全面从严治党主体责任 2022 年重点任务安排、基层党组织全面从严治党责任清单，实行"清单化"管理，压紧压实层级责任。优化调整设置 6 个机关党支部，整建制接收连办党支部，强化党支部标准化规范化建设，严格规范落实"三会一课"等制度，组织开展年度党组织书记抓基层党建述职评议考核和党支部分类达标定级评估认定工作，不断强化基层党组织政治功能和组织功能，充分发挥党支部战斗堡垒作用。

二　重主责、聚主业，扎实履行管粮管储职责

一是全力配合开展粮食购销领域腐败问题专项整治。深入贯彻落实习近平总书记对涉粮问题重要指示批示精神，在江苏省纪委监委统一领导和指挥下，扎实开展粮食购销领域腐败问题专项整治。深入开展自查自改，14 项问题第一时间全部整改到位；持续督促中储粮江苏分公司落实问题整改，综合运用"四种形态"等方式处理违规违纪人员，有力发挥警示震慑作用。

二是全力创建监管模式创新高地。牢记"国之大者"，围绕管粮管储核心职能，严格履行考核监管执法职责。高效统筹完成 2022 年度中央储备粮棉考核、政策性粮油库存检查、夏秋季粮油收购督查、应急物资库存检查以及新入库政策性粮食跨省交叉检查等重大专项任务，推动问题整改 74 项；全力抓好辖区中央防汛抗旱物资监管，有序完成交叉评估各项工作；扎实开展日常监管及季度巡查，综合运用"四不两直"等方式，先后对辖区中储粮、中储棉直属库等开展现场督导 40 余次，发现并推动问题整改 80 余项，有力保障国家政策执行不走样、不偏向；积极创新方式，推进"穿透式"监管，建成江苏辖区中央储备监管辅助决策平台（一期），为全系统信息化、数字化监管作出积极探索。

三是全力推进工程项目建设。以项目布局建设为载体，大力推进建设项目填空白增实力，着力推动央地融合等重点领域改革，靠前协助地方申报煤炭等项目，不断夯实江苏辖区安全基础。全力推动工程建设，分党组班子全员上阵、靠前指挥，专门赴省政府及省自然资源厅、省应急管理厅等相关部门汇报对接，分党组成员全年累计开展现场督导 30 余次，有力保障了项目快速推进，为按期建成投产、填补江苏乃至长三角地区储备项目空白打下坚实基础。快速推进淮海经济区应急物资项目建设用地选址等前期工作，会同省能源局协调相关地方和国企，积极推动煤炭基地项目建设，江苏辖区储备特色集群发展框架初步显现。

三　提素质、固基础，不断强化干部队伍建设

一是汇聚人才，壮大队伍。严把标准、严格程序，先后完成 5 名处级干部试用期考核任职，6 名干部职级晋升，4 名直属事业单位工作人员招录，干部队伍进一步壮大，局机关在编人员 31 人，平均年龄 38.8 岁，研究生及以上学历干部占比 59.4%；事业单位在编人员 8 人，平均年龄 35.1 岁，本科及以上学历干部占比 100%。

二是精心培育，建强队伍。围绕辖区粮食和物资储备事业高质量发展需求，加强干部教育培养，推动干部素质能力全面过硬。强化以上率下，局分党组班子成员每季度至少为年轻干部作 1 次专题党课，主要负责同志先后围绕"学习贯彻党的二十大精神"等专题，为全体干部讲党课 3 次。强化载体

创新，会同贵州、江西等垂管局，省科技厅以及"金谷"党建联盟成员单位开展干部素质能力提升培训 4 期，全方位提升干部综合素质能力；组织两期处长讲业务活动、两期骨干上讲台活动，分别邀请 2 位处室负责人、3 位业务骨干，分享经验、讲授技巧，激发干部职工学习热情；扎实开展"根在基层"调研活动，分批次安排青年干部深入粮库、工程项目现场等基层一线调研学习，提升解决实际问题能力；组织 8 名机关新入职公务员，分 4 期到机关党委（纪委）学习锻炼，提升政治意识、党性修养。

三是严管厚爱，带好队伍。规范制度"管人"，认真落实领导干部个人有关事项报告两项规定，完成处级以上领导干部个人事项填报。从严开展兼职清理规范"回头看"，专项审核干部人事档案 31 份，按政策完成组织认定。正向激励"用人"，贯彻落实习近平总书记关于干部考核要把功夫下在平时的重要要求，按季度组织开展平时考核，大力倡导有为才有位，进一步建立健全重大任务、重点工作跟踪考核考察机制，确保考准考实干部政治素质和担当精神，全局学先进、赶先进、争先进氛围持续高涨。

四　堵漏洞、防风险，牢守安全稳定廉政底线

一是筑牢安全"防火墙"。安全生产责任体系更加健全，层层签订安全稳定责任书，细化形成局领导班子成员和成员单位安全生产职责清单、年度安全生产工作任务清单，构建"横向到边、纵向到底"的安全管理立体网络，压实各方责任；积极推进属地监管和在地监管，成功纳入江苏省安委会成员单位，加强中央事权物资在地监管，形成上下贯通、资源共用、信息共享监管合力；完善安全生产监管制度，先后制定出台《江苏局安全生产约谈实施办法》等 8 项制度，做到生产作业有章可循、安全监管有规可依。隐患整治成效明显，深入开展安全生产大检查、重点行业领域百日攻坚专项行动，分党组成员先后赴实地开展安全督导 10 余次，"一点一策"推动连办等工程隐患整改 30 项；深入巩固安全生产专项整治和安全治理提升两个"三年行动"，统筹推进"1 个专题"、"2 个专项"，动态更新隐患和制度措施"两个清单"，推动隐患动态清零，安全生产本质水平全面提升。疫情防控有力有序，坚决落实省委省政府、国家粮食和物资储备局疫情防控总体部署，切实做到守土有责、守土负责、守土尽责。

二是织密廉政"防护网"。加强党风廉政制度建设，开展"监督执纪建设年"活动，制定印发《局分党组精准运用监督执纪"第一种形态"实施细则（试行）》等 16 个制度，初步建立起监督执纪制度体系；加强制度执行检查，深入开展中央八项规定及其实施细则精神配套制度建设及执行情况回头看、全面从严治党及加强"一把手"和领导班子监督实施意见自查、记录过问打探工作事项自查等工作，确保制度执行到位，不断增强制度刚性。加强监督执纪责任落实，编印《江苏局廉政风险防控手册》，压实岗位廉政责任；聚焦重点岗位、重点人员、重大工程开展监督，深入重点工程项目现场开展党建纪检工作监督，提出"3 大项 6 个方面"监督整改建议；与项目承建单位纪检部门联合召开廉政建设座谈会，共同举办工程项目"廉洁文化示范点"创建启动仪式，建立制度共建、信息共享、线索共查、协同处置的纪检监督协作机制，形成监督合力；落实廉政提醒常态化机制，针对新晋升干部以及从事工程招投标等廉政风险系数高的干部开展廉政谈话，督促筑牢廉洁思想防线；在工程项目现场、中储粮江苏分公司及其所属直属库公布监督举报方式，畅通信访举报渠道，形成监督震慑。加强廉政文化培育涵养，制定江苏局廉洁文化建设实施方案，将廉洁文化、党章党规党纪学习教育等纳入

分党组理论学习中心组和基层党组织学习的重要内容，筑牢党员干部思想防线；深入开展酒驾醉驾专项整治行动、"清风廉韵"话清廉活动，持续深入开展"精准滴灌式"警示教育，全年累计开展案例警示教育 6 次，传达中央纪委国家监委、驻委纪检组、江苏省纪委监委等通报案例 70 例，深刻汲取教训；常态化落实重要时间节点廉政提醒机制，通过机关微信群共发送廉洁提醒短信 38 条，抓好节日期间廉政警示教育。

撰稿单位：国家粮食和物资储备局江苏局；撰稿人：李殿君；审稿人：吴永顺

国家粮食和物资储备局浙江局

基本情况

国家粮食和物资储备局浙江局（以下简称"浙江局"）于 2019 年 9 月正式挂牌成立。履行中央在浙江、福建两省粮棉、石油、天然气、食糖、应急救灾物资、防汛抗旱物资的监管职能和战略物资的管理职能。行政编制 46 名，内设机构 9 个，下辖 6 家事业单位，其中，浙江省内 4 家，福建省 2 家。

2022 年工作

一　坚持政治统领，始终把政治建设贯穿粮储事业发展全过程

一是突出政治机关建设。深化思想理论武装，认真学习习近平新时代中国特色社会主义思想、习近平总书记关于粮食和物资储备的重要论述和指示批示精神，着力在学懂弄通做实上下功夫，努力做到学思用贯通、知信行统一，坚持用习近平新时代中国特色社会主义思想这一科学理论武装头脑、指导实践、推动工作。深入抓好二十大精神学习宣贯，组织开展"喜迎二十大、奋进新征程"系列主题实践活动。分党组成员以"关键少数"带动"绝大多数"，带头宣讲党的二十大精神 9 次，充分发挥领学促学作用，推动全局掀起二十大精神学习热潮。

二是坚决贯彻落实重大决策部署。认真学习贯彻习近平总书记关于初级产品供应保障的重要论述，深入贯彻党中央、国务院关于粮食和物资储备工作的重大决策部署，广泛走访座谈和调查研究，研究形成浙江局改革发展实施方案，切实为国家粮食和物资储备局领导决策部署提供有价值的参考建议。加强与浙江省委省政府汇报联系，参与浙江省贯彻落实意见编制工作。

二　聚焦核心职能，坚决扛稳粮食和物资储备安全政治责任

一是夯实辖区粮食安全根基。不断强化执法督查和在地监管能力，圆满完成中储粮年度考核任务，共发现各类问题 79 个，梳理建议 20 条。扎实开展粮食购销领域腐败问题专项整治，配合浙江、福建两省纪委监委开展涉粮违规违法问题线索核查，持续释放强监管、零容忍、严问责信号。

二是提升能源资源储备实力和应急能力。坚持从巩固区域经济发展和社会稳定底板的战略高度，把争取和推进储备项目建设、落实储备任务、扩大储备规模摆在突出位置。大力协调推进重点工程项目可研批复进度，深入开展重点工程项目选址实地勘察，积极协调申报重点能源项目。

三是认真开展战略和应急物资库存检查。组织参加国家粮食和物资储备局中央战略和应急物资储备库存检查培训，组建 5 个职能小组，赴 15 家承储单位实地督导。严格按照标准和比例抽样，统一送省级质监单位检验，共发现问题 3 类 34 个，检出 11 个防汛抗旱物资样品性能不达标。

四是规范管理中央应急救灾物资。指导中央应急救灾物资储备仓库修订物资紧急调运、防台防汛预案。严密组织多个批次应急物资入库。严格检查验收，多次派员赴生产企业开展生产检测，发现质量问题均按规定返厂整改。

五是持续改善基层单位基础设施条件。积极组织申报 2023 年度部门自身建设和 2022 年度灾害修复项目。按照国家粮食和物资储备局"一库一图一方案"技术指引，组织各基层处编制"十四五"项目清单。扎实推进基层处改造民生项目建设和安全综合整治提升项目竣工验收。

六是持续加强和规范预算管理。严格管控资产处置和出租出借，积极推进解决历史遗留问题，提升资产管理水平。制定《机关资产管理办法》《事业单位国有资产管理实施细则》、《国有资产监管责任清单》、《政府采购管理办法》、《预算项目管理办法》等 5 类制度，修订机关资产管理和内部审计等 2 个办法，进一步明确企事业单位在财务、资产方面的责任边界，促进公司加强自有仓储网点布局，提升市场生存和反哺能力，为推动改革转型创造有利条件。

七是维护安全稳定良好局面。扎实开展安全生产专项整治三年行动和储备仓库安全治理提升三年行动，取得实质性成果。专题研究安全生产大检查工作方案，切实强化安全检查和隐患整改力度。开展"平安护航二十大"专项行动，强化重点时期安全保障，确保党的二十大期间辖区安全稳定。认真履行浙江省安委会成员单位职责，会同省应急管理厅开展联合安全检查。成立国储物资出库任务领导小组，靠前谋划部署，建立专项协作联络机制，安全顺利完成物资出库任务。全年通过各类检查共发现安全问题 189 项，完成整改 172 项，整改率 91％，实现了年度安全稳定责任目标。

三　贯彻人才战略，着力打造高水平干部队伍

一是持续优化干部结构。统筹使用公务员招录、事业单位招聘、军转干部接收等多种渠道，全年共招录公务员 3 名、接收转业军官 1 名、招聘事业人员 18 名，与三年前相比，全局在岗在编人员增加 55.8％，其中行政编制人员增加 66.6％、事业编制人员增加 52.7％，干部断档、年龄断层问题明显缓解，人才梯次配备逐步优化。

二是培养锻炼干部能力素质。持续加大培训力度，组织 2022 年度新招录（聘）人员初任培训和机关基础业务培训。坚持多渠道、多方式、多平台推进干部挂职锻炼，开展挂职交流 12 人次，推荐 2 名同志到国家粮食和物资储备局跟班学习，安排 4 名基层干部到机关挂职锻炼。分批次开展机关和事业单位处级干部选拔任用工作，提拔 6 名处级干部、3 名科级干部，切实让有为者有位，树立良好的选人用人导向。

三是强化提升青年工作。制定出台加强年轻干部队伍建设的具体举措，印发《事业单位干部选拔任用工作指南》，全面提升事业单位选人用人工作质量效能。积极搭建青年理论学习小组、青年论坛

等平台载体，青年干部深入开展"学习二十大，粮储青年说"活动，持续打造"青年突击队"优良品牌，积极研究完成国家粮食和物资储备局"国家储备物资市场化收储轮换机制研究"软科学课题任务。

四　履行主体责任，持续推动全面从严治党向纵深发展

一是压紧压实"两个责任"。认真落实《党委（党组）落实全面从严治党主体责任规定》，明确履责内容，细化责任分解，形成分党组主体责任、纪检组监督责任、书记第一责任和班子成员"一岗双责"的具体"责任清单"。召开全面从严治党工作会议，传达贯彻十九届中央纪委六次全会、国家粮食和物资储备局全面从严治党工作会议、浙江省纪委十四届七次会议精神，持续强化压力传导，层层签订党风廉政建设责任书，压紧压实责任链条。

二是规范党内政治生活。开展全面从严治党主体责任规定和《关于加强对所属企事业单位"一把手"和领导班子监督的实施意见》落实情况"回头看"。以强化政治功能和提升组织力为重点全面加强党的建设，实施"红色根脉强基工程"，落实分党组成员联系基层单位制度，深化党支部建设提升工程，提升党支部标准化规范化水平。

三是加大巡视巡察问题整改力度。认真做好中央巡视组延伸巡视各项准备工作，及时上报相关材料。统筹抓好中央巡视反馈问题和国家粮食和物资储备局巡视、审计、巡视整改"回头看"、巡察工作专项检查以及党建督查、驻委纪检监察组沟通会商指出问题整改，落实纪检监察建议书。按照"常规性问题加大力度解决、遗留问题集中攻坚解决、新发现问题及时跟进解决"的要求，建立清单台账，明确措施，压实责任，确保问题"条条要整改，件件有着落"。

四是筑牢党风廉政建设防线。认真开展"端正党风严肃党纪、凝心聚力干事创业"和"拒腐防变守内心、清正廉洁作表率"教育活动，组织党纪党规教育17场、学习研讨27次、谈心谈话69人次，进一步增强党员干部的党性观念和党纪意识，督促守牢廉政底线，营造良好干事创业氛围。

撰稿单位：国家粮食和物资储备局浙江局；撰稿人：郭尚华、康旭；审稿人：王来保

第六篇

政策与法规文件

中共中央 国务院文件

关于做好 2023 年全面推进乡村振兴重点工作的意见

（2023 年 1 月 2 日）

　　党的二十大擘画了以中国式现代化全面推进中华民族伟大复兴的宏伟蓝图。全面建设社会主义现代化国家，最艰巨最繁重的任务仍然在农村。世界百年未有之大变局加速演进，我国发展进入战略机遇和风险挑战并存、不确定难预料因素增多的时期，守好"三农"基本盘至关重要、不容有失。党中央认为，必须坚持不懈把解决好"三农"问题作为全党工作重中之重，举全党全社会之力全面推进乡村振兴，加快农业农村现代化。强国必先强农，农强方能国强。要立足国情农情，体现中国特色，建设供给保障强、科技装备强、经营体系强、产业韧性强、竞争能力强的农业强国。

　　做好 2023 年和今后一个时期"三农"工作，要坚持以习近平新时代中国特色社会主义思想为指导，全面贯彻落实党的二十大精神，深入贯彻落实习近平总书记关于"三农"工作的重要论述，坚持和加强党对"三农"工作的全面领导，坚持农业农村优先发展，坚持城乡融合发展，强化科技创新和制度创新，坚决守牢确保粮食安全、防止规模性返贫等底线，扎实推进乡村发展、乡村建设、乡村治理等重点工作，加快建设农业强国，建设宜居宜业和美乡村，为全面建设社会主义现代化国家开好局起好步打下坚实基础。

一　抓紧抓好粮食和重要农产品稳产保供

（一）全力抓好粮食生产

　　确保全国粮食产量保持在 1.3 万亿斤以上，各省（自治区、直辖市）都要稳住面积、主攻单产、力争多增产。全方位夯实粮食安全根基，强化藏粮于地、藏粮于技的物质基础，健全农民种粮挣钱得利、地方抓粮担责尽义的机制保障。实施新一轮千亿斤粮食产能提升行动。开展吨粮田创建。推动南方省份发展多熟制粮食生产，鼓励有条件的地方发展再生稻。支持开展小麦"一喷三防"。实施玉米单产提升工程。继续提高小麦最低收购价，合理确定稻谷最低收购价，稳定稻谷补贴，完善农资保供稳价应对机制。健全主产区利益补偿机制，增加产粮大县奖励资金规模。逐步扩大稻谷小麦玉米完全成本保险和种植收入保险实施范围。实施好优质粮食工程。鼓励发展粮食订单生产，实现优质优价。严防"割青毁粮"。严格省级党委和政府耕地保护和粮食安全责任制考核。推动出台粮食安全保障法。

（二）加力扩种大豆油料

深入推进大豆和油料产能提升工程。扎实推进大豆玉米带状复合种植，支持东北、黄淮海地区开展粮豆轮作，稳步开发利用盐碱地种植大豆。完善玉米大豆生产者补贴，实施好大豆完全成本保险和种植收入保险试点。统筹油菜综合性扶持措施，推行稻油轮作，大力开发利用冬闲田种植油菜。支持木本油料发展，实施加快油茶产业发展三年行动，落实油茶扩种和低产低效林改造任务。深入实施饲用豆粕减量替代行动。

（三）发展现代设施农业

实施设施农业现代化提升行动。加快发展水稻集中育秧中心和蔬菜集约化育苗中心。加快粮食烘干、农产品产地冷藏、冷链物流设施建设。集中连片推进老旧蔬菜设施改造提升。推进畜禽规模化养殖场和水产养殖池塘改造升级。在保护生态和不增加用水总量前提下，探索科学利用戈壁、沙漠等发展设施农业。鼓励地方对设施农业建设给予信贷贴息。

（四）构建多元化食物供给体系

树立大食物观，加快构建粮经饲统筹、农林牧渔结合、植物动物微生物并举的多元化食物供给体系，分领域制定实施方案。建设优质节水高产稳产饲草料生产基地，加快苜蓿等草产业发展。大力发展青贮饲料，加快推进秸秆养畜。发展林下种养。深入推进草原畜牧业转型升级，合理利用草地资源，推进划区轮牧。科学划定限养区，发展大水面生态渔业。建设现代海洋牧场，发展深水网箱、养殖工船等深远海养殖。培育壮大食用菌和藻类产业。加大食品安全、农产品质量安全监管力度，健全追溯管理制度。

（五）统筹做好粮食和重要农产品调控

加强粮食应急保障能力建设。强化储备和购销领域监管。落实生猪稳产保供省负总责，强化以能繁母猪为主的生猪产能调控。严格"菜篮子"市长负责制考核。完善棉花目标价格政策。继续实施糖料蔗良种良法技术推广补助政策。完善天然橡胶扶持政策。加强化肥等农资生产、储运调控。发挥农产品国际贸易作用，深入实施农产品进口多元化战略。深入开展粮食节约行动，推进全链条节约减损，健全常态化、长效化工作机制。提倡健康饮食。

二　加强农业基础设施建设

（六）加强耕地保护和用途管控

严格耕地占补平衡管理，实行部门联合开展补充耕地验收评定和"市县审核、省级复核、社会监督"机制，确保补充的耕地数量相等、质量相当、产能不降。严格控制耕地转为其他农用地。探索建立耕地种植用途管控机制，明确利用优先序，加强动态监测，有序开展试点。加大撂荒耕地利用力度。做好第三次全国土壤普查工作。

（七）加强高标准农田建设

完成高标准农田新建和改造提升年度任务，重点补上土壤改良、农田灌排设施等短板，统筹推进高效节水灌溉，健全长效管护机制。制定逐步把永久基本农田全部建成高标准农田的实施方案。加强黑土地保护和坡耕地综合治理。严厉打击盗挖黑土、电捕蚯蚓等破坏土壤行为。强化干旱半干旱耕地、红黄壤耕地产能提升技术攻关，持续推动由主要治理盐碱地适应作物向更多选育耐盐碱植物适应盐碱地转变，做好盐碱地等耕地后备资源综合开发利用试点。

（八）加强水利基础设施建设

扎实推进重大水利工程建设，加快构建国家水网骨干网络。加快大中型灌区建设和现代化改造。实施一批中小型水库及引调水、抗旱备用水源等工程建设。加强田间地头渠系与灌区骨干工程连接等农田水利设施建设。支持重点区域开展地下水超采综合治理，推进黄河流域农业深度节水控水。在干旱半干旱地区发展高效节水旱作农业。强化蓄滞洪区建设管理、中小河流治理、山洪灾害防治，加快实施中小水库除险加固和小型水库安全监测。深入推进农业水价综合改革。

（九）强化农业防灾减灾能力建设

研究开展新一轮农业气候资源普查和农业气候区划工作。优化完善农业气象观测设施站网布局，分区域、分灾种发布农业气象灾害信息。加强旱涝灾害防御体系建设和农业生产防灾救灾保障。健全基层动植物疫病虫害监测预警网络。抓好非洲猪瘟等重大动物疫病常态化防控和重点人兽共患病源头防控。提升重点区域森林草原火灾综合防控水平。

三　强化农业科技和装备支撑

（十）推动农业关键核心技术攻关

坚持产业需求导向，构建梯次分明、分工协作、适度竞争的农业科技创新体系，加快前沿技术突破。支持农业领域国家实验室、全国重点实验室、制造业创新中心等平台建设，加强农业基础性长期性观测实验站（点）建设。完善农业科技领域基础研究稳定支持机制。

（十一）深入实施种业振兴行动

完成全国农业种质资源普查。构建开放协作、共享应用的种质资源精准鉴定评价机制。全面实施生物育种重大项目，扎实推进国家育种联合攻关和畜禽遗传改良计划，加快培育高产高油大豆、短生育期油菜、耐盐碱作物等新品种。加快玉米大豆生物育种产业化步伐，有序扩大试点范围，规范种植管理。

（十二）加快先进农机研发推广

加紧研发大型智能农机装备、丘陵山区适用小型机械和园艺机械。支持北斗智能监测终端及辅助驾驶系统集成应用。完善农机购置与应用补贴政策，探索与作业量挂钩的补贴办法，地方要履行法定支出责任。

（十三）推进农业绿色发展

加快农业投入品减量增效技术推广应用，推进水肥一体化，建立健全秸秆、农膜、农药包装废弃物、畜禽粪污等农业废弃物收集利用处理体系。推进农业绿色发展先行区和观测试验基地建设。健全耕地休耕轮作制度。加强农用地土壤镉等重金属污染源头防治。强化受污染耕地安全利用和风险管控。建立农业生态环境保护监测制度。出台生态保护补偿条例。严格执行休禁渔期制度，实施好长江十年禁渔，巩固退捕渔民安置保障成果。持续开展母亲河复苏行动，科学实施农村河湖综合整治。加强黄土高原淤地坝建设改造。加大草原保护修复力度。巩固退耕还林还草成果，落实相关补助政策。

严厉打击非法引入外来物种行为，实施重大危害入侵物种防控攻坚行动，加强"异宠"交易与放生规范管理。

四   巩固拓展脱贫攻坚成果

（十四）坚决守住不发生规模性返贫底线

压紧压实各级巩固拓展脱贫攻坚成果责任，确保不松劲、不跑偏。强化防止返贫动态监测。对有劳动能力、有意愿的监测户，落实开发式帮扶措施。健全分层分类的社会救助体系，做好兜底保障。巩固提升"三保障"和饮水安全保障成果。

（十五）增强脱贫地区和脱贫群众内生发展动力

把增加脱贫群众收入作为根本要求，把促进脱贫县加快发展作为主攻方向，更加注重扶志扶智，聚焦产业就业，不断缩小收入差距、发展差距。中央财政衔接推进乡村振兴补助资金用于产业发展的比重力争提高到60%以上，重点支持补上技术、设施、营销等短板。鼓励脱贫地区有条件的农户发展庭院经济。深入开展多种形式的消费帮扶，持续推进消费帮扶示范城市和产地示范区创建，支持脱贫地区打造区域公用品牌。财政资金和帮扶资金支持的经营性帮扶项目要健全利益联结机制，带动农民增收。管好用好扶贫项目资产。深化东西部劳务协作，实施防止返贫就业攻坚行动，确保脱贫劳动力就业规模稳定在3000万人以上。持续运营好就业帮扶车间和其他产业帮扶项目。充分发挥乡村公益性岗位就业保障作用。深入开展"雨露计划+"就业促进行动。在国家乡村振兴重点帮扶县实施一批补短板促振兴重点项目，深入实施医疗、教育干部人才"组团式"帮扶，更好发挥驻村干部、科技特派员产业帮扶作用。深入开展巩固易地搬迁脱贫成果专项行动和搬迁群众就业帮扶专项行动。

（十六）稳定完善帮扶政策

落实巩固拓展脱贫攻坚成果同乡村振兴有效衔接政策。开展国家乡村振兴重点帮扶县发展成效监测评价。保持脱贫地区信贷投放力度不减，扎实做好脱贫人口小额信贷工作。按照市场化原则加大对帮扶项目的金融支持。深化东西部协作，组织东部地区经济较发达县（市、区）与脱贫县开展携手促振兴行动，带动脱贫县更多承接和发展劳动密集型产业。持续做好中央单位定点帮扶，调整完善结对关系。深入推进"万企兴万村"行动。研究过渡期后农村低收入人口和欠发达地区常态化帮扶机制。

五   推动乡村产业高质量发展

（十七）做大做强农产品加工流通业

实施农产品加工业提升行动，支持家庭农场、农民合作社和中小微企业等发展农产品产地初加工，引导大型农业企业发展农产品精深加工。引导农产品加工企业向产地下沉、向园区集中，在粮食和重要农产品主产区统筹布局建设农产品加工产业园。完善农产品流通骨干网络，改造提升产地、集散地、销地批发市场，布局建设一批城郊大仓基地。支持建设产地冷链集配中心。统筹疫情防控和农产品市场供应，确保农产品物流畅通。

（十八）加快发展现代乡村服务业

全面推进县域商业体系建设。加快完善县乡村电子商务和快递物流配送体系，建设县域集采集配中心，推动农村客货邮融合发展，大力发展共同配送、即时零售等新模式，推动冷链物流服务网络向乡村下沉。发展乡村餐饮购物、文化体育、旅游休闲、养老托幼、信息中介等生活服务。鼓励有条件的地区开展新能源汽车和绿色智能家电下乡。

（十九）培育乡村新产业新业态

继续支持创建农业产业强镇、现代农业产业园、优势特色产业集群。支持国家农村产业融合发展示范园建设。深入推进农业现代化示范区建设。实施文化产业赋能乡村振兴计划。实施乡村休闲旅游精品工程，推动乡村民宿提质升级。深入实施"数商兴农"和"互联网＋"农产品出村进城工程，鼓励发展农产品电商直采、定制生产等模式，建设农副产品直播电商基地。提升净菜、中央厨房等产业标准化和规范化水平。培育发展预制菜产业。

（二十）培育壮大县域富民产业

完善县乡村产业空间布局，提升县城产业承载和配套服务功能，增强重点镇集聚功能。实施"一县一业"强县富民工程。引导劳动密集型产业向中西部地区、向县域梯度转移，支持大中城市在周边县域布局关联产业和配套企业。支持国家级高新区、经开区、农高区托管联办县域产业园区。

六　拓宽农民增收致富渠道

（二十一）促进农民就业增收

强化各项稳岗纾困政策落实，加大对中小微企业稳岗倾斜力度，稳定农民工就业。促进农民工职业技能提升。完善农民工工资支付监测预警机制。维护好超龄农民工就业权益。加快完善灵活就业人员权益保障制度。加强返乡入乡创业园、农村创业孵化实训基地等建设。在政府投资重点工程和农业农村基础设施建设项目中推广以工代赈，适当提高劳务报酬发放比例。

（二十二）促进农业经营增效

深入开展新型农业经营主体提升行动，支持家庭农场组建农民合作社、合作社根据发展需要办企业，带动小农户合作经营、共同增收。实施农业社会化服务促进行动，大力发展代耕代种、代管代收、全程托管等社会化服务，鼓励区域性综合服务平台建设，促进农业节本增效、提质增效、营销增效。引导土地经营权有序流转，发展农业适度规模经营。总结地方"小田并大田"等经验，探索在农民自愿前提下，结合农田建设、土地整治逐步解决细碎化问题。完善社会资本投资农业农村指引，加强资本下乡引入、使用、退出的全过程监管。健全社会资本通过流转取得土地经营权的资格审查、项目审核和风险防范制度，切实保障农民利益。坚持为农服务和政事分开、社企分开，持续深化供销合作社综合改革。

（二十三）赋予农民更加充分的财产权益

深化农村土地制度改革，扎实搞好确权，稳步推进赋权，有序实现活权，让农民更多分享改革红利。研究制定第二轮土地承包到期后再延长 30 年试点工作指导意见。稳慎推进农村宅基地制度改革试点，切实摸清底数，加快房地一体宅基地确权登记颁证，加强规范管理，妥善化解历史遗留问题，探索宅基地"三权分置"有效实现形式。深化农村集体经营性建设用地入市试点，探索建立兼顾国家、农村集体经济组织和农民利益的土地增值收益有效调节机制。保障进城落户农民合法土地权益，鼓励依法自愿有偿转让。巩固提升农村集体产权制度改革成果，构建产权关系明晰、治理架构科学、经营方式稳健、收益分配合理的运行机制，探索资源发包、物业出租、居间服务、资产参股等多样化途径发展新型农村集体经济。健全农村集体资产监管体系。保障妇女在农村集体经济组织中的合法权益。继续深化集体林权制度改革。深入推进农村综合改革试点示范。

七　扎实推进宜居宜业和美乡村建设

（二十四）加强村庄规划建设

坚持县域统筹，支持有条件有需求的村庄分区分类编制村庄规划，合理确定村庄布局和建设边界。将村庄规划纳入村级议事协商目录。规范优化乡村地区行政区划设置，严禁违背农民意愿撤并村庄、搞大社区。推进以乡镇为单元的全域土地综合整治。积极盘活存量集体建设用地，优先保障农民居住、乡村基础设施、公共服务空间和产业用地需求，出台乡村振兴用地政策指南。编制村容村貌提升导则，立足乡土特征、地域特点和民族特色提升村庄风貌，防止大拆大建、盲目建牌楼亭廊"堆盆景"。实施传统村落集中连片保护利用示范，建立完善传统村落调查认定、撤并前置审查、灾毁防范等制度。制定农村基本具备现代生活条件建设指引。

（二十五）扎实推进农村人居环境整治提升

加大村庄公共空间整治力度，持续开展村庄清洁行动。巩固农村户厕问题摸排整改成果，引导农民开展户内改厕。加强农村公厕建设维护。以人口集中村镇和水源保护区周边村庄为重点，分类梯次推进农村生活污水治理。推动农村生活垃圾源头分类减量，及时清运处置。推进厕所粪污、易腐烂垃圾、有机废弃物就近就地资源化利用。持续开展爱国卫生运动。

（二十六）持续加强乡村基础设施建设

加强农村公路养护和安全管理，推动与沿线配套设施、产业园区、旅游景区、乡村旅游重点村一体化建设。推进农村规模化供水工程建设和小型供水工程标准化改造，开展水质提升专项行动。推进农村电网巩固提升，发展农村可再生能源。支持农村危房改造和抗震改造，基本完成农房安全隐患排查整治，建立全过程监管制度。开展现代宜居农房建设示范。深入实施数字乡村发展行动，推动数字化应用场景研发推广。加快农业农村大数据应用，推进智慧农业发展。落实村庄公共基础设施管护责任。加强农村应急管理基础能力建设，深入开展乡村交通、消防、经营性自建房等重点领域风险隐患治理攻坚。

（二十七）提升基本公共服务能力

推动基本公共服务资源下沉，着力加强薄弱环节。推进县域内义务教育优质均衡发展，提升农村学校办学水平。落实乡村教师生活补助政策。推进医疗卫生资源县域统筹，加强乡村两级医疗卫生、医疗保障服务能力建设。统筹解决乡村医生薪酬分配和待遇保障问题，推进乡村医生队伍专业化规范化。提高农村传染病防控和应急处置能力。做好农村新冠疫情防控工作，层层压实责任，加强农村老幼病残孕等重点人群医疗保障，最大程度维护好农村居民身体健康和正常生产生活秩序。优化低保审核确认流程，确保符合条件的困难群众"应保尽保"。深化农村社会工作服务。加快乡镇区域养老服务中心建设，推广日间照料、互助养老、探访关爱、老年食堂等养老服务。实施农村妇女素质提升计划，加强农村未成年人保护工作，健全农村残疾人社会保障制度和关爱服务体系，关心关爱精神障碍人员。

八　健全党组织领导的乡村治理体系

（二十八）强化农村基层党组织政治功能和组织功能

突出大抓基层的鲜明导向，强化县级党委抓乡促村责任，深入推进抓党建促乡村振兴。全面培训提高乡镇、村班子领导乡村振兴能力。派强用好驻村第一书记和工作队，强化派出单位联村帮扶。开展乡村振兴领域腐败和作风问题整治。持续开展市县巡察，推动基层纪检监察组织和村务监督委员会有效衔接，强化对村干部全方位管理和经常性监督。对农村党员分期分批开展集中培训。通过设岗定责等方式，发挥农村党员先锋模范作用。

（二十九）提升乡村治理效能

坚持以党建引领乡村治理，强化县乡村三级治理体系功能，压实县级责任，推动乡镇扩权赋能，夯实村级基础。全面落实县级领导班子成员包乡走村、乡镇领导班子成员包村联户、村干部经常入户走访制度。健全党组织领导的村民自治机制，全面落实"四议两公开"制度。加强乡村法治教育和法律服务，深入开展"民主法治示范村（社区）"创建。坚持和发展新时代"枫桥经验"，完善社会矛盾纠纷多元预防调处化解机制。完善网格化管理、精细化服务、信息化支撑的基层治理平台。推进农村扫黑除恶常态化。开展打击整治农村赌博违法犯罪专项行动。依法严厉打击侵害农村妇女儿童权利的违法犯罪行为。完善推广积分制、清单制、数字化、接诉即办等务实管用的治理方式。深化乡村治理体系建设试点，组织开展全国乡村治理示范村镇创建。

（三十）加强农村精神文明建设

深入开展社会主义核心价值观宣传教育，继续在乡村开展听党话、感党恩、跟党走宣传教育活动。深化农村群众性精神文明创建，拓展新时代文明实践中心、县级融媒体中心等建设，支持乡村自办群众性文化活动。注重家庭家教家风建设。深入实施农耕文化传承保护工程，加强重要农业文化遗产保护利用。办好中国农民丰收节。推动各地因地制宜制定移风易俗规范，强化村规民约约束作用，党员、干部带头示范，扎实开展高价彩礼、大操大办等重点领域突出问题专项治理。推进农村丧葬习俗改革。

九　强化政策保障和体制机制创新

（三十一）健全乡村振兴多元投入机制

坚持把农业农村作为一般公共预算优先保障领域，压实地方政府投入责任。稳步提高土地出让收益用于农业农村比例。将符合条件的乡村振兴项目纳入地方政府债券支持范围。支持以市场化方式设立乡村振兴基金。健全政府投资与金融、社会投入联动机制，鼓励将符合条件的项目打捆打包按规定由市场主体实施，撬动金融和社会资本按市场化原则更多投向农业农村。用好再贷款再贴现、差别化存款准备金、差异化金融监管和考核评估等政策，推动金融机构增加乡村振兴相关领域贷款投放，重点保障粮食安全信贷资金需求。引导信贷担保业务向农业农村领域倾斜，发挥全国农业信贷担保体系作用。加强农业信用信息共享。发挥多层次资本市场支农作用，优化"保险＋期货"。加快农村信用社改革化险，推动村镇银行结构性重组。鼓励发展渔业保险。

（三十二）加强乡村人才队伍建设

实施乡村振兴人才支持计划，组织引导教育、卫生、科技、文化、社会工作、精神文明建设等领域人才到基层一线服务，支持培养本土急需紧缺人才。实施高素质农民培育计划，开展农村创业带头人培育行动，提高培训实效。大力发展面向乡村振兴的职业教育，深化产教融合和校企合作。完善城市专业技术人才定期服务乡村激励机制，对长期服务乡村的在职务晋升、职称评定方面予以适当倾斜。引导城市专业技术人员入乡兼职兼薪和离岗创业。允许符合一定条件的返乡回乡下乡就业创业人员在原籍地或就业创业地落户。继续实施农村订单定向医学生免费培养项目、教师"优师计划"、"特岗计划"、"国培计划"，实施"大学生乡村医生"专项计划。实施乡村振兴巾帼行动、青年人才开发行动。

（三十三）推进县域城乡融合发展

健全城乡融合发展体制机制和政策体系，畅通城乡要素流动。统筹县域城乡规划建设，推动县城城镇化补短板强弱项，加强中心镇市政、服务设施建设。深入推进县域农民工市民化，建立健全基本公共服务同常住人口挂钩、由常住地供给机制。做好农民工金融服务工作。梯度配置县乡村公共资源，发展城乡学校共同体、紧密型医疗卫生共同体、养老服务联合体，推动县域供电、供气、电信、邮政等普遍服务类设施城乡统筹建设和管护，有条件的地区推动市政管网、乡村微管网等往户延伸。扎实开展乡村振兴示范创建。

办好农村的事，实现乡村振兴，关键在党。各级党委和政府要认真学习宣传贯彻党的二十大精神，学深悟透习近平总书记关于"三农"工作的重要论述，把"三农"工作摆在突出位置抓紧抓好，不断提高"三农"工作水平。加强工作作风建设，党员干部特别是领导干部要树牢群众观点，贯彻群众路线，多到基层、多接地气，大兴调查研究之风。发挥农民主体作用，调动农民参与乡村振兴的积极性、主动性、创造性。强化系统观念，统筹解决好"三农"工作中两难、多难问题，把握好工作时度效。深化纠治乡村振兴中的各类形式主义、官僚主义等问题，切实减轻基层迎评送检、填表报数、过度留痕等负担，推动基层把主要精力放在谋发展、抓治理和为农民群众办实事上。全面落实乡村振兴责任制，坚持五级书记抓，统筹开展乡村振兴战略实绩考核、巩固拓展脱贫攻坚成果同乡村振兴有效衔接考核评估，将抓党建促乡村振兴情况作为市县乡党委书记抓基层党建述职评议考核的重要内容。加强乡村振兴统计监测。制定加快建设农业强国规划，做好整体谋划和系统安排，同现有规划相衔接，分阶段扎实稳步推进。

让我们紧密团结在以习近平同志为核心的党中央周围，坚定信心、踔厉奋发、埋头苦干，全面推进乡村振兴，加快建设农业强国，为全面建设社会主义现代化国家、全面推进中华民族伟大复兴作出新的贡献。

国家发展改革委令 第 53 号

《粮食流通行政执法办法》已经国家发展和改革委员会第 23 次委务会议审议通过，现予公布，自 2023 年 1 月 1 日起施行。

主任　何立峰

2022 年 11 月 23 日

《粮食流通行政执法办法》

第一章　总则

第一条　为全面贯彻落实党的二十大精神，深入贯彻落实习近平新时代中国特色社会主义思想，全方位夯实粮食安全根基，规范粮食和物资储备行政管理部门（以下简称"粮食和储备部门"）粮食流通行政执法行为，根据《中华人民共和国行政处罚法》《中华人民共和国行政强制法》《粮食流通管理条例》等法律法规，制定本办法。

第二条　本办法适用于粮食和储备部门对粮食收购、储存、运输和政策性粮食购销等活动，以及国家粮食流通统计制度执行情况，依法开展的监督检查活动。

第三条　粮食和储备部门应当与相关部门加强配合，建立粮食流通行政执法工作协调机制。

第四条　粮食流通行政执法应当严格落实《国务院办公厅关于全面推行行政执法公示制度执法全过程记录制度重大执法决定法制审核制度的指导意见》相关制度规定。

粮食流通行政执法实行持证上岗。开展行政执法工作，执法人员不得少于两人，不得干扰粮食经营者的正常经营活动。

粮食和储备部门应当加强粮食流通行政执法制度建设和人员队伍建设，并定期对行政执法人员进行培训考核。

第五条　任何单位和个人有权向粮食和储备部门检举违反粮食流通管理规定的行为。粮食和储备部门应当为检举人保密，并依法及时处理。

第六条　粮食流通行政执法过程中，可以行使以下职权：

（一）进入粮食经营者经营场所，查阅有关资料、凭证；

（二）检查粮食数量、质量和储存安全情况；

（三）检查粮食仓储设施、设备是否符合有关标准和技术规范；

（四）向有关单位和人员调查了解相关情况；

（五）查封、扣押非法收购或者不符合国家粮食质量安全标准的粮食，用于违法经营或者被污染的工具、设备以及有关账簿资料；

（六）查封违法从事粮食经营活动的场所；

（七）法律、法规规定的其他职权。

第七条　被检查对象对粮食流通行政执法人员依法履行职责，应当予以配合。任何单位和个人不得拒绝、阻挠、干涉粮食和储备部门粮食流通行政执法人员依法履行行政执法职责。

第二章　管辖

第八条　粮食和储备部门行政执法实行分级负责制。

国家粮食和物资储备局组织、指导跨省（自治区、直辖市）等重大案件的查办，必要时提级或者指定管辖。省级粮食和储备部门组织、指导跨地(市)等重大案件的查处，必要时提级或者指定管辖。

第九条　粮食和储备部门行政执法涉及政策性粮食的，应当结合粮食权属及性质开展。

国家粮食和物资储备局垂直管理局负责监管辖区内中央政府储备粮管理情况，对中央政府储备粮承储企业开展行政执法，依法对违法违规行为实施行政处罚。

地方粮食和储备部门会同国家粮食和物资储备局垂直管理局，监管辖区内除中央政府储备粮以外的其他中央事权粮食及其相关政策执行情况，开展相关行政执法。

地方粮食和储备部门监管辖区内地方政府储备粮，以及社会粮食流通情况。

国家粮食和物资储备局垂直管理局与省级粮食和储备部门应当建立协同联动工作机制。

第十条　粮食和储备部门实施行政处罚，原则上由违法行为发生地的县级以上粮食和储备部门管辖。两个以上同级部门都有管辖权的，由最先立案的粮食和储备部门管辖；因管辖权发生争议，协商解决不成的，应当报请共同上一级部门指定管辖。

粮食和储备部门发现涉嫌违法违规的行为不属于本部门管辖时，应当及时移送有管辖权的粮食和储备部门。受移送的粮食和储备部门对管辖权有异议的，应当报请共同上一级部门指定管辖；不得擅自移送。

第十一条　粮食和储备部门在行政执法中发现不属于本部门管辖的涉嫌违法违规的行为，应当及时向有管辖权的相关部门移送违法线索。

第三章　立案调查

第十二条　粮食和储备部门对属于本部门管辖的涉嫌违法违规的行为，除可以当场作出行政处罚的外，应当立案调查。

第十三条　粮食经营者存在下列情形之一的，属于第十二条规定的应当立案调查的违法违规行为：

（一）粮食收购企业、仓储单位未按照规定备案，或者提供虚假备案信息；

（二）粮食收购企业未及时向售粮者支付售粮款，时间三十日以上且涉及金额三千元以上，或者其他粮食收购者未及时向售粮者支付售粮款被举报；

（三）粮食收购者违反《粮食流通管理条例》相关规定，代扣、代缴税、费和其他款项；

（四）粮食收购者未执行国家粮食质量标准，涉及粮食数量较大；

（五）粮食收购者收购粮食，未按照国家有关规定进行质量安全检验，涉及粮食数量较大；

（六）粮食收购者收购粮食，对不符合食品安全标准的粮食未作为非食用用途单独储存；

（七）粮食储存企业未按照规定进行粮食销售出库质量安全检验，涉及粮食数量五吨以上；

（八）粮食收购者、粮食储存企业非法销售不得作为食用用途销售的粮食；

（九）从事粮食收购、销售、储存、加工的经营者以及饲料、工业用粮企业，未按要求建立粮食经营台账，或者未按规定报送粮食基本数据和有关情况；

（十）粮食仓储单位经营场地、设施设备、专业技术管理人员不符合粮油仓储管理制度规定；

（十一）粮食仓储单位违反出入库、储存管理规定，或者造成粮油储存事故；

（十二）粮食收购者、粮食储存企业使用被污染的运输工具或者包装材料运输粮食，或者与有毒有害物质混装运输；

（十三）粮食应急预案启动后，粮食经营者未服从国家统一安排和调度；

（十四）其他违反国家粮食经营管理规定的情形。

第十四条　粮食经营者在政策性粮食业务中，存在下列情形之一的，属于第十二条规定的应当立案调查的违法违规行为：

（一）政策性粮食收购时，未及时向售粮者支付售粮款；

（二）承储企业虚报粮食收储数量达十吨以上；

（三）承储企业通过以陈顶新、以次充好、低收高转、虚假购销、虚假轮换、违规倒卖等方式，套取粮食价差和财政补贴，或者骗取信贷资金；

（四）承储企业挤占、挪用、克扣财政补贴、信贷资金三千元以上；

（五）承储企业擅自动用政策性粮食；

（六）承储企业以政策性粮食为债务作担保或者清偿债务；

（七）承储企业利用政策性粮食进行除政府委托的政策性任务以外的其他商业经营；

（八）承储企业在政策性粮食出库时掺杂使假、以次充好、调换标的物，涉及粮食数量五吨以上；

（九）承储企业在政策性粮食出库时拒不执行出库指令或者阻挠出库，时间三日以上并且涉及粮食数量五十吨以上；

（十）粮食经营者购买国家限定用途的政策性粮食，违规倒卖或者不按照规定用途处置；

（十一）其他违反国家政策性粮食经营管理规定的情形。

第十五条　应当立案调查的，立案决定应于发现涉嫌违法违规行为之日起十五个工作日内，经粮食和储备部门负责人批准后作出。

第十六条　粮食和储备部门对违法违规行为进行调查取证，应当依照相关法律法规及粮食和储备部门有关工作规程等法定程序开展。

第十七条　粮食和储备部门执法人员在调查或者进行检查时，应当主动向当事人或者有关人员出示行政执法证件。当事人或者有关人员有权要求执法人员出示行政执法证件。执法人员不出示行政执法证件的，当事人或者有关人员有权拒绝接受调查或者检查。

当事人或者有关人员应当如实回答询问，并协助调查或者检查，不得拒绝或者阻挠。询问或者检查应当制作笔录。

第十八条　粮食和储备部门在收集证据时，可以抽样取证。

在证据可能灭失或者以后难以取得的情况下，经粮食和储备部门负责人批准，可以先行登记保存，并在七个工作日内作出处理决定。

在调查期间，被调查对象及有关人员不得销毁或者转移证据。

第十九条　粮食和储备部门可委托具有相应资质的鉴定检测机构，对涉嫌违法违规行为有关的粮食、工具等进行鉴定检测。

第二十条　粮食和储备部门应当在立案决定作出之日起三十日内形成案件调查报告，必要时可听取公职律师、法律顾问、专家意见。案情疑难复杂或者委托检验鉴定时间较长的，经粮食和储备部门负责人批准，可以适当延长调查时限。

第四章　查封、扣押

第二十一条　粮食和储备部门在行政执法过程中，应当依照法定的权限、范围、条件和程序，实施查封、扣押等行政强制措施。采用非强制手段可以达到行政管理目的的，不得实施查封、扣押等行政强制措施。

第二十二条　粮食和储备部门不得查封、扣押与违法行为无关的粮食、工具、设备、账簿资料，不得查封与违法行为无关的场所。粮食经营者的粮食、工具、设备、账簿资料、场所等已被其他国家机关依法查封的，不得重复查封。

第二十三条　粮食和储备部门决定实施查封、扣押的，应当制作并当场交付查封、扣押决定书和清单。

第二十四条　查封、扣押的期限不得超过三十日；情况复杂的，经粮食和储备部门负责人批准，可以延长，但是延长期限不得超过三十日。法律、行政法规另有规定的除外。

延长查封、扣押的决定应当及时书面告知当事人，并说明理由。

对涉案粮食、工具、设备需要进行检测、检验或者技术鉴定的，查封、扣押的期间不包括检测、检验或者技术鉴定的期间。检测、检验或者技术鉴定的期间应当明确，并书面告知当事人。初次检测、检验或者技术鉴定的费用由粮食和储备部门承担。

第二十五条　对查封、扣押的粮食、工具、设备、账簿资料、场所等，粮食和储备部门应当妥善保管，不得使用或者损毁；造成损失的，应当承担赔偿责任。

对查封的粮食、工具、设备、账簿资料、场所等，粮食和储备部门可以委托第三人保管，第三人不得损毁或者擅自转移、处置。因第三人的原因造成的损失，粮食和储备部门先行赔付后，应当及时向第三人追偿。

因查封、扣押发生的保管费用由粮食和储备部门承担。

第二十六条　粮食和储备部门采取查封、扣押措施后，应当及时查清事实，在规定期限内作出处理决定。

第二十七条　有下列情形之一的，粮食和储备部门应当及时作出解除查封、扣押决定：

（一）当事人没有违法行为；

（二）查封、扣押的粮食、工具、设备、账簿资料、场所等与违法行为无关；

（三）对违法行为已经作出处理决定，不再需要查封、扣押；

（四）查封、扣押期限已经届满；

（五）其他不再需要采取查封、扣押措施的情形。

解除查封、扣押应当立即退还粮食、工具、设备、账簿资料。

第二十八条　粮食和储备部门查封、扣押的粮食、工具、设备、账簿资料、场所等，依法应当没收、销毁的，依照有关法律法规规定，移送有权部门执行。

第五章　行政处罚决定

第一节　简易程序

第二十九条　违法事实确凿并有法定依据，对公民处以二百元以下、对法人或者其他组织处以三千元以下罚款或者警告的行政处罚的，粮食和储备部门及其执法人员可以当场作出行政处罚决定。法律另有规定的，从其规定。

第三十条　执法人员当场作出行政处罚决定的，应当向当事人出示行政执法证件，填写预定格式、编有号码的行政处罚决定书，并当场交付当事人。当事人拒绝签收的，应当在行政处罚决定书上注明。

前款规定的行政处罚决定书应当载明当事人的违法行为，行政处罚的种类和依据、罚款数额、时间、地点，申请行政复议、提起行政诉讼的途径和期限以及行政机关名称，并由执法人员签名或者盖章。

执法人员当场作出的行政处罚决定，应当报所属粮食和储备部门备案。

第三十一条　对当场作出的行政处罚决定，当事人应当依照《中华人民共和国行政处罚法》的规定履行。

第二节　普通程序

第三十二条　除本办法规定的可以当场作出的行政处罚外，粮食和储备部门发现公民、法人或者其他组织有依法应当给予行政处罚的行为的，必须全面、客观、公正地调查，收集有关证据。

第三十三条　调查终结，粮食和储备部门负责人应当对调查结果进行审查，根据不同情况，分别作出如下决定：

（一）确有应受行政处罚的违法行为的，根据情节轻重及具体情况，作出行政处罚决定；

（二）违法行为轻微，依法可以不予行政处罚的，不予行政处罚；

（三）违法事实不能成立的，不予行政处罚；

（四）违法行为涉嫌犯罪的，移送司法机关。

对情节复杂或者重大违法行为给予行政处罚，粮食和储备部门负责人应当集体讨论决定。

第三十四条　粮食和储备部门在作出行政处罚决定时，应当遵循公正、公开、过罚相当、处罚与教育相结合的原则，正确行使粮食流通行政处罚裁量权。

省级粮食和储备部门、国家粮食和物资储备局垂直管理局应当参照本办法，结合地区实际制定并公开行政处罚裁量权基准，包括违法行为、法定依据、裁量阶次、适用条件和具体标准等内容。

第三十五条　有下列情形之一，在粮食和储备部门负责人作出行政处罚的决定之前，应当由从事行政处罚决定法制审核的人员按照相关规定进行法制审核；未经法制审核或者审核未通过的，不得作出决定：

（一）涉及重大公共利益的；

（二）直接关系当事人或者第三人重大权益，经过听证程序的；

（三）案件情况疑难复杂、涉及多个法律关系的；

（四）应当进行法制审核的其他情形。

粮食和储备部门初次从事行政处罚决定法制审核的人员，应当通过国家统一法律职业资格考试取得法律职业资格。

第三十六条　粮食和储备部门及其执法人员在作出行政处罚决定之前，未依照《中华人民共和国行政处罚法》规定向当事人告知拟作出的行政处罚内容及事实、理由、依据，或者拒绝听取当事人的陈述、申辩，不得作出行政处罚决定；当事人明确放弃陈述或者申辩权利的除外。

第三十七条　粮食和储备部门依照《中华人民共和国行政处罚法》规定给予行政处罚，应当制作行政处罚决定书。行政处罚决定书应当载明下列事项：

（一）当事人的姓名或者名称、地址；

（二）违反法律、法规、规章的事实和证据；

（三）行政处罚的种类和依据；

（四）行政处罚的履行方式和期限；

（五）申请行政复议、提起行政诉讼的途径和期限；

（六）作出行政处罚决定的行政机关名称和作出决定的日期。

行政处罚决定书必须盖有作出行政处罚决定的粮食和储备部门的印章。

第三十八条　粮食和储备部门应当自行政处罚案件立案之日起九十日内作出行政处罚决定。法律、法规另有规定的，从其规定。

第三十九条　行政处罚决定书应当在宣告后当场交付当事人；当事人不在场的，粮食和储备部门应当在七个工作日内依照《中华人民共和国民事诉讼法》有关规定，将行政处罚决定书送达当事人。

当事人同意并签订确认书的，粮食和储备部门可以采用传真、电子邮件等方式，将行政处罚决定书等送达当事人。

第四十条　粮食和储备部门行政处罚决定信息应当在执法决定作出之日起7个工作日内，通过政府网站及政务新媒体、办事大厅公示栏、服务窗口等平台向社会公开。

第四十一条　粮食流通行政处罚产生的罚没收入，按照《中华人民共和国行政处罚法》和《财政部关于印发〈罚没财物管理办法〉的通知》（财税〔2020〕54号）相关规定处理。

第三节　听证程序

第四十二条　粮食和储备部门拟作出下列行政处罚决定，应当告知当事人有要求听证的权利，当事人要求听证的，粮食和储备部门应当组织听证：

（一）较大数额罚款；

（二）没收较大数额违法所得；

（三）法律、法规、规章规定的其他情形。

前款中所称"较大数额"，省、自治区、直辖市人大常委会或者人民政府有规定的，从其规定；没有规定的，其数额为对公民罚款、没收违法所得三千元以上，对法人或者其他组织罚款、没收违法所得五万元以上。

当事人不承担粮食和储备部门组织听证的费用。

第四十三条 听证应当依照以下程序组织：

（一）当事人要求听证的，应当在粮食和储备部门告知后五个工作日内提出；

（二）粮食和储备部门应当在举行听证的七个工作日前，通知当事人及有关人员听证的时间、地点；

（三）除涉及国家秘密、商业秘密或者个人隐私依法予以保密外，听证公开举行；

（四）听证由粮食和储备部门指定的非本案调查人员主持；当事人认为主持人与本案有直接利害关系的，有权申请回避；

（五）当事人可以亲自参加听证，也可以委托一至二人代理；

（六）当事人及其代理人无正当理由拒不出席听证或者未经许可中途退出听证的，视为放弃听证权利，粮食和储备部门终止听证；

（七）举行听证时，调查人员提出当事人违法的事实、证据和行政处罚建议，当事人进行申辩和质证；

（八）听证应当制作笔录。笔录应当交当事人或者其代理人核对无误后签字或者盖章。当事人或者其代理人拒绝签字或者盖章的，由听证主持人在笔录中注明。

第四十四条 听证结束后，粮食和储备部门应当根据听证笔录，依照《中华人民共和国行政处罚法》的规定，作出决定。

第六章　责任追究

第四十五条 粮食和储备部门行政执法人员在粮食流通行政执法中，涉嫌违纪违规、违法犯罪的，依照有关规定移送纪检监察机关、司法机关。

有下列行为之一的，除按前款规定处理外，粮食和储备部门应予以通报，并由相关任免部门按照管理权限进行教育、管理、监督或处分：

（一）包庇、纵容粮食流通违法违规行为；

（二）瞒案不报、压案不查；

（三）未按规定核查、处理粮食流通违法违规举报、案件线索；

（四）未按法定权限、程序和规定开展粮食流通行政执法，造成不良后果；

（五）违反保密规定，泄露举报人或者案情；

（六）滥用职权、徇私舞弊；

（七）其他违法违规行为。

第七章　附则

第四十六条 本办法中，涉及粮食价值的，已达成交易的按交易价计算，其他按库存成本价或最近一次采购成本计算；涉及数量的，"以上"包括基数。

第四十七条 大豆、油料和食用植物油的收购、销售、储存、运输、加工等经营活动，适用本办法的规定。

第四十八条 本办法由国家发展改革委、国家粮食和物资储备局负责解释。

第四十九条　本办法自 2023 年 1 月 1 日起施行。2004 年 11 月 16 日国家发展和改革委员会、原国家粮食局、财政部、原卫生部、原国家工商行政管理总局、原国家质量监督检验检疫总局印发的《粮食流通监督检查暂行办法》(国粮检〔2004〕230 号)，以及 2005 年 3 月 9 日原国家粮食局印发的《粮食监督检查行政处罚程序（试行)》(国粮检〔2005〕31 号)同时废止。

联合发文

关于印发《粮食企业信用监管办法（试行）》的通知

国粮执法规〔2022〕7 号

各省、自治区、直辖市及新疆生产建设兵团发展和改革委员会、粮食和物资储备局（粮食局），国家粮食和物资储备局各垂直管理局：

为深入贯彻党中央、国务院关于改革完善体制机制加强粮食储备安全管理的重大决策部署，认真落实《粮食流通管理条例》和《国务院办公厅关于进一步完善失信约束制度构建诚信建设长效机制的指导意见》（国办发〔2020〕49 号）等法规政策要求，规范粮食企业信用监管活动，促进粮食企业守法经营和诚信自律，国家发展和改革委员会、国家粮食和物资储备局制定了《粮食企业信用监管办法（试行）》。现予印发，请遵照执行。

国家发展和改革委员会　国家粮食和物资储备局
2022 年 1 月 13 日

粮食企业信用监管办法（试行）

第一条　为规范粮食企业信用监管活动，依据《粮食流通管理条例》等有关法律法规和党中央、国务院相关文件，制定本办法。

第二条　本办法适用于全国范围内从事粮食（含大豆、油料、食用植物油）收购、储存和政策性粮食购销等经营活动，以及执行国家粮食流通统计制度的企业。

第三条　本办法所称信用监管，是指以促进粮食企业守法经营和诚信自律为目的，由粮食和储备部门主导，根据粮食企业信用信息科学研判企业信用状况，并依法依规开展分级分类监管。

第四条　粮食企业信用信息包括企业基本信息，粮食和储备部门产生的行政处罚、奖励信息，以及其他国家机关产生的信用信息。

第五条　国家粮食和物资储备局指导全国粮食企业信用监管工作，建立全国粮食企业信用监管平台。粮食企业信用信息归集、公示、修复，以及信用评价等工作通过全国粮食企业信用监管平台开展。地方粮食和储备部门、国家粮食和物资储备局各垂直管理局（以下简称"垂直管理局"）按照管辖权限，负责本辖区粮食企业信用监管工作的具体组织、实施。

第六条　各级粮食和储备部门应严格执行全国公共信用信息基础目录，依法归集、使用并共享粮食企业信用信息，褒扬诚信，惩戒失信；支持粮食企业信用信息在其他领域的合法应用；充分发挥信用管理在粮食行业发展中的引导作用。

第七条　各级粮食和储备部门依托粮食企业信用监管平台归集信用信息，原则上以独立法人为单位，通过统一社会信用代码进行。

第八条　粮食企业基本信息鼓励通过端口方式对接全国信用信息共享平台、粮食行业"双随机"抽查应用系统等自动获取。粮食企业通过统一社会信用代码在粮食企业信用监管平台及时更新维护本企业基本信息，地市级、区县级粮食和储备部门负责核验粮食企业录入数据的真实性。

粮食和储备部门产生的行政处罚、奖励等信用信息，由具有管辖权的粮食和储备部门自行政处罚、奖励等决定作出之日起7个工作日内，将有关信用信息录入粮食企业信用监管平台，并共享至全国信用信息共享平台、国家企业信用信息公示系统。

其他国家机关产生的信用信息通过部门间签订数据共享协议等方式获取。

第九条　粮食和储备部门应当通过粮食企业信用监管平台及时公示下列信息：

（一）企业注册登记或者备案及企业相关人员等基本信息；

（二）粮食和储备部门产生的具有一定社会影响的行政处罚信息；

（三）粮食和储备部门产生的奖励信息；

（四）其他国家机关产生的依法可公开的信用信息。

公示信息涉及国家秘密、国家安全、社会公共利益、商业秘密或者个人隐私的，应当依照法律、行政法规的规定办理。

第十条　粮食和储备部门应加强对粮食企业信用信息公示管理：

（一）企业注册登记或者备案及企业相关人员等基本信息进行永久公示。企业基本信用信息变更的，应及时在粮食企业信用监管平台进行更新维护；

（二）粮食和储备部门产生的具有一定社会影响的行政处罚信息，最短公示期为 1 年；最短公示期满但未进行信用修复的，应继续公示，直至完成信用修复。公示期以在粮食企业信用监管平台上的实际公示时长为准；

（三）粮食和储备部门产生的奖励信息进行永久公示。奖励被撤销的，作出撤销决定的部门应及时在粮食企业信用监管平台进行更新维护；

（四）其他国家机关产生的信用信息变更后，具有管辖权的粮食和储备部门应及时更新相关信息。

第十一条　各级粮食和储备部门依照权限，对归集的信用信息数据进行更新和维护，实行动态管理。

第十二条　粮食企业信用评价是指粮食和储备部门依据有关法律法规和粮食企业信用信息，按照统一的信用评价标准，采取规范的程序、方法对粮食企业信用状况进行评价，确定其信用等级的活动。

粮食企业信用评价由各级粮食和储备部门按照管辖权限和本办法有关规定，依托全国粮食企业信用监管平台开展。法律法规另有规定的，从其规定。

粮食企业信用评价标准由国家粮食和物资储备局制定，并结合粮食行业自身特点和重要影响因素对评价指标和权重进行适时调整。

第十三条　粮食企业信用评价周期为一年，评价时间从每年 1 月 1 日起至 12 月 31 日止。年度信用评价工作应于每年 1 月底前完成上年度信用评价工作。自注册之日起不满一年的企业，不纳入当期评价范围，相关记录转入下年度。

第十四条　粮食企业信用评价采取年度评价指标得分方式，根据粮食企业信用信息和上年度的信用评价等级情况进行综合评价。

第十五条　粮食企业信用等级从高到低依次分为 A、B、C 三级。信用评价结果作为各级粮食和储备部门的内部决策依据参考，原则上不对外公开；被评价企业可以申请查询本企业评价结果。

第十六条　对信用等级为 A 级的粮食企业，粮食和储备部门可以采取以下激励措施：

（一）在粮食流通领域财政性资金和项目申报、评优评先、政策性粮食收储、成品粮应急保供定点时，符合法律法规规定的条件下列为优先选择对象；

（二）在"双随机"检查时，降低抽查比例、频次。

第十七条　对信用等级为 C 级的粮食企业，粮食和储备部门可以采取以下措施：

（一）依法限制享受粮食流通领域相关扶持政策；

（二）在"双随机"检查时，加大抽查比例、频次。

第十八条　粮食企业失信行为是指被国家机关依法给予警告以上行政处罚的行为。

第十九条　由粮食和储备部门认定的失信行为，粮食企业失信行为纠正后，可向作出失信认定的粮食和储备部门提出信用修复申请。申请时，应一并提交信用修复承诺书、已纠正失信行为的证明材料或信用报告等。粮食和储备部门确已掌握失信行为纠正信息的，可不要求申请人提供证明材料。粮食和储备部门收到信用修复申请后，5 个工作日内作出受理决定，并出具受理通知书或者不予受理通知书。自受理之日起 15 个工作日内作出是否修复的决定，符合修复条件的，及时进行修复；不符合修复条件的，告知申请企业不予修复的理由。

第二十条　粮食企业失信信息最短公示期满，且粮食和储备部门同意修复后，自同意修复之日起，撤销公示，在粮食企业信用监管平台中保存 5 年，5 年内未发生同类失信行为的，删除或屏蔽该记录；5年内再次发生同类失信行为的，该记录信息的保存期限重新计算。

第二十一条　其他国家机关认定的失信行为的信用修复，按照认定机关规定执行。完成信用修复后，具有管辖权的粮食和储备部门应及时在粮食企业信用监管平台撤销相关信息公示。相关信息的处理按照本办法第二十条规定执行。

第二十二条　失信信息修复后，不再作为信用评价依据。

第二十三条　信用修复工作统一在粮食企业信用监管平台进行。

第二十四条　对下列情形，粮食企业可以向具有管辖权的粮食和储备部门提出异议申请，并提供证明材料。粮食和储备部门应自收到申请5个工作日内作出受理决定，并在15个工作日内完成审核。

（一）认为粮食和储备部门公示的信用信息不准确的；

（二）对粮食和储备部门采集本部门作出的行政处罚等信用信息行为有异议的；

（三）对粮食和储备部门作出信用修复申请不予受理、不予信用修复决定有异议的；

（四）其他认为粮食和储备部门因信用信息归集侵犯其合法权益的。

粮食企业对粮食和储备部门针对异议申请作出的相关决定、处理结果不服的，可以依法提起行政复议、行政诉讼。

第二十五条　各级粮食和储备部门发现采集的信用信息确有错误的，应在粮食企业信用监管平台及时更正或删除。

第二十六条　各级粮食和储备部门应依法履职，对在粮食企业信用监管工作中不作为、乱作为，造成不良社会影响的，要依法依规依纪追究单位和相关责任人责任。

第二十七条　各省级粮食和储备部门、各垂直管理局依据本办法，结合工作实际，制定具体实施细则。

第二十八条　本办法由国家发展和改革委员会、国家粮食和物资储备局负责解释。

第二十九条　本办法自发布之日起实施，有效期5年。

关于 2022 年稻谷最低收购价有关政策的通知

国粮粮〔2022〕34 号

各省、自治区、直辖市发展改革委、粮食和物资储备局（粮食局）、财政厅（局）、农业农村厅（局、委）、农业发展银行分行，中国储备粮管理集团有限公司、中粮集团有限公司、中国供销集团有限公司、中国中化控股有限责任公司：

为保障国家粮食安全，进一步完善粮食最低收购价政策，2022 年继续对最低收购价稻谷限定收购总量。现将具体事项通知如下。

一　限定收购总量

根据近几年稻谷最低收购价收购数量，限定 2022 年最低收购价稻谷收购总量为 5000 万吨（籼稻 2000 万吨、粳稻 3000 万吨）。

二　具体操作方式

（一）分批下达

限定收购总量分两批次下达，第一批数量为 4500 万吨（籼稻 1800 万吨、粳稻 2700 万吨），不分配到省；第二批数量为 500 万吨（籼稻 200 万吨、粳稻 300 万吨），视收购需要具体分配到省。

如籼稻、粳稻各自的最低收购价全国收购量达到第一批数量的 90% 时，中储粮有关分公司应会同省级粮食等部门单位及时提出本省该品种第二批收购的计划数量建议。中储粮集团公司根据当年稻谷产量、收购量、农户余粮和市场价格等情况统筹平衡各省数量后，报国家粮食和物资储备局批准。国家粮食和物资储备局通过政府网站公布各省第二批收购数量。在第一批收购完成后，有关省份按照批准的第二批数量继续开展收购。当收购量达到本省批准数量时，立即停止该省最低收购价收购且不再启动。

（二）动态监测

启动最低收购价执行预案后，中储粮集团公司要严格按照预案有关规定，加强统计监测，每五日向国家粮食和物资储备局报送收购进度；启动第二批收购后，中储粮集团公司要按日报送收购进度。国家粮食和物资储备局定期通过政府网站公布最低收购价全国收购总量。省级粮食等有关部门要结合稻谷商品量和农户余粮情况，及时开展调研调度，全面掌握收粮进度。

三　有关要求

（一）认真落实限量收购政策

中储粮集团公司作为最低收购价政策执行主体，要严格执行限定收购总量的收购政策，不得超量收购。财政资金支持限于最低收购价政策下的最高收购总量内。

（二）加强市场监管

各地要认真落实粮食收储制度改革精神，规范粮食流通市场秩序，依法依规严厉查处粮食收储过程中的违法违规行为。

（三）促进"优粮优价"

各地要积极鼓励农企对接，充分发挥市场价格对生产的反馈引导作用，促进种植结构调整优化，增加绿色优质安全产品供给。

国家发展和改革委员会　国家粮食和物资储备局　财政部

农业农村部　中国农业发展银行

2022 年 2 月 18 日

关于印发《"十四五"粮食和物资储备科技和人才发展规划》的通知

国粮发〔2022〕60 号

各省、自治区、直辖市及新疆生产建设兵团发展和改革委员会、粮食和物资储备局（粮食局）、教育厅（教委、教育局）、科技厅、人力资源社会保障厅（局），国家粮食和物资储备局各垂直管理局，河南工业大学、南京财经大学、武汉轻工大学，中国储备粮管理集团有限公司、中粮集团有限公司，各有关单位：

为深入贯彻党的十九大和十九届历次全会精神，认真落实《中华人民共和国国民经济和社会发展第十四个五年规划和 2035 年远景目标纲要》，大力实施科技和人才兴粮兴储，有力促进粮食和物资储备高质量科技创新和人才发展，我们编制了《"十四五"粮食和物资储备科技和人才发展规划》。现印发给你们，请结合实际，认真抓好贯彻执行。

各有关部门要加强组织领导，完善工作协调联动机制，指导各类主体围绕管好"大国储备"和"天下粮仓"的工作任务，创新载体抓手，健全保障机制，确保本规划顺利实施。工作中遇到的新情况、新问题，请及时报送国家粮食和物资储备局。

附件："十四五"粮食和物资储备科技和人才发展规划（略）

国家发展和改革委员会　国家粮食和物资储备局　教育部
科学技术部　人力资源社会保障部
2022 年 3 月 15 日

关于切实做好 2022 年夏季粮油收购工作的通知

国粮粮〔2022〕93 号

各省、自治区、直辖市及新疆生产建设兵团发展改革委、粮食和物资储备局（粮食局）、财政厅（局）、农业农村厅（局、委）、市场监督管理局（厅、委），中国农业发展银行各省级分行，中国储备粮管理集团有限公司、中粮集团有限公司、中国供销集团有限公司、中国中化控股有限责任公司、北大荒农垦集团有限公司，中国粮食行业协会：

为认真贯彻落实中央经济工作会议、中央农村工作会议和中央一号文件精神，扎实做好 2022 年小麦、早籼稻、油菜籽等夏季粮油收购（以下简称"夏粮收购"）工作，现将有关事项通知如下：

一　进一步提高政治站位，充分认识抓好夏粮收购的重要意义

今年是党的二十大召开之年，是实施"十四五"规划承上启下的重要一年。面对艰巨繁重的经济社会发展任务和错综复杂的粮食市场形势，全力抓好粮食收购，是坚决贯彻党中央、国务院关于继续做好"六稳""六保"工作决策部署的重要举措，是维护粮食市场稳定、保障国家粮食安全的现实要求，是积极应对疫情影响、保护种粮农民利益的具体行动，使命光荣、意义重大。夏粮收购是全年粮食收购工作的首战。各地要严格落实粮食安全党政同责要求，充分认识抓好今年夏粮收购工作的重大意义，自觉放在经济社会发展和粮食安全大局中谋划推进，主动担当、积极作为，强化举措、压实责任，不折不扣落实夏粮收购各项重点任务，牢牢守住农民"种粮卖得出"的底线。

二　坚持有效市场和有为政府相结合，全力抓好粮食市场化收购和政策性收购

精心组织粮食市场化收购。要充分发挥市场配置资源的决定性作用，扎实做好收购仓容调度、资金筹措、人员培训等各项准备工作，确保"有人收粮、有钱收粮、有仓收粮、有车运粮"，优化营商环境，引导各类主体有序入市收购，特别是发挥好有关中央企业和地方骨干企业引领带动作用。持续深化粮食产销合作，加强政府层面战略协作，创新举办区域性洽谈活动，推动线上线下融合发展，进一步构建"政府搭台、企业唱戏、市场运作"的产销合作格局。深入推进优质粮食工程，着力实施"六大提升行动"，健全完善优粮优价市场运行机制，为夏粮收购提供有利条件。建立健全粮食收购市场化融资支持机制，积极搭建银企对接平台，用好粮食收购贷款信用保证基金。

充分发挥政策性收购托底作用。中储粮集团公司要严格履行政策执行主体责任，认真落实《小麦和稻谷最低收购价执行预案》（国粮发〔2018〕99 号）、《关于 2022 年小麦最低收购价有关政策的通知》（国粮粮〔2021〕210 号）和《关于 2022 年稻谷最低收购价有关政策的通知》（国粮粮〔2022〕34 号）

要求，提前确定收储库点，合理布设收购网点，及时公布相关信息。符合条件的地区，要按程序及时申请启动最低收购价执行预案，发挥好政策托底作用。要严格执行国家粮食质量标准，按质论价，不得压级压价、抬级抬价、拒收符合标准的粮食；严格落实粮食质量安全监管有关规定，加强入库粮食质量安全检验，发现不合格粮食要及时妥善处置。政策性收购资金要及时足额供应，专款专用、封闭运行。

三　统筹推进粮食收购和疫情防控，持续优化为农为企服务

要始终坚持以人民为中心的发展思想，切实增强为农为企服务意识，创新服务方式，提高服务水平，帮助农民顺畅售粮、企业有序收粮。要优化收购现场服务，在醒目位置公示收购粮食品种、质量标准和价格，做好咨询讲解、指示牌设置、接卸引导、账款清算等工作。认真落实节粮减损各项政策措施，充分发挥粮食产后服务中心作用，及时提供清理烘干、储粮保管、加工转化、市场销售等服务；指导农户做好新粮整理晾晒，支持引导农户科学储粮；指导企业升级改造仓储设施，推广应用新技术和新装备，规范仓储管理，在储存安全的基础上，促进粮食减损降耗、提质增效。坚持公开透明、灵活高效、便民利企原则，规范开展粮食收购企业备案管理。

要严格落实党中央、国务院统筹疫情防控和经济社会发展的部署要求，千方百计做好疫情防控常态化形势下的粮食收购工作。要更多采用"互联网＋"收购方式，大力推广预约收购、上门服务等，不断优化收购流程；必要时早开门、晚收秤，延长收购时间，合理把握收购节奏。发生疫情的地区，要在严格落实疫情防控措施的同时，发挥好粮食收购联席会议制度等工作机制作用，因地制宜、创新方式，采取针对性措施，最大限度减少疫情对收购工作的影响。要指导粮食企业和售粮农民做好必要防护，通过控制现场人员数量、配备防疫物资、定时环境消杀等多种方式，推动粮食收购和疫情防控两不误。同时，要压实企业安全储粮和安全生产主体责任，持续推进安全生产大检查，加大风险隐患排查力度，加强从业人员安全教育培训，强化粮食出入库作业监管，坚决防范重特大粮食储存和安全生产事故发生，确保人民群众生命和财产安全。

四　切实加强粮油市场监测预警，多措并举保障市场平稳运行

要密切跟踪主要粮油品种生产、收购形势和价格走势，加强分析研判，妥善解决苗头性、倾向性、潜在性问题。认真做好夏粮收购相关统计和市场监测工作，适时组织开展粮食购销情况调查，及时掌握农民售粮进展和市场价格情况。加强收购政策宣传解读，优化信息发布机制，及时向社会发布粮油供求、购销、价格等信息，引导农民适时适价售粮、企业均衡有序收购。增强系统观念，强化粮食产购储加销协同保障，统筹做好夏粮收购和生产、加工、储备、销售等各环节工作，形成粮食市场保供稳市合力。各地和中储粮有关分公司要密切沟通配合，推动信息共享，加强中央和地方储备粮轮换安排衔接，结合市场形势把握好轮换时机、节奏，充分发挥吞吐调节作用。

五　严格执法监管，维护良好市场秩序

要严格落实《粮食流通管理条例》要求，按照国家政策性粮食收储和销售出库监管有关规定，做好粮食收购市场监管。建立健全收购监管协调机制，压实具体收储企业直接责任、中储粮集团公司政策执行主体责任、地方行政监管和属地监管责任。全面推行"双随机、一公开"抽查方式，加强"四不两直"暗查暗访，发挥 12325、12315 监管热线作用，由行政监管部门依照法定职责严肃查处未按规定告知、公示粮食收购价格，收购粮食压级压价，操纵价格，未及时支付售粮款，以及"虚假收购""先收后转""以陈顶新""以次充好""转圈粮"等违法违规行为，加强涉粮资金监管，坚决维护好收购秩序。国家有关部门将对各地开展粮食收购监管情况进行督导检查。粮食行业协会以及中介组织要加强行业自律，引导企业诚信经营、依法经营，合力营造良好市场环境。

六　加强组织领导，确保夏粮收购工作顺利开展

各地各有关部门要在当地党委、政府的统一领导下，进一步完善工作机制，细化措施安排，层层压实责任，认真做好夏粮收购各项工作。坚持底线思维和问题导向，对收购过程中出现或可能出现的困难问题，要周密制定工作方案和应对预案，加强与相关部门、企业间沟通协调，及时妥善应对。要加强调研调度，适时组织调研组深入一线，随时掌握夏粮收购第一手资料，广泛听取种粮农民、收购企业、基层部门等各方面意见建议，不断优化收购工作安排。重大问题要及时向当地党委、政府和国家有关部门报告。

国家发展和改革委员会　国家粮食和物资储备局　财政部
农业农村部　国家市场监督管理总局　中国农业发展银行
2022 年 5 月 11 日

关于切实做好 2022 年秋粮收购工作的通知

国粮粮〔2022〕170 号

各省、自治区、直辖市及新疆生产建设兵团发展改革委、粮食和储备局（粮食局）、财政厅（局）、交通运输厅（局、委）、农业农村厅（局、委）、市场监督管理局（厅、委），人民银行上海总部和各分行、营业管理部、各省会（首府）城市中心支行、各副省级城市中心支行，各银保监局，各铁路局集团公司，各有关商业银行，中国农业发展银行，中国储备粮管理集团有限公司、中粮集团有限公司、中国供销集团有限公司、中国中化控股有限责任公司、中国农业发展集团有限公司、北大荒农垦集团有限公司，中国粮食行业协会：

为认真贯彻落实中央经济工作会议、中央农村工作会议和中央一号文件精神，切实抓好 2022 年秋粮收购工作，现就有关事项通知如下：

一　深化思想认识，切实增强抓好秋粮收购工作的责任感使命感

今年是党的二十大召开之年，是实施"十四五"规划承上启下的重要一年，做好粮食工作、保障粮食安全意义重大。秋粮收购是全年粮食收购工作的重中之重。在当前国内外粮食市场形势错综复杂的背景下，抓好秋粮收购工作，是坚决贯彻党中央、国务院统筹疫情防控和经济社会发展决策部署，认真落实"疫情要防住、经济要稳住、发展要安全"要求的重要举措，是应对各种风险挑战、维护粮食市场稳定的现实需要，是保护种粮农民利益、端牢中国饭碗的实际行动。各地和有关企业要进一步提高政治站位，始终胸怀粮食安全"国之大者"，把抓好秋粮收购作为当前和今后一个时期的重要政治任务，摆在更加突出的位置，压实责任、细化措施，强化协同、狠抓落实，以实际工作成效迎接党的二十大胜利召开。

二　创新政策措施，精心组织市场化收购和政策性收购

各地要坚持市场化理念不动摇，着力营造公开透明、规范有序的市场环境，认真做好收购仓容、资金、运力等保障工作，积极引导多元主体入市收购，激发市场购销活力。要深化粮食产销合作，加强政府间战略协作，通过举办产销洽谈活动、支持产销区企业深度融合发展等方式，推动区域间粮食高效顺畅流通。要建立健全市场化融资支持机制，积极搭建银企对接平台，用好粮食收购贷款信用保证基金。要指导粮食企业加强与铁路、公路、水路运输企业的运输需求对接，科学安排运输计划；运输企业要加强运力保障，优先组织安排运输，着力提升粮食物流效率。要深入推进优质粮食工程，实施"六大提升行动"，提升粮食收储保障能力。有关企业要主动服从服务国家宏观调控，利用好仓容、

资金、渠道等资源优势，合理把握收购节奏，充分发挥示范引领作用。

中储粮集团公司要严格落实《小麦和稻谷最低收购价执行预案》（国粮发〔2018〕99号）、《关于2022年稻谷最低收购价有关政策的通知》（国粮粮〔2022〕34号）有关规定，切实履行政策执行主体责任，认真组织政策性粮食收购，牢牢守住农民"种粮卖得出"的底线。要统筹考虑粮源分布和仓容情况，合理布设收购网点，方便农民就近售粮。要加强市场监测，及时申请在符合条件的地区启动最低收购价执行预案。要严格执行质价标准，做到保质保量收购入库，不得压级压价、抬级抬价、拒收符合标准的粮食。对于可能出现的不达标粮食，有关地方要提前制定收购预案，必要时采取地方临储等方式妥善处置，严禁不符合食品安全标准的粮食流入口粮市场和食品生产企业。政策性收购资金要及时足额供应，专款专用、封闭运行。

三　践行宗旨意识，用心用情优化为农为企服务

要牢固树立以人民为中心的发展思想，主动对接农民售粮需求，创新优化服务方式，让农民卖"明白粮""舒心粮"。要着力提升现场服务水平，做到价格上墙、标准上榜、样品上台，做好咨询讲解、接卸引导、账款清算等工作。要积极推广"互联网＋"收购方式，优化流程、提高效率，让农民少排队、快售粮。要认真落实节粮减损政策措施，充分发挥粮食产后服务中心作用，及时提供粮食清理、干燥、收储等服务，促进农民减损增收；指导企业改善提升仓储条件，推广应用新技术新装备，规范仓储管理，促进粮食减损降耗。要加强庭院储粮技术指导，引导农户科学储粮；提早谋划有序开展粮食烘干服务，积极应对雨雪等极端天气，避免出现霉粮坏粮。要统筹考虑疫情防控常态化要求和当前疫情多点散发形势，提前做好应对预案，最大限度减少疫情对收购工作影响。要认真落实国务院安委会关于安全生产十五条措施，压实企业安全储粮和安全生产主体责任，深入推动粮食流通行业安全风险专项整治行动，坚决防范重特大粮食储存和生产安全事故发生。

四　坚持系统观念，全力做好粮食保供稳价各项工作

要密切跟踪粮食市场和价格动态，紧盯重点品种、重点时段、重点地区、重点环节，特别是针对今年大豆扩种面积较多的实际情况，以及前期南旱北涝对秋粮生产、收购带来的不利影响，加强分析研判，丰富政策储备，掌握工作主动。要认真做好统计监测工作，定期发布秋粮生产、质量、收购、价格等相关信息，引导农民适时适价售粮、企业均衡有序收粮。要加强政策宣传解读，通过召开新闻通气会、主流媒体采访报道等方式，主动发声、回应关切，稳定市场预期。要加强粮源调度，扎实做好粮食加工、储运、配送、供应等各环节工作，确保粮食市场供应充足和平稳运行。要持续加强粮食应急保障体系建设，不断完善应急响应机制，切实提升应急保供能力。要指导企业做好储备轮换工作，科学把握轮换节奏，强化两级储备协同，发挥好吞吐调节作用。

五   严格执法监管，切实维护粮食市场秩序

要严格落实《粮食流通管理条例》要求，按照《关于做好 2022 年粮油收购监督检查工作的通知》（国粮办执法〔2022〕144 号）有关规定，加强秋粮收购监督检查。要综合运用"四不两直""飞行检查""交叉检查""12325、12315 热线举报"等多种方式，全面提升监管效能。要大力推进监管信息化建设和应用，中央和省级储备秋粮收购全面使用信息化系统开展业务，确保粮库信息系统和省级平台、国家平台互联互通。要持续巩固粮食购销领域腐败问题专项整治成果，严肃查处未按规定告知、公示粮食收购价格，收购粮食压级压价，未及时支付售粮款，以及以陈顶新、以次充好、虚假收购、"转圈粮"等违法违规行为，强化震慑作用。国家有关部门将适时组织秋粮收购工作督导。粮食行业协会及中介组织要引导企业诚信经营，加强行业自律，合力营造良好市场环境。

六   加强组织领导，确保秋粮收购工作顺利开展

各地要严格落实粮食安全党政同责要求，强化底线思维和问题导向，优化完善收购方案，细化实化工作举措，确保各项政策措施落到实处。要健全粮食收购协调工作机制，强化部门间协同联动，压实政策执行主体、具体收储企业等各方责任，及时协调解决秋粮收购过程中的实际问题。要加强调查研究，深入田间地头和收购一线，全面了解农民和各类市场主体诉求，广泛听取意见建议，改进完善政策措施。重大问题要及时向当地党委、政府和国家有关部门报告。

国家发展和改革委员会　国家粮食和物资储备局
财政部　交通运输部　农业农村部　中国人民银行
国家市场监督管理总局　中国银行保险监督管理委员会
中国国家铁路集团有限公司
2022 年 9 月 10 日

关于 2023 年小麦最低收购价有关政策的通知

国粮粮〔2022〕189 号

各省、自治区、直辖市发展改革委、粮食和物资储备局（粮食局）、财政厅（局）、农业农村厅（局、委）、农业发展银行分行、中国储备粮管理集团有限公司、中粮集团有限公司、中国供销集团有限公司、中国中化控股有限责任公司：

为保障国家粮食安全，进一步完善粮食最低收购价政策，2023 年继续对最低收购价小麦限定收购总量。现将具体事项通知如下。

一　限定收购总量

根据近几年小麦最低收购价收购数量，限定 2023 年最低收购价小麦收购总量为 3700 万吨。

二　具体操作方式

（一）分批下达

限定收购总量分两批次下达，第一批数量为 3330 万吨，不分配到省；第二批数量为 370 万吨，视收购需要具体分配到省。

如最低收购价小麦全国收购量达到第一批数量的 90% 时，中储粮有关分公司应会同省级粮食等部门单位及时提出本省第二批收购的计划数量建议。中储粮集团公司根据当年小麦产量、收购量、农户余粮和市场价格等情况统筹平衡各省数量后，报国家粮食和物资储备局批准。国家粮食和物资储备局通过政府网站公布各省第二批收购数量。在第一批收购完成后，有关省份按照批准的第二批数量继续开展收购。当收购量达到本省批准数量时，立即停止该省最低收购价收购且不再启动。

（二）动态监测

启动最低收购价执行预案后，中储粮集团公司要严格按照预案有关规定，加强统计监测，每五日向国家粮食和物资储备局报送收购进度；启动第二批收购后，中储粮集团公司要按日报送收购进度。国家粮食和物资储备局定期通过政府网站公布最低收购价全国收购总量。省级粮食等有关部门要结合小麦商品量和农户余粮情况，及时开展调研调度，全面掌握收粮进度。

三　有关要求

（一）认真落实限量收购政策

中储粮集团公司作为最低收购价政策执行主体，要严格执行限定收购总量的收购政策，不得超量收购。财政资金支持限于最低收购价政策下的最高收购总量内。

（二）加强市场监管

各地要认真落实粮食收储制度改革精神，规范粮食流通市场秩序，依法依规严厉查处粮食收储过程中的违法违规行为。

（三）促进"优粮优价"

各地要积极鼓励农企对接，充分发挥市场价格对生产的反馈引导作用，促进种植结构调整优化，增加绿色优质安全产品供给。

国家发展和改革委员会　国家粮食和物资储备局　财政部

农业农村部　中国农业发展银行

2022 年 9 月 28 日

关于印发《粮食库存检查办法》的通知

国粮执法规〔2022〕248号

各省、自治区、直辖市及新疆生产建设兵团发展和改革委员会、粮食和物资储备局（粮食局）、财政厅（局），农业发展银行分行，中国储备粮管理集团有限公司、中粮集团有限公司、中国供销集团有限公司、中国中化控股有限责任公司、北大荒农垦集团有限公司，国家粮食和物资储备局各垂直管理局：

为贯彻落实《粮食流通管理条例》（国务院令第740号），规范对粮食经营企业的粮食库存检查工作，准确掌握粮食经营企业库存粮食的品种、数量、质量等情况，监督和指导粮食经营企业加强库存管理，及时发现问题、堵塞漏洞、消除风险隐患，国家粮食和物资储备局会同国家发展和改革委员会、财政部、中国农业发展银行制定了《粮食库存检查办法》，现印发给你们，请遵照执行。

国家发展和改革委员会　国家粮食和物资储备局

财政部　中国农业发展银行

2022年12月23日

粮食库存检查办法

第一章　总则

第一条　为规范对粮食经营企业的粮食库存检查工作，准确掌握粮食经营企业库存粮食的品种、数量、质量等情况，监督和指导粮食经营企业加强库存管理，及时发现问题，堵塞漏洞，消除风险隐患，根据《粮食流通管理条例》及政府储备管理等有关法律、法规、规章以及国务院有关规定，制定本办法。

第二条　国家发展和改革委员会、国家粮食和物资储备局、财政部，中国农业发展银行等部门单位（以下简称国家有关部门单位）联合组织的，对各种所有制粮食经营企业粮食库存的检查（以下简称全国粮食库存检查），以及国家有关部门单位、地方粮食和储备行政管理等部门单位按照各自职责组织的与粮食经营企业粮食库存有关的专项检查、日常检查、随机检查，地方粮食和储备行政管理等部门单位按照粮食安全党政同责的要求在本行政区域内组织的粮食库存检查，以及根据信息化监管系统、12325 监管热线等产生的预警信息和举报线索需进行的粮食库存检查，适用本办法。

本办法所称粮食经营企业是指从事粮食收购、销售、储存、运输、加工等经营活动的企业。

本办法所称粮食，是指小麦、稻谷、玉米、杂粮及其成品粮。大豆、油料和食用植物油按照本办法执行。

国家建立粮食流通定期巡查和库存粮食移库清查制度，相关规定要求另行制定。

第三条　全国粮食库存检查由国家粮食和储备行政管理部门会同国家有关部门单位定期组织实施，检查工作一般分为自查、复查、抽查、问题整改处置四个阶段。对中央政府储备粮等政策性粮食库存的检查，中国储备粮管理集团有限公司（以下简称中储粮集团公司）等单位应积极配合。

第四条　由粮食质量安全检验机构承担粮食质量安全检验任务。国家有关部门单位联合抽查的承检机构，由国家粮食和储备行政管理部门委托；省级有关部门单位复查的承检机构，由国家粮食和储备行政管理部门或省级粮食和储备行政管理部门指定。

第二章　粮食库存检查的内容和方法

第五条　粮食库存实物检查。包括检查粮食库存的性质、品种、数量、储存时间、储存库点等情况。

对被检查单位，采取测量计算法或称重法对其粮食库存进行检查，以核实不同性质、不同品种粮食实际库存数量。

第六条　粮食库存账务检查。包括检查保管账、统计账和会计账。

分别对保管账、统计账、会计账与粮食库存实物的性质、品种、数量相符情况，和账账相符情况进行核对。

第七条　粮食库存质量和储粮安全情况检查。

库存粮食质量检查，按照《粮食质量安全监管办法》等要求，重点检查粮食质量合格率、储存品质宜存率以及化学药剂残留量、重金属含量、真菌毒素含量等情况，按国家和地方相关规定的要求判定是否达标合格。

　　储粮安全检查，重点检查粮食发热、霉变、虫害、粮温等粮情状况，植物油色泽、气味异常等情况。

　　第八条　粮食经营企业执行与粮食库存管理相关的各项政策、制度检查。重点检查执行《粮油储存安全责任暂行规定》《粮油安全储存守则》《粮库安全生产守则》（以下统称"一规定两守则"）、收购质量标准管理和价格政策情况，执行粮食出入库和储存期间质量管理、质量检验制度和质量安全档案制度等情况。质量检验相关检验指标按照相关粮食国家标准规定执行，国家另有规定的除外。对储备粮的检查，还包括财政补贴等情况。

　　第九条　储备粮计划执行和其他政策性粮食政策执行情况的检查。包括检查中央政府储备粮和地方政府储备粮的购销计划和轮换计划执行情况，储备粮专仓储存、专人保管、专账记载等情况，以及其他政策性粮食政策执行情况。

　　第十条　组织开展粮食库存检查时，涉及实物、账务、质量、储粮安全、执行相关政策等具体内容、要求和检查重点，可根据粮食流通管理的需要，进行适当调整。

　　第十一条　突出检查重点。库存检查应坚持问题导向，聚焦粮食购销领域违法违规突出问题，加大对政策性粮食收购环节的虚假收购、以陈顶新、先收后转、"转圈粮"、多扣水杂、压级压价、"打白条"、拖欠售粮款，违规代扣、代缴税、费和其他款项，未执行国家粮食质量标准，未建立经营台账；储存环节的亏库短量、擅自动用、盗卖、粮食霉烂变质、超耗、混存、以政策性粮食为债务作担保或者清偿债务，挤占、挪用、克扣财政补贴、信贷资金；销售环节的违规处置定向销售政策性粮食和食品安全指标超标粮食、掺杂使假、违规收取额外费用、拒绝或拖延出库、"吃拿卡要"导致"出库难"、"空挂空拍"；轮换环节的"空进空出"、虚假轮换、未经批准超轮换架空期等问题的检查。

　　对承储政策性粮食企业，重点检查是否以商品粮库存抵顶政策性粮食库存，以及违反《粮食流通管理条例》等相关法律法规制度规定的行为。

　　第十二条　粮食库存检查应充分运用信息化手段，全面研判信息化业务监管系统信息，实现穿透式检查。

第三章　粮食库存检查的组织和实施

　　第十三条　全国粮食库存检查按照"双随机、一公开""四不两直"的原则开展。按以下步骤进行：

（一）国家有关部门单位制定检查方案，明确检查内容，确定检查人员，合理分组分工。

（二）国家有关部门单位以适当方式公布检查范围、内容、要求和检查时点。

（三）检查单位和人员依照检查方案和本办法相关规定开展检查工作。

（四）检查人员确认检查结果，并告知被检查企业。

（五）检查人员对库存检查中发现的问题提出处理意见。

（六）建立问题整改台账，跟踪督促检查发现问题的处理、整改情况。

（七）各级粮食和储备行政管理部门依规依法对检查发现违反《粮食流通管理条例》等相关法律法规制度规定的行为实施行政处罚。涉及违纪违法的，移交纪检监察和司法机关处置。

　　第十四条　全国粮食库存检查可按以下阶段组织实施：

（一）自查。由粮食经营企业按照全国粮食库存检查方案确定的检查内容和要求，对本企业所有粮食库存情况进行自查。

（二）复查。由省级有关部门单位和国家粮食和物资储备局垂直管理局（以下简称垂管局），按照全国粮食库存检查方案确定的检查内容、数量比例、要求和任务分工，组织对本辖区内粮食经营企业库存自查情况和检查时点粮食库存进行检查。

（三）抽查。由国家有关部门单位组成联合检查组，依据全国粮食库存检查方案确定的检查内容、区域和要求，对粮食经营企业粮食库存检查结果进行抽查。省级有关部门单位和垂管局应协助联合检查组开展工作。

（四）问题整改。地方粮食和储备行政管理部门、垂管局、中储粮集团公司等按照管理权限督促被查企业建立问题整改台账，明确整改时限，落实整改责任，确保整改达到要求。

第十五条　国家有关部门单位、地方粮食和储备行政管理部门，应建立健全粮食库存检查制度，适时开展粮食库存检查工作。

第四章　粮食库存检查工作的权责规定

第十六条　地方粮食和储备行政管理部门、垂管局切实履行库存检查职责分工，落实各项任务，加强协作配合，组织开展粮食库存检查各项工作。按照"谁监管、谁负责，谁检查、谁负责"的原则，实行以"组长负责制"为基础的检查工作制和责任追究制，切实压实检查人员相关责任。

第十七条　粮食库存检查人员在检查过程中，可以行使下列职权：

（一）进入被检查企业的经营场所检查粮食库存数量、质量、储存安全和安全生产情况及粮食仓储和检化验设施、设备是否符合有关标准和技术规范。

（二）按照有关规定，规范扞取粮食检验样品。

（三）查阅粮食库存的有关资料、凭证。

（四）向有关单位和人员了解询问被检查企业经营管理情况。

（五）对检查中发现的问题进行调查核实。

（六）查封、扣押非法收购或者不符合国家粮食质量安全标准的粮食，用于违法经营或者被污染的工具、设备以及有关账簿资料；查封违法从事粮食经营活动的场所。

（七）对检查发现问题进行集体研究讨论形成检查结果，书面向被检查单位反馈检查结果、提出整改要求；对涉嫌违反法律法规的行为，书面向被查单位所在地粮食和储备行政管理部门或有管理权限的部门提出处置建议。

（八）法律、法规规定的其他职权。

第十八条　粮食库存检查人员在检查过程中应当遵守下列规定：

（一）严格遵守国家有关法律、法规，不得非法干预被检查企业的正常经营活动，不得泄露国家秘密和被检查企业的商业秘密。

（二）依法履行检查职责，正确填写检查数据，完整记录检查情况，作出检查结论，并提出处理意见。不得遗漏、隐藏、篡改检查发现的问题。

（三）对粮食库存检查过程的合规性以及检查结果的真实性和准确性负责。

（四）法律、法规明确的其他规定。

第十九条　被检查企业在接受库存检查时应当履行下列义务：

（一）配合检查人员依法履行职责，不得拒绝、阻挠、干涉检查人员的工作。

（二）及时、主动报告粮食库存的相关情况，如实回答询问，协助检查。如实提供粮食库存的原始凭据、证账、报表等相关材料。

（三）对检查结果签字确认，不同意签字确认的，出具书面意见，说明理由。

（四）服从并执行依法作出的整改和处置决定。

（五）法律、法规规定的其他义务。

第二十条　粮食库存检查过程中，被检查企业可以行使下列权利：

（一）对粮食库存检查的依据、范围、内容、方式等事项有了解、知情的权利。

（二）要求检查人员表明合法身份的权利。

（三）对检查人员认定的事实有异议，有陈述与申辩的权利。

（四）对于检查人员的违规失职行为，有申诉、控告和检举的权利。

（五）法律、法规规定的其他权利。

第二十一条　检查人员所在单位不得干预检查结果，实行回避制度。检查人员在粮食库存检查中存在未及时发现或处理问题、不认真履职，故意包庇、隐匿、不如实反映问题等情况的，可由检查组组长替换相关检查人员，向具有人事管理权限的单位提出追责问责建议，由相关部门单位依规依纪依法严肃处理。

第五章　粮食库存检查结果的处理

第二十二条　粮食经营企业的粮食库存自查结果，应分析说明账实差异，经单位主要负责人签字后，在规定期限内按规定程序报相关单位汇总。不得虚报、瞒报、拒报、漏报、迟报、伪造、篡改粮食库存检查结果。

第二十三条　省级粮食库存检查结果汇总表式及填报要求，依照《粮食库存检查汇总表》及其填报说明（见附表1—8）执行。

第二十四条　全国粮食库存检查结果，由国家粮食和储备行政管理部门负责汇总，并起草报告，会同国家发展和改革委员会、财政部、中国农业发展银行联合上报国务院。

国家有关部门单位依照各自职责组织专项检查，应将结果通报粮食库存管理的同级相关部门单位。

第二十五条　对粮食库存检查中发现的问题实行情况通报（报告）和限期整改制度。对属于部门单位监管职责范围的问题，向有关部门单位通报；对具有普遍性的管理问题，向行业、系统通报；对有一定社会影响的典型案件，必要时可通过媒体向社会公布；对检查发现的重大问题，应纳入检查报告，上报国务院。

第二十六条　粮食库存检查中发现的粮食库存数量、质量、储粮安全和政策执行等方面的违规违法问题，由相关行政管理部门，依照《粮食流通管理条例》等法律法规制度规定的要求依职责予以处置。

执行处置决定的企业和单位，其整改情况应当及时上报作出处置决定的部门单位。

第二十七条　对在粮食库存检查工作中做出突出成绩的单位和个人，可由各级粮食和储备行政管理部门及有关部门单位按照有关规定给予表彰、奖励。

第二十八条　粮食库存检查人员违反本办法规定的，给予谈话提醒、责令检查、诚勉、组织调整；按照法律法规和其他有关规定需要给予纪律处分或者作出其他处理的，由任免机关、单位、纪检监察机关等相关单位处理；涉嫌犯罪的，移送司法机关依法处理。

第二十九条　粮食库存检查档案的管理由各级粮食和储备行政管理部门负责。粮食库存检查档案包括粮食库存检查的文件、工作方案；粮食库存复查和抽查报告与附表；粮食库存检查的工作底稿等原始记录；其他库存检查的资料、文件、报表、凭证。

第六章　附　则

第三十条　本办法所称粮食的性质分为政府储备粮、最低收购价粮及其他政策性粮食、企业自营的商品粮。所称检查时点为统计月报结报日。

第三十一条　库存实物检查、账务检查、质量检查和仓储检查具体方法详见附件相关部分。

第三十二条　本办法由国家发展和改革委员会、国家粮食和物资储备局、财政部和中国农业发展银行负责解释。

第三十三条　本办法自发布之日起施行，有效期 5 年。国家发展和改革委员会、原国家粮食局、财政部、中国农业发展银行印发的《粮食库存检查暂行办法》（国粮检〔2006〕139 号）同时废止。

附件：1. 粮食库存检查方法（略）
　　　2. 食用植物油库存检查方法（略）

国家粮食和物资储备局文件
局发文

关于印发粮食质量安全风险监测管理暂行办法的通知

国粮标规〔2022〕30 号

各省、自治区、直辖市及新疆生产建设兵团粮食和物资储备局（粮食局），各司局、直属单位、联系单位，各垂直管理局：

为进一步规范粮食质量安全风险监测工作，加强质量安全风险控制和管理，保障国家粮食质量安全，根据《粮食流通管理条例》相关规定，我局制定了《粮食质量安全风险监测管理暂行办法》，并经 2022 年 1 月 13 日第 98 次局长办公会审议通过。现印发给你们，请遵照执行。

国家粮食和物资储备局

2022 年 2 月 14 日

粮食质量安全风险监测管理暂行办法

第一章　总　则

第一条　为认真贯彻习近平总书记"四个最严"重要指示和有关批示精神，规范粮食质量安全风险监测（以下简称风险监测）工作，加强质量安全风险控制和管理，保障国家粮食质量安全，推动粮食产业高质量发展，满足人民日益增长的美好生活需要，根据《中华人民共和国食品安全法》《粮食流通管理条例》《粮食质量安全监管办法》等法律法规和政策规定，制定本办法。

第二条　本办法适用于各级粮食和物资储备行政管理部门（以下简称粮食和储备部门）组织开展的粮食质量安全风险监测活动。

第三条　粮食质量安全风险监测是系统性收集粮食质量品质、污染情况以及粮食中有害因素的监测数据及相关信息，并综合分析、及时报告和通报的活动。其目的是为粮食调控政策制定、粮食质量安全标准制修订、粮食质量安全风险评估、预警和交流、监督管理等提供科学支持。

粮食质量安全风险监测，包括收购粮食质量安全监测（以下简称收购监测）、库存粮食质量安全监测（以下简称库存监测）、应急粮食质量安全监测（以下简称应急监测）和其他专项粮食质量安全监测（以下简称其他专项监测）。

收购监测，是指为指导粮食企业收购粮食、有效保护种粮农民利益、服务相关部门单位政策制定，对当年新收获粮食的常规质量、内在品质（营养品质、加工品质、食用品质等）情况和食品安全状况按程序和规范进行采样、检验、分析和评价等活动，一般分为质量调查、品质测报、安全监测等形式。

库存监测，是指为加强库存粮食质量安全管理，对库存粮食常规质量、储存品质和食品安全状况，按程序和规范进行采样、检验、分析和评价等活动。

应急监测，是指发现粮食可能存在质量安全隐患、处置粮食质量安全事故需要、应对公众关注的粮食质量安全风险等情况而开展的监测。

其他专项监测，是指用于评价特定粮食质量安全状况而开展的监测。

第四条　风险监测的主要内容包括：常规质量、储存品质、内在品质，因环境污染、异常气候或储存过程保管不当等因素导致的重金属、真菌毒素及其他有害物质污染，以及粮食生产和储存过程中施用的药剂残留等食品安全状况。

第五条　国家粮食和储备部门组织开展国家级风险监测，督促、指导省级粮食和储备部门组织实施当地风险监测工作。国家粮食和储备部门垂直管理机构具体负责辖区内中央政府储备粮食质量安全风险监测。

地方粮食和储备部门根据国家级风险监测内容，结合本行政区域具体情况和质量安全监管需要，组织开展本行政区域风险监测，并按规定实施上级粮食和储备部门组织的风险监测工作。

第六条　粮食企业应当不断加强粮食质量安全内部质量管控，完善收购、储存粮食质量安全自检制度，强化库存粮食温度、湿度和生虫、生霉等测控，全面落实质量安全主体责任。

第七条　各级粮食和储备部门应当根据监测工作需要，建立健全风险监测网络。开展风险监测工作应当充分利用现有各级粮食质量安全检验机构资源和优质粮食工程质量安全检验监测体系建设成果，充分发挥其职能作用，确实提高仪器设备利用率。

第八条　国家粮食和储备部门建立健全国家粮食质量安全数据库，统筹利用有关全国风险监测数据和信息资源。省级粮食和储备部门建立本省份粮食质量安全数据库。

粮食和储备部门应当统筹调度各项风险监测任务，规范采样活动，强化监测数据的收集、整理、综合分析、结果报送和运用，严格监测工作的质量控制和督导考评。

第九条　各级粮食和储备部门开展必要风险监测活动所需经费，按程序纳入本级部门预算，不得向监测对象收取。

第二章　监测计划

第十条　各级粮食和储备部门应当制定年度收购监测、库存监测计划。应急监测和其他专项监测根据需要开展。

第十一条　国家粮食和储备部门制定国家级收购监测、库存监测年度计划并组织实施，可根据实际情况开展全面监测或重点监测，监测方式可采取就地监测或异地监测。

地方粮食和储备部门应当根据上级监测计划和要求，结合本行政区域主要生产粮食品种、产量、商品量、库存量、消费量、消费方式以及气候、环境、土壤等实际情况，制定本行政区域的粮食质量安全风险年度监测计划，明确监测品种和样品数量，合理确定监测覆盖区域或库点比例，抄报上一级粮食和储备部门。

省级粮食和储备部门应当将省级年度收购监测、库存监测计划于当年4月底之前抄报国家粮食和物资储备局标准质量管理办公室。

应急监测和其他专项监测计划应当根据实际情况制定。

第十二条　监测计划应当包括下列主要事项：

（一）采样、检验、结果汇总、数据报送等各环节的责任单位，以及相关单位和人员的条件、职责、义务等；

（二）监测区域、粮食品种、粮食性质、企业性质、样品数量、监测内容；

（三）采样技术方法、样品份数、重量，样品的封装、防拆封措施，保存条件，送样要求和时限等；

（四）承检机构样品接收、查验、登记、备份样品保管等要求；

（五）检验方式（如集中检验、分散检验；异地检验、现场检验等）、检验项目、检验方法、检验复核和结果判定依据、原则等；

（六）相关工作完成时限和结果报送日期、报送方式等。

第十三条　收购监测主要是从农户或田间采样，重点监测新收获稻谷、小麦、玉米、大豆、花生、油菜籽、葵花籽等主要粮食、油料品种的出糙率、容重、完整粒率、含油率等常规质量指标；蛋白质、脂肪等营养品质指标；面筋含量、稳定时间等加工品质指标；食味评分、直链淀粉等食用品质指标；重金属、真菌毒素、农药残留等主要食品安全指标；以及粮食和储备部门认为有必要监测的杂粮、油料等其他特色粮油品种的相关指标。对质量安全风险隐患较大的区域，以及安全利用类、严格管控类耕地等区域种植的粮食，可增加监测密度，实施连续监测。

库存监测样品采集对象是粮食企业库存粮食。重点监测水分、杂质、容重、出糙率、不完善粒等常规质量指标；脂肪酸值、品尝评分值等储存品质指标；主要食品安全指标。鼓励开展库存粮食营养品质、加工品质等内在指标的监测。监测对象应当兼顾政策性粮食和非政策性粮食，兼顾国有粮食企业承储的粮食和非国有粮食企业承储的粮食。对于监测发现风险隐患较大的粮食企业应实施连续监测，并提高仓房（货位）的监测抽样比例。

应急监测和其他专项监测对象和指标根据实际情况确定。

第十四条　各级粮食和储备部门应当建立各有侧重、上下联动、有效衔接、协同配合、结果共享的监测机制，明晰各层级重点监测品种、监测项目、监测区域等内容，避免出现重复监测和监测盲区。

国家粮食和储备部门及其垂直管理机构收购监测重点是稻谷、小麦、玉米、大豆、油菜籽等主要品种；库存监测重点是中央政府储备粮食以及中央粮食企业库存的其他粮食等。

地方粮食和储备部门收购监测重点是本行政区域内的主要粮食品种、特色粮食品种；库存监测重点是本行政区域内最低收购价粮、国家临时存储粮等其他中央事权库存粮食以及地方储备粮食和其他地方事权库存粮食。

第三章　采样与检验

第十五条　国家级风险监测的采样和检验，一般由国家粮食和储备部门委托省级粮食和储备部门组织实施，也可直接委托各级国家粮食质量监测机构实施异地采样和检验。

地方各级风险监测的采样和检验，由本级粮食和储备部门负责组织实施。

实施异地监测的，被监测地区粮食和储备部门应当做好采样相关组织协调工作，被采样单位应当按要求配合做好采样等相关工作。

应采集足够数量的样品，确保监测结果具有代表性。

第十六条　粮食和储备部门应当与承担采样和检验任务的粮食质量安全检验机构（以下简称承检机构）签订委托协议，明确委托要求以及双方权利和义务。同时明确委托方可以对采样单位和承检机构开展的采样、检验工作进行监督，监督内容主要包括与监测相关的技术能力、管理措施、保密工作等。

库存监测承检机构应当依法依规取得资质认定，熟悉粮食质量安全有关法律、法规和政策规定；政策性粮食承检机构，还应当熟悉国家政策性粮食质量安全管理要求和标准、政策规定。

风险监测的采样、检验工作应当充分发挥粮食质量监测机构作用。采样单位和采样人员应当熟悉粮食采样标准、技术规范等规定，并严格执行。

第十七条　收购监测应当根据粮食品种及其收获时间，以田间采样或农户采样为主，采取边采样、边送样、边检验的方式，提高时效性。

对于监测过程中出现风险隐患变化情况的，适时调整监测品种、监测区域、监测项目。

第十八条　收购监测应当优先选择种粮大户、家庭农场、农业合作社等规模化粮食生产主体或有代表性的种粮农户进行样品采集。采样后应当先记录样品原始水分，对于水分过高的样品，及时按要求将水分降至符合国家标准要求后方可封样。

鼓励地方粮食和储备部门按照便捷经济、共享互利的原则，与规模化粮食生产主体开展合作采样。经培训合格后，可委托规模化粮食生产主体对其种植的粮食，按要求自行采样并寄送至承检机构；监测结果及时反馈送检方。

第十九条　库存监测样品采样按以下要求开展：

（一）应当遵循全面、客观的原则，根据不同事权粮食的品种、分布、库存量、储存年限以及粮食企业性质、储存条件等实际情况，按照年度监测计划，制定采样分配方案。对同一货位同一批次的粮食，年度内一般不进行重复采样；

（二）采样人员应当向粮食企业出示有效证件、粮食和储备部门出具的采样任务委托函，按照监测方案明确的相关标准、技术规范或委托方指定的方法进行采样，准确、客观、完整地填写相关信息，采样场所、储存环境、样品信息以及采样过程重要节点应当录像或拍照，确保样品的代表性、真实性。样品重量应当满足检验和复检需求，原则上不超过合理的需要量。每个小组采样人员数量不少于2人；

（三）采样现场发现明显生霉、结露、生虫和发热等异常情况，应当采用录像或拍照的方式准确记录，并及时报告委托方和相关管理单位，立即采取针对性措施调整采样方法。发现"埋样""换样"等行为的，应当重新采样取证，并积极收集相关证明，第一时间报告委托方和相关管理单位；

（四）样品用加盖采样委托部门印章和采样人员、被采样单位授权人员签字的封条进行现场封样，并采取防拆封措施。样品封样前不得离开采样人员视野。相关样品信息记录和影像资料交委托方审核并留存备查，留存时间不少于6年。

第二十条　粮食企业应当积极配合采样人员实施库存监测采样，提供真实的采样仓号（货位号）、粮食品种、粮食数量、入库时间、检验数据、产地和粮情记录等信息。

粮食企业无正当理由拒绝采样的，采样人员应当及时向委托方和相关管理单位报告相关情况。

第二十一条　采样单位和人员对采集样品的代表性、真实性和信息准确性、完整性负责。不得擅自改变采样方案、调换样品和更改样品信息；不得随意改变样品的保存条件或无故迟送样品。

采样单位应当参照市场价格支付样品费用。开展合作采样的，可共同确定采样费用及支付方式。

第二十二条　样品在保存、运输过程中，应当采取有效措施保持样品原始性状，防止出现污染、变质等异常变化。采样单位应当按要求及时将样品和采样单运送或寄送至承检机构。

第二十三条　承检机构接收样品时，应当场认真检查样品包装和封条有无破损，是否存在发热、雨淋、污染和其他可能对检验结果、综合判定产生影响的情况，并核对样品信息与采样单是否相符。检查无误后，按要求做好检验和备份样品登记、标识和存放工作。

接收样品时，如发现存在样品信息有误或不全、样品撒漏或受损、封条破损等异常情况，承检机构应当采用录像或拍照的方式准确记录，当场填写样品拒收告知书，并及时向采样单位和委托方报告。

备份样品应在低温、干燥等适宜的环境中妥善保存。原则上保存时间不少于6个月或委托方要求的时限。特殊情况确实无法继续保存的，经委托方同意后方可处置。

第二十四条　根据检验工作实际需求，可采取集中检验、分散检验、异地检验、现场检验等方式进行检验。

承检机构应当按照既定的风险监测计划，开展检验、数据汇总、结果分析等工作。

第二十五条　承检机构应当严格按照国家有关规定或委托方的要求进行检验和结果判定，加强检验过程质量控制，确保检验结果客观、公正，判定结论准确无误。

收购监测可采用国家粮食和储备部门标准质量管理机构认可的快速检验方法进行检验。对于食品安全指标，快检结果为国家标准临界值时，应当按照国家标准规定的检验方法进行复核检验。

检验报告应当有检验人的签章，并加盖承检机构公章，按委托方要求的报送时间和报送渠道，如实向委托方报送检验数据和分析结果。

采样单、检验原始记录等相关材料应当妥善留存备查，留存时间不少于 6 年。

国家粮食和储备部门直接委托的风险监测任务，检验结果由承检机构汇总分析后直接报国家粮食和储备部门，同时抄送样品采集省份的省级粮食和储备部门。

第二十六条　承检机构对检验结果的真实性、准确性以及相关信息的完整性负责，不得瞒报、谎报、迟报、漏报、伪造检验数据和分析结果；不得出具虚假检验报告；不得利用检验结果参与有偿活动，牟取不正当利益；未经委托方允许，不得将检验任务分包、转包；发现食品安全指标不合格的样品，应当及时报告委托方和相关管理单位。

第二十七条　地方粮食和储备部门以及各类粮食企业不得违规干预采样、检验、数据汇总和结果上报等工作，粮食和储备部门不得隐瞒、谎报和无故拖延上报监测结果。

第二十八条　粮食和储备部门应当加强本行政区域内粮食质量安全检验机构建设与运行的指导管理，充分发挥其专业技术优势。

第二十九条　粮食企业对库存监测结果有异议且有充分理由的，可以自收到监测结果之日起 7 个工作日内，向具体组织实施监测工作的粮食和储备部门提交书面复检申请并充分说明理由。

收到复检申请的粮食和储备部门认为确有必要复检的，如本次检验结果与相关粮食质量档案数据差异较大等，应当委托省级及以上粮食质量安全检验机构对备份样品进行检验，必要时可重新采样进行复检，复检结果作为最终库存监测结果。

第三十条　应急监测和其他专项监测采样与检验相关工作参照前述规定执行。

第四章　结果运用

第三十一条　各级粮食和储备部门对风险监测数据和信息进行收集、整理、汇总，建立健全风险监测数据库，进行趋势分析和判断，充分发挥监测数据效用，服务于政策制定和完善、风险预警和评估、监督管理和指导等工作。

第三十二条　各级粮食和储备部门应当建立风险监测信息报告通报制度。

地方粮食和储备部门应当将本部门组织开展或收到反馈的监测数据和汇总分析结果及时报告本级人民政府，同时报送上一级粮食和储备部门，风险监测结果表明可能存在食品安全隐患的，按有关要求或规定报告（通报）本级发展改革、财政、生态环境、农业农村、卫生健康、市场监管、食品安全办等相关部门以及下一级有关粮食和储备部门。库存监测结果还应当通报相关粮食企业及相关管理单位，并对发现的问题提出整改要求或建议。

省级粮食和储备部门应当将本行政区域内风险监测结果以及发现问题处理情况汇总后，按要求统一报送国家粮食和储备部门；中央政府储备粮食和中央事权粮食相关监测结果，还应当通报当地国家粮食和储备部门垂直管理机构和中储粮集团公司分（子）公司。

国家粮食和储备部门视情况将全国风险监测结果通报国家相关部门、相关省级粮食和储备部门、国家粮食和储备部门相关垂直管理机构、中央粮食企业。国家粮食和储备部门垂直管理机构应当将中央政府储备粮食质量安全监测中涉及食品安全的数据通报相关省级粮食和储备部门以及中储粮集团公司分（子）公司。

第三十三条　地方粮食和储备部门应当按规定通过政府网站等多种方式，适时稳妥发布收购粮食常规质量和品质测报监测信息。其他监测信息发布，按照国家或地方有关规定执行。国家粮食和储备部门直接委托相关承检机构开展监测的结果，由国家粮食和储备部门通过适当方式发布或通报。

第三十四条　地方粮食和储备部门应当建立风险监测隐患排查与应急处置机制。

建立健全粮食质量安全应急预案。加强风险隐患排查、应急处置和危机管控能力建设。对收购监测中发现存在风险隐患的地区，应当在当地人民政府统一领导下，按规定及时会商同级发展改革、财政、生态环境、农业农村、卫生健康、市场监管、食品安全办等相关部门，依职责采取核实、排查、科学处置等有效防控措施。必要时，按照相关应急处置预案规定开展应急处置工作。

建立重大风险处置督查督办制度。地方粮食和储备部门应当对风险隐患较重的地区（单位）进行核查和督导，依职责采取有效措施妥善处置，避免发生区域性、系统性质量安全风险，并做好突发性质量安全问题应对和处置。核查、督导和处置情况应当予以记录，并将相关情况及时报告本级人民政府。

第三十五条　粮食企业对存在的问题，应当严格按照法律法规和政策规定，落实质量安全主体责任，做好整改工作，确保下列各项整改措施落实到位：

（一）按照粮食权属、性质和问题类别，分类制定整改措施，明确整改时限，落实整改责任；

（二）按规定对不符合食品安全标准的粮食进行妥善处理；对于水分、杂质等不符合国家有关规定的粮食，应当及时采取通风降水、整理等有效处理措施，并加强处置期间粮情和质量安全监测；

（三）对存在的压级压价、多扣水杂、以陈顶新、以次充好等质量安全问题进行认真自查，对存在的问题严肃整改。

粮食企业应当及时将整改情况按要求报告相关粮食和储备部门。粮食企业的上一级经营管理单位应当对粮食企业的整改情况进行跟踪、督促，对整改结果进行核实。相关粮食和储备部门应当加强对整改情况的监督检查。

第三十六条　库存监测结果作为粮食和储备部门对粮食企业开展年度质量安全考评、信用评价，以及监督检查和依法处置等工作的重要依据。

第五章　监督管理

第三十七条　各级粮食和储备部门应当建立和完善风险监测工作机制、督导机制和考评机制，加强监督管理；规范工作流程，保持工作的连续性、系统性、科学性和人员的稳定性；加强对下级单位监测工作的指导和检查，将监测工作开展情况纳入粮食安全责任考核范围。

第三十八条　各级粮食和储备部门应当加强风险监测能力建设，定期对采样和检验技术人员进行培训，提升采样和检验人员技术水平，强化承检机构检验技术能力验证和比对考核，确保监测数据的客观、公正、准确、可靠。

第三十九条　各级粮食和储备部门应当按照委托协议书约定的要求，对采样单位和承检机构是否按照国家有关规定和协议书的要求进行采样和检验，是否具备相应检验检测能力和管理水平，是否存在伪造检验数据或出具虚假报告行为等进行监督。发现存在问题的，应当及时按照有关规定和协议书的约定进行处理。

第四十条　参与风险监测工作的单位和个人应当做好保密工作。未经委托方同意，任何单位和个人不得泄露或发布监测数据及相关信息。

第四十一条　任何单位和个人对风险监测工作中存在的违纪违法违规行为，均有权向粮食和储备等有关部门举报，粮食和储备部门接到举报后应当及时依职责按程序进行调查、处理。

第四十二条　粮食和储备行政管理部门和采样单位、承检机构、粮食企业等单位违反本办法等相关规定，造成不良后果的，相关部门依规依纪依法对责任单位和责任人员予以处理；构成犯罪的，按程序依法移交司法机关处理。

第六章　附则

第四十三条　本办法由国家粮食和物资储备局负责解释。

第四十四条　本办法自 2022 年 4 月 1 日起施行，有效期至 2025 年 3 月 31 日。

关于印发《国家粮油标准研究验证测试机构管理暂行办法》的通知

国粮标规〔2022〕73号

各省、自治区、直辖市及新疆生产建设兵团粮食和物资储备局（粮食局），各司局、直属单位、联系单位，各垂直管理局，各有关中央企业：

为进一步规范国家粮油标准研究验证测试机构管理，保证粮油标准的科学性、规范性、时效性，提高粮油标准质量和可操作性，我局修订了《国家粮油标准研究验证测试机构管理暂行办法》，并经2022年3月31日第102次局长办公会审议通过。现印发给你们，请认真遵照执行。

国家粮食和物资储备局

2022年4月13日

国家粮油标准研究验证测试机构管理暂行办法

第一章　总　则

第一条　为加强国家粮油标准研究验证测试机构管理，保证粮油标准的科学性、规范性、时效性，提高粮油标准质量和可操作性，促进标准有效实施，根据《中华人民共和国标准化法》和《国家标准化发展纲要》，以及《粮食和物资储备标准化工作管理办法》（国粮发规〔2021〕13 号）等有关规定，制定本办法。

第二条　国家粮油标准研究验证测试机构申报、审核、命名、研究验证测试、监督和管理等工作，适用本办法。

第三条　本办法所指国家粮油标准研究验证测试机构（以下简称标准验证机构），是指由国家粮食和物资储备局命名的，承担国家粮食和物资储备局标准质量管理办公室（以下简称标准质量管理办公室）或者粮油标准负责起草单位委托的标准项目研究、比对分析、试验验证和符合性测试等任务的机构。

标准验证机构主要依托符合条件和要求的粮食质量安全检验机构设立，鼓励符合条件和要求的社会涉粮高校、科研院所、检验机构等积极参与。

第四条　标准验证机构分为国家粮油标准研究验证测试中心（以下简称验证中心）、国家粮油标准验证测试工作站（以下简称验证工作站）。对具备国际标准化工作能力的验证中心，通过相应的遴选程序后可同时命名为粮油国际标准研究中心。

符合条件的验证工作站可以申请成为验证中心。升级流程按照命名流程执行。

第五条　标准验证机构遵循统一指导、归口管理、分工负责的原则。国家粮食和物资储备局制定标准验证机构管理办法，确认标准验证机构的命名、撤销等重大事项；标准质量管理办公室指导、协调具体事项；省级粮食和储备部门负责本行政区域、有关中央企业负责本单位标准验证机构的管理和评估工作。

第二章　任务分工

第六条　标准质量管理办公室在国家粮食和物资储备局领导下，负责国家粮油标准研究验证测试体系建设，主要承担下列任务：

（一）拟订并组织实施标准验证机构管理办法；

（二）合理布局标准验证机构；

（三）指导标准验证机构开展研究验证测试工作；

（四）建立健全标准验证工作体系；

（五）协调标准验证机构命名、挂牌、撤销等事项；

（六）组织开展对标准验证机构能力和业务水平的监督评估；

（七）其他与标准验证机构研究验证测试有关的工作。

第七条 省级粮食和储备部门等单位承担下列任务：

（一）组织遴选、推荐标准验证机构；

（二）指导标准验证机构执行相关管理政策和制度；

（三）配合标准质量管理办公室，对标准验证机构能力和业务水平开展监督评估；

（四）受标准质量管理办公室委托，承担与标准验证机构研究验证测试有关的其他工作。

第八条 标准验证机构受委托在粮油领域承担下列任务：

（一）国家标准、行业标准、地方标准制修订、实施过程中的关键技术指标、检验方法的研究、试验验证、测试分析；

（二）国际标准、国外有关标准的研究、制定、验证；

（三）团体标准、企业标准验证、测试分析等工作；

（四）产品与标准的符合性测试；

（五）科技成果转化为技术标准的可行性评估；

（六）标准必要专利评估；

（七）标准的宣贯、培训和推广；

（八）其他与粮油标准验证有关的工作。

第三章 申报和审核

第九条 标准验证机构应当具备健全的内部管理控制制度，并满足下列基本条件：

（一）具有独立法人资格；

（二）有必要的工作经费；

（三）通过检验检测机构资质认定且在有效期内；

（四）具有与承担的粮油标准研究验证测试任务相适应的实验室条件、技术力量和有效运行的质量管理体系。

第十条 标准验证机构应当深入落实有关法律法规和标准、政策规定，坚持深化改革，加快转型发展，并具备下列能力：

（一）验证中心：牵头或者参与标准研究和制修订项目，独立开展各类标准的验证，指导验证工作站的验证；开展粮油质量指标、品质指标、食品安全指标等测试分析；独立开展粮油标准的实施效果评估；组织开展粮油标准的宣贯、培训和推广；开展产品与标准的符合性测试。

（二）验证工作站：参与各类标准的验证；开展粮油质量指标、品质指标、部分食品安全指标等测试分析；参与粮油标准的实施效果评估；组织开展粮油标准宣贯、培训和推广；开展产品与标准的符合性测试。

（三）粮油国际标准研究中心：除了具备验证中心应当具备的能力和水平外，能够参与国际食品法典委员会（CAC）和国际标准化组织（ISO）等国际组织的粮油标准研究、制修订等工作；提出粮油国际标准新工作项目提案并承担具体制定任务；承担粮油国际标准或者国外先进标准采标；独立编译粮油标准外文版；承担涉外粮油标准化培训。

第十一条 符合条件的粮食质量安全检验机构、社会涉粮检验机构等单位，可按要求向所在地省级粮食和储备部门、有关中央企业等单位申报。粮食行业中央级科研院所直接向标准质量管理办公室申报。

第十二条　省级粮食和储备部门、有关中央企业等单位应当对申报材料等进行认真审核，遴选后向标准质量管理办公室推荐，并对推荐材料的真实性等负责。

第十三条　标准质量管理办公室对申报材料进行初审，符合条件的纳入专家评估范围。

第十四条　标准质量管理办公室组织专家组对申报材料进行评估。必要时，组织对申报单位进行实地核查。

第十五条　标准质量管理办公室对专家评估结果进行审核并按程序报批，符合要求的机构确认为标准验证机构，向社会公布，并进行挂牌。

第十六条　标准验证机构实行统一命名，分别为"国家粮油标准研究验证测试中心＋（依托单位规范简称）"、"国家粮油标准验证测试工作站＋（依托单位规范简称）"、"粮油国际标准研究中心（XXX）"，其中 XXX 为具体领域。

第十七条　标准质量管理办公室按规定为验证中心、验证工作站和粮油国际标准研究中心统一制发证书和专用印章。证书上载明机构名称、有效期等信息。专用印章名称为"国家粮油标准研究验证测试中心＋（依托单位规范简称）＋验证测试专用章"、"国家粮油标准验证测试工作站＋（依托单位规范简称）＋验证测试专用章"。

第十八条　标准验证机构证书有效期为 3 年。

标准验证机构在证书有效期届满前 3 个月提出延续申请，经省级粮食和储备部门、有关中央企业等单位审核后，报标准质量管理办公室。标准质量管理办公室根据申请机构完成任务、机构自身建设等情况进行审核，研究提出是否延续命名的建议，按程序报批。确认延续的，延续有效期为 3 年。

标准验证机构未按要求提出延续申请的，标准验证机构证书在有效期届满后自动失效。

证书自动失效、命名被撤销的标准验证机构，应当在标准质量管理办公室公布后 15 个工作日内，将专用印章交还标准质量管理办公室，并摘除标牌。

第四章　内部管理

第十九条　标准验证机构应当按照对检验检测机构样品管理、仪器设备管理与使用、检验检测规程或者方法、数据传输与保存等要求，加强能力建设，持续提升标准验证技术水平。

第二十条　标准验证机构应当建立健全标准验证工作制度和流程，确保标准验证工作科学、规范、高效、有序。

第二十一条　标准验证机构应当注重标准化人才队伍建设，创新人才培养模式，加大优秀中青年人才培养力度，不断提升素质和能力水平。

第二十二条　标准验证机构应当按照国家有关法律法规、政策和标准等规定开展标准验证测试工作，合理确定验证时机，科学制定验证方案，规范准备验证样品，合理选择验证参数，正确评估验证结果。

验证报告应当客观、公正、及时，相关资料档案应当妥善保管，并做到随时备查，可以溯源。

第二十三条　标准验证实行标准验证机构与研究验证测试人员负责制。验证报告由研究验证测试直接责任人和技术负责人或者授权签字人签字，加盖标准验证机构专用印章。

第二十四条　标准验证机构应当履行验证测试数据资料保密义务，未经委托方同意，不得擅自公开或者向他人提供。

第二十五条　标准验证机构专用印章限于标准验证报告，且应当在验证机构证书有效期内使用。

验证机构对专用印章的使用应当严格审批，进行专门登记，注明事由、时间、经办人和审批人等。印章使用登记应当永久保存。

第二十六条　标准验证机构发生机构资质、隶属关系、单位性质变化，及主要负责人和办公地址变更等重要情况，应当及时向标准质量管理办公室报告。机构资质变化后不再满足标准验证机构基本条件的，由标准质量管理办公室按程序报批后撤销标准验证机构命名。

标准验证机构应当于每年 12 月底前，向标准质量管理办公室报送本年度标准验证工作总结。

第二十七条　标准验证机构应当及时向标准质量管理办公室和标准负责起草单位反馈标准实施中发现的问题，提出相关意见建议。

第五章　监督评估

第二十八条　标准质量管理办公室通过现场查验或者材料审核等方式，定期或者不定期对标准验证机构进行监督评估。

省级粮食和储备部门对本行政区域、有关中央企业对本单位内标准验证机构进行监督评估，并及时向标准质量管理办公室报告有关情况。

第二十九条　标准验证机构未能有效履行职责，或者未规范使用标准验证机构证书或者专用印章的，标准质量管理办公室提出限期整改要求。

标准验证机构未在规定时限内整改或者整改后仍然不符合要求的，标准质量管理办公室按程序报批后，撤销标准验证机构命名，并收回机构证书和专用印章。

第三十条　标准验证机构违反下列负面清单事项之一的，标准质量管理办公室按程序报批后，撤销标准验证机构命名，收回机构证书和专用印章：

（一）禁止出具虚假验证报告；

（二）禁止开展可能影响验证结果公正性的经营活动或者其他业务活动；

（三）禁止以验证机构名义谋取不正当利益；

（四）禁止向有关利益单位违规提供验证测试数据。

第三十一条　粮食和储备部门、有关中央企业相关人员在组织遴选、推荐标准验证机构，提出延续申请等过程中，发生弄虚作假等行为的，经核实后，由相关单位依规依纪依法给予相应处分。

第六章　附则

第三十二条　本办法由国家粮食和物资储备局负责解释。

第三十三条　本办法自印发之日起施行，有效期 5 年。原国家粮食局印发的《国家粮油标准研究验证测试机构管理暂行办法》（国粮办发〔2014〕33 号）同时废止。

关于适当提前 2022 年早籼稻最低收购价预案执行起始时间的通知

国粮粮〔2022〕111 号

安徽省、江西省、湖北省、湖南省、广西壮族自治区粮食和物资储备局（粮食局），中国储备粮管理集团有限公司、中粮集团有限公司、中国供销集团有限公司、中国中化控股有限责任公司：

为认真贯彻落实党中央、国务院决策部署，切实抓好今年早籼稻收购工作，经国务院同意，决定将 2022 年早籼稻最低收购价预案执行起始时间从原定的 8 月 1 日起予以适当提前。即新产早籼稻集中上市后，如市场价格符合预案启动条件，即可按程序申请启动预案。

其他事项仍按照《小麦和稻谷最低收购价执行预案》（国粮发〔2018〕99 号）、《关于 2022 年稻谷最低收购价有关政策的通知》（国粮粮〔2022〕34 号）和《关于切实做好 2022 年夏季粮油收购工作的通知》（国粮粮〔2022〕93 号）等有关文件执行。

国家粮食和物资储备局

2022 年 6 月 10 日

关于公布第二批国家级粮食应急保障企业名单的通知

国粮应急〔2022〕186号

各省、自治区、直辖市及新疆生产建设兵团粮食和储备局（粮食局）：

为深入贯彻习近平总书记关于加强粮食安全的重要指示精神，认真落实党中央、国务院决策部署，扎实做好"六稳"工作、全面落实"六保"任务，积极发挥粮食应急保障企业保供稳市作用，加强粮食应急保障体系建设，有效提升应对突发事件能力，确保国家粮食安全，按照《粮食应急保障企业管理办法》（国粮仓规〔2021〕193号）有关规定，在第一批认定68家国家级粮食应急保障企业基础上，国家粮食和物资储备局按程序认定中国邮政集团有限公司等51家企业为第二批国家级粮食应急保障企业，现予以公布。

公布的国家级粮食应急保障企业平时按市场化运作，自主经营；粮食应急状态下，要服从国家粮食和物资储备局统一指挥和调度，保证粮油的应急加工和销售，保持必要的粮油库存量，切实做好粮油供应配送工作，确保粮油供应充足、质量良好、价格稳定。国家粮食和物资储备局建立动态调整机制，对不具备应急保障能力、不履行应急保障义务的企业，经核实后，取消其国家级粮食应急保障企业资格。各地粮食和储备部门要研究出台支持粮油应急保障企业发展的相关政策，助力企业持续增强粮食应急保障能力。

附件：第二批国家级粮食应急保障企业名单

国家粮食和物资储备局

2022年9月21日

附件

第二批国家级粮食应急保障企业名单
（排名不分先后）

1. 中国邮政集团有限公司
2. 北京三快在线科技有限公司
3. 康师傅方便面投资（中国）有限公司
4. 益海嘉里金龙鱼粮油食品股份有限公司
5. 光明农业发展（集团）有限公司
6. 河北省粮食产业集团有限公司
7. 金沙河集团有限公司
8. 固安县参花面粉有限公司
9. 营口禾丰源米业有限公司
10. 吉林市友诚米业有限责任公司
11. 松原市巨大粮油食品有限公司
12. 黑龙江和美泰富农业发展股份有限公司
13. 黑龙江象屿农业物产有限公司
14. 五常市乔府大院农业股份有限公司
15. 黑龙江金农人粮食有限公司
16. 金光食品（宁波）有限公司
17. 杭州宏盛粮油贸易有限公司
18. 安徽联河股份有限公司
19. 安徽青松食品有限公司
20. 莆田市利源米业有限公司
21. 福州恒丰米业有限公司
22. 鄱阳湖生态农业股份有限公司
23. 香驰控股有限公司
24. 青岛天祥食品集团有限公司
25. 德州军粮食品产业集团有限公司
26. 发达面粉集团股份有限公司
27. 河南志情面业有限责任公司
28. 河南天香面业有限公司
29. 固始县豫申粮油工贸有限公司
30. 湖北金银丰食品有限公司
31. 宜昌粮食集团有限公司
32. 湖北洪森实业（集团）有限公司

33.株洲市湘东仙竹米业有限责任公司

34.东莞市太粮米业有限公司

35.广东穗丰食品有限公司

36.广西港青油脂有限公司

37.广西粮运物流集团有限公司

38.海南符氏食品有限公司

39.四川德阳市年丰食品有限公司

40.成都红旗连锁股份有限公司

41.成都粮食集团有限公司

42.绵阳仙特米业有限公司

43.四川粮油批发中心直属储备库有限公司

44.贵州高峰十里香米业有限公司

45.个旧市大红屯粮食购销有限公司

46.渭南石羊长安花粮油有限公司

47.宝鸡祥和面粉有限责任公司

48.青海通达油脂加工有限责任公司

49.青海赓续军粮集团有限公司

50.宁夏兴唐米业集团有限公司

51.喀什天山面粉有限公司

关于印发《中央储备糖仓储管理办法》的通知

国粮仓规〔2022〕211 号

中粮集团有限公司：

为加强中央储备糖管理，确保中央储备糖仓储环节数量真实、质量合格、储存安全、管理规范，《中央储备糖仓储管理办法》已经国家粮食和物资储备局第 115 次局长办公会议审议通过。现印发你们，请认真遵照执行。

附件：中央储备糖仓储管理办法

国家粮食和物资储备局

2022 年 10 月 19 日

附件

中央储备糖仓储管理办法

第一章　总则

第一条　为加强中央储备糖仓储管理，确保中央储备糖数量真实、质量合格、储存安全、管理规范，根据《中央储备糖管理办法》等，制定本办法。

第二条　本办法适用于中央储备原糖和白砂糖的储存堆码、保管养护、出入库等仓储活动。

第三条　国家粮食和物资储备局（以下简称国家局）制定中央储备糖仓储管理政策和制度并组织实施，指导中央储备糖仓储管理业务。

第四条　中央储备糖运营机构（以下简称运营机构）负责中央储备糖的日常经营管理工作，严格执行国家宏观政策和储备管理制度。

运营机构按照中央储备糖区域布局等要求和中央储备糖储存库资质条件等标准选择承储企业，并及时将承储企业名单、地点和仓储信息等情况报告国家局。

第五条　承储企业包括运营机构直属企业或其他具备条件的代储企业，对本企业承储的中央储备糖仓储保管承担主体责任，应当做到在库管理规范，实现中央储备糖储存期间损耗可控、品质稳定、养护良好。

第二章　基本要求

第六条　运营机构和承储企业应当严格执行中央储备糖收储轮换计划，落实计划下达的品种、数量和质量，不得擅自动用、出库和串换品种。

第七条　运营机构和承储企业应当加强中央储备糖日常管理，健全直属企业内控制度和运行机制，加强代储企业管理，确保中央储备糖数量、质量和储存安全。

运营机构应当与代储企业签订合同，明确权利义务，并指定直属企业督导代储企业做好中央储备糖仓储保管工作。

第八条　承储企业应当具备独立法人资格，符合中央储备糖储存库资质条件，地势安全、交通便捷、利于调度，代储企业无不良信用记录。

第九条　承储企业用于储存中央储备糖的仓储设施应当配置完好、功能可靠，并符合食品卫生和安全生产等有关规定。库区内其他设施不得影响储备糖业务。

承储中央储备糖的仓储设施受到保护，不得随意侵占、拆除或迁移，不得影响储备糖安全。

第十条　承储企业储存中央储备糖，应当满足防水、防潮、防火、防倾塌、防虫鼠、避光等要求，减少破漏、遗撒，控制在库损耗，采取温湿度测控等技术措施。

第十一条　运营机构统一设计和制作中央储备糖标识标牌样式。承储企业应当在承储库房库门、外墙等醒目位置涂刷明显标识、悬挂统一标牌。库号在储存周期内不得变动。

储备原糖的标识为"ZCY"，储备白砂糖的标识为"ZCB"。库房不储存中央储备糖时，标识标牌由运营机构安排撤除。

第十二条　承储企业应当确保中央储备糖在专门库房内储存，不得与其他商品或储备同库混存。中央储备原糖与白砂糖不得同库储存，不同年份、批次、等级的中央储备糖不得同一货位储存。

第十三条　承储企业应当配备经过培训的专业人员在库从事仓储保管工作。保管员负责所管库房中央储备糖的日常检查和规范作业，发现问题隐患及时妥善处置和上报，并做好相关记录，保证账卡簿记载内容的完整性、真实性，不得因保管不当影响中央储备糖数量、质量和储存安全。

第十四条　承储企业应当在库房内相对统一、显著的位置设置中央储备糖货位卡，内容包括入库时间、批次、品种、规格、产地、数量、高度、储存方式等，保证货位与卡、卡与账完全对应相符，确保数据真实准确、记录及时，做到账实相符、账账相符。

第十五条　运营机构和承储企业应当严格遵守国家有关保密法律法规，对工作中掌握的国家秘密和敏感信息等负有保密责任。

第三章　储存堆码

第十六条　中央储备糖在库储存遵循"安全第一"原则，应当选择安全合适的储存方式。包装码垛确保垛型稳固，储存期间不发生严重变形和倒塌。散储应当确保库墙侧压力在承受范围内。

第十七条　承储企业选择包装码垛储存，应当在中央储备糖入库前设计垛位面积、垛型、垛数、排布等，准备垫底材料等。码垛应当确保安全。

第十八条　中央储备糖包装码垛储存时，应当整齐堆码，各垛留足五距，堆垛外沿线应当向内收角，糖垛侧面成梯形；垛顶平整，码包层叠压缝交边有序，数量易于清点。散储时应当做到糖面平整，铺设用透气材料制作的走道板。

第十九条　包装堆码单垛总重量原则上不大于900吨，每垛占地面积不宜超过150平方米，存放数量应当小于地面承载能力。散储不得高于设计装糖线。

第二十条　储备糖库及其库房应当遵循专门的设计规范，其储存形式、消防措施等应当符合专业化要求；附属设施建设应遵循节约、高效的原则，服务于中央储备糖安全管理和日常运行需要。

第四章　保管养护

第二十一条　承储企业应当建立在库检查工作制度，全面掌握在库中央储备糖数质量情况，及时处置异常问题。

第二十二条　承储企业应当确保储存库房内干净整洁无杂物，地面和糖垛无散落的糖粒、灰尘，并采取措施防虫防鼠。

第二十三条　储存库房应当具备温湿度测控条件，监测记录库内温湿度等相关信息，采取有效技术措施保持库内合适的温湿度。当库内温度在30℃以下（不含）时，相对湿度不高于70%；当库内温度在30℃以上（含）时，相对湿度不高于65%；库内最高温度不超过38℃。

第五章 出入库管理

第二十四条 中央储备糖出入库严格按照国家下达计划执行，运营机构和承储企业负责出入库组织、运作和实施。

第二十五条 中央储备糖出入库质量检验，由运营机构委托经国家局认可的第三方检验机构进行。质量检验不得影响储备糖储存安全和保管养护。

第二十六条 承储企业应当严把入库验收关，认真查验到库中央储备糖的品种、数量、外观质量和包装等情况，杜绝不合规定的实物入库。

第二十七条 中央储备糖形成保管货位后，承储企业应当建立完整的中央储备糖库存保管账，填制货位卡、绘制货位图和库房平面图。中央储备糖出库时，承储企业应当按照规定及时登记、变更库存保管账，留档备查，保管账及相关资料保存时间不少于5年。

第二十八条 装卸过程中，承储企业应当具备相应的配套装置，并减少接收、发运作业的粉尘量。

进出库过程中，承储企业应当优化人机配置，积极开展机械化作业，确保生产安全。

第六章 监督检查

第二十九条 国家局及其垂直管理局对运营机构和承储企业中央储备糖仓储管理情况进行监督检查，重点监管本办法有关规定的落实情况，针对存在的问题提出意见，并督促整改。

第三十条 运营机构应当加强对承储企业中央储备糖仓储管理工作的组织落实和全程管控，并与承储企业一同接受和配合国家局及其垂直管理局的监督检查。

第三十一条 国家局建立中央储备糖承储企业信用记录，将违规失信企业列为重点检查对象；代储企业失信的，应当按照合同约定追究其责任，并在今后选择代储企业时，不再选择该企业承担中央储备糖代储业务。

运营机构应当将承储企业失信情况及时报国家局。

第三十二条 运营机构及其工作人员、承储企业及其保管员或其他工作人员对中央储备糖在库管理履行责任不到位，工作失职、渎职，导致发生储存事故或造成中央储备糖数量、质量损失，根据情节严重程度，依规依纪追究责任。

第七章 附则

第三十三条 本办法由国家粮食和物资储备局负责解释。

第三十四条 本办法自印发之日起施行，有效期5年。

关于印发《中央储备棉仓储管理办法》的通知

国粮仓规〔2022〕254 号

中国储备粮管理集团有限公司：

　　为加强中央储备棉管理，确保中央储备棉仓储环节数量真实、质量良好、储存安全、管理规范，《中央储备棉仓储管理办法》已经国家粮食和物资储备局第 119 次局长办公会议审议通过。现印发你们，请认真遵照执行。

国家粮食和物资储备局

2023 年 1 月 3 日

中央储备棉仓储管理办法

第一章　总则

第一条　为加强中央储备棉仓储管理，确保中央储备棉数量真实、质量良好、储存安全、管理规范，根据《棉花质量监督管理条例》等，制定本办法。

第二条　本办法适用于中央储备棉储存堆码、保管养护、出入库等仓储活动。

第三条　国家粮食和物资储备局（以下简称国家局）制定中央储备棉仓储管理政策和制度并组织实施，指导中央储备棉仓储管理业务。

第四条　中国储备粮管理集团有限公司（以下简称中储粮集团公司）负责中央储备棉的日常经营管理工作，严格执行国家宏观政策和储备管理制度。

中储粮集团公司按照中央储备棉区域布局和储存条件等要求，选择承储企业，并及时将承储企业名单、地点和仓储信息等情况报告国家局。

第五条　承储企业包括中储粮集团公司直属企业和其他具备条件的代储企业，对本企业承储中央储备棉的保管养护和储存安全承担主体责任，应当做到在库管理规范，确保中央储备棉储存期间数量准确、质量可靠、养护良好。

第二章　基本要求

第六条　中储粮集团公司和承储企业应当严格执行中央储备棉的出入库计划，落实计划下达的品种、数量、质量和储存地点，不得擅自动用、轮换、串换品种、变更库点。

第七条　中储粮集团公司和承储企业负责中央储备棉的日常管理，健全企业内控制度和运行机制，落实安全管理责任，确保中央储备棉数量、质量和储存安全。

中储粮集团公司应当监督直属企业与代储企业、出租企业签订合同，明确权利义务。直属企业应当指导代储企业中央储备棉仓储管理业务，督促其做好中央储备棉仓储保管工作。租赁库点视同直属企业管理。

第八条　承储企业应当具备独立法人资格，符合中央储备棉储存条件，仓库位置及周边环境有利于储存安全和交通调运，库房和库区符合储备棉储存设计要求以及火灾扑救条件等。代储企业无不良信用记录和重大法律纠纷。

第九条　承储企业用于储存中央储备棉的仓储设施应当配置完好、功能可靠，并符合安全生产等有关规定。库区内其他设施不得影响储备棉业务。

承储中央储备棉的仓储设施不得被随意侵占、拆除或迁移，不得影响储备棉安全。

第十条　中央储备棉在库储存保管，要采取人防、物防、技防等有效措施，满足防水、防潮、防漏、防火、防雷、防盗、防倾塌、防霉变、防虫鼠、防污染等要求，防止出现虫蛀鼠咬、霉烂变质、火灾盗窃、差错事故等情况。库房窗户要进行避光处理，防止发生聚光效应。

第十一条　承储企业应当加强恶劣天气监测预警和防范。出现暴风雨、洪水等情况，要及时启动应急预案，确保人员、财产安全。

第十二条　中储粮集团公司统一设计和制作中央储备棉标识标牌样式。承储企业应当在承储库房门、外墙等醒目位置涂刷或悬挂标识标牌，库号在储存周期内不得变动。

中央储备棉的标识为"ZCM"。库房不储存中央储备棉时，标识标牌由中储粮集团公司安排撤除。

第十三条　承储企业要确保中央储备棉在专门库房内储存，不得与其他商品或储备同库房混存。

第十四条　承储企业应当配备经过培训的专业人员在库从事仓储管理工作。保管员负责所管库房的中央储备棉的日常检查和规范作业，发现问题隐患及时妥善处置和上报，并做好相关记录，保证账卡图表记载内容的完整性、真实性。

第十五条　承储企业应当在库房内相对统一、显著的位置设置中央储备棉库房平面图、中央储备棉码位卡。

中央储备棉库房平面图内容包括库房号、该库房的总件数和重量、入库时间、保管员、垛号、该垛的合计批次数、件数、重量、备注和该垛号下每个码位号的批次数、件数、重量和备注。

中央储备棉码位卡内容包括库房号、垛号、码位号、件数、入库时间、重量、保管员、批号、该批的层序号、产地、加工单位和备注。

中央储备棉库房平面图、码位卡要与账表、实物相互对应，确保账、货、卡、图、表五相符，做到数据真实准确、记录及时。

第十六条　承储企业应当对仓储设施、机械设备等定期进行检查和维护保养并做好维护记录，避免设施设备故障造成中央储备棉质量变异、储存隐患或者作业风险。作业结束后，设施设备在指定区域摆放整齐，分类清楚，卡物相符，账实相符。

第十七条　承储企业要建立中央储备棉保管台账，妥善保管作业单据和公检、商检证书等凭证资料。台账、出入库凭证资料按照档案管理规定存档备查，电子台账长期保存，其他用于监督检查需要的材料至少保留 5 年。

第十八条　中储粮集团公司和承储企业要严格遵守国家有关保密法律法规，对工作中掌握的国家秘密和敏感信息等负有保密责任。

第三章　储存堆码

第十九条　承储企业应当对不同产地、不同来源的中央储备棉包分类置放。

国产棉按批堆码，进口棉按集装箱堆码。一般情况下，不同产地、不同国家的棉花不得堆放在一个码位上。确因批次收尾拼接、保持棉垛安全稳固和有效利用存储空间，允许同一垛位有个别码位置放不同类别的棉包。

第二十条　承储企业要确保中央储备棉堆码稳固安全、垛线整齐，储存期间垛位不发生明显倾斜。静态管理时，库房的主通道（含垛与垛之间 2m 通道）两侧棉包表层、其他部位四层以下棉包表层的露白相邻两边均不得超过 3cm。

棉垛不得出现倾塌、棉包坠落等态势，表层不得有严重炸包，否则应当重新整理棉包，确保棉垛稳固。

第二十一条　承储企业根据库房情况合理确定中央储备棉储量和垛数、垛位、垛形及起码位置，规范码垛。垛底放置垫材，高度不低于 0.2m；地面已做防潮处理的，不低于 0.15m。垫材摆放平整，不得使用砖头或未经处理的木头等吸湿类材料；间距一般不小于 0.3m，可根据通风、检查等需要适当调整。

堆码时棉包一般为平放，交叉压缝，外观无立包竖放；对于不规则棉包，确有必要立包竖放的，做好安全防护。垛高一般为 16 层棉包，在不影响火灾报警装置正常工作情况下，允许加高 1 层放置少量棉包，棉垛重量不得超过地坪负荷。

标准库房（2000 平米）主安全通道宽度不小于 3.6m，且不小于对应库房大门宽度。墙距不小于 0.5m。垛与柱的距离不小于 0.3m。梁（顶）距不小于 1m。垛位边缘不得超出垛位线，不得堵塞安全通道。其他规格库房，在满足消防要求的前提下，参照上述堆码规范执行。

第二十二条　库内码垛、搬倒、出库等作业结束后，要及时清扫作业现场，并彻底检查库房及其周围，排除异常情况；至少 72 小时内持续对作业面进行巡查。

第二十三条　中央储备棉直属企业库区及库房应当遵循专门的设计规范，储存形式、消防措施等符合专业化要求；附属设施建设遵循节约、高效的原则，服务于中央储备棉在库管理和日常运行需要。

第二十四条　中央储备棉如因待检、入库前观察、搬倒、转运等特殊情况，确需在库房外临时存放，中储粮集团公司及承储企业要采取有效措施并严格管理，不得因库房外存放致使中央储备棉数量、质量受损或造成储存安全事故。

第四章　保管养护

第二十五条　中央储备棉静态储存期间，承储企业每周查库不少于 2 次，每次查库时间间隔不少于 3 天；作业期间及结束后一周内对作业库房每天全面查库 2 次；异常天气下根据需要增加查库次数。检查情况如实形成日常养护查库记录。

第二十六条　承储企业应当确保储存库房内干净整洁，无杂物、积尘，发现库房内有蜘蛛网或棉包有虫蛀鼠咬迹象，要及时处置。

第二十七条　中央储备棉储存库房应当监测记录库房内温湿度等情况，根据天气变化和库内外温度、湿度差异，适时通风散湿、散热或关闭库房门窗等。

第二十八条　承储企业组织人员检查库房时，要高度警惕库内异味。如发现异常，应当立即组织力量排查，找出异味来源，消除安全隐患。

第五章　出入库管理

第二十九条　中央储备棉出入库严格按照国家下达计划执行，中储粮集团公司和承储企业负责出入库具体组织、运作和实施。

第三十条　中央储备棉出入库质量检验应当符合国家相关规定。

第三十一条　承储企业要严把入库验收关，认真查验到库棉包的批号或提单号、数量、外观和包装等情况，杜绝污染、霉变、水残、雨淋或其他不符合质量要求规定的棉包入库。

第三十二条　中央储备棉出入库，承储企业应当及时登记中央储备棉台账，确保数据真实准确、账实相符。

中央储备棉入库正式堆码、出库期间，承储企业应当每天对出入库棉花的账、货进行核对；做好月末核查、年终盘点，存档备查，确保账、货、卡、图、表五相符。出入库完成后在 20 个工作日内将中央储备棉平面图和码位卡更新完毕。

第三十三条　中央储备棉出入库作业应当在现场作业管理人员指挥下进行，严格按照作业规程等操作，严禁恶劣天气时作业。

作业结束后，充分发挥人防、物防、技防的综合效能，严密组织防火等巡查，确保储棉安全。

第六章　监督检查

第三十四条　国家局及其垂直管理局对中储粮集团公司和承储企业中央储备棉仓储管理情况进行监督检查，重点监管本办法有关规定的落实情况，针对存在的问题提出意见，并督促整改。

第三十五条　中储粮集团公司负责加强对承储企业中央储备棉仓储管理工作的组织落实和全程管控，并与承储企业一同接受和配合国家局及其垂直管理局的监督检查。

第三十六条　国家局建立中央储备棉承储企业信用记录，将违规失信企业列为重点检查对象；代储企业失信的，按照合同约定追究其责任，并在今后选择代储企业时，不再选择该企业承担中央储备棉代储业务。

中储粮集团公司应当将承储企业失信情况及时报国家局。

第三十七条　中储粮集团公司及其工作人员、承储企业及其保管员或其他工作人员对中央储备棉在库管理履行责任不到位，工作失职、渎职，导致发生储存事故或造成中央储备棉数量、质量损失，根据情节严重程度，依规依纪依法追究责任。

第七章　附则

第三十八条　本办法由国家粮食和物资储备局负责解释。

第三十九条　本办法自印发之日起施行，有效期 5 年。

国家粮食和物资储备局文件
局办公室发文

关于印发高标准粮仓建设技术要点（试行）的通知

国粮办规〔2022〕26号

各省、自治区、直辖市、计划单列市及新疆生产建设兵团粮食和物资储备局（粮食局），中国储备粮管理集团有限公司、中粮集团有限公司、中国供销集团有限公司、北大荒农垦集团有限公司：

"粮食储备设施"是"十四五"规划《纲要》明确的重大工程之一，建设高标准粮仓是"粮食储备设施"的重要任务。为认真落实关于推进高标准粮仓建设有关部署，我局组织编制了《高标准粮仓建设技术要点（试行）》，并已经2022年1月13日第98次局长办公会议审议通过。现印发给你们，请认真贯彻落实。

国家粮食和物资储备局办公室
2022年1月21日

高标准粮仓建设技术要点（试行）
2022 年 1 月

前　言

为推进高标准粮仓建设，支持粮食绿色仓储提升行动，加强高标准粮仓项目决策和建设管理，充分发挥投资效益，进一步提高我国粮食仓储设施建设和技术应用水平，推动粮食仓储设施建设和仓储管理高质量发展，确保粮食数量、质量和储存安全，特制定本要点。

本要点贯彻绿色发展理念，遵循节地、节能、节材原则，聚焦储备仓型，以提升粮食储备仓房隔热气密等性能、强化绿色储粮技术应用和提高设施及装备信息化、智能化水平为思路，以智能控温、智能通风、智能气调等为技术途径，建设绿色智能储粮仓房。

第一章　总体要求

第一条　高标准粮仓是指具有良好的仓房保温隔热、气密等建筑结构性能，采用节能环保型建筑材料，配套先进适用的绿色储粮技术和工艺、环保高效的进出仓接发、清理设施设备，采用信息化、智能化装备，实现储存期间粮情稳定可控，促进粮食保质保鲜、长储长新的储备用粮仓。

第二条　本要点明确了高标准粮仓建设的总体要求、仓房建筑、接发与储粮工艺、电气与自控、信息化系统与综合布线等内容，为高标准粮仓建设项目的咨询、设计提供依据。

第三条　本要点根据我国粮食产业高质量发展新要求以及技术发展新趋势，重点提升仓房建筑、进出仓工艺、绿色储粮工艺、信息管理系统等技术要求。要点中未规定的内容，按《粮食仓库建设标准》（建标 172—2016）及《粮油储藏技术规范》（GB/T29890）等现行国家及行业相关标准、规范执行。

第四条　本要点适用于新建的平房仓及浅圆仓（大直径筒仓，下同）储备仓型，其他类型的新建粮仓以及既有仓房改造参照执行。

第二章　仓房建筑

第五条　高标准粮仓仓型应选用具有良好保温隔热及气密性能的平房仓和浅圆仓。在满足储粮品质要求的前提下，优先选用机械化及自动化程度高、占地少、气密性能好的浅圆仓。

第六条　仓房装粮高度应结合结构安全、储粮安全、进出仓工艺、工程造价及作业安全等因素综合确定。

第七条　仓房内墙面、地面及顶棚应采用对粮食无污染的环保节能型建筑材料。

第八条　应根据不同储粮生态区采取有效的保温隔热措施，防止仓房围护结构内表面（含热桥部位）出现结露；屋面保温隔热措施可采用架空屋面、吊顶等形式。

不同储粮生态区仓房墙体及屋面围护结构传热系数应符合表 1 规定。

表 1 不同储粮生态区仓房墙体、屋面传热系数（W/m2·K）

储粮生态区	墙体传热系数	屋盖传热系数
第一区、第二区、第三区	0.59—0.70	≤ 0.5
第四区、第六区	0.53—0.58	≤ 0.4
第五区、第七区	0.46—0.52	≤ 0.35

注：浅圆仓仓壁可根据不同储粮生态区、储粮品种等因素综合确定

应加强包括门窗、孔洞等重点部位的保温隔热措施。挡粮门应具有保温功能；架空浅圆仓钢锥斗的仓底板或仓下层应采取隔热措施。

第九条 外墙及仓顶宜采用高反射率涂料或其他新型隔热材料。保温隔热材料燃烧性能不低于B1级。屋面、墙体外保温工程应符合《外墙外保温工程技术标准》（JGJ144）、《硬泡聚氨酯保温防水工程技术规范》（GB50404）等相关标准、规范。

第十条 仓房屋面防水等级应不低于 I 级；平房仓内墙面及地面、落地浅圆仓地面应采取有效的防潮措施。

第十一条 仓房气密性应满足或高于《粮油储藏平房仓气密性要求》（GB/T25229）、《粮食立筒库设计规范》（LS8001）、《二氧化碳气调储粮技术规程》（LS/T1213）等相关标准要求。屋（仓）顶、墙体、门窗、设备孔洞及接缝处等应采用环保、耐候性能好的材料进行密封、气密技术处理。门窗、设备孔洞应设置双密封槽。

平房仓气密性应满足《粮油储藏平房仓气密性要求》（GB/T25229）规定的 500Pa 的压力半衰期要求，其中：气调平房仓压力半衰期不低于 240s；非气调平房仓压力半衰期不低于 100s。

气调浅圆仓 500Pa 的压力半衰期空仓应不低于 300s；非气调浅圆仓 500Pa 的压力半衰期空仓应不低于 120s。

第十二条 平房仓可根据所在区域的太阳能资源禀赋，选择合理模式，建设或预留光伏发电设施。光伏板的安装应便于仓顶维修和光伏板循环利用。

第十三条 浅圆仓宜根据使用需求在工作塔等配套设置电梯。

第三章 接发与储粮工艺

第十四条 接发工艺装备的能力应满足下列要求：

1. 汽车接发作业时，平房仓单线作业能力不应低于 100 吨 / 小时，浅圆仓不应低于 200 吨 / 小时。

2. 火车或船舶接发作业时，宜与铁路或码头装卸作业能力匹配。

第十五条 根据汽车、火车、船舶等不同接发粮方式，确定接发工艺流程及设备，满足减损降耗要求，确保作业高效顺畅、人员安全、环境友好。

第十六条 应配置自动扦（取）样、快速检化验、自动计量、清理、除尘、输送等作业设备。

第十七条 卸粮接收作业宜配置自动卸车（船）系统，满足不同模式的接卸作业要求。粮食发放作业宜满足定量发放要求。进出仓应配置抑尘设备或采取抑尘措施。

第十八条 设备配置应满足以下要求：

1.输送设备应满足低破碎、易维护要求，固定式输送设备应满足全密闭要求，移动式输送设备应采取密闭措施；

2.清理设备应满足入仓含杂控制指标要求，且自带粉尘控制功能或配备粉尘控制系统；

3.应配备通风除尘系统，设置粉尘防爆、减震降噪设施；

4.宜配备真空清扫系统或移动式真空清扫设备（车）；

5.平房仓宜采用衔接便捷的自行走移动式机械设备或固定式与移动式相配合的机械设备，宜配置平仓作业设备；

6.浅圆仓宜采用固定式的机械设备，配备完善的现场安全保护装置；

7.浅圆仓应配置入仓防分级或降碎装置。

第十九条　储粮工艺应遵循智能监测、绿色防治原则，根据储粮品种、气候条件等因素，组合应用储粮工艺技术，包括粮情测控技术、智能通风技术、有害生物绿色综合防治技术、制冷温控技术等。

第二十条　粮情测控系统应具备检测仓房和粮堆温度、湿度的功能。可根据实际需求配置多参数粮情测控系统。

第二十一条　智能通风应具备温度控制、湿度调节功能。

第二十二条　有害生物绿色综合防治宜采用智能氮气气调、二氧化碳气调、惰性粉、多杀菌素、诱捕等绿色防治技术或生物药剂，减少或不使用化学药剂。

第二十三条　应采用控制粮堆温度和控制粮面温度相结合方式。平房仓粮食静态储藏期间粮温应满足《粮油储藏技术规范》（GB/T29890）规定的准低温储藏要求，浅圆仓宜满足准低温储藏要求。

第二十四条　宜根据区域特点、仓容规模、运行成本、管理需求等因素，因地制宜选用风冷、水冷、蒸发冷却、地源冷却等方式。不同储粮生态区的控温方式可参考表2。

表2　不同储粮生态区的控温方式

储粮生态区	控温方式
第一区、第二区、第三区、第四区	通风降温系统＋内环流控温系统；空调控温选配
第四区、第五区、第六区、第七区	通风降温系统＋空调控温系统＋谷物冷却系统

注：第四区根据实际需求确定控温方式通风及制冷控温装置应采用节能、环保型设备。

第四章　电气与自控

第二十五条　储粮技术各控制系统单元数据应实现互联互通、相互兼容等要求。

第二十六条　单位仓房（廒间）宜设置一体化控制终端集控箱，控制仓房内粮情测控系统、通风系统、内环流系统和制冷控温系统，具有与智能出入库系统相联通的电子货位信息扩充功能；可配置工业触摸屏，具备自动／手动相互切换功能。

终端集控箱内应装设分区、分类、分项、分仓（廒间）计量装置（如工艺设备、通风系统、照明系统等），并应具备能耗分析及数据通信功能，使用符合行业标准的物理接口和通信协议。

第二十七条　宜采用节能型 LED 光源及智能照明控制系统，实现远程及分区控制等功能，灯具防护等级应满足《粮食加工、储运系统粉尘防爆安全规程》（GB17440）以及《爆炸危险环境电力装置设计规范》（GB50058）的要求。

平房仓内灯具宜沿墙均匀布置，灯具与粮面的净距不应小于 1m。

第五章　信息化系统与综合布线

第二十八条　信息化系统的建设应与储备仓工程建设同步规划、同步设计、同步实施。

第二十九条　信息化系统应具有安全性、可靠性、可维护性和可扩展性，做到技术先进、经济适用。

第三十条　信息化系统应包含以下功能：仓储业务管理、仓储作业管理、粮情测控、智能安防、智能出入库管理和智能监管。

第三十一条　应配置统一的集成控制平台及智能粮库在线监测平台；应配置纳入全国粮食储备布局地理信息系统、省级粮食信息管理平台和政府储备库存监管应用系统接口。

第三十二条　网络综合布线基于双绞线和光纤技术，建筑群及每个仓房之间的网络主干线应采用铠装单模光缆，能够支持数据通信、语音通信、多媒体通信、视频、图像以及各种控制信号的通信。

国家粮食和物资储备局文件公告

2022 年第 1 号公告

为贯彻落实党中央、国务院关于深化"放管服"改革的有关精神，根据《粮食流通管理条例》（国务院令第 740 号），结合行政规范性文件管理工作的要求，决定废止 5 件行政规范性文件、修改 7 件行政规范性文件，现予以公告。

附件：1. 国家粮食和物资储备局决定废止的行政规范性文件（略）
2. 国家粮食和物资储备局决定修改的行政规范性文件（略）

国家粮食和物资储备局
2022 年 1 月 28 日

2022 年第 2 号公告

根据《中华人民共和国标准化法》规定，现发布《粮食和国家物资储备标准制定、修订程序和要求》等 5 项行业标准，编号和名称如下：

1.LS/T1301—2022GC/T1801—2022《粮食和国家物资储备标准制定、修订程序和要求》

2.LS/T6140—2022《粮油检验免疫亲和柱评价规范》

3.LS/T3270—2022《红米》

4.LS/T1224—2022《花生储藏技术规范》

5.LS/T3549—2022《粮油储藏横向通风风机技术要求》

以上行业标准自 2022 年 9 月 15 日起实施。

特此公告。

国家粮食和物资储备局

2022 年 3 月 15 日

2022 年第 3 号公告

　　根据《中华人民共和国标准化法》等规定，现发布《早籼米加工精度标准样品精碾》等 17 项行业标准样品（见附件），自发布之日起实施。

　　特此公告。

附件：1.2022 年粮食标准样品目录

　　　　2.2022 年粮食标准样品研制单位

　　　　3.2022 年粮食标准样品销售单位联系方式

国家粮食和物资储备局

2022 年 6 月 28 日

附件 1

2022 年粮食标准样品目录

序号	标准样品名称		标准号	特征描述 / 参考值	适用标准	有效期
1	早籼米加工精度标准样品	精碾	LS/T 15121.1-2022	精碾：背沟基本无皮、或有皮不成线，米胚和粒面皮层去净的占 80%—90%；或留皮度在 2.0% 以下。 适碾：背沟有皮，粒面皮层残留不超过 1/5 的占 75%—85%，其中粳米、优质粳米中有胚的米粒在 20% 以下；或留皮度为 2.0%—7.0%。	《大米》 GB/T 1354-2018	1 年
2		适碾	LS/T 15121.2-2022			1 年
3	晚籼米加工精度标准样品	精碾	LS/T 15122.1-2022			1 年
4		适碾	LS/T 15122.2-2022			1 年
5	粳米加工精度标准样品	精碾	LS/T 15123.1-2022			1 年
6		适碾	LS/T 15123.2-2022			1 年
7	南方小麦粉加工精度标准样品	特制一等	LS/T 15111.1-2022	麸星含量：（1.10±0.22）% 粉色：L*：91.54±1.94 a*：-0.92±0.25 b*：7.43±0.65	《小麦粉》 GB/T 1355-1986 GB/T 1355-1986	1 年
8		特制二等	LS/T 15111.2-2022	麸星含量：（1.63±0.49）% 粉色：L*：91.30±0.69 a*：-0.86±0.15 b*：7.39±2.26		1 年
9		标准粉	LS/T 15111.3-2022	麸星含量：（2.75±0.49）% 粉色：L*：90.84±0.37 a*：-0.81±0.14 b*：7.73±2.57		1 年
10	北方小麦粉加工精度标准样品	特制一等	LS/T 15112.1-2022	麸星含量：（1.27±0.22）% 粉色：L*：91.99±0.49 a*：-1.00±0.18 b*：7.79±1.65	《小麦粉》 GB/T 1355-1986	1 年
11		特制二等	LS/T 15112.2-2022	麸星含量：（1.59±0.46）% 粉色：L*：91.79±0.42 a*：-0.95±0.14 b*：7.57±2.13		1 年
12		标准粉	LS/T 15112.3-2022	麸星含量：（3.03±0.77）% 粉色：L*：90.99±0.57 a*：-0.82±0.28 b*：8.02±1.50		1 年

续表

序号	标准样品名称	标准号	特征描述 / 参考值	适用标准	有效期
13	籼稻整精米率标准样品	LS/T 15321-2022	整精米率：（50.7±1.5）%	《稻谷整精米率检验法》GB/T 21719-2008	1 年
14	粳稻整精米率标准样品	LS/T 15322-2022	整精米率：（68.4±1.5）%		1 年
15	籼米品尝评分参考样品	LS/T 1535-2022	综合评分：（79±1.5）分 其中： 气味 16 分； 颜色 6 分； 光泽度 6 分； 完整性 4 分； 粘性 7 分； 弹性 8 分； 硬度 8 分； 滋味 21 分； 冷饭质地 3 分。	《粮油检验 稻谷、大米蒸煮食用品质感官评价方法》GB/T 15682-2008	1 年
16	粳米品尝评分参考样品	LS/T 1534-2022	综合评分：（79±1.2）分 其中： 气味 16 分； 颜色 6 分； 光泽度 6 分； 完整性 4 分； 粘性 7 分； 弹性 7 分； 硬度 8 分； 滋味 22 分； 冷饭质地 3 分。	《粮油检验 稻谷、大米蒸煮食用品质感官评价方法》GB/T 15682-2008	1 年
17	小麦储存品质品尝评分参考样品	LS/T 15211-2022	综合评分：（76.2±2.4）分 其中： 比容 15.0 分； 表面色泽 12.3 分； 气味 7.7 分； 弹性 13.7 分； 食味 13.4 分； 韧性 7.1 分； 粘性 7.0 分。	《小麦储存品质判定规则》GB/T 20571-2006	2 年

注：小麦粉加工精度标准样品特征参考值按照 GB/T 27628—2011 的要求，采用小麦粉加工精度测定仪测定。

附件 2

2022 年粮食标准样品研制单位

序号	标准样品名称	研制单位
1	早籼米、晚籼米加工精度标准样品（精碾、适碾）	安徽省粮油产品质量监督检测站 季一顺、胡斌、张黎利、毛永荣、张娅娣
2	粳米加工精度标准样品（精碾、适碾）	吉林省粮油卫生检验监测站 史玮、石家源、徐振斌、颜庭辉、董娜、杨会宁、张建桥、李伟航 苏州市绿世纪粮油有限公司 夏正萍
3	南方、北方小麦粉加工精度标准样品（特制一等、特制二等、标准粉）	江苏省粮油质量监测中心 张祎、黄熙荣、莫晓嵩、戴波、陈建伟、刘珊珊 丹阳市同乐面粉有限公司 张燕萍、洪芸
4	籼稻整精米率标准样品	湖北省粮油食品质量监督检测中心 倪姗姗、吴莉莉、陈轲、李琦、朱玫
5	粳稻整精米率标准样品	辽宁国家粮食质量监测中心 闵国春、范艺凡、季宏波、宁阳阳、乔丽娜、崔高飞
6	籼米、粳米品尝评分参考样品	国家粮食和物资储备局科学研究院 商博、段晓亮、孙辉、邢晓婷、刘辉
7	小麦储存品质品尝评分参考样品	河北省粮油质量检测和信息服务中心 檀军锋、王磊、王静 河北开源粮油储备库有限公司 田军

附件 3

2022 年粮食标准样品销售单位联系方式

序号	标准样品名称	销售单位	联系人	联系电话、传真、电子邮箱	单位地址
1	早籼米、晚籼米加工精度标准样品（精碾、适碾）	安徽省粮油科学研究所	王懿	13856036610 0551-87390610 405112769@qq.com	安徽省庐江县同大镇台创园核心区（合铜路与广巢路交口东 100 米）
2	粳米加工精度标准样品（精碾、适碾）	苏州市绿世纪粮油有限公司	夏正萍	13771666588 0512-63369988 772986826@qq.com	江苏省苏州市八坼金和路 238 号
3	南方、北方小麦粉加工精度标准样品（特制一等、特制二等、标准粉）	丹阳市同乐面粉有限公司	庄腊美	18906108912 0511-86476191 dytlmf@126.com	江苏省丹阳市吕城镇粮食巷 28 号
4	籼稻整精米率标准样品	山东美正生物科有限公司	曾钦利	18173401527 0633-6117666（传真） 181033016@qq.com	山东省日照高新区昭阳北路 69 号
5	粳稻整精米率标准样品	本溪国家粮油质量监测站	李南东	18341465566 024-43103861 024-43103862（传真） lnbxnj@163.com	辽宁省本溪市明山区卧龙小区东和路 15 号
6	籼米、粳米品尝评分参考样品	国家粮食和物资储备局科学研究院	刘辉	15210245580 010-56452673（传真） liuh@ags.ac.cn	北京市大兴区永旺路 23 号粮科院大兴基地
7	小麦储存品质尝评分参考样品	河北开源粮油储备库有限公司	田军	18032912081 0311-84625272 0311-84626133（传真） 463841475@qq.com	河北省石家庄市元氏县槐阳镇北环东路 44 号

2022 年第 4 号公告

　　根据《中华人民共和国标准化法》规定，现发布《二氧化碳气调储粮技术规程》等 7 项行业标准，编号和名称如下：

　　1.LS/T1213—2022《二氧化碳气调储粮技术规程》

　　2.LS/T1225—2022《氮气气调储粮技术规程》

　　3.LS/T1226—2022《粮库智能通风控制系统》

　　4.LS/T1227—2022《惰性粉储粮防虫技术规程》

　　5.LS/T1228—2022《散粮集装箱装卸作业操作规程》

　　6.LS/T1229—2022《粮堆坍塌事故防范技术规程》

　　7.LS/T1230—2022《散粮汽车配置标准》

　　以上行业标准自 2023 年 1 月 18 日起实施。

　　特此公告。

国家粮食和物资储备局

2022 年 7 月 18 日

2022 年第 5 号公告

根据《中华人民共和国标准化法》规定，决定对现行的 6 项粮食行业标准予以废止，编号和名称如下：

1.LS/T3212—2021《挂面》

2.LS/T3242—2014《牡丹籽油》

3.LS/T10292—1998（原 SB/T10292—1998）《食用调和油》

4.LS/T3211—1995《方便面》

5.LS/T3218—1992《起酥油》

6.LS/T3701—1987《粮食包装麻袋》

《粮食包装麻袋》行业标准自 2023 年 1 月 22 日起停止实施，《挂面》等其他 5 项行业标准自 2024 年 1 月 22 日起停止实施。

特此公告。

国家粮食和物资储备局

2022 年 7 月 22 日

2022 年第 6 号公告

　　根据《中华人民共和国标准化法》规定，现发布《国家物资储备通用术语》等 3 项国家物资储备行业标准，其编号和名称如下：

　　1.GC/T1201—2022《国家物资储备通用术语》

　　2.GC/T1401—2022《国家物资储备标志及使用规范》

　　3.GC/T1402—2022《国家物资储备通用安全标志及使用规范》

　　以上行业标准自 2023 年 3 月 1 日起实施。

　　特此公告。

国家粮食和物资储备局

2022 年 8 月 29 日

附　录

2022 年大事记

一月

1 月 11 日，国家粮食和物资储备局召开局党史学习教育总结大会，深入学习贯彻习近平总书记重要指示及党史学习教育总结会议精神，认真总结全局全系统党史学习教育的经验做法。局党组成员、副局长，直属机关党委书记卢景波作总结报告；局党组成员、副局长黄炜、梁彦、贾骞，局总工程师翟江临，局督查专员颜波、李成毅出席会议。中央纪委国家监委驻国家发展和改革委员会纪检监察组副组长刘立锋，党史学习教育中央第十九指导组相关负责同志应邀出席会议。

1 月 26 日，国家粮食和物资储备局召开全面从严治党工作会议，深入学习贯彻习近平总书记在十九届中央纪委六次全会上的重要讲话精神，认真落实中央和国家机关党的工作暨纪检工作会议部署。国家发展和改革委员会党组成员、驻委纪检监察组组长孙怀新出席会议并讲话；局党组成员、副局长，直属机关党委书记卢景波主持会议；局党组成员、副局长黄炜、梁彦、贾骞，驻委纪检监察组副组长刘立锋，局总工程师翟江临，督查专员颜波、李成毅出席会议。

1 月 27 日，卢景波同志应邀同阿联酋驻华大使阿里·扎西里先生举行视频会谈。

二月

2 月 23 日，黄炜同志会见联合国世界粮食计划署（WFP）驻华代表一行。

2 月 24 日，梁彦同志到新华社出席"新华社民族品牌工程——中国好粮油专项行动"启动仪式。

三月

3 月 16 日，国家粮食和物资储备局召开全国政策性粮油库存检查动员培训会议，全面动员部署检查工作，开展粮油库存检查培训。卢景波同志出席会议并作动员讲话。

3 月 17 日，国家粮食和物资储备局召开"青春有为奋斗无悔"青年干部座谈会，深入学习贯彻习近平总书记在 2022 年春季学期中央党校（国家行政学院）中青年干部培训班开班式上的重要讲话精神，卢景波同志主持会议，贾骞同志出席。

3 月 25 日，国家粮食和物资储备局召开垂直管理系统安全生产视频会议，深入贯彻习近平总书记关于安全生产的重要指示精神，认真落实党中央、国务院决策部署，分析研判形势，压紧压实责任，部署安全生产和专项工作。局党组成员、副局长卢景波主持会议；局党组成员、副局长黄炜、梁彦、贾骞，总工程师翟江临，督查专员颜波、李成毅出席会议。

3月29日，全国粮食职业教育教学指导委员会（2021—2025年）成立大会在北京召开。黄炜同志出席会议并讲话，颜波同志出席会议并作工作报告。会议审议通过了《粮食行指委章程》《粮食行指委工作规划（2021—2025年）》和《2022年工作计划》，公布了新一届粮食行指委委员名单，并向到场委员颁发聘书，为各粮食行指委专业（专门）委员会秘书处授牌。

四月

4月1日，国家粮食和物资储备局召开部分省粮食和物资储备局局长视频座谈会，卢景波、黄炜同志出席。

4月2日，国家粮食和物资储备局召开全系统安全生产视频会议，认真传达贯彻习近平总书记重要指示、李克强总理重要批示以及全国安全生产电视电话会议精神，分析研判形势，部署当前及今后一个时期安全生产工作。贾骞同志出席会议并讲话，李成毅同志主持会议。

4月8日，国家粮食和物资储备局召开中央第八巡视组巡视国家粮食和物资储备局党组工作动员会，卢景波、黄炜、梁彦、贾骞同志出席。

4月12日，国家粮食和物资储备局召开乡村振兴工作领导小组2022年第一次会议，认真学习贯彻习近平总书记关于定点帮扶工作和巩固拓展脱贫攻坚成果的重要指示，传达贯彻全国巩固拓展脱贫攻坚成果同乡村振兴有效衔接暨乡村振兴重点帮扶县工作推进会议精神，听取2021年定点帮扶工作汇报，研究部署2022年定点帮扶工作。局党组成员、副局长卢景波、黄炜、梁彦、贾骞，总工程师翟江临，督查专员颜波、李成毅出席会议。

4月25日，卢景波同志带队到中储粮集团公司开展2021年度总体考核。

4月27日，国家粮食和物资储备局召开全系统防灾减灾救灾物资保障工作视频会议，认真学习贯彻习近平总书记关于防汛抗旱和防灾减灾救灾工作的重要指示精神，落实李克强总理批示要求，传达部署全国防汛抗旱工作电视电话会议精神、国务院抗震救灾指挥部全体会议精神和国家减灾委全体会议精神，总结系统2021年防灾减灾救灾工作，对2022年系统防灾减灾救灾工作进行动员部署。贾骞同志出席会议并讲话，李成毅同志主持会议。

4月28日，国家粮食和物资储备局举行国家战略物资储备数据安全中心接勤仪式。

4月28日，国家粮食和物资储备局召开粮食购销领域腐败问题专项整治包干督导视频调度会议，卢景波同志主持，黄炜同志出席。

五月

5月10日，国家粮食和物资储备局召开全系统预算管理工作视频会议，深入贯彻党中央、国务院关于进一步深化预算管理制度改革的决策部署，总结近年来全系统预算管理工作取得的成绩，分析存在问题，明确下一步重点任务。贾骞同志出席会议并讲话。

5月19日，国家粮食和物资储备局召开全国夏季粮油收购工作视频会议，分析研判夏粮收购形势，安排部署收购工作。卢景波同志出席会议并讲话。河北、江苏、安徽、江西、山东、河南、湖北、湖南、广西、四川等省份粮食和物资储备局（粮食局）作了交流发言。

5月23日，全国粮食和物资储备科技活动周启动仪式在北京举行。局党组成员、副局长卢景波、黄炜、贾骞，督查专员颜波、李成毅出席启动仪式。启动仪式上，向粮食储运国家工程研究中心和粮食技术创新中心授牌。

5月23日，全国粮食和物资储备科技和人才兴粮兴储工作经验交流会在北京召开，深入贯彻习近平总书记关于创新发展和人才强国的重要论述精神，提高政治站位，强化规划引领，突出重点举措，大力推动科技和人才兴粮兴储，为管好"天下粮仓"和"大国储备"提供强大动力。卢景波同志出席会议，贾骞同志主持会议。河北、福建、湖南、陕西等省粮食和物资储备局，国家粮食和物资储备局山西局、广西局，国家粮食和物资储备局科学研究院、安全应急保障中心等8家单位分别作了典型发言。

六月

6月8日，卢景波同志主持召开夏粮收购工作督导调研视频会议。

6月15日，黄炜同志出席2022年中央战略和应急物资储备库存检查视频培训并作动员讲话。

6月18日，按照应急管理部调运指令，国家粮食和物资储备局向广西壮族自治区紧急调运5000顶帐篷、2万床夏凉被（毛巾被）、2万张折叠床、5000套家庭应急包等中央救灾物资，支持广西做好防汛救灾和受灾群众转移安置等保障工作。

6月23日，国家粮食和物资储备局召开领导干部会议，中央组织部副部长曾一春同志到会宣布中央关于丛亮同志任国家粮食和物资储备局党组书记的决定并提出要求，国家发展和改革委员会党组书记、主任何立峰同志出席会议并讲话，丛亮、黄炜、贾骞同志出席会议，卢景波同志主持会议。

6月23日，国家粮食和物资储备局党组书记丛亮同志主持召开局党组会议，专题深入学习习近平总书记关于粮食和物资储备安全的重要指示批示精神，研究部署当前重点工作。

6月28日，国家粮食和物资储备局举办"光荣在党50年"纪念章颁发系列活动，向局机关满50年党龄的老党员代表颁发"光荣在党50年"纪念章，组织召开"感党恩·话初心"主题座谈会。共有11名老同志荣获"光荣在党50年"纪念章。

七月

7月1日，国家粮食和物资储备局召开夏粮收购工作督导调度视频会议，调度收购最新进展，安排部署下步重点工作。丛亮同志出席会议并讲话，卢景波同志主持会议。会上，河北、江苏、安徽、山东、河南、湖北、江西、四川等8省粮食和物资储备局（粮食局）有关负责同志介绍了当地夏粮收购最新进展情况。

7月4日，丛亮同志到局科学研究院调研，听取工作汇报，深入院属科技企业、粮油质量检验测试中心实地调研，了解科技改革和企业创新等情况。

7月4日，丛亮同志主持召开粮食购销领域腐败问题专项整治工作专班会议，卢景波、黄炜同志出席。

7月5日，丛亮同志到中储粮集团公司调研，就共同做好保障国家粮食安全工作座谈交流。

7月12日，黄炜同志赴河北保定参加清苑国家粮食储备库管理权移交协议签字仪式。

7月14日至15日，丛亮同志带队赴河北省石家庄、邢台等地，督导调研夏粮收购工作。

7月19日，中央第八巡视组向国家粮食和物资储备局党组反馈巡视情况，组长杨鑫分别向丛亮同志和局党组领导班子反馈了巡视情况，丛亮同志主持向领导班子反馈会议并就做好巡视整改工作讲话，卢景波、黄炜、贾骞同志出席向领导班子反馈会议。

7月21日，国家粮食和物资储备局召开粮食购销领域监管信息化建设推进会，贾骞同志出席会议并讲话。天津、浙江、安徽、福建、山东等省（市）粮食和物资储备局作了交流发言。

7月22日，丛亮同志以"深入领会贯彻习近平经济思想走好践行'两个维护'第一方阵扛稳保障国家粮食和物资储备安全重任"为题，为全系统党员干部讲专题党课，卢景波、黄炜、贾骞同志出席。

7月25日，丛亮同志主持召开国家粮食和物资储备局安全生产领导小组全体会议，卢景波、黄炜、贾骞同志出席。

7月28日，丛亮同志走访慰问驻局武警官兵，在"八一"建军节来临之际，向驻局武警官兵致以节日问候，感谢驻局武警官兵一直以来对粮食和储备工作的大力支持。

7月28日，丛亮同志走访看望离退休老领导，介绍粮食和储备改革发展有关情况，认真听取老领导对粮食和储备工作的意见建议，向老领导长期以来为粮食和储备事业做出的突出贡献表示衷心感谢。

八月

8月2日，全国粮食和物资储备工作半年会议在京召开。会议以习近平新时代中国特色社会主义思想为指导，认真传达贯彻党中央、国务院关于2022年上半年经济形势和做好下半年经济工作的重要部署，以及国家发展和改革委员会形势通报会精神，总结工作，分析形势，部署下半年粮食和物资储备工作。国家发展和改革委员会党组成员，国家粮食和物资储备局党组书记、局长丛亮讲话；党组成员、副局长卢景波主持会议并传达党中央、国务院有关部署要求；党组成员、副局长黄炜、贾骞，总工程师翟江临，督查专员颜波、李成毅出席会议。北京市、江苏省、黑龙江省、山东省粮食和物资储备局，甘肃、湖南、宁夏、安徽垂管局作了交流发言。

8月15日，国家粮食和物资储备局组织开展2022年新入库夏粮视频抽查工作，丛亮同志全程指导工作并作总结讲话，卢景波同志主持。

8月19日，按照国家防总办公室、应急管理部调运指令，国家粮食和物资储备局紧急调运中央防汛抗旱物资，分别支持新疆抗洪抢险、重庆抗旱减灾工作。其中，向新疆调运5万平方米覆膜编织布、50万条编织袋、3000件救生衣、1000个折叠式金属网箱等中央防汛物资；向重庆调运130台（套）汽油发电机、100台（套）柴油发电机组、170台（套）抽水泵、60台（套）喷灌机组等中央抗旱装备。

8月24日，丛亮同志赴中粮集团调研，与中粮集团主要负责同志就共同做好保障国家粮食安全工作座谈交流。

8月26日，国家粮食和物资储备局党组与驻委纪检监察组进行2022年上半年全面从严治党专题会商，丛亮同志主持会议，卢景波、黄炜、贾骞同志出席。

九月

9月3日，丛亮同志到北京市出席2022年中国国际服务贸易交易会粮食现代供应链发展及投资国际论坛并致辞。

9月6日，2022年"全国食品安全宣传周·粮食质量安全宣传日"主场活动在北京举行。国家发展和改革委员会党组成员，国家粮食和物资储备局党组书记、局长丛亮出席活动并讲话，局党组成员、副局长黄炜，总工程师翟江临，督查专员颜波、李成毅出席活动。国家市场监督管理总局有关负责同志应邀出席活动。活动现场发布了粮食标准质量管理相关政策文件和标准，以及首批"粮油国际标准研究中心"名单。

9月7日，国家粮食和物资储备局召开青年干部座谈会。丛亮同志主持座谈会并讲话，黄炜同志出席。青年干部代表围绕落实中央巡视整改要求、推动粮食和物资储备事业高质量发展作了交流发言。

9月15日，国家粮食和物资储备局召开全国秋粮收购工作会议，分析研判收购形势，安排部署收购工作。丛亮同志出席会议并讲话，贾骞同志主持会议，翟江临、颜波、李成毅同志出席会议。中央农办、国家发展和改革委员会、财政部、交通运输部、农业农村部、人民银行、市场监管总局、银保监会、国铁集团、农发行有关负责同志出席会议。会上，吉林、黑龙江、安徽、河南、湖南、四川等省粮食和物资储备局以及中储粮集团公司、中粮集团作了交流发言。

9月23日，国家粮食和物资储备局召开粮食收购贷款信用保证基金经验交流视频会议，总结交流基金组建运行经验成效，研究完善政策措施，支持企业有钱收粮，确保不出现农民"卖粮难"，促进秋粮收购顺利进行，服务保障国家粮食安全。贾骞同志出席会议并讲话。

9月27日，国家粮食和物资储备局召开全国粮食和物资储备系统安全生产视频会议。会议认真传达学习贯彻习近平总书记重要指示精神，按照李克强总理批示要求，落实全国安全生产电视电话会议安排，通报安全生产工作情况，压紧压实安全责任，部署安全生产重点工作，为党的二十大胜利召开营造良好的安全环境。国家发展和改革委员会党组成员，国家粮食和物资储备局党组书记、局长丛亮出席会议并讲话；局党组成员、副局长黄炜主持会议；局党组成员、副局长贾骞，局总工程师翟江临，局督查专员颜波、李成毅出席会议。会上，黑龙江、山东等省粮食和物资储备局，国家粮食和物资储备局河北局、山西局作了交流发言。

9月29日，丛亮同志带队赴北京市调研粮油市场供应工作。

十月

10 月 16 日至 22 日，丛亮同志参加中国共产党第二十次全国代表大会。

10 月 19 日，国家粮食和物资储备局召开基层党组织建设质量提升推进会暨党务干部培训会。会议公布了被命名表彰的中央和国家机关"四强"党支部、国家发展和改革委员会"四强"党支部名单。黄炜同志出席会议并讲话。

10 月 22 日，新华社发布中国共产党第二十届中央委员会候补委员名单。丛亮同志当选中国共产党第二十届中央委员会候补委员。

10 月 24 日，国家粮食和物资储备局党组召开会议，深入学习领会党的二十大精神，传达学习习近平总书记在党的二十届一中全会上的重要讲话精神，研究部署全局全系统学习宣传和贯彻落实工作。国家发展和改革委员会党组成员、国家粮食和物资储备局党组书记、局长丛亮主持会议并领学。国家粮食和物资储备局党组成员出席会议，局总工程师、督查专员，各司局单位主要负责同志，驻委纪检监察组有关负责同志列席会议。

十一月

11 月 11 日，国家粮食和物资储备局举行学习贯彻党的二十大精神宣讲会暨专题党课，国家发展和改革委员会党组成员，国家粮食和物资储备局党组书记、局长丛亮以"深入学习贯彻党的二十大精神不断开创粮食和物资储备工作新局面"为题，为全局全系统党员干部作专题宣讲。局党组成员、副局长黄炜主持会议，局党组成员、副局长贾骞，总工程师翟江临，督查专员颜波、李成毅出席。驻委纪检监察组有关负责同志应邀出席。

11 月 12 日，丛亮同志参加杂交水稻援外与世界粮食安全国际论坛。

11 月 17 日，国家粮食和物资储备局邀请第十三届全国人大常委、农业与农村委员会主任委员、国家粮食安全政策专家咨询委员会顾问陈锡文以"深入贯彻落实党的二十大精神全方位夯实粮食安全根基"为题，为全系统广大党员干部作辅导报告。国家发展和改革委员会党组成员，国家粮食和物资储备局党组书记、局长丛亮主持报告会；局党组成员、副局长黄炜、贾骞、刘小南，督查专员颜波、李成毅出席。

十二月

12 月 1 日，国家粮食和物资储备局召开垂管局粮食流通行政执法工作交流会，交流先进典型经验，全面分析监管形势，安排部署今后一个时期的粮食流通执法督查重点工作。丛亮同志出席会议并讲话，卢景波同志主持会议，刘小南同志参加会议。湖南省监察委员会委员刘晓红同志介绍了湖南省纪委监委推动根治粮食购销领域腐败问题专项整治深入查处涉粮腐败案件的做法和经验，湖南、山西、安徽、甘肃、上海等 5 个垂管局主要负责同志作经验交流发言。

12月13日，丛亮同志主持召开粮食和物资储备工作视频座谈会，黄炜、刘小南同志出席。

12月27日至28日，按照国家粮食和物资储备局党组部署，刘小南同志赴安徽省阜南县调研定点帮扶工作。

撰稿单位：国家粮食和物资储备局办公室（外事司）；

撰稿人：薄传敏、张宇阳、司南、李冬良、罗乐添、王家民、李明建；审稿人：方进、李涛

策　　划：王　彤
责任编辑：刘敬文

图书在版编目（CIP）数据

中国粮食和物资储备年鉴 . 2023 ／国家粮食和物资储备局　主编 . —北京：人民出版社，2023.10

ISBN 978 － 7 － 01 － 026116 － 4

I. ①中⋯　II. ①国⋯　III. ①粮食 － 国家储备 － 中国 －2023－ 年鉴②国家物资储备 － 中国 －2023－ 年鉴

　IV. ① F324.9–54 ② F259.21–54

中国国家版本馆 CIP 数据核字（2023）第 219984 号

中国粮食和物资储备年鉴 2023

ZHONGGUO LIANGSHI HE WUZI CHUBEI NIANJIAN 2023

国家粮食和物资储备局　主编

人民出版社 出版发行

（100706　北京市东城区隆福寺街 99 号）

中煤（北京）印务有限公司印刷　新华书店经销

2023 年 10 月第 1 版　2023 年 10 月北京第 1 次印刷

开本：889 毫米 ×1194 毫米 1/16　印张：25

字数：756 千字

ISBN 978 － 7 － 01 － 026116 － 4　定价：200.00 元

邮购地址 100706　北京市东城区隆福寺街 99 号

人民东方图书销售中心　电话：（010）65250042　65289539